مدنی مُنّوں کے لیے بنیادی اسلامی معلومات پر مُشتمل منفرد کتاب

AF866051

اسلام کی بُنیادی باتیں

(حصّہ 3)

پیش کش

مَدرَسۃُ المَدِیْنَۃ

اَلْمَدِیْنَۃُ الْعِلْمِیَّۃ

(شُعبہ اِصلاحی کُتُب)

دعوتِ اسلامی

ناشِر
مَکتبۃُ المدینہ کَراچی

اَلصَّلٰوۃُ وَالسَّلَامُ عَلَیۡکَ یَا رَسُوۡلَ اللہ وَعَلٰی اٰلِکَ وَاَصۡحٰبِکَ یَا حَبِیۡبَ اللہ

نام کتاب : اسلام کی بُنیادی باتیں (حصّہ 3)

پیش کش : مَدْرَسَۃُ الْمَدِیْنَہ، اَلْمَدِیْنَۃُ الْعِلْمِیَّۃ

پہلی تا تیرہویں بار: ۱۴۳۵ھ/2014ء تا ۱۴۴۴ھ/2022ء تعداد: 267000 (دو لاکھ سڑسٹھ ہزار)

چودہویں بار: رجب المرجب ۱۴۴۵ھ، جنوری 2024ء تعداد: 20000 (بیس ہزار)

تصدیق نامہ

تاریخ: ۰۳ رجب المرجب ۱۴۳۴ھ حوالہ نمبر: ۱۸۳

اَلْحَمْدُ لِلّٰہِ رَبِّ الْعٰلَمِیْنَ وَالصَّلٰوۃُ وَالسَّلَامُ عَلٰی سَیِّدِ الْمُرْسَلِیْنَ وَعَلٰی اٰلِہٖ وَاَصْحَابِہٖ اَجْمَعِیْن

تصدیق کی جاتی ہے کہ کتاب

"اسلام کی بنیادی باتیں (حصہ 3)"

(مطبوعہ: مَکْتَبَۃُ الْمَدِیْنَہ) پر مجلس تفتیش کتب ورسائل کی جانب سے نظر ثانی کی کوشش کی گئی ہے۔ مجلس نے اسے مطالب ومفاہیم کے اعتبار سے مقدور بھر ملاحظہ کر لیا ہے، البتہ کمپوزنگ یا کتابت کی غلطیوں کا ذمہ مجلس پر نہیں۔

مجلس تفتیش کتب ورسائل (دعوتِ اسلامی)

10 - 06 - 2013

E.mail :Ilmia@dawateislami.net

یادداشت

دورانِ مطالعہ ضرورتاً انڈر لائن کیجئے، اِشارات لکھ کر صفحہ نمبر نوٹ فرما لیجئے۔ اِنْ شَآءَ اللہ عَزَّوَجَلَّ علم میں ترقّی ہوگی۔

اجمالی فہرست

نام طالبِ علم .... ولدیت ....

مَدْرَسَہ ....

درجہ ....

پتہ ....

....

فون نمبر گھر .... موبائل نمبر ....

اَلْحَمْدُ لِلّٰہِ رَبِّ الْعٰلَمِیْنَ وَالصَّلٰوۃُ وَالسَّلَامُ عَلٰی سَیِّدِ الْمُرْسَلِیْنَ ط
اَمَّا بَعْدُ! فَاَعُوْذُ بِاللّٰہِ مِنَ الشَّیْطٰنِ الرَّجِیْمِ ط بِسْمِ اللّٰہِ الرَّحْمٰنِ الرَّحِیْمِ ط

”اسلام کی بنیادی باتیں“ کے اٹھارہ حُروف کی نسبت سے اس کتاب کو پڑھنے کی ”18 نیّتیں“

فرمانِ مصطفٰے صَلَّی اللّٰہُ تَعَالٰی عَلَیْہِ وَاٰلِہٖ وَسَلَّم: نِیَّۃُ الْمُؤْمِنِ خَیْرٌ مِّنْ عَمَلِہٖ یعنی مسلمان کی نیت اس کے عمل سے بہتر ہے۔[1]

دو مَدَنی پھول

- بغیر اچھی نیت کے کسی بھی عملِ خیر کا ثواب نہیں ملتا۔
- جتنی اچھی نیّتیں زِیادہ، اُتنا ثواب بھی زِیادہ۔

﴿۱﴾ ہر بار حمد و ﴿۲﴾ صلوٰۃ اور ﴿۳﴾ تعوُّذ و ﴿۴﴾ تَسمِیہ سے آغاز کروں گا (اسی صَفْحہ پر اُوپر دی ہوئی دو عَرَبی عبارات پڑھ لینے سے چاروں نیّتوں پر عمل ہوجائے گا)۔ ﴿۵﴾ رِضائے الٰہی کیلئے اس کتاب کا اوّل تا آخر مُطالَعہ کروں گا ﴿۶﴾ حتَّی الْوَسْع اِس کا باوُضو اور ﴿۷﴾ قبلہ رُو مُطالَعہ کروں گا ﴿۸﴾ قرآنی آیات اور ﴿۹﴾ احادیثِ مبارکہ کی زِیارت کروں گا ﴿۱۰﴾ جہاں جہاں اللہ کا نام پاک آئے گا وہاں عَزَّوَجَلَّ اور ﴿۱۱﴾ جہاں جہاں سرکار کا اِسْمِ مبارَک آئے گا وہاں صَلَّی اللّٰہُ تَعَالٰی عَلَیْہِ وَاٰلِہٖ وَسَلَّم پڑھوں گا ﴿۱۲﴾ (اپنے ذاتی نسخے کے) یادداشت والے صَفْحہ پر ضَروری نِکات لکھوں گا ﴿۱۳﴾ اولیا کی صفات کو اپناؤں گا ﴿۱۴﴾ دوسروں کو یہ کتاب پڑھنے کی ترغیب دلاؤں گا ﴿۱۵﴾ اس حدیثِ پاک ”تَھَادَوْا تَحَابُّوْا“[2] یعنی ایک دوسرے کو تحفہ دو آپس میں مَحبَّت بڑھے گی۔ پر عمل کی نیت سے (ایک یا حسبِ توفیق) یہ کتاب دوسروں کو تحفۃً دوں گا ﴿۱۶﴾ اپنی اور ساری دنیا کے لوگوں کی اِصلاح کی کوشش کے لئے روزانہ فکرِ مدینہ کرتے ہوئے مَدَنی انعامات کا رسالہ پُر کیا کروں گا اور ہر اسلامی ماہ کی دس تاریخ تک اپنے یہاں کے ذِمّہ دار کو جمع کروا دیا کروں گا اور ﴿۱۷﴾ عاشقانِ رسول کے مَدَنی قافِلوں میں سفر کیا کروں گا ﴿۱۸﴾ کِتابت وغیرہ میں شَرْعی غلطی ملی تو ناشرین کو ممکنہ ذرائع سے تحریری طور پر مُطَّلع کروں گا (ناشِرین وغیرہ کو کتابوں کی اَغلاط صِرف زبانی بتانا خاص مفید نہیں ہوتا)۔

---

[1] ……المعجم الکبیر، ۶/۱۸۵، حدیث: ۵۹۴۲

[2] ……مؤطا امام مالک، ۲/۴۰۷، حدیث: ۱۷۳۱

اَلْحَمْدُ لِلّٰہِ رَبِّ الْعٰلَمِیْنَ وَالصَّلٰوۃُ وَالسَّلَامُ عَلٰی سَیِّدِ الْمُرْسَلِیْنَ ط
اَمَّا بَعْدُ! فَاَعُوْذُ بِاللّٰہِ مِنَ الشَّیْطٰنِ الرَّجِیْمِ ط بِسْمِ اللّٰہِ الرَّحْمٰنِ الرَّحِیْمِ ط

المدینۃ العلمیۃ

از: شیخِ طریقت، امیرِ اہلسنّت، بانیٔ دعوتِ اسلامی حضرت علّامہ مولانا
ابوبلال محمد الیاس عطّارؔ قادری رضوی ضیائی دَامَتْ بَرَکَاتُہُمُ الْعَالِیَہ

اَلْحَمْدُ لِلّٰہِ عَلٰی اِحْسَانِہٖ وَ بِفَضْلِ رَسُوْلِہٖ صَلَّی اللّٰہُ تَعَالٰی عَلَیْہِ وَاٰلِہٖ وَسَلَّم تبلیغِ قرآن وسنّت کی عالمگیر غیر سیاسی تحریک ''دعوتِ اسلامی'' نیکی کی دعوت، اِحیائے سنّت اور اشاعتِ علمِ شریعت کو دنیا بھر میں عام کرنے کا عزمِ مُصمّم رکھتی ہے، اِن تمام اُمور کو بحسنِ خوبی سرانجام دینے کے لئے مُتعدّد مجالس کا قیام عمل میں لایا گیا ہے جن میں سے ایک مجلس ''المدینۃ العلمیۃ'' بھی ہے جو دعوتِ اسلامی کے عُلما و مُفتیانِ کرام کَثَّرَھُمُ اللّٰہُ تَعَالٰی پر مشتمل ہے، جس نے خالص علمی، تحقیقی اور اشاعتی کام کا بیڑا اٹھایا ہے۔

اس کے مندرجہ ذیل چھ شعبے ہیں:

(۱) شعبۂ کُتُبِ اعلیٰ حضرت عَلَیْہِ رَحمَۃُ رَبِّ الْعِزَّت (۲) شعبۂ درسی کُتُب (۳) شعبۂ اصلاحی کُتُب
(۴) شعبۂ تراجمِ کتب (۵) شعبۂ تفتیشِ کُتُب (۶) شعبۂ تخریج

''المدینۃ العلمیۃ'' کی اوّلین ترجیح سرکارِ اعلیٰ حضرت اِمامِ اَہلسنّت، عظیم البَرَکت، عظیم المرتبت، پروانۂ شمعِ رِسالت، مُجدِّدِ دین ومِلّت، حامیٔ سنّت، ماحیٔ بدعت، عالِمِ شَرِیْعت، پیرِ طریقت، باعثِ خَیْر وبَرَکت، حضرتِ علاّمہ مولانا الحاج الحافِظ القاری شاہ امام اَحمد رَضا خان عَلَیْہِ رَحمَۃُ الرَّحْمٰن کی گِراں مایہ تصانیف کو عصرِ حاضر کے تقاضوں کے مطابق حتَّی الْوَسْع سَہْل اُسلُوب میں پیش کرنا ہے۔ تمام اسلامی بھائی اور اسلامی بہنیں اِس عِلمی، تحقیقی اور اِشاعتی مدنی کام میں ہر ممکن تعاون فرمائیں اور مجلس کی طرف سے شائع ہونے والی کُتُب کا خود بھی مطالَعہ فرمائیں اور دوسروں کو بھی اِس کی ترغیب دلائیں۔

اللہ عَزَّوَجَلَّ ''دعوتِ اسلامی'' کی تمام مجالس بَشُمُول ''المدینۃ العلمیۃ'' کو دن گیارہویں اور رات بارہویں ترقّی عطا فرمائے اور ہمارے ہر عملِ خیر کو زیورِ اخلاص سے آراستہ فرما کر دونوں جہاں کی بھلائی کا سبب بنائے۔ ہمیں زیرِ گنبدِ خضرا شہادت، جنّت البقیع میں مدفن اور جنّت الفردوس میں جگہ نصیب فرمائے۔

اٰمِیْن بِجَاہِ النَّبِیِّ الْاَمِیْن صَلَّی اللّٰہُ تَعَالٰی عَلَیْہِ وَاٰلِہٖ وَسَلَّم

محمد الیاس عطار قادری

رمضان المبارک ۱۴۲۵ھ

پہلے اسے پڑھ لیجئے

قرآنِ مجید اللہ عَزَّوَجَلَّ کی آخری کتاب ہے، اس کو پڑھنے اور اس پر عمل کرنے والا دونوں جہاں میں کامیاب وکامران ہوتا ہے۔ **اَلْحَمْدُ لِلّٰہ** عَزَّوَجَلَّ تبلیغِ قرآن وسنّت کی عالمگیر غیر سیاسی تحریک **دعوتِ اسلامی** کے تحت اندرونِ و بیرونِ ملک حفظ و ناظِرہ کے لاتعداد مَدارِس بنام **مَدْرَسَۃُ الْمدینہ** قائم ہیں۔ صرف پاکستان میں تادمِ تحریر کم وبیش 75 ہزار مدنی مُنّے اور مَدَنی مُنّیوں کو حِفظ وناظِرہ کی مفت تعلیم دی جارہی ہے۔ ان مَدارِس میں قرآنِ کریم کے ساتھ ساتھ دینی معلومات اور تربیت پر بھی خُصوصی توجُّہ دی جاتی ہے تاکہ **مَدْرَسَۃُ الْمدینہ** سے فارِغ ہونے والا طالبِ علم تعلیمِ قرآن کے ساتھ ساتھ دینِ اسلام کی تعلیمات سے بھی رُوشَناس ہو اور اس میں علم وعمل دونوں رنگ نظر آئیں، وہ حُسنِ اخلاق کا پیکر ہو، اچھائی اور بُرائی کی پہچان رکھتا ہو، بُری عادتوں سے پاک اور اچھے اَوصاف کا مالک ہو اور بڑا ہو کر معاشرے کا ایسا باکردار مسلمان بنے کہ عمر بھر اپنی اور ساری دنیا کے لوگوں کی اِصلاح کی کوشش میں مصروف رہے۔

زیرِ نَظر کتاب **''اسلام کی بنیادی باتیں حصہ 3''** دَراصل **مَدَنی نصاب برائے قاعدہ اور مَدَنی نصاب برائے ناظِرہ** سلسلے کی ہی ایک کڑی ہے۔ بنیادی طور پر چونکہ یہ تینوں کتابیں مَدْرَسَۃُ الْمدینہ میں حِفظ وناظِرہ کی تعلیم حاصل کرنے والے مَدَنی مُنّوں اور مَدَنی مُنّیوں کو اسلام کی بنیادی باتوں سے آگاہ کرنے کے لیے لکھی گئی تھیں مگر خَواص وعوام میں ان کی بڑھتی ہوئی مقبولیت کے پیشِ نَظر مجلس نے اس سلسلے کا نام تبدیل کرنے کا فیصلہ کیا تاکہ ان کُتُب کی اِفادِیت صرف مَدَنی مُنّوں اور مَدَنی مُنّیوں تک ہی محدود نہ رہے بلکہ ہر خاص وعام ان کتب سے فیض یاب ہوسکے۔ چنانچہ شیخِ طریقت، امیرِ اہلسنّت، بانیِ دعوتِ اسلامی حضرت علّامہ مولانا **ابوبلال محمد الیاس عطّارقادری** رضوی ضیائی دَامَتْ بَرَکَاتُہُمُ الْعَالِیَہ نے اس سلسلے کا نیا نام **''اسلام کی بنیادی باتیں''** عطا فرمایا۔ لہٰذا آئندہ سے **اِنْ شَآءَ اللّٰہ** عَزَّوَجَلَّ یہ سلسلہ اسی نام سے شائع ہوگا۔ اس کتاب کی پیشکش کا سہرا **مجلس مَدْرَسَۃُ الْمدینہ** اور **مجلس المدینۃ العلمیۃ** کے سر ہے جبکہ **دارُالافتاء اہلسنّت** سے اس کی شرعی تفتیش کروائی گئی ہے۔

یِہی ہے آرزو تعلیمِ قرآں عام ہوجائے
ہر اِک پرچم سے اُونچا پرچمِ اسلام ہوجائے

مَجلِس مَدْرَسَۃُ الْمَدِینہ
مَجلِس اَلْمَدِیْنَۃُ الْعِلْمِیَّہ

باب:1

ابتدائیہ

اس باب میں آپ پڑھیں گے

حمد ونَعْت، اَسمائے حُسنیٰ، معمولاتِ شبِ جُمُعَہ کے اَذْکار اور چند مُتَفَرَّق دعائیں

حَمْدِ بَارِی تَعَالٰی

دَرْدِ دِل کر مجھے عطا یارب [1]

دَرْدِ دل کر مجھے عطا یارب — دے مرے دَرْد کی دَوا یارب
لاج رکھ لے گناہگاروں کی — نام رحمٰن ہے ترا یارب
بے سبب بخش دے نہ پوچھ عمل — نام غفّار ہے ترا یارب
ٹیس کم ہو نہ دَرْدِ اُلفت کی — دِل تڑپتا رہے مرا یارب
سَبَقَتْ رَحْمَتِیْ عَلٰی غَضَبِیْ — تو نے جب سے سُنا دیا یارب
آسرا ہم گناہگاروں کا — اور مضبوط ہوگیا یارب
تو نے مرے ذلیل ہاتھوں میں — دامنِ مصطفٰے دیا یارب
ہر بھلے کی بَھلائی کا صَدْقہ — اس بُرے کو بھی کر بَھلا یارب
مجھے دونوں جہاں کے غم سے بچا — شاد رکھ شاد دائما یارب
دشمنوں کے لئے ہدایت کی — تجھ سے کرتا ہوں اِلْتِجا یارب
تو حسنؔ کو اُٹھا حَسَن کر کے — ہو مَعَ الْخَیر خاتمہ یارب

مشکل اَلفاظ کے مَعانی: سَبَقَتْ رَحْمَتِیْ عَلٰی غَضَبِیْ (ترجمہ: میری رحمت میرے غَضَب پر سَبقت لے گئی) **شاد** (خوش) **دائِمًا** (ہمیشہ)

[1] ……ذوقِ نعت ازمولانا محمد حسن رضا خان قادری، ص ٥٩

نعتِ مصطفےٰ

قصیدۂ نور[1]

صبح طَیبہ میں ہوئی بٹتا ہے باڑا نور کا
صَدقہ لینے نور کا آیا ہے تارا نور کا

باغِ طَیبہ میں سُہانا پھول پُھولا نور کا
مستِ بُو ہیں بُلبلیں پڑھتی ہیں کَلِمہ نور کا

بارہویں کے چاند کا مُجرا ہے سَجدہ نور کا
بارہ بُرجوں سے جُھکا ایک اِک سِتارہ نور کا

میں گدا تُو بادشاہ بھر دے پیالہ نور کا
نور دن دُونا تِرا دے ڈال صَدَقہ نور کا

تاج والے دیکھ کر تیرا عِمامہ نور کا
سر جُھکاتے ہیں اِلٰہی بول بالا نور کا

جو گدا دیکھو لیے جاتا ہے توڑا نور کا
نور کی سرکار ہے کیا اس میں توڑا نور کا

بھیک لے سرکار سے لا جلد کاسہ نور کا
ماہِ نَو طَیبہ میں بٹتا ہے مہینہ نور کا

تیری نسلِ پاک میں ہے بچّہ بچّہ نور کا
تو ہے عینِ نور تیرا سب گھرانا نور کا

نور کی سرکار سے پایا دو شالہ نور کا
ہو مبارک تم کو ذُوالنُّورَین جوڑا نور کا

چاند جُھک جاتا جدھر اُنگلی اٹھاتے مَہد میں
کیا ہی چلتا تھا اشاروں پر کِھلونا نور کا

اے رضاؔ یہ احمدِ نوری کا فیضِ نور ہے
ہوگئی میری غَزَل بڑھ کر قَصِیدہ نور کا

مشکل اَلفاظ کے مَعانی: باڑا (خیرات، بھیک) **مُجرا** (سلام وآداب بجالانا) **توڑا 1** (تھیلا یعنی بوری بھرکر) **توڑا 2** (کمی، قِلَّت) **کاسہ** (کشکول) **ماہِ نَو** (نیا چاند) **دوشالہ** (دو چادریں یعنی دو شہزادیاں، حضرت سَیِّدَتُنا رُقَیَّہ واُمِّ کُلثُوم رَضِیَ اللہُ تَعَالٰی عَنْہُمَا) **ذُوالنُّورَین** (دو نوروں والے، اَمیرُ الْمُؤمنین حضرت سَیِّدُنا عثمان بن عَفّان رَضِیَ اللہُ تَعَالٰی عَنْہ) **مَہد** (گود، پنگوڑا)

[1]...... حدائق بخشش، حصہ دوم، ص ۲۴۲

اَذکارِ اَسماءُ الحُسنٰی

سوال اَسمائے حُسنٰی سے کیا مراد ہے؟

جواب اسمائے حسنٰی سے مراد **اللّٰہ** عَزَّوَجَلَّ کے وہ نام ہیں جن سے **اللّٰہ** عَزَّوَجَلَّ کو پُکارنے کا حکم دیا گیا ہے۔ چُنانچِہ پارہ 9 سورۃُ الْاَعْرَاف کی آیت نمبر 180 میں ہے:

وَلِلّٰهِ الْاَسْمَآءُ الْحُسْنٰى فَادْعُوْهُ بِهَا ۪ ترجَمۂ کنزالایمان: اور اللّٰہ ہی کے ہیں بہت اچھے نام تو اسے اُن سے پُکارو۔

سوال اسمائے حسنٰی کتنے ہیں؟

جواب اسمائے حسنٰی ہیں تو بہت زیادہ مگر مشہور 99 ہیں۔

سوال اسمائے حسنٰی کی کوئی فضیلت بتائیے؟

جواب ہمارے پیارے آقا صَلَّی اللّٰہُ تَعَالٰی عَلَیْہِ وَاٰلِہٖ وَسَلَّم کا فرمانِ عالیشان ہے: **اللّٰہ** عَزَّوَجَلَّ کے ننانوے (99) اسمائے حسنٰی ہیں جس نے یہ شمار کیے (یعنی یاد کرلیے) وہ جنت میں داخل ہوگا۔ ①

سوال کیا یہ اسمائے حسنٰی قرآنِ مجید میں بھی ہیں؟

جواب جی ہاں! **اللّٰہ** عَزَّوَجَلَّ کے یہ ذاتی وصفاتی نام قرآنِ کریم کی مختلف سورتوں میں موجود ہیں۔

---

①……بخاری، کتاب التوحید، باب إن للہ مئۃ اسم الا واحدا، ۴/۵۳۷، حدیث: ۷۳۹۲

سوال اَسمائے حُسنیٰ کون سے ہیں؟

جواب اسمائے حسنیٰ یہ ہیں:

هُوَ اللّٰهُ الَّذِیْ لَآ اِلٰهَ اِلَّا هُوَ (وہی اللہ ہے جس کے سوا کوئی معبود نہیں)	اَلرَّحْمٰنُ (بڑا مہربان)	اَلرَّحِيْمُ (نہایت رحم والا)
اَلْمَلِكُ (بادشاہِ حقیقی)	اَلْقُدُّوْسُ (ہر عیب سے پاک)	اَلسَّلَامُ (سلامت رکھنے والا)
اَلْمُؤْمِنُ (امن دینے والا)	اَلْمُهَيْمِنُ (نگہبان)	اَلْعَزِيْزُ (سب سے غالب)
اَلْجَبَّارُ (ٹوٹے دلوں کو جوڑنے والا)	اَلْمُتَكَبِّرُ (بڑائی والا)	اَلْخَالِقُ (پیدا کرنے والا)
اَلْبَارِئُ (پیدا کرنے والا)	اَلْمُصَوِّرُ (صورت بنانے والا)	اَلْغَفَّارُ (بخشنے والا)
اَلْقَهَّارُ (سب سے طاقتور)	اَلْوَهَّابُ (بہت دینے والا)	اَلرَّزَّاقُ (رزق دینے والا)
اَلْفَتَّاحُ (کھولنے والا)	اَلْعَلِيْمُ (جاننے والا)	اَلْقَابِضُ (بند کرنے والا)
اَلْبَاسِطُ (کشادہ کرنے والا)	اَلْخَافِضُ (پست کرنے والا)	اَلرَّافِعُ (بلند کرنے والا)
اَلْمُعِزُّ (عزت دینے والا)	اَلْمُذِلُّ (ذلت دینے والا)	اَلسَّمِيْعُ (خوب سننے والا)
اَلْبَصِيْرُ (سب دیکھنے والا)	اَلْحَكَمُ (فیصلہ کرنے والا)	اَلْعَدْلُ (عدل کرنے والا)
اَللَّطِيْفُ (باریک بین)	اَلْخَبِيْرُ (خبردار)	اَلْحَلِيْمُ (بُردبار)
اَلْعَظِيْمُ (بہت بڑا)	اَلْغَفُوْرُ (بخشنے والا)	اَلشَّكُوْرُ (بڑا قدردان)
اَلْعَلِيُّ (بلند مرتبہ)	اَلْكَبِيْرُ (سب سے بڑا)	اَلْحَفِيْظُ (سب کا مُحافظ)
اَلْمُقِيْتُ (قوت دینے والا)	اَلْحَسِيْبُ (کفایت کرنے والا)	اَلْجَلِيْلُ (بُزرگ)

اَلْكَرِيْمُ (کرم کرنے والا)	اَلرَّقِيْبُ (نگاہ رکھنے والا)	اَلْمُجِيْبُ (قبول کرنے والا)
اَلْوَاسِعُ (وسعت دینے والا)	اَلْحَكِيْمُ (حکمت والا)	اَلْوَدُوْدُ (محبّت کرنے والا)
اَلْمَجِيْدُ (بُزُرگ)	اَلْبَاعِثُ (رسولوں کا بھیجنے والا)	اَلشَّهِيْدُ (مشاہدہ کرنے والا)
اَلْحَقُّ (سچا)	اَلْوَكِيْلُ (کارساز)	اَلْقَوِيُّ (طاقت والا)
اَلْمَتِيْنُ (مضبوط)	اَلْوَلِيُّ (دوست)	اَلْحَمِيْدُ (قابلِ تعریف)
اَلْمُحْصِيْ (گننے والا)	اَلْمُبْدِئُ (آغاز کرنے والا)	اَلْمُعِيْدُ (دوبارہ لوٹانے والا)
اَلْمُحْيِيْ (زندہ کرنے والا)	اَلْمُمِيْتُ (مارنے والا)	اَلْحَيُّ (زندہ)
اَلْقَيُّوْمُ (ہمیشہ رہنے والا)	اَلْوَاجِدُ (پانے والا)	اَلْمَاجِدُ (بزرگی والا)
اَلْوَاحِدُ (اکیلا)	اَلصَّمَدُ (بے نیاز)	اَلْقَادِرُ (قدرت والا)
اَلْمُقْتَدِرُ (قوت والا)	اَلْمُقَدِّمُ (آگے کرنے والا)	اَلْمُؤَخِّرُ (پیچھے کرنے والا)
اَلْاَوَّلُ (سب سے پہلے)	اَلْاٰخِرُ (سب سے پیچھے)	اَلظَّاهِرُ (آشکارا)
اَلْبَاطِنُ (پوشیدہ)	اَلْوَالِيْ (مالک)	اَلْمُتَعَالِيْ (سب سے بلند)
اَلْبَرُّ (احسان کرنے والا)	اَلتَّوَّابُ (توبہ قبول کرنے والا)	اَلْمُنْتَقِمُ (بدلہ لینے والا)
اَلْعَفُوُّ (مُعاف فرمانے والا)	اَلرَّءُوْفُ (بہت مہربان)	مَالِكُ الْمُلْكِ (سارے ملکوں کا مالک)
ذُو الْجَلَالِ وَالْاِكْرَامِ (بزرگی اور انعام والا)	اَلْمُقْسِطُ (انصاف کرنے والا)	اَلْجَامِعُ (جمع کرنے والا)

اَلْغَنِیُّ (غنی)	اَلْمُغْنِی (دولت مند کرنے والا)	اَلْمَانِعُ (منع کرنے والا)
اَلضَّآرُّ (ضرر دینے والا)	اَلنَّافِعُ (نفع دینے والا)	اَلنُّوْرُ (روشنی والا)
اَلْهَادِی (راہ دکھانے والا)	اَلْبَدِیْعُ (نیا پیدا کرنے والا)	اَلْبَاقِی (ہمیشہ رہنے والا)
اَلْوَارِثُ (مالک)	اَلرَّشِیْدُ (سب کی رہنمائی کرنے والا)	اَلصَّبُوْرُ (بڑا تحمل والا)

سوال: کیا اَسمائے حُسنیٰ یاد کرنے کا کوئی آسان طریقہ بھی ہے؟

جواب: جی ہاں! حضرت سَیِّدُنا شیخ ابوطالب مکی عَلَیْہِ رَحمَۃُ اللہِ القَوِی نے اپنی کتاب **قُوْتُ الْقُلُوب** میں اسمائے حسنیٰ یاد کرنے کا بڑا ہی آسان طریقہ نقْل فرمایا ہے۔ آپ فرماتے ہیں کہ یہ اسمائے حسنیٰ پورے قرآنِ کریم میں مختلف جگہوں پر مذکور ہیں۔ پس جو یقین رکھتے ہوئے **اللہ** عَزَّوَجَلَّ سے ان کے وسیلہ سے دعا کرے وہ اس شخص کی طرح ہے جس نے پورا قرآنِ کریم ختم کیا۔ اگر انہیں زبانی یاد کرنا مشکل ہو تو حروفِ تہجی کے اعتبار سے انہیں شمار کرلیا کریں۔ یعنی ہر حَرف سے شروع ہونے والے اَسمائے حسنیٰ یاد کرلیں مثلاً پہلے الف سے شروع کریں اور دیکھیں کہ اس حرف سے کون سے اَسمائے حسنیٰ آتے ہیں مثلاً **الف** سے اَللّٰهُ، اَلْاَوَّلُ، اَلْاٰخِرُ وغیرہ۔ ب سے اَلْبَارِئُ، اَلْبَاطِنُ اور ت سے اَلتَّوَّابُ۔ البتہ! بعض حُروف سے اسمائے حسنیٰ کا پایا جانا مشکل ہوگا لہٰذا جن حروف سے ممکن ہو ان سے اسمائے ظاہرہ نکال کر انہیں شمار کرلیں اور جب وہ 99 ہو جائیں تو یہی کافی ہے کیونکہ ایک حرف سے کم و بیش دس اسمائے حسنیٰ پائے جائیں تو بھی حرج نہیں۔ اگر کسی حرف سے کوئی اسم نہ ملے تو کوئی حَرَج نہیں، بشرطیکہ تعداد پوری ہوگئی ہو تو حدیثِ پاک میں مروی فضیلت حاصل ہو جائے گی۔ [1]

[1] ......قوت القلوب، الفصل الخامس عشر، ١/ ٨١

معمولاتِ شبِ جُمعہ

شبِ جمعہ کا دُرُود

اَللّٰھُمَّ صَلِّ وَسَلِّمْ وَبَارِكْ عَلٰی سَیِّدِنَا مُحَمَّدِ ۨالنَّبِیِّ الْاُمِّیِّ الْحَبِیْبِ الْعَالِی الْقَدْرِ الْعَظِیْمِ الْجَاہِ وَعَلٰٓی اٰلِہٖ وَصَحْبِہٖ وَسَلِّمْ

بُزرگوں نے فرمایا کہ جوشخص ہر شبِ جمعہ (جمعہ اور جمعرات کی درمیانی رات) اِس دُرُود شریف کو پابندی سے کم از کم ایک مرتبہ پڑھے گا موت کے وقت سرکارِ مدینہ صَلَّی اللہُ تَعَالٰی عَلَیْہِ وَاٰلِہٖ وَسَلَّم کی زِیارت کرے گا اور قبر میں داخل ہوتے وقت بھی، یہاں تک کہ وہ دیکھے گا کہ سرکارِ مدینہ صَلَّی اللہُ تَعَالٰی عَلَیْہِ وَاٰلِہٖ وَسَلَّم اسے قبر میں اپنے رحمت بھرے ہاتھوں سے اُتار رہے ہیں۔[1]

تمام گناہ مُعاف

اَللّٰھُمَّ صَلِّ عَلٰی سَیِّدِنَا وَمَوْلَانَا مُحَمَّدٍ وَّعَلٰٓی اٰلِہٖ وَسَلِّمْ

حضرتِ سیِّدُنا انس رَضِیَ اللہُ تَعَالٰی عَنْہ سے رِوایت ہے کہ تاجدارِ مدینہ صَلَّی اللہُ تَعَالٰی عَلَیْہِ وَاٰلِہٖ وَسَلَّم نے ارشاد فرمایا: جوشخص یہ دُرُود پاک پڑھے اگر کھڑا تھا تو بیٹھنے سے پہلے اور بیٹھا تھا تو کھڑے ہونے سے پہلے اس کے گناہ معاف کردیئے جائیں گے۔[2]

---

[1]...... افضل الصلوات علی سید السادات، الصلاة السادسة والخمسون، ص ١٥١ ملخصًا

[2]...... المرجع السابق، الصلاة الحادية عشرة، ص ٦٥

رحمت کے سترّ دروازے

صَلَّى اللّٰهُ عَلٰی مُحَمَّد

جو یہ دُرُود پاک پڑھتا ہے تو اس پر رحمت کے 70 دروازے کھول دیئے جاتے ہیں۔[1]

چھ لاکھ دُرُود شریف کا ثواب

اَللّٰھُمَّ صَلِّ عَلٰی سَیِّدِنَا مُحَمَّدٍ عَدَدَ مَا فِیْ عِلْمِ اللّٰہِ صَلَاۃً دَآئِمَۃً بِدَوَامِ مُلْکِ اللّٰہِ

حضرت سیِّدُنا احمد صاوی عَلَیْہِ رَحمَۃُ اللّٰہِ الْوَالِی **بعض بُزُرگوں** سے نقل کرتے ہیں: اس دُرُود شریف کو ایک بار پڑھنے سے چھ لاکھ دُرُود شریف پڑھنے کا ثواب حاصل ہوتا ہے۔[2]

قُربِ مصطفٰے

اَللّٰھُمَّ صَلِّ عَلٰی مُحَمَّدٍ کَمَا تُحِبُّ وَتَرْضٰی لَہٗ

ایک دن ایک شخص آیا تو حضورِ انور صَلَّی اللّٰہُ تَعَالٰی عَلَیْہِ وَاٰلِہٖ وَسَلَّم نے اسے اپنے اور صِدّیقِ اکبر رَضِیَ اللّٰہُ تَعَالٰی عَنْہ کے درمیان بٹھا لیا۔ اس سے صَحابۂ کِرام رَضِیَ اللّٰہُ تَعَالٰی عَنْھُم کو **تعجُّب** ہوا کہ یہ کون ذی مرتبہ ہے! جب وہ چلا گیا تو سرکار صَلَّی اللّٰہُ تَعَالٰی عَلَیْہِ وَاٰلِہٖ وَسَلَّم نے فرمایا: یہ جب مجھ پر دُرُود پاک پڑھتا ہے تو یوں پڑھتا ہے۔[3]

---

[1] ……القول البدیع، الباب الثانی فی ثواب الصلاۃ والسلام علی رسول اللّٰہ، ص ۲۷۷

[2] ……افضل الصلوات علی سیّد السادات، الصلاۃ الثانیۃ والخمسون، ص ۱۴۹

[3] ……القول البدیع، الباب الاول، ص ۱۲۵

دُعائیں

حافِظہ مضبوط کرنے کی دعا

اَللّٰھُمَّ افْتَحْ عَلَیْنَا حِکْمَتَكَ وَانْشُرْ عَلَیْنَا رَحْمَتَكَ یَاذَاالْجَلَالِ وَالْاِکْرَامِ ط [1]

ترجَمہ: اے اللہ عَزَّوَجَلَّ! ہم پرعلم وحکمت کے دروازے کھول دے اور ہم پر اپنی رحمت نازل فرما! اے عظمت و بُزُرگی والے!

زبان کی لکنت دور کرنے کی دُعا

رَبِّ اشْرَحْ لِیْ صَدْرِیْ وَیَسِّرْ لِیْۤ اَمْرِیْ وَاحْلُلْ عُقْدَةً مِّنْ لِّسَانِیْ یَفْقَهُوْا قَوْلِیْ

ترجَمہ: اے میرے رب میرے لیے میرا سینہ کھول دے اور میرے لیے میرا کام آسان کر اور میری زبان کی گِرہ کھول دے کہ وہ میری بات سمجھیں۔

[1]……دینی کتاب یا اسلامی سبق پڑھنے سے پہلے یہ دعا پڑھی جائے تو اِنْ شَآءَ اللہ عَزَّوَجَلَّ جو کچھ پڑھیں گے یاد رہے گا۔
(مستطرف، الباب الرابع فی العلم والادب……الخ، ١/٢٠)

مرغ کی بانگ سن کر پڑھنے کی دُعا

اَللّٰھُمَّ اِنِّیۡۤ اَسۡئَلُكَ مِنۡ فَضۡلِكَ [1]

ترجمہ: یاالٰہی! میں تجھ سے تیرے فضل کا سوال کرتا ہوں۔ [2]

شعارِ کفار کو دیکھے یا آواز سنے تو یہ دُعا پڑھے

اَشۡهَدُ اَنۡ لَّاۤ اِلٰهَ اِلَّا اللّٰهُ وَحۡدَهٗ لَا شَرِيۡكَ لَهٗ اِلٰهًا وَّاحِدًا لَّا نَعۡبُدُ اِلَّاۤ اِيَّاهُ [3]

ترجمہ: میں گواہی دیتا ہوں کہ **اللہ** عَزَّوَجَلَّ کے سوا کوئی معبود نہیں، وہ یکتا ہے اس کا کوئی شریک نہیں، وہ معبود یکتا ہے ہم صرف اسی کی عبادت کرتے ہیں۔

غصہ آنے، کتّے کے بھونکنے اور گدھے کے رینگنے پر پڑھنے کی دُعا

اَعُوۡذُ بِاللّٰهِ مِنَ الشَّيۡطٰنِ الرَّجِيۡمِ [4]

ترجمہ: میں شیطان مردود سے **اللہ** تعالٰی کی پناہ چاہتا ہوں۔

بارش کے وقت کی دعا

اَللّٰھُمَّ سُقۡيًا نَّافِعًا ط [5]

ترجمہ: یاالٰہی! ایسا پانی برسا جو نفع پہنچائے۔

---

[1] ...... بخاری، ۲/۴۰۵، حدیث: ۳۳۰۳ ماخوذًا

[2] ...... مُرغ رحمت کا فرشتہ دیکھ کر بولتا ہے، اس وقت کی دُعا پر فرشتے کے امین کہنے کی امید ہے۔ (مرآۃ المناجیح، ۳۲/۴)

[3] ...... ملفوظاتِ اعلیٰ حضرت میں ہے کہ مَندروں کے گھنٹے اور سنکھ (ناقوس یعنی بڑی کوڑی جو مندروں میں بجائی جاتی ہے) کی آواز اور گرجا وغیرہ کی عمارت کو دیکھ کر بھی یہ دُعا پڑھے۔ (الملفوظ، حصہ دوم، ص ۲۳۵)

[4] ...... بخاری، کتاب الادب، باب الحذر من الغضب، ۴/۱۳۰، حدیث: ۶۱۱۵
مسند احمد، ۵/۳۴، حدیث: ۱۴۲۸۷

[5] ...... مشکاۃ المصابیح، کتاب الصلاۃ، باب فی الریاح، ۱/۲۹۲، حدیث: ۱۵۲۰

آبِ زم زم پیتے وقت کی دُعا

اَللّٰھُمَّ اَسْئَلُکَ عِلْمًا نَّافِعًا وَّرِزْقًا وَّاسِعًا وَّشِفَآءً مِّنْ کُلِّ دَآءٍ [1]

ترجمہ: اے اللہ عَزَّوَجَلَّ! میں تجھ سے علمِ نافع کا اور رزق کی کشادگی کا اور ہر بیماری سے شفایابی کا سُوال کرتا ہوں۔

بازار میں داخل ہوتے وقت کی دُعا

لَآ اِلٰہَ اِلَّا اللّٰہُ وَحْدَہٗ لَا شَرِیْکَ لَہٗ لَہُ الْمُلْکُ وَلَہُ الْحَمْدُ یُحْیِیْ وَیُمِیْتُ وَھُوَ حَیٌّ لَّا یَمُوْتُ بِیَدِہِ الْخَیْرُ وَھُوَ عَلٰی کُلِّ شَیْءٍ قَدِیْرٌ [2]

ترجمہ: اللہ عَزَّوَجَلَّ کے سوا کوئی معبود نہیں، وہ اکیلا ہے، اس کا کوئی شریک نہیں، اسی کے لئے ہے بادشاہی اور اسی کے لئے حمد ہے، وہی زندہ کرتا اور مارتا ہے وہ زندہ ہے اس کو ہرگز موت نہیں آئے گی، تمام بھلائیاں اسی کے دستِ قدرت میں ہیں اور وہ ہر چیز پر قادِر ہے۔[3]

ادائے قرض کی دعا

اَللّٰھُمَّ اکْفِنِیْ بِحَلَالِکَ عَنْ حَرَامِکَ وَاَغْنِنِیْ بِفَضْلِکَ عَمَّنْ سِوَاکَ [4]

---

[1] ...... حضرت سیِّدُنا ابنِ عباس رَضِیَ اللہُ تَعَالٰی عَنْہُمَا آبِ زم زم پیتے وقت یہ دعا پڑھا کرتے تھے۔ فرمانِ مصطفٰے صَلَّی اللہُ تَعَالٰی عَلَیْہِ وَاٰلِہٖ وَسَلَّم ہے: آبِ زم زم جس کام کے لئے پیا جائے (کارآمد ہے) اس کو پیتے وقت شِفا طلب کریں تو اللہ عَزَّوَجَلَّ شفا عطا فرمائے گا اور اگر پناہ مانگیں تو اللہ عَزَّوَجَلَّ پناہ عطا فرمائے گا۔ (مستدرک، کتاب المناسک، ماء زمزم لما شرب له، ۲/۱۳۲، حدیث: ۱۷۸۲)

[2] ...... ترمذی، کتاب الدعوات، باب ما یقول اذا دخل السوق، ۵/۲۷۱، حدیث: ۳۴۳۹

[3] ...... اللہ تعالیٰ اس (دُعا کے پڑھنے والے) کے لئے دس لاکھ نیکیاں لکھتا ہے اور اس کے دس لاکھ گناہ مٹاتا ہے اور اس کے دس لاکھ درجے بلند کرتا ہے اور اس کے لئے جنت میں گھر بناتا ہے۔ (مرآۃ المناجیح، ۴/۳۹)

[4] ...... مستدرک، کتاب الدُعاء والتکبیر ...... الخ، دُعاء قضاء الدین، ۲/۲۳۰، حدیث: ۲۵۱۶

ترجمہ: اے اللہ عَزَّوَجَلَّ! مجھے حلال رزق عطا فرما کر حرام سے بچا اور اپنے فضل و کرم سے اپنے سوا غیروں سے بے نیاز کر دے۔ ①

مصیبت زدہ کو دیکھتے وقت کی دعا

اَلْحَمْدُ لِلّٰهِ الَّذِیْ عَافَانِیْ مِمَّا ابْتَلَاكَ بِهٖ
وَفَضَّلَنِیْ عَلٰی كَثِیْرٍ مِّمَّنْ خَلَقَ تَفْضِیْلًا ②

ترجمہ: اللہ عَزَّوَجَلَّ کا شکر ہے جس نے مجھے اس مصیبت سے عافیت دی جس میں تجھے مبتلا کیا اور مجھے اپنی بہُت سی مخلوق پر فضیلت دی۔ ③

ستاروں کو دیکھتے وقت کی دعا

رَبَّنَا مَا خَلَقْتَ هٰذَا بَاطِلًا
سُبْحٰنَكَ فَقِنَا عَذَابَ النَّارِ ط

ترجمہ: اے رب ہمارے تو نے یہ بیکار نہ بنایا پاکی ہے تجھے تو ہمیں دوزخ کے عذاب سے بچا لے۔

---

[۱]...... یہ دُعا تیر بہدف نسخہ ہے اگر ہر مسلمان ہمیشہ ہی یہ دُعا ہر نماز کے بعد ضرور ایک بار پڑھ لیا کرے اِنْ شَآءَ اللہ عَزَّوَجَلَّ قرض و ظُلم سے محفوظ رہے گا۔ (مرأۃ المناجیح، ۴/۵۱)

[۲]...... ترمذی، کتاب الدعوات، باب مایقول اذا رای مبتلی، ۵/۲۷۲، حدیث: ۳۴۴۲

[۳]...... شیخِ طریقت، امیرِ اہلسنت دَامَتْ بَرَکَاتُہُمُ الْعَالِیَہ مَدَنی پنج سورہ صَفْحَہ 209 پر فرماتے ہیں: جو شخص کسی بَلا رَسیدہ کو دیکھ کر یہ دُعا پڑھ لے گا اِنْ شَآءَ اللہ عَزَّوَجَلَّ اس بلا سے محفوظ رہے گا۔ ہر طرح کے امراض و بلا میں مبتلا کو دیکھ کر یہ دُعا پڑھ سکتے ہیں، لیکن تین قسم کی بیماریوں میں مبتلا شخص کو دیکھ کر یہ دُعا نہ پڑھی جائے کیونکہ منقول ہے کہ تین بیماریوں کو مکروہ نہ رکھو: (۱) زکام کہ اس کی وجہ سے بہت سی بیماریوں کی جڑ کٹ جاتی ہے (۲) کھجلی کہ اس سے امراضِ جلد یہ اور جُذام وغیرہ کا اِنسداد ہو جاتا ہے (۳) آشوبِ چشم نابینائی کو دفع کرتا ہے۔ (اس دُعا کو پڑھتے وقت اس بات کا خیال رکھیں کہ مصیبت زدہ تک آواز نہ پہنچے کیونکہ اس سے اس کی دل شکنی ہو سکتی ہے)

بدہضمی کی دعا

كُلُوْا وَ اشْرَبُوْا هَنِيْٓــًٔا بِمَا كُنْتُمْ تَعْمَلُوْنَ
اِنَّا كَذٰلِكَ نَجْزِى الْمُحْسِنِيْنَ [1]

ترجمہ: کھاؤاور پیو رچتاہوا اپنے اعمال کا صلہ بے شک نیکوں کو ہم ایسا ہی بدلہ دیتے ہیں۔

بخار سے شفا کی دعا

بِسْمِ اللّٰهِ الْكَبِيْرِ اَعُوْذُ بِاللّٰهِ الْعَظِيْمِ مِنْ شَرِّ
كُلِّ عِرْقٍ نَّعَّارٍ وَّمِنْ شَرِّ حَرِّ النَّارِ ط [2]

اللہ کے نام سے جو بڑا ہے اور میں پناہ چاہتا ہوں اللہ بُزُرگ و برتر کی ہر جوش مارنے والی رگ اور آگ کی گرمی کے نقصان سے۔

ہر موذی مرض سے پناہ کی دعا

اَللّٰهُمَّ اِنِّىْٓ اَعُوْذُبِكَ مِنَ الْبَرَصِ وَالْجُذَامِ
وَالْجُنُوْنِ وَمِنْ سَيِّئِ الْاَسْقَامِ ط [3]

ترجمہ: یاالٰہی! میں تجھ سے بَرَص، جُذام، جنون اور دوسری بیماریوں سے پناہ چاہتا ہوں۔

---

[1]......فیضانِ سنت، آداب طعام، ۱/ ۲۰۹

[2]......حضرت سَیِّدُنا ابن عباس رَضِیَ اللّٰہُ تَعَالٰی عَنْہُمَا سے مروی ہے کہ یہ دعا ہر قسم کے دَرْد اور بخار وغیرہ کی صورت میں سرکارِ دو عالم صَلَّی اللّٰہُ تَعَالٰی عَلَیْہِ وَاٰلِہٖ وَسَلَّم صحابۂ کِرام عَلَیْہِمُ الرِّضْوَان کو سکھاتے تھے۔ (المعجم الکبیر، ۱۱/ ۱۷۹، حدیث: ۱۱۵۶۳) چنانچہ شیخِ طریقت، امیرِ اہلسنّت دَامَتْ بَرَکَاتُہُمُ الْعَالِیَہ مَدَنی پنج سورہ صَفْحَہ 234 پر فرماتے ہیں: جس کو بخار ہو سات بار یہ دعا پڑھے، اگر مریض خود نہ پڑھ سکے تو کوئی دوسرا نمازی آدمی سات بار پڑھ کر دم کر دے یا پانی پر دم کرکے پلا دے، اِنْ شَآءَ اللہ عَزَّوَجَلَّ بخار اتر جائے گا۔ ایک مرتبہ میں بخار نہ اترے تو بار بار یہ عمل کریں۔

[3]......ابوداود، کتاب الوتر، باب فی الاستعاذۃ، ۲/ ۱۳۲، حدیث: ۱۵۵۴

مجلس کے اختتام کی دعا

سُبۡحَانَكَ اللّٰهُمَّ وَبِحَمۡدِكَ اَشۡهَدُ اَنۡ لَّآ اِلٰهَ اِلَّآ اَنۡتَ اَسۡتَغۡفِرُكَ وَاَتُوۡبُ اِلَيۡكَ [1]

ترجمہ: تیری ذات پاک ہے اور اے اللہ! تیرے ہی لیے تمام خوبیاں ہیں، تیرے سوا کوئی معبود نہیں، میں تجھ سے بخشش چاہتا ہوں اور تیری طرف توبہ کرتا ہوں۔

سورۂ بقرہ کے فضائل

صدرُ الاَفاضل حضرتِ علامہ مولانا سیِّد محمد نعیم الدین مراد آبادی عَلَیْہِ رَحْمَۃُ اللہِ الْھَادِی خزائنُ العرفان میں سورۂ بقرہ کے تحت حاشیہ نمبر 1 میں فرماتے ہیں: اس سورت میں 286 آیتیں، 40 رکوع، 6121 کلمے، پچیس ہزار پانچ سو حَرف ہیں۔ (خازن) پہلے قرآنِ پاک میں سورتوں کے نام نہ لکھے جاتے تھے، یہ طریقہ حجّاج نے نکالا۔ ابنِ عَرَبی کا قول ہے کہ سورۂ بقرہ میں ہزار امر، ہزار نہی، ہزار حکم، ہزار خبریں ہیں۔ اس کے اَخْذ میں بَرَکت، ترک میں حسرت ہے، اہلِ باطل جادوگر اس کی اِستطاعت نہیں رکھتے، جس گھر میں یہ سورت پڑھی جائے تین دن تک سرکش شیطان اس میں داخل نہیں ہوتا۔ مسلم شریف کی حدیث میں ہے کہ شیطان اس گھر سے بھاگتا ہے جس میں یہ سورت پڑھی جائے۔ (جمل) بیہقی وسعید بن منصور نے حضرت مُغیرہ سے رِوایت کی کہ جو شخص سوتے وقت سورۂ بقرہ کی دس آیتیں پڑھے گا قرآن شریف کو نہ بھولے گا، وہ آیتیں یہ ہیں: چار آیتیں اوّل کی اور آیتُ الکرسی اور دو اس کے بعد کی اور تین آخر سورت کی۔ مسئلہ: طبرانی وبیہقی نے حضرت ابنِ عمر رَضِیَ اللہُ تَعَالٰی عَنْھُمَا سے روایت کی کہ حضور عَلَیْہِ الصَّلٰوۃُ وَالسَّلَام نے فرمایا: میت کو دفن کر کے قبر کے سرہانے سورۂ بقرہ کے اول کی (پانچ) آیتیں اور پاؤں کی طرف آخر کی (دو) آیتیں پڑھو۔ (خزائن العرفان، پ ا، البقرۃ)

[1] ……ابوداود، کتاب الادب، باب فی کفارۃ المجلس، ۳۴۸/۴، حدیث: ۴۸۵۹

پہلا باب ایک نظر میں

کیا آپ نے رجبُ المرجب کی 27 ویں رات یعنی معراج شریف کی نسبت سے باب اول میں بیان کردہ درج ذیل 27 باتیں جان لی ہیں؟

1 کیا آپ بتا سکتے ہیں کہ اس کتاب کی ابتدا میں جو حمد شریف ہے وہ کس نے لکھی ہے؟

2 کیا آپ بتا سکتے ہیں کہ اس کتاب کی ابتدا میں جو نعت شریف ہے وہ کس نے لکھی ہے؟

3 اَسمائے حُسنٰی سے کیا مراد ہے؟

4 اسمائے حسنٰی کتنے ہیں؟

5 اسمائے حسنٰی کی کوئی فضیلت بتایئے؟

6 کیا یہ اسمائے حسنٰی قرآنِ مجید میں بھی ہیں؟

7 اسمائے حسنٰی کون سے ہیں؟

8 کیا اسمائے حسنٰی یاد کرنے کا کوئی آسان طریقہ بھی ہے؟

9 وہ کونسا دُرود شریف ہے جس کے پڑھنے سے موت اور قبر میں داخل ہوتے سرکارِ مدینہ صَلَّی اللّٰہُ تَعَالٰی عَلَیْہِ وَاٰلِہٖ وَسَلَّم کی زیارت نصیب ہوگی۔

10 وہ کونسا درود شریف ہے جس کے پڑھنے سے کھڑا تھا تو بیٹھنے سے پہلے اور بیٹھا تھا تو کھڑے ہونے سے پہلے گناہ مُعاف ہوجاتے ہیں؟

11 وہ کونسا درود شریف ہے جس کے پڑھنے سے رحمت کے 70 دروازے کھول دیئے جاتے ہیں؟

12 وہ کونسا درود شریف ہے جس کے ایک بار پڑھنے سے چھ لاکھ دُرُود شریف پڑھنے کا ثواب حاصل ہوتا ہے؟

13 وہ کونسا درود شریف ہے جس کے پڑھنے سے سرکارِ مدینہ صَلَّی اللّٰہُ تَعَالٰی عَلَیْہِ وَاٰلِہٖ وَسَلَّم کا قُرب نصیب ہوتا ہے۔

14 حافِظہ مضبوط کرنے کی دعااوراس کی فضیلت بھی بتایئے۔

15 زبان کی لکنت دور کرنے کی دُعا کیا ہے؟

16 شعارِ کفار کودیکھ کر یا آواز سن کر کونسی دُعا پڑھی جاتی ہے؟

17 غصہ آنے، کتّے کے بھونکنے اور گدھے کے رینگنے پر پڑھی جانے والی دُعا سنایئے۔

18 بارش کے وقت کی دعا سنایئے؟

19 آبِ زم زم پیتے وقت کیا دُعا کرنی چاہیے؟ نیز کیا آپ اس دعا کی کوئی فضیلت بتا سکتے ہیں؟

20 بازار میں داخل ہوتے وقت کونسی دعا پڑھی جاتی ہے؟ کیا اس کی کوئی فضیلت بھی مروی ہے؟

21 ادائے قرض کی دعا اور اس کی فضیلت بتایئے۔

22 کسی مصیبت زدہ کو دیکھ کر کونسی دعا پڑھی جاتی ہے؟

23 ستاروں کو دیکھ کر کونسی دعا پڑھی جاتی ہے؟

24 کسی کو بدہضمی ہو جائے تو اسے کونسی دعا پڑھنی چاہیے؟

25 اگر کسی کو بخار ہو جائے تو اسے شِفا کے حصول کے لیے کونسی دعا کرنی چاہیے؟

26 موذی اَمراض سے پناہ کی دعا سُنایئے۔

27 مجلس کے اختتام کی دعا کیا ہے؟

باب:2

ایمانیات

اس باب میں آپ پڑھیں گے

عقائِد سے متعلق چند ضروری اصطلاحات کی وضاحت کے علاوہ

عقیدۂ توحید و رِسالت کے متعلق سُوالاً جواباً مختصر بنیادی باتیں

عقائِد سے متعلق چند ضروری اِصطلاحات

ایمان

سوال ایمان کسے کہتے ہیں؟

جواب ایمان لُغت میں تصدیق کرنے (یعنی سچا ماننے) کو کہتے ہیں۔[1] ایمان کا دوسرا لُغوی معنیٰ ہے: اَمن دینا۔ چُونکہ مؤمن اچھے عقیدے اِختیار کر کے اپنے آپ کو ہمیشہ والے عذاب سے اَمن دے دیتا ہے اس لیے اچھے عقیدوں کے اختیار کرنے کو ایمان کہتے ہیں۔[2] اور اِصطِلاحِ شَرع میں ایمان کے معنیٰ ہیں: ”سچّے دل سے اُن سب باتوں کی تصدیق کرے جو ضَروریاتِ دین سے ہیں۔“[3]

کُفر

سوال کُفر کے کیا معنی ہیں؟

جواب کُفر کا لُغوی معنی ہے: ”کسی شے کو چُھپانا۔“[4] اور اِصطِلاح میں کسی ایک ضَرورتِ دینی کے انکار کو بھی کُفر کہتے ہیں اگرچہ باقی تمام ضَروریاتِ دین کی تصدیق کرتا ہو۔[5] جیسے کوئی شخص اگر تمام ضَروریاتِ دین کو تسلیم کرتا ہو مگر نَماز کی فرضیّت یا ختمِ نبوّت کا منکِر ہو وہ کافِر ہے۔ کہ نَماز کو فرض ماننا اور سرکارِ مدینہ صَلَّی اللہُ تَعَالٰی عَلَیْہِ وَاٰلِہٖ وَسَلَّم کو آخری نبی ماننا دونوں باتیں ضَروریاتِ دین میں سے ہیں۔

ضَروریاتِ دین

سوال ضَروریاتِ دین کسے کہتے ہیں؟

---

[1] ...... تفسیر قرطبی، البقرۃ، تحت الآیۃ: ۳، الجزء الاول، ۱/۱۴۷

[2] ...... تفسیر نعیمی، البقرۃ، تحت الآیۃ: ۳، ۱/۱۲۰

[3] ...... بہارِ شریعت، ایمان وکفر کا بیان، ۱/۱۷۲ بتغیر

[4] ...... المفردات، ص ۴۳۳

[5] ...... بہارِ شریعت، ایمان وکفر کا بیان، ۱/۱۷۲ بتغیر

جواب **ضَروریاتِ دین** سے مراد اسلام کے وہ اَحکام ہیں جن کو ہر خاص و عام جانتے ہوں، جیسے **اللہ** عَزَّوَجَلَّ کا ایک ہونا، اَنبیائے کرام عَلَیْہِمُ السَّلَام کی نبوّت، نَماز، روزے، حج، جنت، دوزخ، قِیامت میں اُٹھایا جانا، حساب وکتاب لینا وغیرہ۔ مثلاً یہ عقیدہ رکھنا (بھی ضروریاتِ دین میں سے ہے) کہ **حُضُور رحمۃٌ لِّلعٰلمین** صَلَّی اللہُ تَعَالٰی عَلَیْہِ وَاٰلِہٖ وَسَلَّم "**خاتَمُ النَّبِیّین**" ہیں، حُضُورِ اکرم صَلَّی اللہُ تَعَالٰی عَلَیْہِ وَاٰلِہٖ وَسَلَّم کے بعد کوئی نبی نہیں ہوسکتا۔

سوال ہر خاص و عام سے کیا مراد ہے؟

جواب خاص سے مراد عُلَما اور عام سے مراد عوام ہیں یعنی وہ مُسلمان جو عُلَما کے طَبَقہ میں شُمار نہ کئے جاتے ہوں مگر عُلَما کی صُحبت میں بیٹھنے والے ہوں اور عِلمی مسائل کا ذَوق رکھتے ہوں۔ وہ لوگ مُراد نہیں جو دُور دراز جنگلوں پہاڑوں میں رہنے والے ہوں جنہیں صحیح کلمہ پڑھنا بھی نہ آتا ہو کہ ایسے لوگوں کا **ضَروریاتِ دین** سے ناواقِف ہونا اِس دینی ضَروری کو غیر ضروری نہ کردے گا۔ البتّہ! ایسے لوگوں کے مسلمان ہونے کے لیے یہ بات ضَروری ہے کہ **ضَروریاتِ دین** کے مُنکِر (یعنی انکار کرنے والے) نہ ہوں اور یہ **عقیدہ** رکھتے ہوں کہ اسلام میں جو کچھ ہے حق ہے۔ ان سب پر اِجمالاً ایمان لائے ہوں۔ [1]

سوال ضروریاتِ دین کے منکر کا حکم کیا ہے؟

جواب ضروریاتِ دین کا منکِر بلکہ ان میں ادنیٰ شک کرنے والا بالیقین کافر ہوتا ہے ایسا کہ جو اس کے کفر میں شک کرے وہ بھی کافر۔ [2]

ضَروریاتِ مذہبِ اہلِ سُنّت

سوال ضَروریاتِ مذہبِ اہلِ سُنّت سے کیا مراد ہے؟

---

[1]...... بہارِ شریعت، ایمان وکفر کا بیان، ۱/۱۷۲ بتغیر

[2]...... فتاویٰ رضویہ، ۲۹/ ۴۱۳

جواب ضَروریاتِ مذہبِ اہلسنّت سے مراد یہ ہے کہ ان کا مذہبِ اہلسنّت سے ہونا سب عوام وخَواصِ اہلسنّت کو معلوم ہو۔ جیسے عذابِ قبر، اعمال کا وَزن وغیرہ۔ ①

سوال ضروریاتِ مذہبِ اہل سنت کے منکر کا حکم کیا ہے؟

جواب ضروریاتِ مذہبِ اہل سنت کا منکر بدمذہب گمراہ ہوتا ہے۔ ②

شرک

سوال شرک کے کیا معنی ہیں؟

جواب شرک کا معنی ہے: **اللہ** عَزَّوَجَلَّ کے سوا کسی کو واجِبُ الوُجود یا مستحقِ عبادت (کسی کو عبادت کے لائق) جاننا یعنی اُلوہیّت (شانِ خداوندی) میں دوسرے کو شریک کرنا اور یہ کفر کی سب سے بدترین قسم ہے۔ اس کے سوا کوئی بات کیسی ہی شدید کفر ہو حقیقۃً شرک نہیں۔ ③

واجِبُ الوُجود

سوال واجِبُ الوُجود سے کیا مراد ہے؟

جواب واجِبُ الوُجود ایسی ذات کو کہتے ہیں جس کا وُجود (یعنی ''ہونا'') ضَروری اور عَدَم مُحال (یعنی نہ ہونا غیر ممکن) ہے یعنی (وہ ذات) ہمیشہ سے ہے اور ہمیشہ رہے گی، جس کو کبھی فنا نہیں، کسی نے اس کو پیدا نہیں کیا بلکہ اسی نے سب کو پیدا کیا ہے۔ جو خود اپنے آپ سے موجود ہے اور یہ صرف **اللہ** تعالیٰ کی ذات ہے۔ ④

---

① ...... نزھۃُ القاری شرح صحیح البخاری، کتاب الایمان، ۱/ ۲۳۹

② ...... فتاوٰی رضویہ، ۲۹/ ۴۱۴

③ ...... بہارِ شریعت، ایمان وکفر کا بیان، ۱/ ۱۸۳ بتغیر

④ ...... ہمارا اسلام، باب اول، حصہ سوم، ص ۹۵

نِفاق

سوال: نِفاق کی کیا تعریف ہے؟

جواب: زَبان سے اسلام کا دعویٰ کرنا اور دل میں اسلام سے انکار کرنا نِفاق ہے۔ یہ بھی خالِص کُفر ہے بلکہ ایسے لوگوں کے لیے جہنَّم کا سب سے نچلا طَبَقہ ہے۔ سرورِ کائنات، شَہَنْشاہِ موجودات صَلَّی اللّٰہُ تَعَالٰی عَلَیْہِ وَاٰلِہٖ وَسَلَّم کی ظاہِری حیات کے زمانے میں اِس صِفَت کے کچھ افراد بطورِ مُنافِقین مشہور ہوئے، ان کے باطِنی کُفر کو قرآنِ مجید میں بیان کیا گیا ہے۔ نیز سلطانِ مدینہ صَلَّی اللّٰہُ تَعَالٰی عَلَیْہِ وَاٰلِہٖ وَسَلَّم نے بعطائے الٰہی اپنے وسیع عِلم سے ایک ایک کو پہچانا اور نام بنام فرما دیا کہ یہ یہ منافِق ہیں۔ اب اِس زمانے میں کسی مخصوص شخص کی نسبت یقین سے کہنا کہ وہ مُنافِق ہے ممکن نہیں کہ ہمارے سامنے جو اسلام کا دعویٰ کرے ہم اُسے مسلمان ہی سمجھیں گے جب تک کہ ایمان کے مُنافی (یعنی ایمان کے اُلٹ) کوئی قول (بات) یا فعل (کام) اُس سے سرزَد نہ ہو۔ البتہ نِفاق یعنی مُنافَقت کی ایک شاخ اِس زمانے میں بھی پائی جاتی ہے کہ بہُت سے بدمذہب اپنے آپ کو مسلمان کہتے ہیں اور دیکھا جائے تو اسلام کے دعوے کے ساتھ ساتھ بہُت سے ضَروریاتِ دین کا انکار بھی کرتے ہیں۔ [1]

مُرتَد

سوال: مُرتَد کسے کہتے ہیں؟

جواب: مُرتَد وہ شخص ہے کہ اسلام کے بعد کسی ایسے اَمر کا انکار کرے جو ضَروریاتِ دین سے ہو۔ یعنی زَبان سے کلمۂ کفر بکے جس میں تاویلِ صحیح کی گُنجائش نہ ہو۔ یونہیں بعض اَفعال (کام) بھی ایسے ہیں جن سے کافر ہو جاتا ہے مثلاً بُت کو سجدہ کرنا، مُصحَف شریف (قرآنِ پاک) کو نَجاست کی جگہ پھینک دینا۔ [2]

---

[1] ...... بہارِ شریعت، ایمان وکفر کا بیان، ۱/۱۸۲ ملخّصًا
[2] ...... بہارِ شریعت، مرتد کا بیان، ۲/۴۵۵

توحیدِ باری تعالیٰ

اللہ عَزَّوَجَلَّ کی ہستی کا یقین ہر شخص کی فطرت میں شامل ہے، خاص طور پر مصیبت، بیماری اور موت کے وقت اکثر یہ دیکھا گیا ہے کہ بڑے بڑے منکرین کی زبانوں پر بھی بے ساختہ اللہ عَزَّوَجَلَّ کا نام آ ہی جاتا ہے۔ آیئے جانتے ہیں کہ اللہ عَزَّوَجَلَّ کے متعلق ہمارے عقائد کیا ہیں:

سوال **''ہر شے کا خالِق اللہ عَزَّوَجَلَّ ہے''** کیا یہ درست ہے؟

جواب جی ہاں! یہ درست ہے کہ ہر شے کا خالق **اللہ** عَزَّوَجَلَّ ہی ہے کیونکہ جس انسان میں تھوڑی سی بھی عقل ہو دنیا کی چیزوں کو دیکھ کر یہ یقین کرلے گا کہ بے شک یہ آسمان، یہ ستارے اور سیّارے، انسان وحیوان اور تمام مخلوق کسی نہ کسی کے پیدا کرنے سے پیدا ہوئے ہیں۔ آخر کوئی ہستی تو ہے جس نے ان سب کو پیدا کیا کیونکہ جب ہم کسی کرسی یا دروازے اور کھڑکیوں وغیرہ کو دیکھتے ہیں تو فوراً سمجھ جاتے ہیں کہ ان کو کسی نہ کسی کاریگر نے بنایا ہے اگرچہ ہم نے اپنی آنکھ سے اسے بناتے ہوئے نہ دیکھا لیکن ہماری عقل نے ہماری رہنمائی کی اور ہم نے اس بات کا یقین کرلیا کہ ان چیزوں کا کوئی بنانے والا ہے۔ کسی نے کیا خوبصورت بات کہی ہے کہ جب قدموں کے نشانات سے پتا چل جاتا ہے کہ یہ کس کے ہیں تو پھر آسمان وزمین کو دیکھ کر یہ یقین کیوں نہیں ہوتا کہ اِن کا بھی کوئی بنانے والا ہے۔

توحیدِ باری تعالیٰ کے متعلق چند عقائد اور ان کی وضاحت

توحید سے مراد

سوال: توحید سے کیا مراد ہے؟

جواب: توحید سے مراد **اللہ** عَزَّوَجَلَّ کی وحدانیت کو ماننا ہے یعنی **اللہ** عَزَّوَجَلَّ ایک ہے اور کوئی بھی اس کا شریک نہیں، نہ ذات میں نہ صفات میں، نہ اَسما (ناموں) میں، نہ افعال (کاموں) میں اور نہ ہی اَحکام میں۔

سوال: اگر کوئی **اللہ** عَزَّوَجَلَّ کی ذات وصِفات، اسما وافعال اور احکام میں سے کسی ایک میں **اللہ** عَزَّوَجَلَّ کا شریک مانے تو اسے کیا کہتے ہیں؟

جواب: اگر کوئی **اللہ** عَزَّوَجَلَّ کی ذات وصفات، اسما وافعال اور احکام میں سے کسی ایک میں بھی کسی کو **اللہ** عَزَّوَجَلَّ کا شریک مانے تو اسے مشرِک وکافِر کہتے ہیں۔

ذات میں شرک سے مراد

سوال: **اللہ** عَزَّوَجَلَّ کی ذات میں شرک سے کیا مراد ہے؟

جواب: **اللہ** عَزَّوَجَلَّ کی ذات میں شرک سے مراد یہ ہے کہ **اللہ** عَزَّوَجَلَّ کے سوا کسی اور کو بھی خدا مانا جائے، حالانکہ **اللہ** عَزَّوَجَلَّ ایک ہے اور اس کا کوئی شریک نہیں، اس لیے کہ اگر کوئی اور خدا بھی ہوتا تو یہ نظامِ زندگی برباد ہو جاتا۔ جیسا کہ قرآن مجید میں ہے: لَوْ كَانَ فِيهِمَآ اٰلِهَةٌ اِلَّا اللّٰهُ لَفَسَدَتَا (پ۱۷، الانبیآء: ۲۲) **ترجمۂ کنزالایمان:** اگر آسمان وزمین میں **اللہ** کے سوا اور خدا ہوتے تو ضرور وہ تباہ ہو جاتے۔

صفات میں شرک سے مراد

سوال: **اللہ** عَزَّوَجَلَّ کی صفات میں شرک سے کیا مراد ہے؟

جواب اللہ عَزَّوَجَلَّ کی کسی صفت میں کسی مخلوق کو شریک کرنا یا اللہ عَزَّوَجَلَّ کی صفات کی طرح کسی اور میں وہی صفات ماننا شرک ہے۔ جیسے اللہ عَزَّوَجَلَّ ہمیشہ سے ہے اسی طرح کسی اور کے لیے یہ عقیدہ رکھنا کہ وہ اللہ تعالیٰ کی طرح ہمیشہ سے ہے۔ یا اللہ عَزَّوَجَلَّ ذاتی طور پر سننے والا ہے کسی اور کے لیے ذاتی طور پر سننے کا عقیدہ رکھنا صفات میں شرک ہے۔ یاد رکھئے! قرآنِ مجید اور احادیثِ مبارکہ میں اللہ عَزَّوَجَلَّ کی بعض صفات انبیائے کرام عَلَیْہِمُ السَّلَام، اولیائے عِظام رَحِمَہُمُ اللہُ السَّلَام نیز عام بندوں کے لیے بھی ذکر کی گئی ہیں جیسے اللہ عَزَّوَجَلَّ اپنی دو صفات ذکر فرماتا ہے: اِنَّ رَبَّكُمْ لَرَءُوْفٌ رَّحِیْمٌ ﴿۷﴾ (پ ۱۴، النحل: ۷) دوسرے مقام پر اپنے پیارے محبوب صَلَّی اللہُ تَعَالٰی عَلَیْہِ وَاٰلِہٖ وَسَلَّم کے لیے یہی صفات ذکر فرمائیں: رَءُوْفٌ رَّحِیْمٌ ﴿۱۲۸﴾ (پ ۱۱، التوبۃ: ۱۲۸) یہ ہرگز ہرگز شرک نہیں کیونکہ اللہ عَزَّوَجَلَّ کی صفات ذاتی، لامحدود اور قدیم یعنی کسی کی پیدا کردہ نہیں بلکہ ہمیشہ سے ہیں اور ہمیشہ رہیں گی جبکہ رَسُوْلُ اللہ صَلَّی اللہُ تَعَالٰی عَلَیْہِ وَاٰلِہٖ وَسَلَّم کی صفات عطائی یعنی اللہ عَزَّوَجَلَّ کی عطا کردہ، محدود اور حادِث (یعنی اللہ عَزَّوَجَلَّ کی پیدا کردہ) ہیں۔ ایک اور مقام پر اللہ عَزَّوَجَلَّ اپنی صفات ذکر فرماتا ہے: اِنَّهٗ هُوَ السَّمِیْعُ الْبَصِیْرُ ﴿۱﴾ (پ ۱۵، بنی اسرائیل: ۱) یہی دو صفات بندوں کے لیے یوں ذکر فرمائی: فَجَعَلْنٰهُ سَمِیْعًۢا بَصِیْرًا ﴿۲﴾ (پ ۲۹، الدھر: ۲) یہ بھی یقیناً صفات میں شرک نہیں کیونکہ بندوں کی صفات عطائی، محدود اور حادِث ہیں۔ اس فرق کے ہوتے ہوئے شرک لازم نہیں آتا۔

اَسما میں شرک سے مراد

سوال اللہ عَزَّوَجَلَّ کے اَسما یعنی ناموں میں شرک سے کیا مراد ہے؟

جواب اللہ عَزَّوَجَلَّ کے اَسما یعنی ناموں میں کسی مخلوق کو شریک کرنا اَسما میں شرک ہے۔ جیسے کسی اور کو اللہ کہنا۔ آیتِ مبارکہ هَلْ تَعْلَمُ لَهٗ سَمِیًّا ﴿۶۵﴾ (پ ۱۶، مریم: ۶۵) ترجمۂ کنز الایمان: کیا اس کے نام کا دوسرا جانتے ہو۔ کے تحت خزائن العرفان میں ہے: یعنی کسی کو اس کے ساتھ اِسمی شرکت بھی نہیں اور اُس کی وحدانیت اتنی ظاہر ہے کہ مشرکین نے بھی اپنے کسی معبودِ باطل کا نام اللہ نہیں رکھا۔

اَفعال میں شرک سے مراد

سوال: **اللہ** عَزَّوَجَلَّ کے اَفعال یعنی کاموں میں شِرک سے کیا مراد ہے؟

جواب: جو اَفعال **اللہ** عَزَّوَجَلَّ کے ساتھ خاص ہیں ان میں کسی اور کو شریک ٹھہرانا "اَفعال میں شرک" کہلاتا ہے۔ جیسے نبوت ورسالت عطا فرمانا **اللہ** عَزَّوَجَلَّ کا فعل ہے چنانچہ **اللہ** عَزَّوَجَلَّ ارشاد فرماتا ہے: اَللّٰهُ یَصْطَفِیْ مِنَ الْمَلٰٓىٕكَةِ رُسُلًا وَّ مِنَ النَّاسِؕ اِنَّ اللّٰهَ سَمِیْعٌۢ بَصِیْرٌ ﴿۷۵﴾ (پ ۱۷، الحج: ۷۵) ترجمۂ کنز الایمان: **اللہ** چُن لیتا ہے فرشتوں میں سے رسول اور آدمیوں میں سے بیشک **اللہ** سنتا دیکھتا ہے۔

اس لیے کسی اور کو نبوت عطا کرنے والا ماننا اَفعال میں شرک ہے۔

اَحکام میں شرک سے مراد

سوال: **اللہ** عَزَّوَجَلَّ کے احکام میں شِرک سے کیا مراد ہے؟

جواب: **اللہ** عَزَّوَجَلَّ کے احکام میں کسی دوسرے کو شریک جاننا یا **غیرُ اللہ** کے حکم کو **اللہ** عَزَّوَجَلَّ کے حکم کے برابر قرار دینا "احکام میں شرک" کہلاتا ہے۔ **اللہ** عَزَّوَجَلَّ فرماتا ہے: اِنِ الْحُكْمُ اِلَّا لِلّٰهِؕ (پ ۱۲، یوسف: ۴۰) ترجمۂ کنز الایمان: حکم نہیں مگر **اللہ** کا۔ دوسرے مقام پر فرمایا: وَّ لَا یُشْرِكُ فِیْ حُكْمِهٖۤ اَحَدًا ﴿۲۶﴾ (پ ۱۵، الکھف: ۲۶) ترجمۂ کنز الایمان: اور وہ اپنے حکم میں کسی کو شریک نہیں کرتا۔ **یاد رکھئے! رَسُوْلُ اللہ** صَلَّی اللہُ تَعَالٰی عَلَیْہِ وَاٰلِہٖ وَسَلَّم کا کسی چیز کو حلال یا حرام قرار دینا **اللہ** عَزَّوَجَلَّ کی عطا سے ہے اس لیے یہ احکام میں شرک نہیں ہے۔ **اللہ** عَزَّوَجَلَّ فرماتا ہے: قَاتِلُوا الَّذِیْنَ لَا یُؤْمِنُوْنَ بِاللّٰهِ وَ لَا بِالْیَوْمِ الْاٰخِرِ وَ لَا یُحَرِّمُوْنَ مَا حَرَّمَ اللّٰهُ وَ رَسُوْلُهٗ (پ ۱۰، التوبۃ: ۲۹) ترجمۂ کنز الایمان: لڑو اُن سے جو ایمان نہیں لاتے **اللہ** پر اور قیامت پر اور حرام نہیں مانتے اس چیز کو جس کو حرام کیا **اللہ** اور اُس کے رسول نے۔ **فرمانِ مصطفےٰ** (صَلَّی اللہُ تَعَالٰی عَلَیْہِ وَاٰلِہٖ وَسَلَّم) ہے: اَلَا وَاِنَّ مَا حَرَّمَ رَسُوْلُ اللہِ صَلَّی اللہُ عَلَیْہِ وَسَلَّمَ مِثْلُ مَا حَرَّمَ اللہُ یعنی خبردار! جس چیز کو **اللہ** عَزَّوَجَلَّ کا رسول حرام کر دے وہ بھی **اللہ** عَزَّوَجَلَّ کی طرف سے حرام کردہ کی طرح حرام ہے۔[1]

---

[1] ...... ابن ماجہ، کتاب السنۃ، باب تعظیم حدیث رسول اللہ ... الخ، ۱/ ۱۵، حدیث ۱۲

نُبوّت و رسالت

جس انسان کو **اللہ** عَزَّوَجَلَّ نے مخلوق کی ہدایت کے لیے بھیجا ہو اسے نبی کہتے ہیں اور ان نبیوں میں سے جو **اللہ** عَزَّوَجَلَّ کی طرف سے کوئی نئی آسمانی کتاب اور نئی شریعت لے کر آئے وہ ''رسول'' کہلاتے ہیں۔[1] نبی سب مرد تھے، نہ کوئی جن نبی ہوا، نہ کوئی عورت۔[2] سب سے پہلے پیغمبر حضرت سیِّدُنا آدم عَلَیْہِ السَّلَام ہیں اور سب سے آخری پیغمبر حضرت سیِّدُنا **محمد مصطفٰے** صَلَّی اللہُ تَعَالٰی عَلَیْہِ وَاٰلِہٖ وَسَلَّم ہیں اور باقی تمام نبی و رسول ان دونوں کے درمیان ہوئے۔

سوال قرآنِ کریم میں کتنے نبیوں اور رسولوں کے نام موجود ہیں؟

جواب قرآنِ کریم میں 26 نبیوں اور رسولوں کے نام موجود ہیں۔

سوال کیا آپ بتا سکتے ہیں کہ کس نبی یا رسول کا نام قرآنِ کریم میں کتنی بار آیا ہے؟

جواب قرآنِ مجید میں جن انبیائے کرام عَلَیْہِمُ الصَّلٰوۃُ وَالسَّلَام کے نام جتنی بار آئے ہیں وہ یہ ہیں:

﴿1﴾......حضرت سیِّدُنا آدم عَلَیْہِ السَّلَام کا نامِ مبارک قرآنِ مجید میں 25 بار آیا ہے۔

﴿2﴾......حضرت سیِّدُنا نوح عَلَیْہِ السَّلَام کا نامِ مبارک قرآنِ مجید میں 43 بار آیا ہے۔

ان دونوں انبیائے کرام کا تذکرہ پارہ تین سورۂ آلِ عمران کی آیت نمبر 33 میں کچھ یوں ہے:

---

[1] ......شرح العقائد النسفیه، النوع الثانی خبر الرسول......الخ، ص ۸۱، و......جنتی زیور، ص ۱۷۲

[2] ......تفسیر قرطبی، یوسف، تحت الآیة: ۱۰۹، الجزء التاسع، ۵/۱۹۳

اِنَّ اللّٰهَ اصۡطَفٰۤى اٰدَمَ وَ نُوۡحًا

﴿3﴾......حضرت سیِّدُ نا ابراہیم عَلَیْہِ السَّلَام کا نامِ مبارک قرآنِ مجید میں 69 بار آیا ہے۔

﴿4﴾......حضرت سیِّدُ نا اسمٰعیل عَلَیْہِ السَّلَام کا نامِ مبارک قرآنِ مجید میں 12 بار آیا ہے۔

﴿5﴾......حضرت سیِّدُ نا اسحاق عَلَیْہِ السَّلَام کا نامِ مبارک قرآنِ مجید میں 17 بار آیا ہے۔

﴿6﴾......حضرت سیِّدُ نا یعقوب عَلَیْہِ السَّلَام کا نامِ مبارک قرآنِ مجید میں 16 بار آیا ہے۔

ان چار جلیلُ القَدْر انبیائے کرام کا تذکرہ پارہ ایک سورۂ بَقرہ کی آیت نمبر 140 میں کچھ یوں ہے:

اَمۡ تَقُوۡلُوۡنَ اِنَّ اِبۡرٰهٖمَ وَ اِسۡمٰعِيۡلَ وَ اِسۡحٰقَ وَ يَعۡقُوۡبَ

﴿7﴾......حضرت سیِّدُ نا یوسف عَلَیْہِ السَّلَام کا نامِ مبارک قرآنِ مجید میں 27 بار آیا ہے۔ چُنانچِہ پارہ 12 سورۂ یوسف کی آیت نمبر 4 میں ہے:

اِذۡ قَالَ يُوۡسُفُ لِاَبِيۡهِ يٰۤاَبَتِ اِنِّىۡ رَاَيۡتُ اَحَدَ عَشَرَ كَوۡكَبًا

﴿8﴾......حضرت سیِّدُ نا داؤد عَلَیْہِ السَّلَام کا نامِ مبارک قرآنِ مجید میں 16 بار آیا ہے۔ چُنانچِہ پارہ 2 سورۂ بقرہ کی آیت نمبر 251 میں ہے: وَقَتَلَ دَاوٗدُ جَالُوۡتَ

﴿9﴾......حضرت سیِّدُ نا سلیمان عَلَیْہِ السَّلَام کا نامِ مبارک قرآنِ مجید میں 17 بار آیا ہے۔ چنانچہ پارہ 1 سورۂ بقرہ کی آیت نمبر 102 میں ہے: وَاتَّبَعُوۡا مَا تَتۡلُوا الشَّيٰطِيۡنُ عَلٰى مُلۡكِ سُلَيۡمٰنَ ۚ

﴿10﴾......حضرت سیِّدُ نا ایوب عَلَیْہِ السَّلَام کا نامِ مبارک قرآنِ مجید میں 4 بار آیا ہے۔ چنانچہ پارہ 17 سورۂ انبیاء کی آیت نمبر 83 میں ہے: وَاَيُّوۡبَ اِذۡ نَادٰى رَبَّهٗۤ اَنِّىۡ مَسَّنِىَ الضُّرُّ

﴿11﴾......حضرت سیِّدُ نا موسیٰ عَلَیْہِ السَّلَام کا نامِ مبارک قرآنِ مجید میں 136 بار آیا ہے۔

﴿12﴾......حضرت سیِّدُ نا ہارون عَلَیْہِ السَّلَام کا نامِ مبارک قرآنِ مجید میں 20 بار آیا ہے۔

ان دونوں نبیوں کا تذکرہ پارہ 9 سورۂ اعراف کی آیت نمبر 122 میں کچھ یوں ہے:

رَبِّ مُوْسٰى وَهٰرُوْنَ (۱۲۲)

﴿13﴾......حضرت سیِّدُنا زکریا عَلَیْہِ السَّلَام کا نامِ مبارک قرآنِ مجید میں 7 بار آیا ہے۔

﴿14﴾......حضرت سیِّدُنا یحییٰ عَلَیْہِ السَّلَام کا نامِ مبارک قرآنِ مجید میں 5 بار آیا ہے۔

ان دونوں نبیوں کا تذکرہ پارہ 16 سورۂ مریم کی آیت نمبر 7 میں کچھ یوں ہے:

یٰزَكَرِیَّاۤ اِنَّا نُبَشِّرُكَ بِغُلٰمِ اسْمُهٗ یَحْیٰى

﴿15﴾......حضرت سیِّدُنا عیسیٰ عَلَیْہِ السَّلَام کا نامِ مبارک قرآنِ مجید میں 25 بار آیا ہے۔ چنانچہ پارہ 3 سورۂ آلِ عمران کی آیت نمبر 59 میں ہے: اِنَّ مَثَلَ عِیْسٰى عِنْدَ اللّٰهِ كَمَثَلِ اٰدَمَ

﴿16﴾......حضرت سیِّدُنا الیاس عَلَیْہِ السَّلَام کا نامِ مبارک قرآنِ مجید میں 3 بار آیا ہے۔ چنانچہ پارہ 23 سورۂ صافّات کی آیت نمبر 123 میں ہے: وَ اِنَّ اِلْیَاسَ لَمِنَ الْمُرْسَلِیْنَ (۱۲۳)

﴿17﴾......حضرت سیِّدُنا یَسَع عَلَیْہِ السَّلَام کا نامِ مبارک قرآنِ مجید میں 2 بار آیا ہے۔

﴿18﴾......حضرت سیِّدُنا ذُوالکِفْل عَلَیْہِ السَّلَام کا نامِ مبارک بھی قرآنِ مجید میں 2 بار آیا ہے۔ چنانچہ، پارہ 23 سورۂ ص کی آیت نمبر 48 میں ان دونبیوں کا ذکر کچھ یوں ہے: وَ اذْكُرْ اِسْمٰعِیْلَ وَ الْیَسَعَ وَ ذَا الْكِفْلِ

﴿19﴾......حضرت سیِّدُنا یُونُس عَلَیْہِ السَّلَام کا نامِ مبارک قرآنِ مجید میں 4 بار آیا ہے۔ چنانچہ، پارہ 23 سورۂ صافّات کی آیت نمبر 139 میں ہے: وَ اِنَّ یُوْنُسَ لَمِنَ الْمُرْسَلِیْنَ (۱۳۹)

﴿20﴾......حضرت سیِّدُنا لوط عَلَیْہِ السَّلَام کا نامِ مبارک قرآنِ مجید میں 27 بار آیا ہے۔ چنانچہ، پارہ 23 سورۂ صافّات کی آیت نمبر 133 میں ہے: وَ اِنَّ لُوْطًا لَّمِنَ الْمُرْسَلِیْنَ (۱۳۳)

﴿21﴾......حضرت سیِّدُنا ادریس عَلَیْہِ السَّلَام کا نامِ مبارک قرآنِ مجید میں 2 بار آیا ہے۔ چنانچہ، پارہ 16 سورۂ مریم کی

آیت نمبر 56 میں ہے: وَاذۡكُرۡ فِی الۡكِتٰبِ اِدۡرِیۡسَ ۫ اِنَّهٗ كَانَ صِدِّیۡقًا نَّبِیًّا ﴿۵۶﴾

﴿22﴾......حضرت سیّدُنا صالح عَلَیْہِ السَّلَام کا نامِ مبارک قرآنِ مجید میں 9 بار آیا ہے۔ چنانچہ پارہ 8 سورۂ اَعراف کی آیت نمبر 73 میں ہے: وَ اِلٰی ثَمُوۡدَ اَخَاهُمۡ صٰلِحًا ۘ

﴿23﴾......حضرت سیّدُنا ہود عَلَیْہِ السَّلَام کا نامِ مبارک قرآنِ مجید میں 7 بار آیا ہے۔ چنانچہ پارہ 12 سورۂ ھود کی آیت نمبر 58 میں ہے: وَلَمَّا جَآءَ اَمۡرُنَا نَجَّیۡنَا هُوۡدًا

﴿24﴾......حضرت سیّدُنا شعیب عَلَیْہِ السَّلَام کا نامِ مبارک قرآنِ مجید میں 11 بار آیا ہے۔ چنانچہ پارہ 8 سورۂ اعراف کی آیت نمبر 85 میں ہے: وَ اِلٰی مَدۡیَنَ اَخَاهُمۡ شُعَیۡبًا ؕ

﴿25﴾......حضرت سیّدُنا عُزیر عَلَیْہِ السَّلَام کا نامِ مبارک قرآنِ مجید میں ایک بار آیا ہے۔ چنانچہ پارہ 10 سورۂ توبہ کی آیت نمبر 30 میں ہے: وَقَالَتِ الۡیَهُوۡدُ عُزَیۡرُ ۨابۡنُ اللّٰهِ

﴿26﴾......ہمارے پیارے نبی **مُحَمَّدٌ رَّسُوۡلُ اللّٰهِ** صَلَّی اللّٰہُ تَعَالٰی عَلَیْہِ وَاٰلِہٖ وَسَلَّم کا نامِ مبارک **محمد** قرآنِ مجید میں 4 بار آیا ہے۔ چنانچہ پارہ 4 سورۂ آلِ عمران کی آیت نمبر 144 میں ہے: وَمَا مُحَمَّدٌ اِلَّا رَسُوۡلٌ ۚ اور پارہ 28 سورۂ صف کی چھٹی آیتِ مبارکہ میں اَحۡمَدُ ایک بار آیا ہے۔

مَقۡصَدِ رِسالَت

سوال: **اللّٰہ** عَزَّوَجَلَّ نے پیغمبروں اور رسولوں کو دنیا میں کیوں بھیجا؟

جواب: **اللّٰہ** عَزَّوَجَلَّ نے پیغمبروں اور رسولوں کو دنیا میں بھیجا تاکہ وہ **اللّٰہ** عَزَّوَجَلَّ کے اَحکام اس کی مخلوق تک پہنچائیں اور بندے ان پر عمل کر کے ہدایت ونجات کی راہ پائیں۔[1]

---

[1]......شرح العقائد النسفية، النوع الثانی خبر الرسول......الخ، ص ٨١

تَبلِیغِ رِسَالَت

سوال تبلیغ سے کیا مراد ہے؟

جواب تبلیغ سے مراد ہے **اللّٰہ** عَزَّوَجَلَّ کے اَحکام کو لوگوں تک پہنچانا۔

سوال کیا پیغمبروں نے **اللّٰہ** عَزَّوَجَلَّ کے تمام احکام لوگوں تک پہنچا دیئے ہیں؟

جواب جی ہاں! **اللّٰہ** عَزَّوَجَلَّ نے پیغمبروں پر شریعت کے جتنے احکام تبلیغ کے لیے نازل فرمائے ان پیغمبروں نے ان تمام احکام کو خدا کے بندوں تک پہنچا دیا ہے۔ [1]

سوال اگر کوئی یہ کہے کہ کسی نبی یا رسول نے **اللّٰہ** عَزَّوَجَلَّ کے تمام احکام لوگوں تک نہیں پہنچائے تو اسے کیا کہیں گے؟

جواب جو یہ کہے کہ کسی نبی یا رسول نے کسی حکم کو کسی بھی وجہ سے چھپالیا اور لوگوں تک نہیں پہنچایا وہ کافر ہے۔ [2]

دَلِیلِ رِسَالَت

سوال کیا رسولوں کے پاس اپنی رسالت کی کوئی دلیل ہوتی ہے؟

جواب جی ہاں! رسولوں کے پاس اپنی رسالت کی دلیل ہوتی ہے اور اسے مُعجزہ کہتے ہیں۔

سوال معجزہ کیا ہوتا ہے؟

جواب **اللّٰہ** عَزَّوَجَلَّ نے اپنے پیغمبروں کی سچائی ظاہر کرنے کے لیے ان کے ہاتھوں پر ایسی ایسی حیرت اور تعجب میں ڈالنے والی چیزیں ظاہر فرمائیں جو بہت ہی مشکل اور عادت کے خلاف ہیں اور دوسرے لوگ ایسا نہیں کر سکتے۔ ان چیزوں کو ''معجزہ'' کہتے ہیں۔ [3]

---

[1] ...... الیواقیت والجواهر، المبحث الثانی والثلاثون فی ثبوت رسالة نبینا محمد صلی الله علیه وسلم، ص ۲۵۲

[2] ...... المعتقد المنتقد مع شرحه المعتمد المستند، الباب الثانی فی النبوات، منه تبلیغ جمیع ما امروا بتبلیغه، ص ۱۱۴

[3] ...... شرح العقائد النسفیة، والنوع الثانی خبر الرسول المؤید بالمعجزة، ص ۱۷، مبحث النبواة، ص ۱۳۵

سوال کیا انبیائے کرام عَلَیْہِمُ الصَّلٰوۃُ وَالسَّلَام کے معجزات کا تذکرہ قرآنِ مجید میں بھی ہے؟

جواب جی ہاں! انبیائے کرام عَلَیْہِمُ الصَّلٰوۃُ وَالسَّلَام کے بہت سے معجزات کا ذکر قرآنِ مجید میں بھی ہے: مثال کے طور پر چند معجزات یہ ہیں:

1 ...... : حضرت سیِّدُنا موسیٰ عَلَیْہِ السَّلَام کے عصا کا اژدہا بن جانا۔ چنانچہ فرمانِ باری تعالیٰ ہے:

فَاَلْقٰى عَصَاهُ فَاِذَا هِیَ ثُعْبَانٌ مُّبِیْنٌ ﴿۱۰۷﴾ ترجمۂ کنزالایمان: تو موسیٰ نے اپنا عصا ڈال دیا وہ فوراً ایک ظاہر اژدھا ہوگیا۔ (پ ۹، الاعراف: ۱۰۷)

2 ...... : حضرت سیِّدُنا عیسیٰ عَلَیْہِ السَّلَام کا بیماروں کو تندرست اور مُردوں کو زندہ کرنا۔ چنانچہ فرمانِ باری تعالیٰ ہے:

وَ اُبْرِئُ الْاَكْمَهَ وَ الْاَبْرَصَ وَ اُحْیِ الْمَوْتٰى بِاِذْنِ اللّٰهِ ۚ ترجمۂ کنزالایمان: اور میں شِفا دیتا ہوں مادرزاد اندھے اور سپید (سفید) داغ والے کو اور میں مُردے جِلاتا (زندہ کرتا) ہوں اللہ کے حکم سے۔ (پ ۳، اٰل عمرٰن: ۴۹)

3 ...... : اللہ عَزَّوَجَلَّ کے محبوب صَلَّی اللّٰہُ تَعَالٰی عَلَیْہِ وَاٰلِہٖ وَسَلَّم کا چاند کو دو ٹکڑے کرنا۔ چنانچہ فرمانِ باری تعالیٰ ہے:

اِقْتَرَبَتِ السَّاعَةُ وَ انْشَقَّ الْقَمَرُ ﴿۱﴾ ترجمۂ کنزالایمان: پاس آئی قیامت اور شَق ہوگیا چاند۔

(پ ۲۷، القمر: ۱)

تعدادِ اَنبیا و رُسل

سوال نبیوں اور رسولوں کی تعداد کے متعلق ہمارا عقیدہ کیا ہے؟

جواب نبیوں اور رسولوں کی کوئی تعداد معیَّن کرنا جائز نہیں کیونکہ اس بارے میں مختلف رِوایتیں آئی ہیں اور نبیوں کی کسی خاص تعداد پر ایمان لانے میں یہ احتمال ہے کہ کسی نبی کی نُبُوَّت کا انکار ہوجائے یا غیر نبی کو نبی مان

لیا جائے اور یہ دونوں باتیں کفر ہیں۔ [1] اس لیے یہ اعتقاد رکھنا چاہئے کہ **اللّٰہ** عَزَّوَجَلَّ کے ہر نبی پر ہمارا ایمان ہے۔ کیونکہ مسلمان کے لیے جس طرح **اللّٰہ** عَزَّوَجَلَّ کی ذات وصفات پر ایمان لانا ضروری ہے۔ اسی طرح ہر نبی کی نُبُوَّت پر بھی ایمان لانا ضَروری ہے۔

عِصمتِ اَنبیا ورُسُل

(نبیوں کا گناہوں اور عیبوں سے پاک ہونا)

سوال کیا کسی نبی اور رسول سے کوئی گناہ ممکن ہے؟

جواب نبی اور رسول سے کوئی گناہ ممکن نہیں کیونکہ **اللّٰہ** عَزَّوَجَلَّ نے ان حضرات کو گناہوں سے محفوظ رکھنے کا وعدہ فرمایا ہے۔ اس سبب سے ان حضرات کا گناہ میں مبتلا ہونا شرْعاً مُحال (ناممکن) ہے۔ [2]

سوال کیا نبیوں اور رسولوں کے علاوہ بھی کوئی گناہوں سے محفوظ ہے؟

جواب جی ہاں! نبیوں اور رسولوں کے علاوہ فرشتے بھی گناہوں سے محفوظ ہوتے ہیں۔ کسی نبی اور فرشتے کے سوا کوئی معصوم نہیں۔ [3]

سوال بعض لوگ ولیوں اور اماموں کو بھی معصوم سمجھتے ہیں، کیا یہ درست ہے؟

جواب جی نہیں ایسا سمجھنا درست نہیں بلکہ ولیوں اور اماموں کو نبیوں کی طرح معصوم سمجھنا بد دینی و گمراہی ہے۔ [4]

---

[1] ...... شرح العقائد النسفیة، مبحث اول الانبیاء آدم علیه السلام، ص ٣٠٢
وبہارِ شریعت، عقائد متعلقہ نبوت، ١/ ٥٢ موضحا

[2] ...... بہارِ شریعت، عقائد متعلقہ نبوت، ١/ ٣٨

[3] ...... النبراس، مبحث الملائکة علیهم السلام، ص ٢٨٧

[4] ...... بہارِ شریعت، عقائد متعلقہ نبوت، ١/ ٣٨

فضیلتِ اَنبیا و رُسل

سوال: کیا انبیائے کرام عَلَیۡہِمُ السَّلَام فرشتوں سے بھی افضل ہیں؟

جواب: جی ہاں! انبیائے کرام عَلَیۡہِمُ السَّلَام تمام مخلوق یہاں تک کہ تمام فرشتوں سے بھی افضل ہیں۔ [1]

سوال: کیا کوئی ولی مرتبہ میں کسی نبی کے برابر ہوسکتا ہے؟

جواب: جی نہیں! ولی چاہے کتنے ہی بڑے مرتبے والا ہو ہرگز ہرگز کسی نبی کے برابر نہیں ہوسکتا۔ بلکہ جو کسی غیر نبی کو کسی نبی سے افضل یا برابر بتائے وہ کافِر ہے۔ [2]

سوال: کیا سب نبی مرتبے کے لحاظ سے آپس میں برابر ہیں؟

جواب: جی نہیں! سب نبیوں کے درجے مختلف ہیں۔ اللہ عَزَّوَجَلَّ نے ایک کو دوسرے پر فضیلت دی ہے۔ جیسا کہ فرمانِ باری تعالیٰ ہے: تِلۡكَ الرُّسُلُ فَضَّلۡنَا بَعۡضَهُمۡ عَلٰى بَعۡضٍ ۘ (پ۳، البقرۃ: ۲۵۳) ترجمۂ کنز الایمان: یہ رسول ہیں کہ ہم نے ان میں ایک کو دوسرے پر افضل کیا۔

سوال: مرتبے کے لحاظ سے سب سے افضل پانچ نبیوں کے نام مبارک بتائیے؟

جواب: سب سے افضل و اعلیٰ ہمارے میٹھے میٹھے آقا، مکی مدنی مصطفےٰ صَلَّی اللہُ تَعَالٰی عَلَیۡہِ وَاٰلِہٖ وَسَلَّم ہیں۔ پھر حضور صَلَّی اللہُ تَعَالٰی عَلَیۡہِ وَاٰلِہٖ وَسَلَّم کے بعد سب سے بڑا مرتبہ حضرت سیِّدُنا ابراہیم عَلَیۡہِ السَّلَام کا ہے پھر حضرت سیِّدُنا موسیٰ عَلَیۡہِ السَّلَام کا، پھر حضرت سیِّدُنا عیسیٰ عَلَیۡہِ السَّلَام اور حضرت سیِّدُنا نوح عَلَیۡہِ السَّلَام کا درجہ ہے۔ ان پانچوں حضرات کو مُرسَلِین اُولُوا العزم کہتے ہیں۔ یہ پانچوں باقی تمام نبیوں اور رسولوں سے افضل ہیں۔ [3]

---

[1]...... بہارِ شریعت، عقائد متعلقہ نبوت، ۱/ ۴۷

[2]...... المرجع السابق

[3]...... بہارِ شریعت، عقائد متعلقہ نبوت، ۱/ ۵۲

حیاتِ اَنبیا ورُسل

سوال: انبیائے کرام عَلَیْہِمُ السَّلَام کی حیاتِ طیّبہ کے متعلق ہمارا عقیدہ کیا ہے؟

جواب: انبیائے کرام عَلَیْہِمُ السَّلَام کی حیاتِ طیبہ کے متعلق ہمارا عقیدہ یہ ہے کہ وہ اپنی اپنی قبروں میں اُسی طرح بحیاتِ حقیقی زندہ ہیں جیسے دنیا میں تھے، کھاتے پیتے ہیں اور جہاں چاہیں آتے جاتے ہیں۔ [1]

سوال: کیا حیات کا عقیدہ قرآن سے ثابت ہے؟

جواب: جی ہاں! حیات کا عقیدہ قرآن سے ثابت ہے۔ چنانچہ،

1 ...... : پ 2، سورۂ بقرہ کی آیت نمبر 154 میں ہے:

وَلَا تَقُوْلُوْا لِمَنْ یُّقْتَلُ فِیْ سَبِیْلِ اللّٰهِ اَمْوَاتٌؕ بَلْ اَحْیَآءٌ وَّ لٰكِنْ لَّا تَشْعُرُوْنَ ﴿۱۵۴﴾

ترجمۂ کنز الایمان: اور جو خدا کی راہ میں مارے جائیں انہیں مُردہ نہ کہو بلکہ وہ زندہ ہیں ہاں تمہیں خبر نہیں۔

2 ...... : پ 4، سورۂ آلِ عمران کی آیت نمبر 169 میں ہے:

وَلَا تَحْسَبَنَّ الَّذِیْنَ قُتِلُوْا فِیْ سَبِیْلِ اللّٰهِ اَمْوَاتًاؕ بَلْ اَحْیَآءٌ عِنْدَ رَبِّهِمْ یُرْزَقُوْنَ ﴿۱۶۹﴾

ترجمۂ کنز الایمان: اور جو اللہ کی راہ میں مارے گئے ہرگز انہیں مردہ نہ خیال کرنا بلکہ وہ اپنے رب کے پاس زندہ ہیں روزی پاتے ہیں۔

3 ...... : پ 14، سورۂ نَحْل کی آیت نمبر 97 میں ہے:

مَنْ عَمِلَ صَالِحًا مِّنْ ذَكَرٍ اَوْ اُنْثٰى وَ هُوَ مُؤْمِنٌ فَلَنُحْیِیَنَّهٗ حَیٰوةً طَیِّبَةًۚ

ترجمۂ کنز الایمان: جو اچھا کام کرے مرد ہو یا عورت اور ہو مسلمان تو ضرور ہم اسے اچھی زندگی جلائیں گے۔

سوال: قرآنِ کریم میں تو صرف بعض مؤمنین و مؤمنات اور شہدائے عظام رَحِمَہُمُ اللہُ السَّلَام کی حیات ثابت ہے،

---

[1] ...... بہارِ شریعت، عقائد متعلقہ نبوت، ۱ / ۵۸

انبیائے کرام عَلَیْہِمُ السَّلَام کی حیات کیسے ثابت ہوگی؟

جواب پ5، سورۂ نساء کی آیت نمبر 69 میں ہے:

وَمَنْ يُّطِعِ اللّٰهَ وَالرَّسُوْلَ فَاُولٰٓئِكَ مَعَ الَّذِيْنَ اَنْعَمَ اللّٰهُ عَلَيْهِمْ مِّنَ النَّبِيّٖنَ وَالصِّدِّيْقِيْنَ وَالشُّهَدَآءِ وَالصّٰلِحِيْنَ ۚ

ترجمۂ کنز الایمان: اور جو اللہ اور اس کے رسول کا حکم مانے تو اُسے ان کا ساتھ ملے گا جن پر اللہ نے فضل کیا یعنی انبیاء اور صدیق اور شہید اور نیک لوگ۔

اس آیتِ مبارکہ میں جن چار گروہوں کا تذکرہ ہے ان میں شہدائے عظام رَحِمَہُمُ اللّٰہُ السَّلَام کا ذکر تیسرے نمبر پر اور عام نیک لوگوں کا ذکر چوتھے نمبر پر ہے، جب انعام شدہ لوگوں میں تیسرے نمبر والوں کی حیات قرآنِ کریم سے ثابت ہے تو دوسرے نمبر پر موجود صدیقین رَحِمَہُمُ اللّٰہُ الْمُبِیْن اور پہلے نمبر پر موجود انبیائے کرام عَلَیْہِمُ السَّلَام کی حیات بدرجۂ اولیٰ ثابت ہوگی۔ [1]

سوال کیا حیات کا عقیدہ حدیث سے بھی ثابت ہے؟

جواب جی ہاں! حیات کا عقیدہ حدیث سے بھی ثابت ہے۔ چنانچہ اللہ عَزَّوَجَلَّ کے محبوب، دانائے غُیُوب صَلَّی اللّٰہ تَعَالٰی عَلَیْہِ وَاٰلِہٖ وَسَلَّم کے دو فرامین مبارکہ پیشِ خدمت ہیں:

1 ......: اَلْاَنْبِیَاءُ اَحْیَاءٌ فِیْ قُبُوْرِهِمْ یُصَلُّوْنَ۔ یعنی انبیائے کرام عَلَیْہِمُ السَّلَام اپنی اپنی قبروں میں زندہ ہیں اور نماز پڑھتے ہیں۔ [2]

2 ......: اِنَّ اللّٰهَ حَرَّمَ عَلَى الْاَرْضِ اَنْ تَاْكُلَ اَجْسَادَ الْاَنْبِيَاءِ فَنَبِيُّ اللّٰهِ حَيٌّ يُّرْزَقُ۔ یعنی اللہ عَزَّوَجَلَّ نے زمین پر حرام ٹھہرا دیا ہے کہ وہ انبیائے کرام عَلَیْہِمُ السَّلَام کے جسموں کو کھائے، پس اللہ کا (ہر) نبی زندہ ہے اور رزق دیا جاتا ہے۔ [3]

---

[1]......مقامِ رسول، ص ۴۹۷ ملخصاً

[2]......مسند ابی یعلی، ۳/۲۱۶، حدیث: ۳۴۱۲

[3]......ابن ماجه، کتاب الجنائز، ذکر وفاته ودفنه، ۲/۲۹۱، حدیث: ۱۶۳۷

سوال کیا انبیائے کرام عَلَیْہِمُ السَّلَام نے موت کا ذائقہ چکھا ہے؟

جواب جی ہاں! تصدیقِ وعدۂ الٰہیہ کے لیے ایک آن کو انبیائے کرام عَلَیْہِمُ السَّلَام پر موت طاری ہوئی، پھر وہ بدستور زندہ ہوگئے۔[1] چنانچہ اعلیٰ حضرت رَحْمَۃُ اللّٰہِ تَعَالٰی عَلَیْہِ نے کیا خوب اس کی منظر کشی کی ہے:

انبیا کو بھی اَجل آنی ہے　　مگر ایسی کہ فقط آنی ہے
پھر اسی آن کے بعد ان کی حیات　　مِثلِ سابِق وہی جسمانی ہے

سوال انبیائے کرام عَلَیْہِمُ السَّلَام اور شہدائے عظام رَحِمَہُمُ اللّٰہُ السَّلَام کی حیات میں کیا فرق ہے؟

جواب انبیائے کرام عَلَیْہِمُ السَّلَام اور شہدائے عظام رَحِمَہُمُ اللّٰہُ السَّلَام کی حیات میں فرق یہ ہے کہ **اللّٰہ** عَزَّوَجَلَّ نے انبیائے کرام عَلَیْہِمُ السَّلَام کو جو زندگی عطا فرمائی ہے وہ شہیدوں کی زندگی سے کہیں بڑھ کر اَرفع واعلیٰ ہے۔[2] یہی وجہ ہے کہ شہیدوں کا ترکہ تقسیم کر دیا جاتا ہے اور ان کی بیویاں عدت کے بعد دوسروں سے نکاح کر سکتی ہیں۔ مگر انبیائے کرام عَلَیْہِمُ الصَّلٰوۃُ وَالسَّلَام کا نہ ترکہ تقسیم ہوتا ہے اور نہ ہی ان کی بیویاں عدت کے بعد دوسروں سے نکاح کر سکتی ہیں۔[3]

سوال کیا کوئی نبی اب بھی حیاتِ ظاہری کے ساتھ زندہ ہے؟

جواب چار انبیائے کرام عَلَیْہِمُ الصَّلٰوۃُ وَالسَّلَام حیاتِ ظاہری کے ساتھ زندہ ہیں۔ ان میں سے دو یعنی حضرت سیِّدُنا عیسیٰ عَلَیْہِ السَّلَام اور حضرت سیِّدُنا ادریس عَلَیْہِ السَّلَام آسمانوں پر ہیں اور دو یعنی حضرت سیِّدُنا خضر عَلَیْہِ السَّلَام اور حضرت سیِّدُنا الیاس عَلَیْہِ السَّلَام زمین پر ہیں۔[4]

---

[1] ...... بہارِ شریعت، عقائد متعلقہ نبوت، ۱/ ۵۸

[2] ...... حاشیۃ الصاوی علی تفسیر الجلالین، پ ۳، آل عمران: ۱۶۹، ۱/ ۳۳۳، وآیت: ۱۸۵، ۱/ ۳۴۰

[3] ...... بہارِ شریعت، عقائد متعلقہ نبوت، ۱/ ۵۸

[4] ...... ہمارا اسلام، حصہ سوم، ص ۱۰۳

عِلمِ اَنبیا و رُسُل

سوال: کیا اللہ عَزَّوَجَلَّ کے نبی غیب کی باتیں بھی جانتے ہیں؟

جواب: جی ہاں! اللہ عَزَّوَجَلَّ نے اپنے نبیوں کو بہت سی غیب کی باتوں کا علم عطا فرمایا ہے۔ جیسا کہ ارشادِ باری تعالیٰ ہے: وَمَا كَانَ اللّٰهُ لِيُطْلِعَكُمْ عَلَى الْغَيْبِ وَلٰكِنَّ اللّٰهَ يَجْتَبِيْ مِنْ رُّسُلِهٖ مَنْ يَّشَآءُ (پ ۴، اٰل عمرٰن: ۱۷۹) ترجَمۂ کنز الایمان: اور اللہ کی شان یہ نہیں کہ اے عام لوگو تمہیں غیب کا علم دے دے ہاں اللہ چُن لیتا ہے اپنے رسولوں سے جسے چاہے۔ اور بالخصوص سرکارِ دو عالم صَلَّی اللّٰہُ تَعَالٰی عَلَیْہِ وَاٰلِہٖ وَسَلَّم کے عِلْم کے متعلق یوں ارشاد فرمایا: وَعَلَّمَكَ مَا لَمْ تَكُنْ تَعْلَمُ (پ ۵، النسآء: ۱۱۳) ترجمۂ کنز الایمان: اور تمہیں سکھا دیا جو کچھ تم نہ جانتے تھے۔

سوال: اللہ عَزَّوَجَلَّ کے علمِ غیب اور نبیوں رسولوں کے علمِ غیب میں کیا فرق ہے؟

جواب: اللہ عَزَّوَجَلَّ کا علم اور اس کا ہر کمال ذاتی ہے، کسی کا دیا ہوا نہیں۔ جیسا کہ فرمانِ باری تعالیٰ ہے: اِنَّمَا الْغَيْبُ لِلّٰهِ (پ ۱۱، یونس: ۲۰) ترجمۂ کنز الایمان: غیب تو اللہ کے لئے ہے۔ جبکہ نبیوں اور رسولوں کا علمِ غیب عطائی ہے یعنی انہیں یہ علم اللہ عَزَّوَجَلَّ نے عطا فرمایا ہے۔

سوال: اگر کوئی شخص غیرِ خدا کے متعلق یہ عقیدہ رکھے کہ اسے اللہ عَزَّوَجَلَّ کی عطا کے بِغیر علمِ غیب حاصِل ہے تو اسے کیا کہیں گے؟

جواب: ایسا عقیدہ رکھنا صَریح کفر ہے۔ اس لیے کہ ہمارا عقیدہ ہے کہ جس کو بھی علمِ غیب ملا اللہ عَزَّوَجَلَّ کی عطا سے ملا۔ چُنانچہ بہارِ شریعت جلد اوّل صَفْحہ 10 پر ہے: کوئی شخص غیرِ خدا کے لئے ذاتی (یعنی بغیر اللہ کے دیئے) علمِ غیب مانے وہ کافِر ہے۔

سوال: جو لوگ نبیوں اور رسولوں بالخصوص سرورِ دو عالم صَلَّی اللّٰہُ تَعَالٰی عَلَیْہِ وَاٰلِہٖ وَسَلَّم کے علمِ غیب کو بالکل نہیں مانتے

انہیں کیا کہیں گے؟

جواب جولوگ نبیوں اور رسولوں بالخصوص سرورِ دو عالم صَلَّی اللہُ تَعَالٰی عَلَیْہِ وَاٰلِہٖ وَسَلَّم کے علمِ غیب کو بالکل نہیں مانتے، کافر ہیں کیونکہ اعلیٰ حضرت رَحْمَۃُ اللہِ تَعَالٰی عَلَیْہِ نے فتاویٰ رضویہ شریف کی 29ویں جلد کے صفحہ 414 پر مُطلقاً علمِ غیب کے انکار کو ضَروریاتِ دین کا انکار قرار دیا ہے اور جو شخص ضروریاتِ دین کا منکِر ہو کافر ہوتا ہے۔ مزید فرماتے ہیں کہ جو شخص علمِ غیب تو مانے لیکن غُیوبِ خَمسہ کو نہ مانے تو وہ بدمذہب وگمراہ ہے کیونکہ غیوبِ خمسہ پر ایمان ضروریاتِ اہلِ سنّت سے ہے اور ضروریاتِ اہلِ سنت کا منکِر بدمذہب وگمراہ ہوتا ہے۔

سورۂ بقرہ کے فضائل

صدرُ الافاضل حضرتِ علامہ مولانا سیِّد محمد نعیم الدین مراد آبادی عَلَیْہِ رَحْمَۃُ اللہِ الْھَادِی **خزائنُ العرفان** میں سورۂ بقرہ کے تحت حاشیہ نمبر 1 میں فرماتے ہیں: اس سورت میں 286 آیتیں، 40 رکوع، 6121 کلمے، پچیس ہزار پانچ سو حَرف ہیں۔ (خازن) پہلے قرآنِ پاک میں سورتوں کے نام نہ لکھے جاتے تھے، یہ طریقہ حجّاج نے نکالا۔ ابنِ عَرَبی کا قول ہے کہ سورۂ بقرہ میں ہزار اَمر، ہزار نَہی، ہزار حُکم، ہزار خبریں ہیں۔ اس کے اَخذ میں بَرَکت، ترک میں حسرت ہے، اہلِ باطِل جادوگر اس کی اِستطاعت نہیں رکھتے، جس گھر میں یہ سورت پڑھی جائے تین دن تک سرکش شیطان اس میں داخل نہیں ہوتا۔ مسلم شریف کی حدیث میں ہے کہ شیطان اس گھر سے بھاگتا ہے جس میں یہ سورت پڑھی جائے۔ (جمل) بیہقی وسعید بن منصور نے حضرت مُغیرہ سے رِوایت کی کہ جو شخص سوتے وقت سورۂ بقرہ کی دس آیتیں پڑھے گا قرآن شریف کو نہ بھولے گا، وہ آیتیں یہ ہیں چار آیتیں اوّل کی اور آیتُ الکرسی اور دو اس کے بعد کی اور تین آخر سورت کی۔ مسئلہ: طَبَرانی وبیہقی نے حضرت ابنِ عمر رَضِیَ اللہُ تَعَالٰی عَنْھُمَا سے روایت کی کہ حضور عَلَیْہِ الصَّلٰوۃُ وَالسَّلام نے فرمایا: میت کو دفن کرکے قبر کے سرہانے سورۂ بقرہ کے اول کی (پانچ) آیتیں اور پاؤں کی طرف آخر کی (دو) آیتیں پڑھو۔

کُتُبِ رِسَالَت

سوال اللہ عَزَّوَجَلَّ نے کتنے صحیفے [1] اور آسمانی کتابیں نازِل فرمائی ہیں؟

جواب اللہ عَزَّوَجَلَّ نے اپنے نبیوں پر جو صحیفے اور آسمانی کتابیں نازل فرمائیں ان کی یقینی تعداد بیان کرنا ممکن نہیں، البتہ! ایک رِوایت کے مطابق ان کی تعداد تقریباً 100 ہے۔ [2]

سوال کیا اللہ عَزَّوَجَلَّ نے ان صحیفوں اور آسمانی کتابوں کا ذِکر قرآنِ مجید میں بھی فرمایا ہے؟

جواب جی ہاں! اللہ عَزَّوَجَلَّ نے ان صحیفوں اور آسمانی کتابوں کا ذکر قرآنِ مجید میں مختلف مقامات پر فرمایا ہے۔ چُنانچہ،

...... کچھ صحیفے حضرت سیِّدُ نا ابراہیم عَلَیْہِ السَّلَام اور حضرت سیِّدُ نا موسیٰ عَلَیْہِ السَّلَام پر نازل فرمائے اور ان کا تذکرہ کچھ یوں فرمایا:

اِنَّ هٰذَا لَفِی الصُّحُفِ الْاُوْلٰىۙ (۱۸) صُحُفِ اِبْرٰهِیْمَ وَ مُوْسٰى۠ (۱۹)

ترجمۂ کنز الایمان: بے شک یہ اگلے صحیفوں میں ہے، ابراہیم اور موسیٰ کے صحیفوں میں۔ (پ۳۰، الاعلی: ۱۸، ۱۹)

...... توریت حضرت سیِّدُ نا موسیٰ عَلَیْہِ السَّلَام پر نازل فرمائی اور اس کا ذکر کچھ یوں فرمایا:

---

[1]...... مخلوق کی ہدایت کے لیے اللہ تعالیٰ کی اُتاری ہوئی چھوٹی چھوٹی کتابیں یا ورق جو قرآن شریف سے پہلے اُتارے گئے، انہیں صحیفے کہتے ہیں، ان صحیفوں میں اچھی اچھی مفید نصیحتیں اور کارآمد باتیں ہوتی تھیں۔ (ہمارا اسلام، ص۴۹)

[2]...... النبراس، بیان الکتب المنزلۃ، ص ۲۹۰

وَلَقَدْ اٰتَيْنَا مُوْسَى الْكِتٰبَ

ترجمۂ کنز الایمان: اور بے شک ہم نے موسیٰ کو کتاب عطا کی۔ (پ ۱، البقرۃ: ۸۷)

خزائن العرفان میں اس آیتِ مبارکہ کی تفسیر میں ہے کہ اس کتاب سے توریت مراد ہے۔

......زبور حضرت سیّدُنا داود عَلَیْہِ السَّلَام پر نازل فرمائی اور اس کا ذکر کچھ یوں فرمایا:

وَلَقَدْ فَضَّلْنَا بَعْضَ النَّبِيّٖنَ عَلٰى بَعْضٍ وَّاٰتَيْنَا دَاوٗدَ زَبُوْرًا ﴿۵۵﴾

ترجمۂ کنز الایمان: اور بے شک ہم نے نبیوں میں ایک کو ایک پر بڑائی دی اور داود کو زبور عطا فرمائی۔ (پ ۱۵، بنی اسرآئیل: ۵۵)

......انجیل حضرت سیّدُنا عیسیٰ عَلَیْہِ السَّلَام پر نازل فرمائی اور اس کا ذکر کچھ یوں فرمایا:

وَقَفَّيْنَا عَلٰۤى اٰثَارِهِمْ بِعِيْسَى ابْنِ مَرْيَمَ مُصَدِّقًا لِّمَا بَيْنَ يَدَيْهِ مِنَ التَّوْرٰىةِ ۪ وَاٰتَيْنٰهُ الْاِنْجِيْلَ فِيْهِ هُدًى وَّنُوْرٌ ۙ

ترجمۂ کنز الایمان: اور ہم اُن نبیوں کے پیچھے اُن کے نشانِ قدم پر عیسیٰ بن مریم کو لائے تصدیق کرتا ہوا توریت کی جو اس سے پہلے تھی اور ہم نے اسے انجیل عطا کی جس میں ہدایت اور نور ہے۔ (پ ۶، المائدۃ: ۴۶)

......قرآنِ مجید جو سب سے افضل کتاب ہے وہ سب سے افضل رسول حضرت سیّدُنا محمد صَلَّی اللّٰہُ تَعَالٰی عَلَیْہِ وَاٰلِہٖ وَسَلَّم پر نازل فرمائی اور اس کا ذکر کچھ یوں فرمایا:

اِنَّا نَحْنُ نَزَّلْنَا عَلَيْكَ الْقُرْاٰنَ تَنْزِيْلًا ﴿۲۳﴾ۚ

ترجمۂ کنز الایمان: بے شک ہم نے تم پر قرآن بتدریج اتارا۔ (پ ۲۹، الدھر: ۲۳)

سوال: چار مشہور آسمانی کتابیں کن زبانوں میں نازل ہوئیں؟

جواب: ان چاروں میں سے توراۃ اور زبور عبرانی زبان میں، انجیل سریانی زبان میں اور قرآنِ کریم عربی زبان میں نازل ہوا۔[1]

---

[1]......ہمارا اسلام، ص ۹۹

سوال اگر کوئی ان صحیفوں یا کتابوں میں سے کسی ایک کو نہ مانے تو اس پر کیا حُکم نافِذ ہوگا؟

جواب اگر کوئی ان صحیفوں یا کتابوں میں سے کسی ایک کو نہ مانے تو اس پر کفر کا حکم نافذ ہوگا کیونکہ کسی بھی آسمانی کتاب یا صحیفے کا انکار کرنا کفر ہے۔[1]

سوال کیا **اللہ** عَزَّوَجَلَّ نے جتنے صحیفے اور کتابیں نازِل فرمائیں، سب پر ایمان لانا ضروری ہے؟

جواب جی ہاں! **اللہ** عَزَّوَجَلَّ نے جتنے صحیفے اور کتابیں نازل فرمائیں سب حق ہیں اور سب **اللہ** عَزَّوَجَلَّ کا کلام ہیں، ان کتابوں میں جو کچھ ارشادِ خداوندی ہوا سب پر ایمان لانا اور ان کو سچ ماننا ضروری ہے۔[2]

سوال کیا ہم پر تمام آسمانی کتابوں اور صحیفوں میں نازل کردہ اَحکامات پر عمل کرنا لازم ہے؟

جواب جی نہیں! ہم پر تمام آسمانی کتابوں اور صحیفوں میں نازل کردہ احکامات پر عمل کرنا لازم نہیں بلکہ ہم پر صرف قرآنِ کریم کے احکامات پر عمل کرنا فرض ہے۔

سوال کیا قرآنِ مجید میں کمی بیشی ممکن ہے؟

جواب جی نہیں! قرآنِ مجید میں کمی بیشی ممکن نہیں۔ اسلام چونکہ ہمیشہ رہنے والا دین ہے۔ لہٰذا قرآنِ مجید کی حفاظت کی ذِمّہ داری **اللہ** عَزَّوَجَلَّ نے اپنے ذمہ رکھی ہے، اس لیے قرآنِ مجید میں کوئی کمی بیشی کر دے ایسا کبھی نہیں ہوسکتا۔[3] چُنانچہ ارشاد فرمایا:

اِنَّا نَحْنُ نَزَّلْنَا الذِّكْرَ وَ اِنَّا لَهٗ لَحٰفِظُوْنَ ۝۹ ترجَمۂ کنزالایمان: بے شک ہم نے اُتارا ہے یہ قرآن اور بے شک ہم خود اس کے نگہبان ہیں۔ (پ ۱۴، الحجر: ۹)

سوال اگر کوئی قرآنِ مجید میں کسی قسم کی کمی بیشی کا قائل ہو تو اسے کیا کہیں گے؟

---

[1] ...... الشفاء، فصل واعلم ان من استخف بالقرآن ...... الخ، الجزء الثانی، ص ۲۶۴

[2] ...... بہارِ شریعت، عقائد متعلقہ نبوت، ۱/ ۳۰ بتغیر

[3] ...... بہارِ شریعت، عقائد متعلقہ نبوت، ۱/ ۳۰ بتغیر

جواب اگر کوئی قرآنِ مجید میں کسی قسم کی کمی بیشی کا قائل ہو تو اسے کافر کہیں گے۔ [1] کیونکہ فرمانِ باری تعالیٰ ہے:

لَا یَاْتِیْهِ الْبَاطِلُ مِنْۢ بَیْنِ یَدَیْهِ وَ لَا مِنْ خَلْفِهٖ ؕ تَنْزِیْلٌ مِّنْ حَكِیْمٍ حَمِیْدٍ ﴿۴۲﴾

(پ ۲۴، حم السجدۃ: ۴۲) ترجمۂ کنز الایمان: باطِل کو اس کی طرف راہ نہیں نہ اس کے آگے سے نہ اس کے پیچھے سے اُتارا ہوا ہے حکمت والے سب خوبیوں سَراہے کا۔ صدرُ الاَفاضل حضرتِ علّامہ مولانا سیِّد محمد نعیم الدین مراد آبادی عَلَیْہِ رَحْمَۃُ اللہِ الْھَادِی **خزائنُ العرفان** میں اس آیتِ مبارکہ کی تفسیر میں فرماتے ہیں: یعنی کسی طرح اور کسی جہت (سَمت، طرف) سے بھی باطل اس تک راہ نہیں پاسکتا، وہ تغییر و تبدیل وکمی وزیادتی سے محفوظ ہے، شیطان اس میں تَصَرُّف (یعنی اپنی طرف سے کچھ شامل کرنے یا بنا دینے) کی قدرت نہیں رکھتا۔

سوال قرآنِ مجید میں کل کتنے پارے اور سورتیں ہیں؟

جواب قرآنِ مجید میں کل 30 پارے اور 114 سورتیں ہیں۔

سوال قرآنِ پاک کی کون سی آیت سب سے پہلے نازل ہوئی؟

جواب سب سے پہلے سورۂ علق کی یہ آیتِ مبارکہ نازل ہوئی: اِقْرَاْ بِاسْمِ رَبِّكَ الَّذِیْ خَلَقَ ﴿۱﴾ ج

(پ ۳۰، العلق: ۱) ترجمۂ کنز الایمان: پڑھو اپنے رب کے نام سے جس نے پیدا کیا۔ [2]

سوال قرآنِ پاک کی کون سی آیت سب سے آخر میں نازل ہوئی؟

جواب سب سے آخر میں سورۂ بقرہ کی یہ آیتِ مبارکہ نازل ہوئی: وَ اتَّقُوْا یَوْمًا تُرْجَعُوْنَ فِیْهِ اِلَى اللّٰهِ ۗ ثُمَّ تُوَفّٰى كُلُّ نَفْسٍ مَّا كَسَبَتْ وَ هُمْ لَا یُظْلَمُوْنَ ﴿۲۸۱﴾ ع

---

[1] ……الشفاء، فصل واعلم ان من استخف بالقرآن……الخ، الجزء الثانی، ص ۲۶۴ ماخوذاً

[2] ……الاتقان، باب معرفۃ المکی والمدنی، ۱/۱۴

(پ۳، البقرۃ: ۲۸۱) ترجمۂ کنزالایمان: اور ڈرو اس دن سے جس میں اللہ کی طرف پھرو گے اور ہر جان کو اس کی کمائی پوری بھر دی جائے گی اور ان پر ظلم نہ ہوگا۔ [۱]

سوال قرآنِ پاک حفظ کرنے کے متعلق شرعی حکم کیا ہے؟

جواب ایک آیت کا حفظ کرنا ہر مُکلَّف (یعنی عاقِل بالغ) مسلمان پر فرضِ عین ہے اور پورے قرآنِ مجید کا حفظ کرنا فرضِ کفایہ (یعنی اگر چند مسلمان حفظ کرلیں تو بقیہ کے ذمّے زبانی یاد کرنا لازم نہیں رہے گا) اور سورۂ فاتحہ اور ایک دوسری چھوٹی سورت یا اس کی مثل تین چھوٹی آیتیں یا ایک بڑی آیت کا حفظ واجبِ عین (یعنی ہر ایک کے لیے یاد کرنا واجب) ہے۔ [۲]

سوال قرآنِ مجید سے خالی سینہ کیسا ہے؟

جواب سرکارِ مدینہ صَلَّی اللہُ تَعَالٰی عَلَیْہِ وَاٰلِہٖ وَسَلَّم نے ارشاد فرمایا: جس کے سینے میں کچھ قرآن نہیں وہ ویران مکان کی طرح ہے۔ [۳]

سوال جو شخص قرآنِ پاک پڑھے اور اس پر عمل کرے اس کی کیا فضیلت ہے؟

جواب حدیثِ پاک میں ہے کہ جس نے قرآن پڑھا اور اس کو یاد کرلیا اور اس کے حلال کو حلال اور حرام کو حرام جانا اس کے گھر والوں میں سے ان دس افراد کے بارے میں اللہ عَزَّوَجَلَّ اس کی شَفاعت قبول فرمائے گا جن پر جہنم کی آگ واجب ہو چکی ہوگی۔ [۴]

سوال قرآنِ مجید پڑھنے کی فضیلت کیا ہے؟

---

[۱] ...... بخاری، کتاب التفسیر، باب وَاتَّقُوْا یَوْمًا تُرْجَعُوْنَ فِیْہِ ...... الخ، ۳/۱۸۷، حدیث: ۴۵۴۴

[۲] ...... بہارِ شریعت، عقائد متعلقہ نبوت، ۱/۵۴۵

[۳] ...... ترمذی، کتاب فضائل القرآن، باب: ۱۸، ۴/۴۱۹، حدیث: ۲۹۲۲

[۴] ...... ترمذی، کتاب فضائل القرآن، باب ماجاء فی فضل قارئ القرآن، ۴/۴۱۴، حدیث: ۲۹۱۴

جواب جس نے قرآنِ مجید سے ایک حَرف پڑھا اس کے لئے دس نیکیاں ہیں۔

سوال زبان میں لکنت کی وجہ سے رُک رُک کر قرآنِ پاک پڑھنے والے کے متعلق کیا حُکم ہے؟

جواب ایسے شخص کو دوگُنا ثواب ملتا ہے۔[1]

سوال قرآنِ مجید دیکھ کر پڑھنے اور زبانی پڑھنے میں کیا فرق ہے؟

جواب قرآنِ مجید دیکھ کر پڑھنا زبانی پڑھنے سے افضل ہے کہ یہ پڑھنا بھی ہے اور دیکھنا بھی اور ہاتھ سے چھونا بھی اور یہ سب کام عبادت ہیں۔[2]

سوال کیا قرآنِ مجید کو بے وضو پڑھ سکتے ہیں؟

جواب جی ہاں! قرآنِ مجید کو بے وضو پڑھ سکتے ہیں۔

سوال کیا قرانِ مجید کو بے وضو چھو بھی سکتے ہیں؟

جواب جی نہیں! قرآنِ مجید کو بے وضو چھونا حرام ہے۔

ختمِ قرآن کی دعا

اَللّٰھُمَّ اٰنِسْ وَحْشَتِیْ فِیْ قَبْرِیْ ط اَللّٰھُمَّ ارْحَمْنِیْ بِالْقُرْاٰنِ الْعَظِیْمِ وَاجْعَلْهُ لِیْ اِمَامًا وَّنُوْرًا وَّهُدًی وَّرَحْمَةً ط اَللّٰھُمَّ ذَكِّرْنِیْ مِنْهُ مَا نَسِیْتُ وَعَلِّمْنِیْ مِنْهُ مَاجَهِلْتُ وَارْزُقْنِیْ تِلَاوَتَهٗ اٰنَآءَ الَّیْلِ وَاَطْرَافَ النَّهَارِ وَاجْعَلْهُ حُجَّةً لِّیْ یَارَبَّ الْعٰلَمِیْنَ۔[3]

---

[1] ...... مسلم، کتاب صلاۃ المسافرین...... الخ، باب فضل من یقوم بالقرآن...... الخ، ص ۴۰۸، حدیث: ۲۶۹۔(۸۱۲) مفهومًا

[2] ...... بہارِ شریعت، مسائل قراءت بیرونِ نماز، ۱/۵۵۰

[3] ...... الجامع الصغیر للسیوطی، ص ۴۱، حدیث: ۵۷۱

تفسیر روح البیان، پ ۱۵، الاسراء، تحت الآیة: ۱۰، ۵/۱۳۶

ترجمہ: الٰہی میری قبر میں میری پریشانی کو دُور فرمانا اور قرآنِ عظیم کے وسیلے سے مجھ پر رحم فرمانا اور قرآن کو میرے لیے پیشوا بنا اور باعثِ نور اور سببِ ہدایت و رحمت بنا اور قرآن سے جو کچھ میں بھول گیا ہوں اسے یاد دلا دے اور جو کچھ قرآن سے میں نہ جان سکا وہ بھی سکھلا دے اور رات دن مجھے اس کی تلاوت نصیب کر اور (قیامت کے دن) اس کو میرے لیے دلیل بنا۔ اے عالَم کے پرورش کرنے والے! میری دعا قبول فرما۔

سوال کم عرصہ میں حفظ کرنے والے چند بزرگانِ دین رَحِمَهُمُ اللهُ الْمُبِيْن کے نام بتایئے اور یہ بھی بتایئے کہ انہوں نے کتنے عرصے میں حفظ کیا؟

جواب کم عرصہ میں حفظ کرنے والے چند بُزرگانِ دین رَحِمَهُمُ اللهُ الْمُبِيْن کے نام یہ ہیں:

- ......حضرت سیِّدُنا امام محمد عَلَيْهِ رَحْمَةُ اللهِ الصَّمَد نے سات دن میں حفظ کیا۔
- ......سیدی اعلیٰ حضرت امام احمد رضا خان عَلَيْهِ رَحْمَةُ الرَّحْمٰن نے ایک ماہ میں حفظ کیا۔
- ......حضرت سیِّدُنا محمد معصوم نقشبندی عَلَيْهِ رَحْمَةُ اللهِ الْقَوِی نے 3 ماہ میں حفظ کیا۔[1]

سوال سات مشہور قراء صحابۂ کرام عَلَيْهِمُ الرِّضْوَان کے نام بتائیں؟

جواب سات مشہور قراء صحابۂ کرام عَلَيْهِمُ الرِّضْوَان کے نام یہ ہیں:

(1)......امیر المؤمنین حضرت سیِّدُنا عثمان بن عفّان رَضِيَ اللهُ تَعَالٰی عَنْه

(2)......امیر المؤمنین حضرت سیِّدُنا علی المرتضیٰ كَرَّمَ اللهُ تَعَالٰی وَجْهَهُ الْكَرِيْم

(3)......حضرت سیِّدُنا اُبی بن کعب رَضِيَ اللهُ تَعَالٰی عَنْه

(4)......حضرت سیِّدُنا زید بن ثابت رَضِيَ اللهُ تَعَالٰی عَنْه

(5)......حضرت سیِّدُنا عبد اللہ بن مسعود رَضِيَ اللهُ تَعَالٰی عَنْه

(6)......حضرت سیِّدُنا ابو الدَّرداء رَضِيَ اللهُ تَعَالٰی عَنْه

(7)......حضرت سیِّدُنا ابو موسیٰ اَشعری رَضِيَ اللهُ تَعَالٰی عَنْه۔[2]

---

[1]......انوار العرفان، ص ۲۸، ۳۰

[2]......اتقان، النوع العشرون، ۱/۱۰۳

سوال قِراءَتِ سَبْعہ کے اماموں کے نام بیان کیجئے؟

جواب قراءت سبعہ کے اماموں کے نام یہ ہیں:

﴿1﴾......حضرت سیِّدُنا امام نافِع عَلَیْہِ رَحمَۃُ اللہِ الرَّافِع

﴿2﴾......حضرت سیِّدُنا امام ابنِ کثیر عَلَیْہِ رَحمَۃُ اللہِ القَدِیر

﴿3﴾......حضرت سیِّدُنا امام ابوعَمرو رَحمَۃُ اللہِ تَعالٰی عَلَیْہ

﴿4﴾......حضرت سیِّدُنا امام ابنِ عامر عَلَیْہِ رَحمَۃُ اللہِ الغَافِر

﴿5﴾......حضرت سیِّدُنا امام عاصم عَلَیْہِ رَحمَۃُ اللہِ الحَاکِم

﴿6﴾......حضرت سیِّدُنا امام حمزہ رَحمَۃُ اللہِ تَعالٰی عَلَیْہ

﴿7﴾......حضرت سیِّدُنا امام کِسائی عَلَیْہِ رَحمَۃُ اللہِ القَوِی۔ [1]

سوال امیرالمؤمنین حضرت سیِّدُنا عثمانِ غنی رَضِیَ اللہُ تَعالٰی عَنْہ کے تیار کردہ مصاحِف (یعنی قرآنِ پاک) کی تعداد کتنی تھی؟

جواب امیرالمؤمنین حضرت سیِّدُنا عثمانِ غنی رَضِیَ اللہُ تَعالٰی عَنْہ کے تیار کردہ مصاحف کی تعداد پانچ تھی۔

خَتْمِ نبوّت و رِسالَت

سوال خَتمِ نبوت سے کیا مراد ہے؟

جواب خَتمِ نبوت سے مراد یہ ماننا ہے کہ ہمارے آقا و مولیٰ حضور صَلَّی اللہُ تَعالٰی عَلَیْہِ وَاٰلِہٖ وَسَلَّم ''آخری نبی'' ہیں۔ یعنی اللہ عَزَّوَجَلَّ نے حضور صَلَّی اللہُ تَعالٰی عَلَیْہِ وَاٰلِہٖ وَسَلَّم کی ذات پر سلسلۂ نبوت کو ختم فرما دیا۔ حضور کے زمانہ میں یا اس کے بعد قیامت تک کوئی نیا نبی نہیں ہوسکتا۔ [2]

سوال جو شخص خَتمِ نبوت کو نہ مانے اس کے متعلق شرعی حُکم کیا ہے؟

جواب جو شخص سرورِ دو عالم صَلَّی اللہُ تَعالٰی عَلَیْہِ وَاٰلِہٖ وَسَلَّم کے زمانہ میں یا آپ صَلَّی اللہُ تَعالٰی عَلَیْہِ وَاٰلِہٖ وَسَلَّم کے بعد کسی

---

[1]......كتاب التيسير في القراءات السبع، ص١٧، ١٩

[2]......بہارِ شریعت، عقائد متعلقہ نبوت، ١ / ٦٣

کو نُبُوَّت ملنے کا اعتقاد رکھے یا کسی نئے نبی کے آنے کو ممکن مانے وہ کافر ہے۔ ①

سوال حضرت سیِّدُ نا عیسٰی عَلَیْہِ السَّلَام کی تشریف آوری سے کیا عقیدۂ ختمِ نبوت پر کوئی فرق واقع ہوسکتا ہے؟

جواب جی نہیں! حضرت سیِّدُ نا عیسٰی عَلَیْہِ السَّلَام کی تشریف آوری سے عقیدۂ ختمِ نبوت پر کوئی فرق واقع نہیں ہوگا، اس لیے کہ حضرت سیِّدُ نا عیسٰی عَلَیْہِ السَّلَام کی تشریف آوری بطورِ نبی نہیں بلکہ بطورِ امتی ہوگی۔ چُنانچہ تفسیرِ نَسَفی میں ہے کہ سرکارِ دو جہاں صَلَّی اللہُ تَعَالٰی عَلَیْہِ وَاٰلِہٖ وَسَلَّم کے بعد کوئی نبی نہیں، حضرت سیِّدُ نا عیسٰی عَلَیْہِ السَّلَام کی تشریف آوری نبی کی حیثیت سے نہیں بلکہ شریعتِ محمدیہ کے ایک پیروکار کی حیثیت سے ہوگی گویا کہ وہ سرکار صَلَّی اللہُ تَعَالٰی عَلَیْہِ وَاٰلِہٖ وَسَلَّم کے اُمّتی ہوں گے۔ ②

سوال کیا ختمِ نبوت کا ثبوت قرآنِ کریم میں ہے؟

جواب جی ہاں! ختمِ نبوت کا عقیدہ قرآنِ کریم سے ثابت ہے۔ چنانچہ فرمانِ باری تعالٰی ہے:

مَا كَانَ مُحَمَّدٌ اَبَآ اَحَدٍ مِّنْ رِّجَالِكُمْ وَلٰكِنْ رَّسُوْلَ اللّٰهِ وَخَاتَمَ النَّبِيّٖنَ ؕ وَكَانَ اللّٰهُ بِكُلِّ شَیْءٍ عَلِیْمًا ۠ (۴۰) (پ ۲۲، الاحزاب: ۴۰)

ترجمۂ کنز الایمان: محمد تمہارے مَردوں میں کسی کے باپ نہیں ہاں اللہ کے رسول ہیں اور سب نبیوں میں پچھلے اور اللہ سب کچھ جانتا ہے۔

امام خازِن رَحْمَۃُ اللہِ تَعَالٰی عَلَیْہ اس آیتِ مبارکہ کی تفسیر میں لکھتے ہیں: خَتَمَ اللّٰهُ بِهِ النُّبُوَّةَ فَلَا نُبُوَّةَ بَعْدَهٗ اَیْ وَلَا مَعَهٗ۔ ترجمہ: اللہ عَزَّوَجَلَّ نے سرورِ دو عالم صَلَّی اللہُ تَعَالٰی عَلَیْہِ وَاٰلِہٖ وَسَلَّم پر سلسلۂ نبوت کو ختم فرمادیا، اب آپ صَلَّی اللہُ تَعَالٰی عَلَیْہِ وَاٰلِہٖ وَسَلَّم کے بعد کوئی نبی نہیں آئے گا اور نہ ہی کوئی نبوت میں آپ کے ساتھ شریک ہے۔ ③

---

[1]...... المعتقد المنتقد مع شرحہ المعتمد المستند، تکمیل الباب، ص ۱۲۰

[2]...... تفسیر نسفی، پ ۲۲، الاحزاب، تحت الآیۃ: ۴۰، ص ۹۴۳

[3]...... تفسیر ابن کثیر، پ ۲۲، الاحزاب، تحت الآیۃ: ۴۰، ۶/ ۳۹۱

معراجِ مصطفٰے

سوال معراج سے کیا مراد ہے؟

جواب تاجدارِ رسالت، شہنشاہِ نُبوت صَلَّی اللّٰہُ تَعَالٰی عَلَیْہِ وَاٰلِہٖ وَسَلَّم کو **اللہ** عَزَّوَجَلَّ نے **مکہ مکرمہ سے بیتُ المقدس تک،** پھر وہاں سے ساتوں آسمانوں اور کرسی وعرش تک اور وہاں سے اوپر جہاں تک **اللہ** عَزَّوَجَلَّ کو منظور ہوا رات کے تھوڑے سے حصہ میں سیر کرائی۔ اس رات بارگاہِ خداوندی میں آپ صَلَّی اللّٰہُ تَعَالٰی عَلَیْہِ وَاٰلِہٖ وَسَلَّم کو وہ قُربِ خاص حاصل ہوا کہ کسی نبی اور فرشتہ کو نہ کبھی حاصل ہوا نہ کبھی ہوگا۔ حضور صَلَّی اللّٰہُ تَعَالٰی عَلَیْہِ وَاٰلِہٖ وَسَلَّم کے اس آسمانی سفر کو ''معراج'' کہتے ہیں۔[1]

سوال معراج شریف کب ہوئی؟

جواب معراج شریف رجبُ المرجب کی ۲۷ ویں رات کو ہوئی۔

سوال معراج شریف کا تذکرہ قرآنِ کریم کی کس سورت میں ہے؟

جواب معراج شریف کا تذکرہ قرآنِ کریم کے پارہ نمبر 15، سورۂ بنی اسرائیل کی پہلی آیت میں کچھ یوں ہے:

---

[1]...... تفسیراتِ احمدیۃ، بنی اسرآئیل، تحت الآیۃ: ۱، مسئلۃ المعراج، ص ۵۰۲۔۵۰۵ ملتقطًا و نبراس، بیان المعراج، ص ۲۹۲۔۲۹۵ ملتقطًا

سُبۡحٰنَ الَّذِیۡۤ اَسۡرٰی بِعَبۡدِہٖ لَیۡلًا مِّنَ الۡمَسۡجِدِ الۡحَرَامِ اِلَی الۡمَسۡجِدِ الۡاَقۡصَا الَّذِیۡ بٰرَکۡنَا حَوۡلَہٗ لِنُرِیَہٗ مِنۡ اٰیٰتِنَا ؕ اِنَّہٗ ہُوَ السَّمِیۡعُ الۡبَصِیۡرُ ﴿۱﴾

ترجمۂ کنز الایمان: پاکی ہے اسے جو راتوں رات اپنے بندے کو لے گیا مسجدِ حرام (خانہ کعبہ) سے مسجدِ اقصا (بیتُ المقدس) تک جس کے گرداگرد ہم نے بَرَکت رکھی کہ ہم اسے اپنی عظیم نشانیاں دکھائیں بے شک وہ سنتا دیکھتا ہے۔

(پ ۱۵، بنی اسرآءیل: ۱)

سوال شبِ معراج سرکارِ مدینہ صَلَّی اللہُ تَعَالٰی عَلَیْہِ وَاٰلِہٖ وَسَلَّم نے کیا کیا دیکھا؟

جواب شبِ معراج سرکارِ مدینہ صَلَّی اللہُ تَعَالٰی عَلَیْہِ وَاٰلِہٖ وَسَلَّم نے عرش و کرسی، لوح و قلم، جنت و دوزخ، زمین و آسمان کا ذرّہ ذرّہ اور اللہ عَزَّوَجَلَّ کی دیگر بے شمار بڑی بڑی نشانیوں کو دیکھا، سب سے بڑھ کر آپ صَلَّی اللہُ تَعَالٰی عَلَیْہِ وَاٰلِہٖ وَسَلَّم نے اس رات اپنے سر کی آنکھوں سے جمالِ الٰہی کا دیدار کیا اور بغیر کسی واسطہ کے اللہ عَزَّوَجَلَّ کا کلام سُنا۔[1]

سوال شبِ معراج کس آسمان پر سرکارِ مدینہ صَلَّی اللہُ تَعَالٰی عَلَیْہِ وَاٰلِہٖ وَسَلَّم کی ملاقات کس نبی عَلَیْہِ السَّلَام سے ہوئی؟

جواب شبِ معراج سرکارِ مدینہ صَلَّی اللہُ تَعَالٰی عَلَیْہِ وَاٰلِہٖ وَسَلَّم کی ملاقات

1 ......: پہلے آسمان پر حضرت سیِّدُنا آدم عَلَیْہِ السَّلَام سے ہوئی۔

2 ......: دوسرے آسمان پر حضرت سیِّدُنا یحییٰ و حضرت سیِّدُنا عیسیٰ عَلَیْہِمَا السَّلَام سے ہوئی۔

3 ......: تیسرے آسمان پر حضرت سیِّدُنا یوسف عَلَیْہِ السَّلَام سے ہوئی۔

4 ......: چوتھے آسمان پر حضرت سیِّدُنا ادریس عَلَیْہِ السَّلَام سے ہوئی۔

5 ......: پانچویں آسمان پر حضرت سیِّدُنا ہارون عَلَیْہِ السَّلَام سے ہوئی۔

6 ......: چھٹے آسمان پر حضرت سیِّدُنا موسیٰ عَلَیْہِ السَّلَام سے ہوئی۔

---

[1] ...... بہارِ شریعت، عقائد متعلقہ نبوت، ۱/ ۶۷ ماخوذاً

7 ......: ساتویں آسمان پر حضرت سیّدُنا ابراھیم عَلَیْہِ السَّلَام سے ہوئی۔[1]

سوال: سرکارِمدینہ صَلَّی اللہُ تَعَالٰی عَلَیْہِ وَاٰلِہٖ وَسَلَّم کے اس آسمانی سفر کا انکار کرنے والے کے لیے کیا حکم ہے؟

جواب: سفرِ معراج کے تین حصّے ہیں: ﴿1﴾ اسریٰ ﴿2﴾ مِعراج ﴿3﴾ اِعراج یا عُروج۔ چُنانچہ،

﴿1﴾ اَسریٰ یعنی مکّۂ مکرَّمہ سے حُضُور پُرنور صَلَّی اللہُ تَعَالٰی عَلَیْہِ وَاٰلِہٖ وَسَلَّم کا بَیْتُ المقدَّس تک شب کے تھوڑے سے حصے میں تشریف لے جانا نصِ قرآنی (یعنی قرآنِ پاک کی واضح آیت اور روشن دلیل) سے ثابِت ہے۔ اِس کا مُنکِر (انکار کرنے والا) کافِر ہے۔

﴿2﴾ مِعراج یعنی آسمانوں کی سَیر اور مَنازِلِ قُرب میں پہنچنا احادیثِ صَحِیْحَہ (صَحِی۔حَہ) مُعتَمَدہ (مُع۔تَ۔مَدَہ) مَشہورَہ (مَش۔ہُورَہ) سے ثابِت ہے، اس کا مُنکِر (انکار کرنے والا) گمراہ ہے۔

﴿3﴾ اِعراج یا عُروج یعنی سرکارِ نامدار صَلَّی اللہُ تَعَالٰی عَلَیْہِ وَاٰلِہٖ وَسَلَّم کے سر کی آنکھوں سے دیدارِ الٰہی کرنے اور فوق العرش (عرش سے اوپر) جانے کا منکِر (انکار کرنے والا) خاطی یعنی خطا کار ہے۔[2]

سوال: شبِ معراج سرکارِ مدینہ صَلَّی اللہُ تَعَالٰی عَلَیْہِ وَاٰلِہٖ وَسَلَّم نے بیت المقدس میں کس نماز کی امامت فرمائی؟

جواب: شبِ معراج سرکارِ مدینہ صَلَّی اللہُ تَعَالٰی عَلَیْہِ وَاٰلِہٖ وَسَلَّم نے بیت المقدس میں جس نماز کی امامت فرمائی وہ نماز تَحِیَّۃُ الْمسجد تھی۔ چنانچہ حضرت علّامہ مُلّا علی قاری عَلَیْہِ رَحمَۃُ اللہِ البَارِی فرماتے ہیں: مَدَنی آقا صَلَّی اللہُ تَعَالٰی عَلَیْہِ وَاٰلِہٖ وَسَلَّم نے دو رکعت تحیۃ المسجد ادا کی اور ظاہر یہی ہے کہ یہی وہ نماز ہے جس میں آپ صَلَّی اللہُ تَعَالٰی عَلَیْہِ وَاٰلِہٖ وَسَلَّم کی انبیائے کرام عَلَیْہِمُ الصَّلٰوۃُ وَالسَّلَام نے اِقتدا کی اور آپ صَلَّی اللہُ تَعَالٰی عَلَیْہِ وَاٰلِہٖ وَسَلَّم اَصفیا کے امام بنے۔[3]

---

[1]......سیرتِ مصطفٰے، ص ۷۴۳

[2]......کفریہ کلمات کے بارے میں سوال جواب، ص ۲۲۶، ۲۲۷ ماخوذًا

[3]......مرقاۃ، کتاب الفضائل، باب فی المعراج، ۱۰/۱۶۷، تحت الحدیث: ۵۸۶۳

شفاعتِ مُصطفٰے

سوال: شفاعت سے کیا مراد ہے؟

جواب: شفاعت سے مراد سفارش ہے یعنی قیامت کے دن اللہ عَزَّوَجَلَّ کے نبی و رسول اور دیگر نیک بندے گناہ گاروں کی بخشش کے لیے بارگاہِ خداوندی میں سفارش فرمائیں گے۔

سوال: قیامت کے دن سب سے پہلے شفاعت کون کرے گا؟

جواب: قیامت کے دن سب سے پہلے اللہ عَزَّوَجَلَّ کے پیارے حبیب صَلَّی اللہُ تَعَالٰی عَلَیْہِ وَاٰلِہٖ وَسَلَّم شفاعت فرمائیں گے۔ اللہ عَزَّوَجَلَّ نے آپ صَلَّی اللہُ تَعَالٰی عَلَیْہِ وَاٰلِہٖ وَسَلَّم کو قیامت کے دن شفاعتِ کُبریٰ اور مقامِ محمود کا شرف عطا فرمایا ہے۔ جب تک ہمارے حضور صَلَّی اللہُ تَعَالٰی عَلَیْہِ وَاٰلِہٖ وَسَلَّم شفاعت کا دروازہ نہیں کھولیں گے کسی کو بھی مجالِ شفاعت نہ ہوگی، پھر آپ صَلَّی اللہُ تَعَالٰی عَلَیْہِ وَاٰلِہٖ وَسَلَّم کی شفاعت کے بعد تمام انبیا و اولیا و صُلَحا و شُہدا وغیرہ سب شفاعت کریں گے۔[١]

سوال: مقامِ محمود سے کیا مراد ہے؟

جواب: مقامِ محمود سے مراد وہ خاص مقام ہے جو اللہ عَزَّوَجَلَّ بروزِ قیامت سرکارِ مدینہ صَلَّی اللہُ تَعَالٰی عَلَیْہِ وَاٰلِہٖ وَسَلَّم کو عطا فرمائے گا کہ تمام اَوّلین و آخرین حضور کی حمد و سِتائش کریں گے۔[٢]

سوال: لِوَاءُ الْحَمْد کیا ہے اور بروزِ قیامت کس کے پاس ہوگا؟

جواب: لِوَاءُ الْحَمْد ایک جھنڈے کا نام ہے جو بروزِ قیامت اللہ عَزَّوَجَلَّ کے پیارے حبیب صَلَّی اللہُ تَعَالٰی عَلَیْہِ وَاٰلِہٖ وَسَلَّم کو مرحمت ہوگا، سب لوگ اس کے نیچے ہوں گے۔[٣]

---

[١]...... بہارِ شریعت، عقائد متعلقہ نبوت، ١/ ٧٠ ماخوذاً

[٢]...... سنی بہشتی زیور، سید الانبیاء کے فضائلِ مبارکہ، ص ٣٣

[٣]...... ترمذی، کتاب المناقب، ٥/ ٣٥٤، حدیث: ٣٦٣٥

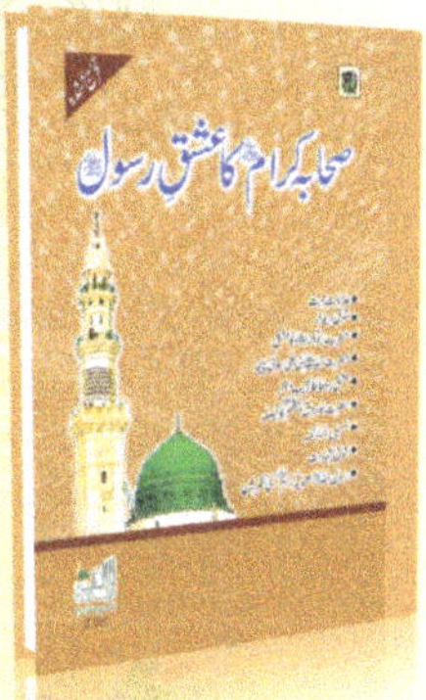

مَحَبَّتِ مُصطفٰے

سوال ہمیں سرکارِ مدینہ صَلَّی اللّٰہُ تَعَالٰی عَلَیْہِ وَاٰلِہٖ وَسَلَّم سے کس قدر محبت ہونی چاہیے؟

جواب ہمیں اپنے میٹھے میٹھے آقا، مکی مدنی مصطفےٰ صَلَّی اللّٰہُ تَعَالٰی عَلَیْہِ وَاٰلِہٖ وَسَلَّم سے سب سے زیادہ محبت ہونی چاہیے، کیونکہ آپ صَلَّی اللّٰہُ تَعَالٰی عَلَیْہِ وَاٰلِہٖ وَسَلَّم کی محبت عین ایمان ہے اور جب تک حضور صَلَّی اللّٰہُ تَعَالٰی عَلَیْہِ وَاٰلِہٖ وَسَلَّم کی محبت ماں باپ اولاد بلکہ تمام جہاں سے زیادہ نہ ہو کوئی شخص کامل مسلمان نہیں ہوسکتا۔ جیسا کہ فرمانِ باری تعالیٰ ہے:

قُلْ اِنْ كَانَ اٰبَآؤُكُمْ وَ اَبْنَآؤُكُمْ وَ اِخْوَانُكُمْ
وَ اَزْوَاجُكُمْ وَ عَشِیْرَتُكُمْ وَ اَمْوَالُ ﰳ
اقْتَرَفْتُمُوْهَا وَ تِجَارَةٌ تَخْشَوْنَ كَسَادَهَا وَ
مَسٰكِنُ تَرْضَوْنَهَاۤ اَحَبَّ اِلَیْكُمْ مِّنَ اللّٰهِ وَ
رَسُوْلِهٖ وَ جِهَادٍ فِیْ سَبِیْلِهٖ فَتَرَبَّصُوْا
حَتّٰى یَاْتِیَ اللّٰهُ بِاَمْرِهٖ ؕ وَ اللّٰهُ لَا یَهْدِی
الْقَوْمَ الْفٰسِقِیْنَ ﴿۲۴﴾ (پ۱۰، التوبۃ: ۲۴)

ترجمۂ کنزالایمان: تم فرماؤ اگر تمہارے باپ اور تمہارے بیٹے اور تمہارے بھائی اور تمہاری عورتیں اور تمہارا کنبہ اور تمہاری کمائی کے مال اور وہ سودا جس کے نقصان کا تمہیں ڈر ہے اور تمہارے پسند کے مکان یہ چیزیں **اللہ** اور اس کے رسول اور اس کی راہ میں لڑنے سے زیادہ پیاری ہوں تو راستہ دیکھو (انتظار کرو) یہاں تک کہ **اللہ** اپنا حکم لائے اور **اللہ** فاسقوں کو راہ نہیں دیتا۔

اور آپ صَلَّی اللہُ تَعَالٰی عَلَیْہِ وَاٰلِہٖ وَسَلَّم کا فرمانِ عالیشان ہے: لَا یُؤْمِنُ اَحَدُکُمْ حَتّٰی اَکُوْنَ اَحَبَّ اِلَیْہِ مِنْ وَّالِدِہٖ وَوَلَدِہٖ وَالنَّاسِ اَجْمَعِیْنَ۔ یعنی تم میں سے کوئی شخص اس وقت تک کامل مؤمن نہیں ہو سکتا جب تک میں اسے اس کے باپ، اولاد اور تمام لوگوں سے زیادہ محبوب نہ ہو جاؤں۔ [1]

سوال: سلطانِ بَحر و بر صَلَّی اللہُ تَعَالٰی عَلَیْہِ وَاٰلِہٖ وَسَلَّم کی مَحبّت کا تقاضا کیا ہے؟

جواب: سلطانِ بَحر و بر صَلَّی اللہُ تَعَالٰی عَلَیْہِ وَاٰلِہٖ وَسَلَّم کی محبت کا تقاضا یہ ہے کہ آپ صَلَّی اللہُ تَعَالٰی عَلَیْہِ وَاٰلِہٖ وَسَلَّم کے تمام صحابہ واہلِ بیت اور تمام متعلقین ومُتوسِّلین سے محبت کی جائے اور سرکارِ مدینہ صَلَّی اللہُ تَعَالٰی عَلَیْہِ وَاٰلِہٖ وَسَلَّم کے تمام دشمنوں سے عداوت و دشمنی ہو۔ اگر چہ وہ اپنا باپ یا بیٹا یا رشتہ دار ہی کیوں نہ ہو کیونکہ یہ ممکن ہی نہیں کہ رسول سے بھی محبت ہو اور ان کے دشمنوں سے بھی۔ [2] چنانچہ فرمانِ باری تعالیٰ ہے:

یٰۤاَیُّهَا الَّذِیْنَ اٰمَنُوْا لَا تَتَّخِذُوْۤا اٰبَآءَكُمْ وَ اِخْوَانَكُمْ اَوْلِیَآءَ اِنِ اسْتَحَبُّوا الْكُفْرَ عَلَى الْاِیْمَانِؕ وَ مَنْ یَّتَوَلَّهُمْ مِّنْكُمْ فَاُولٰٓىٕكَ هُمُ الظّٰلِمُوْنَ (۲۳) (پ ۱۰، التوبۃ: ۲۳)

ترجمۂ کنز الایمان: اے ایمان والو اپنے باپ اور اپنے بھائیوں کو دوست نہ سمجھو اگر وہ ایمان پر کفر پسند کریں اور تم میں جو کوئی ان سے دوستی کرے گا تو وہی ظالم ہیں۔

ایک مقام پر ارشاد ہوتا ہے:

لَا تَجِدُ قَوْمًا یُّؤْمِنُوْنَ بِاللّٰهِ وَ الْیَوْمِ الْاٰخِرِ یُوَآدُّوْنَ مَنْ حَآدَّ اللّٰهَ وَ رَسُوْلَهٗ وَ لَوْ كَانُوْۤا اٰبَآءَهُمْ اَوْ اَبْنَآءَهُمْ اَوْ اِخْوَانَهُمْ اَوْ عَشِیْرَتَهُمْؕ اُولٰٓىٕكَ كَتَبَ فِیْ قُلُوْبِهِمُ

ترجمۂ کنز الایمان: تم نہ پاؤ گے ان لوگوں کو جو یقین رکھتے ہیں اللہ اور پچھلے دن پر کہ دوستی کریں ان سے جنہوں نے اللہ اور اس کے رسول سے مخالفت کی اگر چہ وہ اُن کے باپ یا بیٹے یا بھائی یا کنبے والے ہوں یہ ہیں جن کے دلوں میں

---

[1] ……بخاری، کتاب الایمان، باب حب الرسول صلی اللہ علیہ وسلم من الایمان، ۱ /۱۷، حدیث: ۱۵

[2] ……الشفاء، فصل فی علامات محبتہ صلی اللہ علیہ وسلم، الجزء الثانی، ص ۲۱

الْاِیْمَانَ وَاَیَّدَهُمْ بِرُوْحٍ مِّنْهُؕ وَیُدْخِلُهُمْ جَنّٰتٍ تَجْرِیْ مِنْ تَحْتِهَا الْاَنْهٰرُ خٰلِدِیْنَ فِیْهَاؕ رَضِیَ اللّٰهُ عَنْهُمْ وَرَضُوْا عَنْهُؕ اُولٰٓىٕكَ حِزْبُ اللّٰهِؕ اَلَاۤ اِنَّ حِزْبَ اللّٰهِ هُمُ الْمُفْلِحُوْنَ۠ ﴿۲۲﴾ (پ۲۸، المجادلۃ: ۲۲)

اللہ نے ایمان نقش فرمادیا اور اپنی طرف کی روح سے اُن کی مدد کی اور انہیں باغوں میں لے جائے گا جن کے نیچے نہریں بہیں اُن میں ہمیشہ رہیں اللہ ان سے راضی اور وہ اللہ سے راضی یہ اللہ کی جماعت ہے سنتا ہے اللہ ہی کی جماعت کامیاب ہے۔

تعظیمِ مُصطفٰے

سوال تاجدارِ مدینہ صَلَّی اللّٰہُ تَعَالٰی عَلَیْہِ وَاٰلِہٖ وَسَلَّم کی تعظیم وتوقیر کی شرعی حیثیت کیا ہے؟

جواب تاجدارِ مدینہ صَلَّی اللّٰہُ تَعَالٰی عَلَیْہِ وَاٰلِہٖ وَسَلَّم کی تعظیم وتوقیر ہر مسلمان پر فرضِ اعظم بلکہ جانِ ایمان ہے۔[1] چنانچہ فرمانِ باری تعالیٰ ہے:

وَتُعَزِّرُوْهُ وَتُوَقِّرُوْهُؕ (پ۲۶، الفتح: ۹) ترجمۂ کنزالایمان: اور رسول کی تعظیم وتوقیر کرو۔

سوال سلطانِ بحر وبر صَلَّی اللّٰہُ تَعَالٰی عَلَیْہِ وَاٰلِہٖ وَسَلَّم کی تعظیم وتوقیر ہم سے کیا تقاضا کرتی ہے؟

جواب سلطانِ بحر وبر صَلَّی اللّٰہُ تَعَالٰی عَلَیْہِ وَاٰلِہٖ وَسَلَّم کی تعظیم وتوقیر ہم سے تقاضا کرتی ہے کہ ہر وہ شے جسے آپ صَلَّی اللّٰہُ تَعَالٰی عَلَیْہِ وَاٰلِہٖ وَسَلَّم سے نسبت وتعلق ہو لائقِ تعظیم اور واجب الاحترام ہے۔[2]

---

[1] ...... بہارِ شریعت، عقائد متعلقہ نبوت، ۱/ ۷۴ ماخوذًا

[2] ...... مواہب لدنیۃ، المقصد السابع فی وجوب صحبتہ صلی اللہ علیہ وسلم، الفصل الثالث، حب الصحابۃ وعلاماتہ، ۳/ ۳۹۳

اِطاعتِ مُصطفےٰ

سوال: کیا ہم پر سرکارِ مدینہ صَلَّی اللہُ تَعَالٰی عَلَیْہِ وَاٰلِہٖ وَسَلَّم کی اطاعت کرنا فرض ہے؟

جواب: جی ہاں! ہم پر سرکارِ مدینہ صَلَّی اللہُ تَعَالٰی عَلَیْہِ وَاٰلِہٖ وَسَلَّم کی اطاعت کرنا فرض ہے کیونکہ آپ صَلَّی اللہُ تَعَالٰی عَلَیْہِ وَاٰلِہٖ وَسَلَّم **اللہ** عَزَّوَجَلَّ کے نائبِ مُطلَق (یعنی خلیفہ) ہیں، آپ صَلَّی اللہُ تَعَالٰی عَلَیْہِ وَاٰلِہٖ وَسَلَّم کا فرمان **اللہ** عَزَّوَجَلَّ کا فرمان ہے اور آپ صَلَّی اللہُ تَعَالٰی عَلَیْہِ وَاٰلِہٖ وَسَلَّم کی اطاعت **اللہ** عَزَّوَجَلَّ کی اطاعت۔ جیسا کہ فرمانِ باری تعالیٰ ہے:

مَنْ یُّطِعِ الرَّسُوْلَ فَقَدْ اَطَاعَ اللّٰهَ ۚ ترجمۂ کنزالایمان: جس نے رسول کا حکم مانا بے شک اس نے **اللہ** کا حکم مانا۔ (پ۵، النسآء:۸۰)

عَطائے مُصطفےٰ

سوال: کیا **اللہ** عَزَّوَجَلَّ نے کسی کو تمام جہانوں میں تَصَرُّف کا اختیار دیا ہے؟

جواب: جی ہاں! **اللہ** عَزَّوَجَلَّ نے سرکارِ مدینہ صَلَّی اللہُ تَعَالٰی عَلَیْہِ وَاٰلِہٖ وَسَلَّم کو تمام جہانوں میں تصرف کا اختیار دیا ہے۔

سوال: سرکارِ مدینہ صَلَّی اللہُ تَعَالٰی عَلَیْہِ وَاٰلِہٖ وَسَلَّم تمام جہانوں میں کس قسم کا تَصَرُّف فرماتے ہیں؟

جواب: **اللہ** عَزَّوَجَلَّ نے سرکارِ مدینہ صَلَّی اللہُ تَعَالٰی عَلَیْہِ وَاٰلِہٖ وَسَلَّم کو آسمان وزمین کے تمام خزانوں کی کنجیاں عطا فرما رکھی ہیں، اب حضور صَلَّی اللہُ تَعَالٰی عَلَیْہِ وَاٰلِہٖ وَسَلَّم **اللہ** عَزَّوَجَلَّ کی تمام نعمتوں اور عطاؤں کو پوری کائنات میں تقسیم فرماتے ہیں۔[1]

سُبْحَانَ اللہ عَزَّوَجَلَّ!

---

[1] ...... مسلم، کتاب الفضائل، باب اثبات حوض نبینا صلی اللہ علیہ وسلم وصفاتہ، ص ۱۲۵۸، حدیث: ۳۰-(۲۲۹۶)
ومواہب لدنیۃ، الفصل الثانی، اعطی مفاتیح الخزائن، ۲/ ۲۳۹

رب ہے مُعطی یہ ہیں قاسم
رِزق اس کا ہے کِھلاتے یہ ہیں

حاضِر وناظِر مصطفٰے

سوال حاضر وناظر کا مطلب کیا ہے؟

جواب حاضر کے لُغوی معنی ہیں **"موجود، جوسامنے ہو"** اور ناظر کے معنی ہیں **"دیکھنے والا"**۔ چنانچہ جہاں تک ہماری نظر کام کرے وہاں تک ہم ناظر ہیں اور جو جگہ ہماری پہنچ میں ہو وہاں تک ہم حاضر ہیں۔ مثلاً آسمان تک نظر کام کرتی ہے وہاں تک ہم ناظر ہیں مگر حاضر نہیں کیونکہ وہاں تک ہماری پہنچ نہیں اور جس کمرے یا گھر میں ہم موجود ہیں وہاں حاضر ہیں کہ اس جگہ ہماری پہنچ ہے۔ جبکہ حاضر وناظر کے شرعی معنیٰ یہ ہیں کہ **اللہ** عَزَّوَجَلَّ کا بندہ بعطائے الٰہی ایک ہی جگہ رہ کر تمام جہان کو اپنی ہتھیلی کی طرح دیکھے اور دُور وقریب کی آوازیں سُنے یا ایک آن میں تمام عالم کی سیر کرے اور صدہا کوس پر حاجت مندوں کی حاجت رَوائی کرے۔ یہ رفتار خواہ صرف روحانی ہو یا جسم مثالی کے ساتھ، قبر میں مدفون جسم سے ہو یا کسی دوسری جگہ موجود جسم سے۔ [1]

سوال **اللہ** عَزَّوَجَلَّ کو حاضر وناظر کہنا کیسا؟

جواب **اللہ** عَزَّوَجَلَّ کو حاضر وناظر نہیں کہنا چاہیے کیونکہ **اللہ** عَزَّوَجَلَّ جگہ اور مکان سے پاک ہے۔ حکیمُ الاُمّت مفتی احمد یار خان نعیمی عَلَیْہِ رَحمَۃُ اللہِ الْقَوِی فرماتے ہیں: ہر جگہ میں حاضر وناظر ہونا خدا کی صفت ہرگز نہیں خدائے تعالٰی جگہ اور مکان سے پاک ہے۔ [2]

سوال کیا سرکارِ مدینہ صَلَّی اللہُ تَعَالٰی عَلَیْہِ وَاٰلِہٖ وَسَلَّم حاضر وناظر ہیں؟

---

[1] ...... جاء الحق، ص ١٤٥

[2] ...... جاء الحق، ص ١٤٣

جواب جی ہاں! اللہ عَزَّوَجَلَّ کی عطا سے سرکارِ مدینہ صَلَّی اللہُ تَعَالٰی عَلَیْہِ وَاٰلِہٖ وَسَلَّم حاضر وناظر ہیں یعنی آپ صَلَّی اللہُ تَعَالٰی عَلَیْہِ وَاٰلِہٖ وَسَلَّم اپنی قبرِ انور میں رہتے ہوئے نورِ نُبُوَّت سے اپنے ہر امتی کے ہر ہر عَمَل کا مشاہدہ فرما رہے ہیں، تمام عالَم کو اپنے ہاتھ کی ہتھیلی کی طرح دیکھتے، دُور و نزدیک کی آوازیں سنتے، جہاں چاہیں، جتنے مقامات پر چاہیں اللہ عَزَّوَجَلَّ کی عطا کردہ طاقت سے جلوہ گر ہو سکتے ہیں۔

سوال کیا سرکارِ مدینہ صَلَّی اللہُ تَعَالٰی عَلَیْہِ وَاٰلِہٖ وَسَلَّم اپنے جسمِ بشری کے ساتھ ہر جگہ موجود ہیں؟

جواب جی نہیں! سرکارِ مدینہ صَلَّی اللہُ تَعَالٰی عَلَیْہِ وَاٰلِہٖ وَسَلَّم اپنے جسمِ بشری کے ساتھ ہر جگہ موجود نہیں بلکہ آپ صَلَّی اللہُ تَعَالٰی عَلَیْہِ وَاٰلِہٖ وَسَلَّم اپنی نورانیت، روحانیت اور علمیت کے اعتبار سے ہر جگہ اسی طرح موجود ہیں جس طرح سورج آسمان پر ہوتا ہے لیکن اپنی روشنی اور نورانیت کے ساتھ رُوئے زمین پر موجود ہوتا ہے۔ البتہ! اگر چاہیں تو جسمِ بشری کے ساتھ جہاں چاہیں حاضر ہو سکتے ہیں۔

سوال کیا حاضر و ناظر کا عقیدہ قرآنِ پاک سے ثابت ہے؟

جواب جی ہاں! حاضر و ناظر کا عقیدہ قرآنِ کریم کی متعدد آیاتِ مبارکہ سے ثابت ہے۔ چنانچہ،

1 ...... : پارہ 22، سورۂ اَحزاب کی آیت نمبر 45 میں ارشاد ہوتا ہے: اِنَّاۤ اَرْسَلْنٰكَ شَاهِدًا۔ ترجمۂ کنز الایمان: بے شک ہم نے تمہیں بھیجا حاضر ناظر۔ اس آیت کے تحت تفسیر روح المعانی میں ہے: یعنی ہم نے آپ کو ان سب پر گواہ بنا کر بھیجا جن کی طرف آپ صَلَّی اللہُ تَعَالٰی عَلَیْہِ وَاٰلِہٖ وَسَلَّم رسول بنا کر بھیجے گئے۔ آپ صَلَّی اللہُ تَعَالٰی عَلَیْہِ وَاٰلِہٖ وَسَلَّم ان کے اَحوال کو دیکھتے اور ان کے اَعمال کا مشاہدہ فرماتے ہیں۔ جو کچھ بھی تصدیق و تکذیب ان سے صادِر ہو رہی ہے اس پر گواہ بن رہے ہیں، ہدایت و گمراہی میں سے جس پر بھی لوگ ہیں اس پر بھی آپ صَلَّی اللہُ تَعَالٰی عَلَیْہِ وَاٰلِہٖ وَسَلَّم گواہ ہیں اور یہ گواہی آپ صَلَّی اللہُ تَعَالٰی عَلَیْہِ وَاٰلِہٖ وَسَلَّم قیامت کے دن ادا فرمائیں گے جو اُمت کے حق میں بھی قبول ہوگی اور مخالفت میں بھی۔ [1] اور یہ سب

[1] ...... تفسیر روح المعانی، پ ۲۲، الاحزاب، تحت الآیۃ: ۴۵، الجزء الثانی والعشرون، ص ۳۰۴

اسی وقت ہوسکتا ہے جب آپ صَلَّی اللہُ تَعَالٰی عَلَیْہِ وَاٰلِہٖ وَسَلَّم اعمالِ اُمّت پر حاضر وناظر ہوں۔

2 ......: پارہ2، سورۂ بقرہ کی آیت نمبر143 میں ارشاد ہوتا ہے: وَكَذٰلِكَ جَعَلْنٰكُمْ اُمَّةً وَّسَطًا لِّتَكُوْنُوْا شُهَدَآءَ عَلَى النَّاسِ وَيَكُوْنَ الرَّسُوْلُ عَلَيْكُمْ شَهِيْدًا ؕ ترجمۂ کنزالایمان: اور بات یوں ہی ہے کہ ہم نے تمہیں کیا سب امتوں میں افضل کہ تم لوگوں پر گواہ ہو اور یہ رسول تمہارے نگہبان و گواہ۔ اس آیت کے تحت تفسیر روح البیان میں ہے: رسولِ اکرم صَلَّی اللہُ تَعَالٰی عَلَیْہِ وَاٰلِہٖ وَسَلَّم کا امت کے بارے میں گواہی دینے کا مطلب یہ ہے کہ آپ نورِ حق کی وجہ سے دین پر چلنے والے ہر دین دار کے رُتبے کو جانتے ہیں اور اس کے دین کی حقیقت کو بھی، نیز اس رُکاوٹ سے بھی واقف ہیں جس نے اُمّتی کو دین میں کمال حاصل کرنے سے روک رکھا ہے۔ پس آپ صَلَّی اللہُ تَعَالٰی عَلَیْہِ وَاٰلِہٖ وَسَلَّم اپنی امت کے گناہوں کو پہچانتے ہیں، ان کے ایمان کی حقیقت کو، اُمت کے اعمال، ان کی نیکیوں، بُرائیوں، اِخلاص اور نفاق سب کو نورِ حق کی وجہ سے جانتے اور پہچانتے ہیں۔ [1] اور یہ سب اسی صورت میں ممکن ہے کہ آپ صَلَّی اللہُ تَعَالٰی عَلَیْہِ وَاٰلِہٖ وَسَلَّم اعمالِ امت پر حاضر وناظر ہوں۔

سوال کیا حاضر وناظر کا عقیدہ اَحادیثِ کریمہ سے بھی ثابت ہے؟

جواب جی ہاں! حاضر وناظر کا عقیدہ احادیثِ کریمہ سے بھی ثابت ہے۔ چنانچہ،

1 ......: حضرت سیِّدُنا ثوبان رَضِیَ اللہُ تَعَالٰی عَنْہ سے مروی ہے کہ سرکارِ مدینہ صَلَّی اللہُ تَعَالٰی عَلَیْہِ وَاٰلِہٖ وَسَلَّم نے ارشاد فرمایا: **اللہ** عَزَّوَجَلَّ نے میرے لیے زمین سمیٹ دی تو میں نے اس کے مشرق ومغرب کا تمام حصہ دیکھ لیا اور عنقریب میری امت کی حکومت وہاں تک پہنچے گی جہاں تک کہ زمین میرے لیے سمیٹی گئی۔ [2] معلوم ہوا کہ آپ صَلَّی اللہُ تَعَالٰی عَلَیْہِ وَاٰلِہٖ وَسَلَّم ایک مقام پر موجود ہوتے ہوئے پوری رُوئے زمین کو ملاحظہ فرما رہے تھے۔

---

[1] ......تفسیر روح البیان، پ ٢، البقرۃ، تحت الآیۃ: ١٤٣، ١/٢٤٨

[2] ......مسلم، کتاب الفتن واشراط الساعۃ، باب ھلاک ھذہ الامۃ بعضھم ببعض، ص ١٥٤٤، حدیث: ٢٨٨٩

2 ......: حضرت سَیِّدَتُنا اسماء بنتِ ابی بکر رَضِیَ اللهُ تَعَالٰی عَنْھُمَا سے مروی ہے کہ سرکارِ مدینہ صَلَّی اللهُ تَعَالٰی عَلَیْہِ وَاٰلِہٖ وَسَلَّم نے نمازِ کسوف ادا فرمائی، فراغت کے بعد **اللہ** عَزَّوَجَلَّ کی حمد وثنا کی، پھر ارشاد فرمایا: ہر وہ شے جس کو میں نے پہلے نہیں دیکھا تھا اسے میں نے اس مقام پر دیکھ لیا یہاں تک کہ جنت و دوزخ کو بھی دیکھ لیا۔[1] معلوم ہوا کہ آپ صَلَّی اللهُ تَعَالٰی عَلَیْہِ وَاٰلِہٖ وَسَلَّم نے زمین پر تشریف فرما ہو کر جنت و دوزخ کو ملاحظہ فرمایا۔

3 ......: ام المؤمنین حضرت سیدتنا اُمّ سلمہ رَضِیَ اللهُ تَعَالٰی عَنْھَا سے مروی ہے کہ ایک شب سرکارِ مدینہ صَلَّی اللهُ تَعَالٰی عَلَیْہِ وَاٰلِہٖ وَسَلَّم بیدار ہوئے اور فرمایا: **سبحان اللہ**! اس رات میں کس قدر فتنے اور خزانے اُتارے گئے ہیں۔[2] معلوم ہوا کہ آپ صَلَّی اللهُ تَعَالٰی عَلَیْہِ وَاٰلِہٖ وَسَلَّم آئندہ ہونے والے فتنوں کو بچشم ملاحظہ فرمارہے ہیں۔

4 ......: حضرت سَیِّدُنا انس رَضِیَ اللهُ تَعَالٰی عَنْہ سے مروی ہے کہ سرکارِ مدینہ صَلَّی اللهُ تَعَالٰی عَلَیْہِ وَاٰلِہٖ وَسَلَّم نے جنگِ موتہ میں شریک حضرت سَیِّدُنا زید، حضرت سَیِّدُنا جعفر اور حضرت سَیِّدُنا ابن رواحہ رَضِیَ اللهُ تَعَالٰی عَنْھُم کی شہادت کی خبر لوگوں کو اس طرح دی گویا کہ موتہ جو کہ مدینہ منورہ سے بہُت ہی دور ہے وہاں جو کچھ ہو رہا ہے اس کو سرکارِ مدینہ صَلَّی اللهُ تَعَالٰی عَلَیْہِ وَاٰلِہٖ وَسَلَّم مدینہ شریف سے دیکھ رہے ہیں۔[3]

5 ......: ام المؤمنین حضرت سیدتنا میمونہ رَضِیَ اللهُ تَعَالٰی عَنْھَا روایت کرتی ہیں کہ سرکارِ مدینہ صَلَّی اللهُ تَعَالٰی عَلَیْہِ وَاٰلِہٖ وَسَلَّم ایک رات میرے پاس تشریف فرما تھے کہ آپ حسبِ معمول نمازِ تہجّد کے لیے اُٹھے اور وضو کرنے کی جگہ تشریف لے گئے۔ میں نے سُنا کہ آپ صَلَّی اللهُ تَعَالٰی عَلَیْہِ وَاٰلِہٖ وَسَلَّم نے تین مرتبہ فرمایا کہ میں تیرے پاس پہنچا اور تو مدد کیا گیا۔ جب سرکارِ مدینہ صَلَّی اللهُ تَعَالٰی عَلَیْہِ وَاٰلِہٖ وَسَلَّم وضو کر کے باہر تشریف لائے تو میں نے عرض کی: **یارسولَ اللہ** صَلَّی اللهُ تَعَالٰی عَلَیْہِ وَاٰلِہٖ وَسَلَّم! میں نے سُنا ہے کہ آپ صَلَّی اللهُ تَعَالٰی عَلَیْہِ وَاٰلِہٖ وَسَلَّم

---

[1] ...... بخاری، کتاب الوضوء، باب من لم یتوضأ الا من الغشی المثقل، ۱/۸۷، حدیث: ۱۸۴

[2] ...... بخاری، کتاب التہجد، باب تحریض النبی علی صلاۃ اللیل ...... الخ، ۱/۳۸۳، حدیث: ۱۱۲۶

[3] ...... بخاری، کتاب المغازی، باب غزوۃ موتۃ من ارض شام، ۳/۹۶، حدیث: ۴۲۶۲ ماخوذاً

نے تین مرتبہ لَبَّیْکَ اور تین مرتبہ نُصِرْتَ فرمایا، گویا کہ آپ صَلَّی اللہُ تَعَالٰی عَلَیْہِ وَاٰلِہٖ وَسَلَّم کسی سے کلام فرمارہے ہیں کیا آپ صَلَّی اللہُ تَعَالٰی عَلَیْہِ وَاٰلِہٖ وَسَلَّم کے پاس کوئی تھا؟ تو حضور صَلَّی اللہُ تَعَالٰی عَلَیْہِ وَاٰلِہٖ وَسَلَّم نے ارشاد فرمایا: راجز مجھ سے فریاد کررہا تھا۔[1] حضرت سیِّدُنا راجز رَضِیَ اللہُ تَعَالٰی عَنْہ مکہ مکرمہ میں اور حضورِ اکرم صَلَّی اللہُ تَعَالٰی عَلَیْہِ وَاٰلِہٖ وَسَلَّم مدینہ منورہ میں تھے۔

نورانیت وبَشَریتِ مصطفٰے

سوال کیا ایسا ممکن ہے کہ کوئی نور بھی ہو اور بشر بھی؟

جواب جی ہاں! ایسا بالکل ممکن ہے کیونکہ نورانیت اور بشریت ایک دوسرے کی ضد نہیں ہیں۔ حضرت سیِّدُنا جبرائیل عَلَیْہِ السَّلَام نوری مخلوق ہونے کے باوجود حضرت سیِّدَتُنا مریم رَضِیَ اللہُ تَعَالٰی عَنْہَا کے سامنے انسانی شکل میں جلوہ گر ہوئے تھے۔ جیسا کہ فرمانِ باری تعالیٰ ہے: فَاَرْسَلْنَاۤ اِلَیْهَا رُوْحَنَا فَتَمَثَّلَ لَهَا بَشَرًا سَوِیًّا ﴿۱۷﴾ (پ ۱۶، مریم: ۱۷) ترجمۂ کنزالایمان: تو اس کی طرف ہم نے اپنا روحانی بھیجا وہ اس کے سامنے ایک تندرست آدمی کے روپ میں ظاہر ہوا۔

سوال نور و بشر ہونے کے اعتبار سے سرکارِ مدینہ صَلَّی اللہُ تَعَالٰی عَلَیْہِ وَاٰلِہٖ وَسَلَّم کے متعلق ہمارا عقیدہ کیا ہے؟

جواب نور و بشر ہونے کے اعتبار سے سرکارِ مدینہ صَلَّی اللہُ تَعَالٰی عَلَیْہِ وَاٰلِہٖ وَسَلَّم کے متعلق ہمارا عقیدہ یہ ہے کہ ہمارے مدنی آقا صَلَّی اللہُ تَعَالٰی عَلَیْہِ وَاٰلِہٖ وَسَلَّم نور بھی ہیں اور بشر بھی۔ یعنی حقیقت کے اعتبار سے نور اور صورت کے اعتبار سے بے مِثْل بشر ہیں۔

سوال کیا سرکارِ مدینہ صَلَّی اللہُ تَعَالٰی عَلَیْہِ وَاٰلِہٖ وَسَلَّم کا نور ہونا قرآنِ پاک سے ثابت ہے؟

---

[1] ...... المعجم الصغیر، الجزء الثانی، ص ۷۳

جواب جی ہاں! سرکارِ مدینہ صَلَّی اللّٰہُ تَعَالٰی عَلَیْہِ وَاٰلِہٖ وَسَلَّم کا نور ہونا قرآنِ پاک سے ثابت ہے۔ چُنانچہ پارہ 6 سورۂ مائدہ کی آیت نمبر 15 میں ارشاد ہوتا ہے: قَدْ جَآءَكُمْ مِّنَ اللّٰهِ نُوْرٌ وَّ كِتٰبٌ مُّبِیْنٌ ﴿۱۵﴾ ترجمۂ کنز الایمان: بے شک تمہارے پاس اللہ کی طرف سے ایک نور آیا اور روشن کتاب۔ تفسیر روحُ المعانی میں اس آیت کے تحت ہے: یعنی نورِ عظیم اور وہ نوروں کا نور، نبی مختار صَلَّی اللّٰہُ تَعَالٰی عَلَیْہِ وَاٰلِہٖ وَسَلَّم ہیں۔ [1] اور فتاویٰ رضویہ شریف میں ہے کہ عُلَما فرماتے ہیں: یہاں نور سے مراد محمد صَلَّی اللّٰہُ تَعَالٰی عَلَیْہِ وَاٰلِہٖ وَسَلَّم ہیں۔ [2]

سوال کیا سرکارِ مدینہ صَلَّی اللّٰہُ تَعَالٰی عَلَیْہِ وَاٰلِہٖ وَسَلَّم نے اپنے نور ہونے کا ذکر خود بھی فرمایا ہے؟

جواب جی ہاں! سرکارِ مدینہ صَلَّی اللّٰہُ تَعَالٰی عَلَیْہِ وَاٰلِہٖ وَسَلَّم نے اپنے نور ہونے کا ذِکر خود بھی فرمایا ہے۔ چنانچہ حضرت سیِّدُنا جابِر بن عبد اللہ انصاری رَضِیَ اللّٰہُ تَعَالٰی عَنْہ فرماتے ہیں کہ میں نے عرض کی: یارسولَ اللہ صَلَّی اللّٰہُ تَعَالٰی عَلَیْہِ وَاٰلِہٖ وَسَلَّم! میرے ماں باپ آپ (صَلَّی اللّٰہُ تَعَالٰی عَلَیْہِ وَاٰلِہٖ وَسَلَّم) پر قربان! مجھے بتائیے کہ سب سے پہلے اللہ عَزَّوَجَلَّ نے کیا چیز بنائی؟ تو آپ صَلَّی اللّٰہُ تَعَالٰی عَلَیْہِ وَاٰلِہٖ وَسَلَّم نے ارشاد فرمایا: اے جابر! بے شک بالیقین، اللہ عَزَّوَجَلَّ نے تمام مخلوقات سے پہلے تیرے نبی کا نور اپنے نور سے پیدا فرمایا۔ [3]

سوال سرکارِ مدینہ صَلَّی اللّٰہُ تَعَالٰی عَلَیْہِ وَاٰلِہٖ وَسَلَّم کی بشریت کا انکار کرنا کیسا؟

جواب سرکارِ مدینہ صَلَّی اللّٰہُ تَعَالٰی عَلَیْہِ وَاٰلِہٖ وَسَلَّم کی بشریت کا مُطلقاً انکار کفر ہے۔ [4] بلکہ اِس میں شک کرنا بھی کفر

---

[1] ...... تفسیر روح المعانی، پ ٦، المآئدة، تحت الآیة: ١٥، الجزء السادس، ص ٣٦٧

[2] ...... فتاویٰ رضویه، ٣٠/٧٠٧

[3] ...... الجزء المفقود من الجزء الاول من المصنف، کتاب الایمان، باب فی تخلیق نور محمد، ص ٦٣، حدیث: ١٨ و فتاویٰ رضویه، ٣٠/٦٥٨ و مواهب لدنیه، المقصد الاول تشریف الله تعالٰی له، ١/٣٦

[4] ...... فتاویٰ رضویه، ١٤/٣٥٨

ہے کیونکہ شفیعِ اُمّت صَلَّی اللّٰہُ تَعَالٰی عَلَیْہِ وَاٰلِہٖ وَسَلَّم کی بَشَرِیَّت قرآنِ مجید کی نصِ قطعی سے ثابت ہے۔ ہاں اپنے جیسا بشر نہ کہے خیرُ البشر، سیِّدُ البشر کہے۔ [1] کیونکہ تمام انبیائے کرام عَلَیْہِمُ الصَّلٰوۃُ وَالسَّلَام بشر ہی تھے۔ جیسا کہ فرمانِ باری تعالیٰ ہے: وَمَاۤ اَرْسَلْنَا مِنْ قَبْلِكَ اِلَّا رِجَالًا (پ ۱۳، یوسف: ۱۰۹)

ترجمۂ کنزالایمان: اور ہم نے تم سے پہلے جتنے رسول بھیجے سب مرد ہی تھے۔

سوال سرکارِ مدینہ صَلَّی اللّٰہُ تَعَالٰی عَلَیْہِ وَاٰلِہٖ وَسَلَّم کو اپنے جیسا بشر کہنا کیسا ہے؟

جواب سرکارِ مدینہ صَلَّی اللّٰہُ تَعَالٰی عَلَیْہِ وَاٰلِہٖ وَسَلَّم کو اپنے جیسا بشر کہنا اہلِ ایمان کا طریقہ نہیں، کیونکہ بقصدِ تحقیر ایسا کہنا ناپاک ارادے کی بنا پر بلاشبہ کفر ہے۔ یقیناً آپ صَلَّی اللّٰہُ تَعَالٰی عَلَیْہِ وَاٰلِہٖ وَسَلَّم بشر بھی ہیں لیکن آپ کی بشریت عام انسانوں کی طرح نہیں، لہٰذا آپ کی بشریت کو عام انسانوں کی طرح قرار دینا مسلمانوں کا شیوہ نہیں بلکہ قرآنِ کریم میں مختلف مقامات پر اسے کافروں کا طریقہ بتایا گیا ہے کہ وہ اپنے نبی کو اپنے جیسا بشر سمجھتے تھے۔ چنانچہ فرمانِ باری تعالیٰ ہے: وَلَقَدْ اَرْسَلْنَا نُوْحًا اِلٰى قَوْمِهٖ فَقَالَ یٰقَوْمِ اعْبُدُوا اللّٰهَ مَا لَكُمْ مِّنْ اِلٰهٍ غَیْرُهٗؕ اَفَلَا تَتَّقُوْنَ ﴿۲۳﴾ فَقَالَ الْمَلَؤُا الَّذِیْنَ كَفَرُوْا مِنْ قَوْمِهٖ مَا هٰذَاۤ اِلَّا بَشَرٌ مِّثْلُكُمْۙ (پ ۱۸، المؤمنون: ۲۳، ۲۴) ترجمۂ کنزالایمان: اور بے شک ہم نے نوح کو اس کی قوم کی طرف بھیجا تو اُس نے کہا اے میری قوم اللہ کو پوجو اس کے سوا تمہارا کوئی خدا نہیں تو کیا تمہیں ڈر نہیں تو اس کی قوم کے جن سرداروں نے کفر کیا بولے یہ تو نہیں مگر تم جیسا آدمی۔ معلوم ہوا نبی کی شان گھٹانے کے لیے بشر بشر کی رٹ لگانا کفار ناہنجار کا طریقہ ہے اور سرکارِ مدینہ صَلَّی اللّٰہُ تَعَالٰی عَلَیْہِ وَاٰلِہٖ وَسَلَّم بشر تو ہیں مگر ہماری مِثل نہیں بلکہ اَفضلُ البشر ہیں۔

---

[1] ......کفریہ کلمات کے بارے میں سوال جواب، ص ۲۲۴

دوسرا باب ایک نظر میں

کیا آپ نے نامِ **محمد** کے اَعداد کی نسبت سے عقیدۂ توحید و رسالت کے متعلق درج ذیل 92 سُوالات کے جوابات جان لئے ہیں؟

1 ایمان کسے کہتے ہیں؟

2 کُفر کے کیا معنی ہیں؟

3 ضَروریاتِ دین کسے کہتے ہیں؟

4 ضروریاتِ دین کے منکر کا حکم کیا ہے؟

5 ضَروریاتِ مذہبِ اہلِ سُنّت سے کیا مراد ہے؟

6 ضروریاتِ مذہبِ اہلِ سُنّت کے منکر کا حکم کیا ہے؟

7 شرک کے کیا معنی ہیں؟

8 واجِبُ الوُجود سے کیا مراد ہے؟

9 نِفاق کی کیا تعریف ہے؟

10 مُرتَد کسے کہتے ہیں؟

11 ''ہر شے کا خالِق **اللہ** عَزَّوَجَلَّ ہے'' کیا یہ درست ہے؟

12 توحید سے کیا مراد ہے؟

13 **اللہ** عَزَّوَجَلَّ کی ذات میں شرک سے کیا مراد ہے؟

14 **اللہ** عَزَّوَجَلَّ کی صِفات میں شرک سے کیا مراد ہے؟

15 **اللہ** عَزَّوَجَلَّ کے اَسمائے حُسنیٰ یعنی ناموں میں شرک سے کیا مراد ہے؟

16 **اللہ** عَزَّوَجَلَّ کے اَفعال یعنی کاموں میں شِرک سے کیا مراد ہے؟

17 اللہ عَزَّوَجَلَّ کے احکام میں شرک سے کیا مراد ہے؟

18 قرآنِ کریم میں کتنے نبیوں اور رسولوں کے نام موجود ہیں؟

19 کیا آپ بتا سکتے ہیں کہ کس نبی یا رسول کا نام قرآنِ کریم میں کتنی بار آیا ہے؟

20 اللہ عَزَّوَجَلَّ نے پیغمبروں اور رسولوں کو دنیا میں کیوں بھیجا؟

21 کیا پیغمبروں نے اللہ عَزَّوَجَلَّ کے تمام احکام لوگوں تک پہنچا دیئے ہیں؟

22 اگر کوئی یہ کہے کہ کسی نبی یا رسول نے اللہ عَزَّوَجَلَّ کے تمام احکام لوگوں تک نہیں پہنچائے تو اسے کیا کہیں گے؟

23 کیا رسولوں کے پاس اپنی رسالت کی کوئی دلیل ہوتی ہے؟

24 مُعجزہ کیا ہوتا ہے؟

25 کیا انبیائے کرام عَلَیْہِمُ الصَّلٰوۃُ وَالسَّلَام کے معجزات کا تذکرہ قرآنِ مجید میں بھی ہے؟

26 نبیوں اور رسولوں کی تعداد کے متعلق ہمارا عقیدہ کیا ہے؟

27 کیا کسی نبی اور رسول سے کوئی گناہ ممکن ہے؟

28 کیا نبیوں اور رسولوں کے علاوہ بھی کوئی گناہوں سے محفوظ ہے؟

29 بعض لوگ ولیوں اور اماموں کو بھی معصوم سمجھتے ہیں، کیا یہ درست ہے؟

30 کیا انبیائے کرام عَلَیْہِمُ السَّلَام فرشتوں سے بھی افضل ہیں؟

31 کیا کوئی ولی مرتبہ میں کسی نبی کے برابر ہو سکتا ہے؟

32 کیا سب نبی مرتبے کے لحاظ سے آپس میں برابر ہیں؟

33 مرتبے کے لحاظ سے سب سے افضل پانچ نبیوں کے نامِ مبارک بتایئے؟

34 انبیائے کرام عَلَیْہِمُ السَّلَام کی حیاتِ طیّبہ کے متعلق ہمارا عقیدہ کیا ہے؟

35 کیا حیات کا عقیدہ قرآن سے ثابت ہے؟

36 قرآنِ کریم میں تو صرف بعض مؤمنین و مؤمنات اور شہدائے عظام رَحِمَہُمُ اللہُ السَّلَام کی حیات ثابت ہے، انبیائے کرام عَلَیْہِمُ السَّلَام کی حیات کیسے ثابت ہوگی؟

37 کیا حیات کا عقیدہ حدیث سے بھی ثابت ہے؟

38 کیا انبیائے کرام عَلَیْہِمُ السَّلَام نے موت کا ذائقہ چکھا ہے؟

39 انبیائے کرام عَلَیْہِمُ السَّلَام اور شُہدائے عظام رَحِمَہُمُ اللّٰہُ السَّلَام کی حیات میں کیا فرق ہے؟

40 کیا کوئی نبی اب بھی حیاتِ ظاہری کے ساتھ زندہ ہے؟

41 کیا **اللّٰہ** عَزَّوَجَلَّ کے نبی غیب کی باتیں بھی جانتے ہیں؟

42 **اللّٰہ** عَزَّوَجَلَّ کے علمِ غیب اور نبیوں رسولوں کے علمِ غیب میں کیا فرق ہے؟

43 اگر کوئی شخص غیرِ خدا کے متعلق یہ عقیدہ رکھے کہ اسے **اللّٰہ** عَزَّوَجَلَّ کی عطا کے بِغیر علمِ غیب حاصل ہے تو اسے کیا کہیں گے؟

44 جو لوگ نبیوں اور رسولوں بالخصوص سرورِ دو عالم صَلَّی اللّٰہُ تَعَالٰی عَلَیْہِ وَاٰلِہٖ وَسَلَّم کے علمِ غیب کو بالکل نہیں مانتے انہیں کیا کہیں گے؟

45 **اللّٰہ** عَزَّوَجَلَّ نے کتنے صحیفے اور آسمانی کتابیں نازِل فرمائی ہیں؟

46 چار مشہور آسمانی کتابیں کن زبانوں میں نازل ہوئیں؟

47 اگر کوئی ان صحیفوں یا کتابوں میں سے کسی ایک کو نہ مانے تو اس پر کیا حُکم نافِذ ہوگا؟

48 کیا **اللّٰہ** عَزَّوَجَلَّ نے جتنے صحیفے اور کتابیں نازل فرمائیں، سب پر ایمان لانا ضروری ہے؟

49 کیا ہم پر تمام آسمانی کتابوں اور صحیفوں میں نازل کردہ احکامات پر عمل کرنا لازم ہے؟

50 کیا قرآنِ مجید میں کمی بیشی ممکن ہے؟

51 اگر کوئی قرآنِ مجید میں کسی قسم کی کمی بیشی کا قائل ہو تو اسے کیا کہیں گے؟

52 قرآنِ مجید میں کل کتنے پارے اور سورتیں ہیں؟

53 قرآنِ پاک کی کون سی آیت سب سے پہلے نازل ہوئی؟

54 قرآنِ پاک کی کون سی آیت سب سے آخر میں نازل ہوئی؟

55 قرآنِ پاک حفظ کرنے کے متعلق شرعی حکم کیا ہے؟

56 کم عرصہ میں حفظ کرنے والے چند بُزُرگانِ دین رَحِمَهُمُ اللهُ الْمُبِيْن کے نام بتایئے اور یہ بھی بتایئے کہ انہوں نے کتنے عرصے میں حفظ کیا؟

57 سات مشہور قُرّاء صحابۂ کرام عَلَيْهِمُ الرِّضْوَان کے نام بتایئے؟

58 قِراءَتِ سَبْعہ کے اماموں کے نام بیان کیجئے؟

59 امیرالمؤمنین حضرت سیِّدُ نا عثمانِ غنی رَضِیَ اللهُ تَعَالٰی عَنْه کے تیار کردہ مصاحف (یعنی قرآنِ پاک) کی تعداد کتنی تھی؟

60 ختمِ نبوت سے کیا مراد ہے؟

61 جو شخص ختمِ نُبُوَّت کو نہ مانے اس کے متعلق شرعی حکم کیا ہے؟

62 حضرت سیِّدُ نا عیسیٰ عَلَيْهِ السَّلَام کی تشریف آوری سے کیا عقیدۂ ختمِ نبوت پر کوئی فرق واقع ہوسکتا ہے؟

63 کیا ختمِ نبوت کا عقیدہ قرآن وحدیث سے ثابت ہے؟

64 معراج سے کیا مراد ہے؟

65 معراج شریف کب ہوئی؟

66 معراج شریف کا تذکرہ قرآنِ کریم کی کس سورت میں ہے؟

67 شبِ معراج کس آسمان پر سرکارِ مدینہ صَلَّى اللهُ تَعَالٰی عَلَيْهِ وَاٰلِهٖ وَسَلَّم کی ملاقات کس نبی عَلَيْهِ السَّلَام سے ہوئی؟

68 سرکارِ مدینہ صَلَّى اللهُ تَعَالٰی عَلَيْهِ وَاٰلِهٖ وَسَلَّم کے اس آسمانی سفر کا انکار کرنے والے کے لیے کیا حکم ہے؟

69 شبِ معراج سرکارِ مدینہ صَلَّى اللهُ تَعَالٰی عَلَيْهِ وَاٰلِهٖ وَسَلَّم نے بیتُ المقدس میں کس نماز کی اِمامت فرمائی؟

70 شَفاعت سے کیا مراد ہے؟

71 قیامت کے دن سب سے پہلے شفاعت کون کرے گا؟

72 مقامِ محمود سے کیا مراد ہے؟

73 لِوَاءُ الْحَمْد کیا ہے اور بروزِ قیامت کس کے پاس ہوگا؟

74 ہمیں سرکارِ مدینہ صَلَّی اللہُ تَعَالٰی عَلَیْہِ وَاٰلِہٖ وَسَلَّم سے کس قدر محبَّت ہونی چاہیے؟

75 سلطانِ بَحر و بر صَلَّی اللہُ تَعَالٰی عَلَیْہِ وَاٰلِہٖ وَسَلَّم کی محبت کا تقاضا کیا ہے؟

76 تاجدارِ مدینہ صَلَّی اللہُ تَعَالٰی عَلَیْہِ وَاٰلِہٖ وَسَلَّم کی تعظیم وتوقیر کی شَرعی حیثیت کیا ہے؟

77 سلطانِ بَحر و بر صَلَّی اللہُ تَعَالٰی عَلَیْہِ وَاٰلِہٖ وَسَلَّم کی تعظیم وتوقیر ہم سے کیا تقاضا کرتی ہے؟

78 کیا ہم پر سرکارِ مدینہ صَلَّی اللہُ تَعَالٰی عَلَیْہِ وَاٰلِہٖ وَسَلَّم کی اِطاعت کرنا فرض ہے؟

79 کیا اللہ عَزَّوَجَلَّ نے تمام جہانوں میں کسی کو تصرُّف کا اختیار دیا ہے؟

80 حاضِر وناظِر کا مطلب کیا ہے؟

81 اللہ عَزَّوَجَلَّ کو حاضر وناظر کہنا کیسا؟

82 کیا سرکارِ مدینہ صَلَّی اللہُ تَعَالٰی عَلَیْہِ وَاٰلِہٖ وَسَلَّم حاضر وناظر ہیں؟

83 کیا سرکارِ مدینہ صَلَّی اللہُ تَعَالٰی عَلَیْہِ وَاٰلِہٖ وَسَلَّم اپنے جسمِ بَشَری کے ساتھ ہر جگہ موجود ہیں؟

84 کیا حاضر وناظر کا عقیدہ قرآنِ پاک سے ثابت ہے؟

85 کیا حاضر وناظر کا عقیدہ احادیثِ کریمہ سے بھی ثابت ہے؟

86 کیا ایسا ممکن ہے کہ کوئی نور بھی ہو اور بشر بھی؟

87 نور و بشر ہونے کے اعتبار سے سرکارِ مدینہ صَلَّی اللہُ تَعَالٰی عَلَیْہِ وَاٰلِہٖ وَسَلَّم کے متعلق ہمارا عقیدہ کیا ہے؟

88 کیا سرکارِ مدینہ صَلَّی اللہُ تَعَالٰی عَلَیْہِ وَاٰلِہٖ وَسَلَّم کا نور ہونا قرآنِ پاک سے ثابت ہے؟

89 کیا سرکارِ مدینہ صَلَّی اللہُ تَعَالٰی عَلَیْہِ وَاٰلِہٖ وَسَلَّم نے اپنے نور ہونے کا ذِکر خود بھی فرمایا ہے؟

90 سرکارِ مدینہ صَلَّی اللہُ تَعَالٰی عَلَیْہِ وَاٰلِہٖ وَسَلَّم کی بشریت کا انکار کرنا کیسا؟

91 سرکارِ مدینہ صَلَّی اللہُ تَعَالٰی عَلَیْہِ وَاٰلِہٖ وَسَلَّم کو اپنے جیسا بشر کہنا کیسا ہے؟

باب:3

سیرتِ مصطفیٰ

اس باب میں آپ پڑھیں گے

خاندانِ مصطفیٰ کے علاوہ حسنِ مصطفیٰ اور اس حسن پر فدا جاں نثارانِ مصطفیٰ و محبوبانِ خدا و مصطفیٰ کے متعلق سوالاً جواباً مختصر بنیادی باتیں

خاندانِ مُصطفیٰ

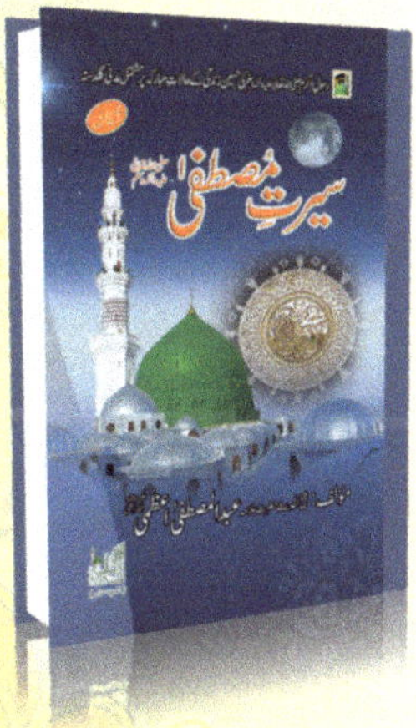

باپ دادا

سوال ہمارے پیارے نبی صَلَّی اللہُ تَعَالٰی عَلَیْہِ وَاٰلِہٖ وَسَلَّم کا تَعَلُّق عرب کے کس خاندان سے تھا؟

جواب ہمارے پیارے نبی صَلَّی اللہُ تَعَالٰی عَلَیْہِ وَاٰلِہٖ وَسَلَّم کا تعلق عرب کے مشہور ومعروف اور معزّز و مُحتشم خاندان قریش سے تھا۔

سوال ہمارے پیارے نبی صَلَّی اللہُ تَعَالٰی عَلَیْہِ وَاٰلِہٖ وَسَلَّم کس نبی کی اولاد میں سے ہیں؟

جواب ہمارے پیارے نبی صَلَّی اللہُ تَعَالٰی عَلَیْہِ وَاٰلِہٖ وَسَلَّم **اللّٰہ** عَزَّوَجَلَّ کے **خلیل** حضرت سیِّدُنا ابراہیم عَلَیْہِ السَّلَام کی اولاد میں سے ہیں۔

سوال ہمارے پیارے نبی صَلَّی اللہُ تَعَالٰی عَلَیْہِ وَاٰلِہٖ وَسَلَّم اور **اللّٰہ** عَزَّوَجَلَّ کے **خلیل** حضرت سیِّدُنا ابراہیم عَلَیْہِ السَّلَام کے درمیان کتنے واسطے (یعنی باپ دادا) ہیں؟

جواب ہمارے پیارے نبی صَلَّی اللہُ تَعَالٰی عَلَیْہِ وَاٰلِہٖ وَسَلَّم اور **اللّٰہ** عَزَّوَجَلَّ کے **خلیل** حضرت سیِّدُنا ابراہیم عَلَیْہِ السَّلَام کے درمیان تقریباً 61 واسطے ہیں۔

سوال ہمارے پیارے نبی صَلَّی اللہُ تَعَالٰی عَلَیْہِ وَاٰلِہٖ وَسَلَّم کا مختصر نسب شریف بتائیے۔

جواب ہمارے پیارے نبی صَلَّی اللہُ تَعَالٰی عَلَیْہِ وَاٰلِہٖ وَسَلَّم کا نسب شریف یہ ہے: سَیِّدُنَا مُحَمَّد بِن عَبدُ اللہ بِن عَبدُ الْمُطَّلِب بِن ھَاشِم بِن عَبد مَنَاف بِن قُصیّ بِن کِلَاب بِن مُرّہ۔[1]

چچا

سوال سرکارِ مدینہ صَلَّی اللہُ تَعَالٰی عَلَیْہِ وَاٰلِہٖ وَسَلَّم کے کتنے چچا تھے؟

---

[1] ......بخاری، کتاب مناقب الانصار، باب مبعث النبی صلی اللہ علیہ وسلم، ۲/۵۷۳

جواب سرکارِ مدینہ صَلَّی اللہُ تَعَالٰی عَلَیْہِ وَاٰلِہٖ وَسَلَّم کے 12 چچا تھے۔

سوال کیا سرکارِ مدینہ صَلَّی اللہُ تَعَالٰی عَلَیْہِ وَاٰلِہٖ وَسَلَّم کے سب چچا مسلمان ہو گئے تھے؟

جواب جی نہیں! سرکارِ مدینہ صَلَّی اللہُ تَعَالٰی عَلَیْہِ وَاٰلِہٖ وَسَلَّم کے سب چچا مسلمان نہیں ہوئے تھے، بلکہ صرف دو چچا حضرت سیّدُنا حمزہ رَضِیَ اللہُ تَعَالٰی عَنْہ اور حضرت سیّدُنا عباس رَضِیَ اللہُ تَعَالٰی عَنْہ مسلمان ہوئے تھے۔

ازواجِ مطہرات

سوال ہمارے پیارے نبی صَلَّی اللہُ تَعَالٰی عَلَیْہِ وَاٰلِہٖ وَسَلَّم کی ازواجِ مطہّرات رَضِیَ اللہُ تَعَالٰی عَنْہُنَّ کی تعداد کتنی تھی؟

جواب ہمارے پیارے نبی صَلَّی اللہُ تَعَالٰی عَلَیْہِ وَاٰلِہٖ وَسَلَّم کی ازواجِ مطہرات رَضِیَ اللہُ تَعَالٰی عَنْہُنَّ کی تعداد 11 تھی اور یہ سب اُمَّہاتُ المؤمنین یعنی مؤمنین کی مائیں کہلاتی ہیں۔

سوال امہات المؤمنین رَضِیَ اللہُ تَعَالٰی عَنْہُنَّ کے اَسمائے مبارکہ بتائیے۔

جواب امہات المؤمنین رَضِیَ اللہُ تَعَالٰی عَنْہُنَّ کے اسمائے مبارکہ یہ ہیں:

﴿1﴾......ام المؤمنین حضرت سیِّدَتُنا خدیجہ بنتِ خُوَیلد رَضِیَ اللہُ تَعَالٰی عَنْہَا

﴿2﴾......ام المؤمنین حضرت سیِّدَتُنا سودہ بنتِ زَمعہ رَضِیَ اللہُ تَعَالٰی عَنْہَا

﴿3﴾......ام المؤمنین حضرت سیِّدَتُنا عائشہ بنت ابوبکر صدّیق رَضِیَ اللہُ تَعَالٰی عَنْہَا

﴿4﴾......ام المؤمنین حضرت سیِّدَتُنا حفصہ بنت عمر فاروق رَضِیَ اللہُ تَعَالٰی عَنْہَا

﴿5﴾......ام المؤمنین حضرت سیِّدَتُنا اُمِّ سَلَمہ بنت ابواُمیَّہ رَضِیَ اللہُ تَعَالٰی عَنْہَا

﴿6﴾......ام المؤمنین حضرت سیِّدَتُنا اُمِّ حبیبہ بنتِ ابوسُفیان رَضِیَ اللہُ تَعَالٰی عَنْہَا

﴿7﴾......ام المؤمنین حضرت سیِّدَتُنا زینب بنتِ جحش رَضِیَ اللہُ تَعَالٰی عَنْہَا

﴿8﴾......ام المؤمنین حضرت سیِّدَتُنا زینب بنتِ خُزیمہ رَضِیَ اللہُ تَعَالٰی عَنْہَا

﴿9﴾......ام المؤمنین حضرت سَیِّدَتُنا میمونہ بنت حارِث ہِلالِیَّہ رَضِیَ اللّٰہُ تَعَالٰی عَنْہَا

﴿10﴾......ام المؤمنین حضرت سَیِّدَتُنا جُویریہ بنتِ حارث خُزاعِیَّہ رَضِیَ اللّٰہُ تَعَالٰی عَنْہَا

﴿11﴾......ام المؤمنین حضرت سَیِّدَتُنا صفیہ بنت حُیَیّ بن اَخطب رَضِیَ اللّٰہُ تَعَالٰی عَنْہَا [1]

شہزادے

سوال سرکارِ مدینہ صَلَّی اللّٰہُ تَعَالٰی عَلَیْہِ وَاٰلِہٖ وَسَلَّم کے شہزادے کتنے تھے؟ ان کے نام بتایئے۔

جواب آپ صَلَّی اللّٰہُ تَعَالٰی عَلَیْہِ وَاٰلِہٖ وَسَلَّم کے تین شہزادے تھے اوران کے اَسمائے مبارکہ یہ ہیں:

﴿1﴾......حضرت سَیِّدُنا قاسم رَضِیَ اللّٰہُ تَعَالٰی عَنْہ

﴿2﴾......حضرت سَیِّدُنا ابراہیم رَضِیَ اللّٰہُ تَعَالٰی عَنْہ

﴿3﴾......حضرت سَیِّدُنا **عبد اللّٰہ** رَضِیَ اللّٰہُ تَعَالٰی عَنْہ، انہی کا لقب طیّب وطاہر ہے۔ [2]

شہزادیاں

سوال سرکارِ مدینہ صَلَّی اللّٰہُ تَعَالٰی عَلَیْہِ وَاٰلِہٖ وَسَلَّم کی شہزادیاں کتنی تھیں اوران کے نام کیا تھے؟

جواب آپ صَلَّی اللّٰہُ تَعَالٰی عَلَیْہِ وَاٰلِہٖ وَسَلَّم کی چارشہزادیاں تھیں اوران کے اسمائے مبارکہ یہ ہیں:

﴿1﴾......حضرت سَیِّدَتُنا زینب رَضِیَ اللّٰہُ تَعَالٰی عَنْہَا ﴿2﴾......حضرت سَیِّدَتُنا رُقیّہ رَضِیَ اللّٰہُ تَعَالٰی عَنْہَا

﴿3﴾......حضرت سَیِّدَتُنا اُمِّ کُلثوم رَضِیَ اللّٰہُ تَعَالٰی عَنْہَا ﴿4﴾......حضرت سَیِّدَتُنا فاطمۃُ الزہرہ رَضِیَ اللّٰہُ تَعَالٰی عَنْہَا [3]

---

[1]......مواھب لدنیہ، المقصد الثانی، الفصل الثالث فی ذکر ازواجہ الطاھرات...الخ، ۱/۴۰۱

[2]......مواھب لدنیۃ، المقصد الثانی، الفصل الثانی فی ذکر اولادہ الکرام......الخ، ۱/۳۹۱

[3]......مواھب لدنیۃ، المقصد الثانی، الفصل الثانی فی ذکر اولادہ الکرام......الخ، ۱/۳۹۱

حسنِ مصطفےٰ

چہرۂ انور

سوال سرکارِ مدینہ صَلَّی اللہُ تَعَالٰی عَلَیْہِ وَاٰلِہٖ وَسَلَّم کا چہرۂ انور کیسا تھا؟

جواب سرکارِ مدینہ صَلَّی اللہُ تَعَالٰی عَلَیْہِ وَاٰلِہٖ وَسَلَّم کا چہرۂ انور جمالِ الٰہی کا آئینہ، نہایت ہی خوبصورت، پُر گوشت اور کسی قدر گولائی میں تھا۔ حضرت سیِّدُنا جابِر بن سَمُرہ رَضِیَ اللہُ تَعَالٰی عَنْہ فرماتے ہیں کہ میں نے **اللہ** عَزَّوَجَلَّ کے پیارے حبیب صَلَّی اللہُ تَعَالٰی عَلَیْہِ وَاٰلِہٖ وَسَلَّم کو ایک مرتبہ چاندنی رات میں دیکھا، میں ایک مرتبہ چاند کی طرف دیکھتا اور ایک مرتبہ آپ صَلَّی اللہُ تَعَالٰی عَلَیْہِ وَاٰلِہٖ وَسَلَّم کے چہرۂ انور کو دیکھتا تو مجھے آپ کا چہرہ چاند سے بھی زیادہ خوبصورت نظر آتا۔ [1]

سوال کیا ہمارے سرکار صَلَّی اللہُ تَعَالٰی عَلَیْہِ وَاٰلِہٖ وَسَلَّم حضرت سیِّدُنا یوسف عَلَیْہِ السَّلَام سے بھی زیادہ حسین تھے؟

جواب جی ہاں! ہمارے آقا سرورِ دو جہاں صَلَّی اللہُ تَعَالٰی عَلَیْہِ وَاٰلِہٖ وَسَلَّم حضرت سیِّدُنا یوسف عَلَیْہِ السَّلَام سے بھی زیادہ حسین تھے۔ چُنانچہ مروی ہے کہ حضرت سیِّدُنا یوسف عَلَیْہِ السَّلَام تمام نبیوں اور رسولوں بلکہ تمام مخلوق سے زیادہ حسین تھے مگر ہمارے آقا میٹھے میٹھے مصطفےٰ کریم صَلَّی اللہُ تَعَالٰی عَلَیْہِ وَاٰلِہٖ وَسَلَّم کو **اللہ** عَزَّوَجَلَّ نے جو حُسن عطا فرمایا وہ کسی اور کو عطا نہ ہوا۔ اس کے علاوہ حضرت سیِّدُنا یوسف عَلَیْہِ السَّلَام کو حسن و جمال کا ایک حصہ ملا تھا مگر آپ صَلَّی اللہُ تَعَالٰی عَلَیْہِ وَاٰلِہٖ وَسَلَّم کو حسنِ کل عطا ہوا۔ [2]

حسن ہے بے مثل صورت لاجواب
میں فدا، تم آپ ہو اپنا جواب

سوال سرکارِ مدینہ صَلَّی اللہُ تَعَالٰی عَلَیْہِ وَاٰلِہٖ وَسَلَّم کے چہرۂ انور کے حسن کے متعلق اعلیٰ حضرت عَلَیْہِ رَحمَۃُ رَبِّ الْعِزَّت کے

---

[1]...... شمائلِ محمدیۃ، باب ماجاء فی خلق رسول اللہ صلی اللہ علیہ وسلم، ص ۲۴، حدیث: ۹

[2]...... خصائص کبریٰ، باب ما اولی یوسف علیہ الصلوۃ والسلام، ۲/ ۳۰۹

کوئی دو شِعر سنایئے۔

جواب: سرکارِ مدینہ صَلَّی اللّٰہُ تَعَالٰی عَلَیْہِ وَاٰلِہٖ وَسَلَّم کے چہرۂ انور کے حُسن کے متعلق اعلیٰ حضرت عَلَیْہِ رَحمَۃُ رَبِّ الْعِزَّت کیا خوب ارشاد فرماتے ہیں:

﴿1﴾...... چاند سے منہ پہ تاباں درخشاں دُرود
نمک آگیں صَباحت پہ لاکھوں سلام

مشکل الفاظ کے معانی

لفظ	معنی	لفظ	معنی	لفظ	معنی
چاند سے	چاند جیسے	تاباں	چمکدار	درخشاں	روشن
نمک آگیں	نمک بھری	صباحت	گوراپن		

مفہوم شعر: سرورِ دو جہاں صَلَّی اللّٰہُ تَعَالٰی عَلَیْہِ وَاٰلِہٖ وَسَلَّم کے چاند سے بھی زیادہ خوبصورت چہرۂ انور پہ نور والا درود و رحمت ہو اور آپ کے نمکیں حسن و جمال پہ لاکھوں سلام ہوں۔

﴿2﴾...... جس سے تاریک دل جگمگانے لگے
اس چمک والی رنگت پہ لاکھوں سلام

نورانی آنکھیں

سوال: سرکارِ مدینہ صَلَّی اللّٰہُ تَعَالٰی عَلَیْہِ وَاٰلِہٖ وَسَلَّم کی نورانی آنکھیں کیسی تھیں؟

جواب: سرکارِ مدینہ صَلَّی اللّٰہُ تَعَالٰی عَلَیْہِ وَاٰلِہٖ وَسَلَّم کی نورانی آنکھیں بڑی بڑی اور قدرتی طور پر سُرمگیں تھیں یعنی سرمہ کے بغیر معلوم ہوتا کہ سرمہ لگا ہوا ہے۔ پلکیں گھنی اور دراز تھیں۔ پُتلی کی سیاہی خوب سیاہ اور آنکھ کی سفیدی خوب سفید تھی جن میں باریک باریک سرخ ڈورے تھے۔

سوال: سرکارِ مدینہ صَلَّی اللّٰہُ تَعَالٰی عَلَیْہِ وَاٰلِہٖ وَسَلَّم کی نورانی آنکھوں کی بَصارت (دیکھنے کی قوت) کیسی تھی؟

جواب: سرکارِ مدینہ صَلَّی اللّٰہُ تَعَالٰی عَلَیْہِ وَاٰلِہٖ وَسَلَّم کی نورانی آنکھوں کی بَصارت (دیکھنے کی قوت) میں معجزانہ شان تھی، آپ صَلَّی اللّٰہُ تَعَالٰی عَلَیْہِ وَاٰلِہٖ وَسَلَّم بیک وقت آگے پیچھے، دائیں بائیں، اوپر نیچے، دن رات، اندھیرے اُجالے میں یکساں دیکھا کرتے تھے۔[1]

سوال: سرکارِ مدینہ صَلَّی اللّٰہُ تَعَالٰی عَلَیْہِ وَاٰلِہٖ وَسَلَّم کی نورانی آنکھوں کی عظمت کے متعلق کچھ اَشعار سُنائیے۔

جواب: سرکارِ مدینہ صَلَّی اللّٰہُ تَعَالٰی عَلَیْہِ وَاٰلِہٖ وَسَلَّم کی نورانی آنکھوں کی عظمت کے متعلق اعلیٰ حضرت عَلَیْہِ رَحمَۃُ رَبِّ الْعِزَّت فرماتے ہیں:

جس طرف اُٹھ گئی دم میں دم آ گیا — اس نگاہِ عنایت پہ لاکھوں سلام
کس کو دیکھا یہ موسیٰ سے پوچھے کوئی — آنکھوں والوں کی ہمت پہ لاکھوں سلام
سرِعرش پر ہے تری گزر دلِ فرش پر ہے تری نظر — ملکوت و ملک میں کوئی شے نہیں وہ جو تجھ پہ عیاں نہیں

گوش مبارک

سوال: سرکارِ مدینہ صَلَّی اللّٰہُ تَعَالٰی عَلَیْہِ وَاٰلِہٖ وَسَلَّم کے گوش یعنی کان مبارک کے متعلق کچھ بتائیے؟

جواب: سرکارِ مدینہ صَلَّی اللّٰہُ تَعَالٰی عَلَیْہِ وَاٰلِہٖ وَسَلَّم کے ہر دو گوش یعنی کان مبارک کامل تھے۔

سوال: سرکارِ مدینہ صَلَّی اللّٰہُ تَعَالٰی عَلَیْہِ وَاٰلِہٖ وَسَلَّم کی قوتِ سماعت (سُننے کی قوت) کیسی تھی؟

جواب: سرکارِ مدینہ صَلَّی اللّٰہُ تَعَالٰی عَلَیْہِ وَاٰلِہٖ وَسَلَّم کی قوتِ سماعت میں بھی معجزانہ شان تھی، کیونکہ آپ صَلَّی اللّٰہُ تَعَالٰی عَلَیْہِ وَاٰلِہٖ وَسَلَّم دور و نزدیک کی آوازوں کو یکساں طور پر سُن لیا کرتے تھے۔ چنانچہ آپ صَلَّی اللّٰہُ تَعَالٰی عَلَیْہِ وَاٰلِہٖ وَسَلَّم صحابۂ کرام عَلَیْہِمُ الرِّضْوَان سے ارشاد فرماتے: اِنِّیْ اَرٰی مَالَا تَرَوْنَ وَاَسْمَعُ مَالَا تَسْمَعُوْنَ یعنی میں جو دیکھتا ہوں تم نہیں دیکھتے اور میں جو سنتا ہوں تم نہیں سنتے۔[2]

---

[1] ……خصائص کبری، باب المعجزة والخصائص……الخ، ۱/۱۰۴ ملتقطاً

[2] ……ابن ماجه، کتاب الزهد، باب الحزن والبکاء، ۴/۴۶۴، حدیث: ۴۱۹۰

سوال: سرکارِ مدینہ صَلَّی اللّٰہُ تَعَالٰی عَلَیْہِ وَاٰلِہٖ وَسَلَّم کی سماعت مبارک کے متعلق کوئی شِعر سنایئے۔

جواب: سرکارِ مدینہ صَلَّی اللّٰہُ تَعَالٰی عَلَیْہِ وَاٰلِہٖ وَسَلَّم کی سماعت مبارک کے متعلق اعلیٰ حضرت عَلَیْہِ رَحمَۃُ رَبِّ الْعِزَّت فرماتے ہیں:

دُور و نزدیک کے سُننے والے وہ کان
کان لَعْلِ کرامت پہ لاکھوں سلام

مشکل الفاظ کے معانی

لفظ	معنی	لفظ	معنی	لفظ	معنی
(پہلا) کان	جس سے سنا جاتا ہے	(دوسرا) کان	معدِن، جہاں سے ہیرے جواہرات نکلتے ہیں	لعل	ہیرے، جواہرات

مفہومِ شعر: سرکارِ مدینہ صَلَّی اللّٰہُ تَعَالٰی عَلَیْہِ وَاٰلِہٖ وَسَلَّم کے کان مبارک اصل میں عزت کے موتیوں اور عظمت وشان کے ہیرے، جواہرات کی کان (معدن وذخیرہ) ہیں اور یہ دور و نزدیک کی آواز یکساں سنتے ہیں۔ ایسے مبارک کانوں کی سماعت پر لاکھوں سلام ہوں۔

اَبروئے مبارک

سوال: سرکارِ مدینہ صَلَّی اللّٰہُ تَعَالٰی عَلَیْہِ وَاٰلِہٖ وَسَلَّم کے اَبرو یعنی بھوئیں کیسی تھیں؟

جواب: سرکارِ مدینہ صَلَّی اللّٰہُ تَعَالٰی عَلَیْہِ وَاٰلِہٖ وَسَلَّم کی بھوئیں دراز و باریک اور گھنے بال والی تھیں اور دونوں بھوئیں اس قدر مُتَّصِل تھیں کہ دور سے ملی ہوئی معلوم ہوتی تھیں اور ان دونوں بھوؤں کے درمیان ایک رگ تھی جو حالتِ جلال میں اُبھر جاتی تھی۔[1]

سوال: سرکارِ مدینہ صَلَّی اللّٰہُ تَعَالٰی عَلَیْہِ وَاٰلِہٖ وَسَلَّم کی بھوؤں کے متعلق کوئی شعر سنایئے۔

جواب: اعلیٰ حضرت عَلَیْہِ رَحمَۃُ رَبِّ الْعِزَّت اَبروئے مبارک کی مَدح میں فرماتے ہیں:

[1] ...... شمائلِ محمدیه، باب ماجاء فی خلق ...... الخ، ص ۲۱، حدیث: ۷

جن کے سجدے کو محرابِ کعبہ جھکی
اُن بھوؤں کی لطافت پہ لاکھوں سلام

بینی مبارک

سوال: سرکارِ مدینہ صَلَّی اللّٰہُ تَعَالٰی عَلَیْہِ وَاٰلِہٖ وَسَلَّم کی بینی یعنی ناک مبارک کیسی تھی؟

جواب: سرکارِ مدینہ صَلَّی اللّٰہُ تَعَالٰی عَلَیْہِ وَاٰلِہٖ وَسَلَّم کی متبرک ناک خوبصورت دراز اور بلند تھی جس پر ایک نور چمکتا تھا۔ جو شخص بغور نہیں دیکھتا تھا وہ یہ سمجھتا تھا کہ آپ صَلَّی اللّٰہُ تَعَالٰی عَلَیْہِ وَاٰلِہٖ وَسَلَّم کی مبارک ناک بہت اونچی ہے حالانکہ آپ کی ناک بہت زیادہ اونچی نہ تھی بلکہ بلندی اس نور کی وجہ سے محسوس ہوتی تھی جو آپ کی مقدّس ناک کے اوپر جلوہ فگن تھا۔[1]

سوال: سرکارِ مدینہ صَلَّی اللّٰہُ تَعَالٰی عَلَیْہِ وَاٰلِہٖ وَسَلَّم کی بینی مبارک کے متعلق کوئی شِعر سنایئے۔

جواب: اعلیٰ حضرت عَلَیْہِ رَحمَۃُ رَبِّ الْعِزَّت بینی مبارک کی مدح میں فرماتے ہیں: ؎

نیچی آنکھوں کی شرم و حیا پر دُرود
اونچی بینی کی رفعت پہ لاکھوں سلام

پیشانی مبارک

سوال: سرکارِ مدینہ صَلَّی اللّٰہُ تَعَالٰی عَلَیْہِ وَاٰلِہٖ وَسَلَّم کی جبین یعنی پیشانی مبارک کیسی تھی؟

جواب: سرکارِ مدینہ صَلَّی اللّٰہُ تَعَالٰی عَلَیْہِ وَاٰلِہٖ وَسَلَّم کی پیشانی مبارک کشادہ اور چوڑی تھی اور قدرتی طور پر آپ صَلَّی اللّٰہُ تَعَالٰی عَلَیْہِ وَاٰلِہٖ وَسَلَّم کی مبارک پیشانی پر ایک نورانی چمک تھی۔

سوال: سرکارِ مدینہ صَلَّی اللّٰہُ تَعَالٰی عَلَیْہِ وَاٰلِہٖ وَسَلَّم کی پیشانی مبارک کے متعلق کوئی شعر سنایئے۔

جواب: دربارِ رسالت کے شاعر مدّاحِ رسول حضرت سیِّدُنا حسّان بن ثابت رَضِیَ اللّٰہُ تَعَالٰی عَنْہ نے اسی حسین وجمیل

---

[1] ...... شمائلِ محمدیہ، باب ماجاء فی خلق ...... الخ، ص ۲۱، حدیث: ۷

نورانی منظر کو دیکھ کر یہ کہا: ؎

مَتٰی یَبْدُ فِی الدَّاجِی الْبَہِیْمِ جَبِیْنُہٗ!

یَلُحْ مِثْلَ مِصْبَاحِ الدُّجَی الْمُتَوَقِّدِ

یعنی جب اندھیری رات میں آپ صَلَّی اللہُ تَعَالٰی عَلَیْہِ وَاٰلِہٖ وَسَلَّم کی مقدس پیشانی ظاہر ہوتی ہے تو اس طرح چمکتی ہے جس طرح رات کی تاریکی میں روشن چراغ چمکتے ہیں۔

اعلیٰ حضرت عَلَیْہِ رَحمَۃُ رَبِّ الْعِزَّت کیا خوب فرماتے ہیں:

جس کے ماتھے شفاعت کا سہرا رہا

اس جبینِ سعادت پہ لاکھوں سلام

دہن مبارک

سوال سرکار صَلَّی اللہُ تَعَالٰی عَلَیْہِ وَاٰلِہٖ وَسَلَّم کے دَہَن (منہ) مبارک کے متعلق آپ کیا جانتے ہیں؟

جواب سرکارِ مدینہ صَلَّی اللہُ تَعَالٰی عَلَیْہِ وَاٰلِہٖ وَسَلَّم کے رخسار نرم و نازک اور ہموار تھے اور منہ فراخ، دانت کشادہ اور روشن تھے۔ جب آپ صَلَّی اللہُ تَعَالٰی عَلَیْہِ وَاٰلِہٖ وَسَلَّم گفتگو فرماتے تو آپ صَلَّی اللہُ تَعَالٰی عَلَیْہِ وَاٰلِہٖ وَسَلَّم کے دونوں اگلے دانتوں کے درمیان سے ایک نور نکلتا تھا اور جب کبھی اندھیرے میں آپ صَلَّی اللہُ تَعَالٰی عَلَیْہِ وَاٰلِہٖ وَسَلَّم مسکرا دیتے تو مبارک دانتوں کی چمک سے روشنی ہوجاتی تھی۔[1]

سوال سرکارِ مدینہ صَلَّی اللہُ تَعَالٰی عَلَیْہِ وَاٰلِہٖ وَسَلَّم کے دہن مبارک کے متعلق کوئی شعر سنایئے۔

جواب اعلیٰ حضرت عَلَیْہِ رَحمَۃُ رَبِّ الْعِزَّت دہن مبارک کی مدح میں فرماتے ہیں: ؎

وہ دہن جس کی ہر بات وحیِ خدا

چشمۂ علم و حکمت پہ لاکھوں سلام

---

[1] ...... سیرتِ مصطفی، ص ۵۷۴ وشمائلِ محمدیہ، باب ماجاء فی خلق ...... الخ، ص ۲۱، ۲۲، حدیث: ۷، ۱۴

جاں نثارانِ مُصطفٰے

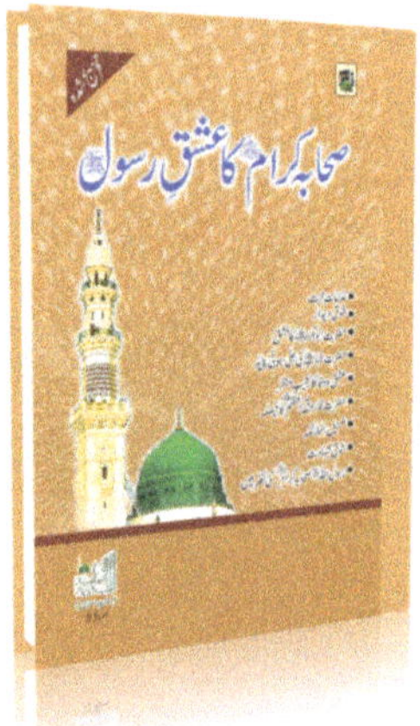

سوال سب سے پہلے کس نے اسلام قبول کیا؟

جواب مردوں میں سب سے پہلے حضرتِ سیِّدُ نا ابوبکر صدیق رَضِیَ اللّٰہُ تَعَالٰی عَنْہ نے، بچوں میں حضرت سیِّدُ نا علِیُّ الْمرتضیٰ کَرَّمَ اللّٰہُ تَعَالٰی وَجْھَہُ الْکَرِیْم نے اور عورتوں میں ام المؤمنین حضرت سیِّدَتُنا خدیجہ رَضِیَ اللّٰہُ تَعَالٰی عَنْھا نے اسلام قبول کیا۔

سوال اسلام کے لیے سب سے پہلے کس صحابی نے خون بہایا؟

جواب اسلام کیلئے سب سے پہلے حضرت سیِّدُ نا سعد بن ابی وقاص رَضِیَ اللّٰہُ تَعَالٰی عَنْہ نے خون بہایا۔

سوال اسلام کے سب سے بڑے دشمن ابوجہل کو کس نے قتل کیا؟

جواب اسلام کے سب سے بڑے دشمن ابوجہل کو حضرت سیِّدُ نا مُعاذ اور سیِّدُ نا مُعَوِّذ رَضِیَ اللّٰہُ تَعَالٰی عَنْھُما نے قتل کیا۔

سوال اَمِیْنُ الْاُمَّت (امت کا امین) کس صحابی کا لقب ہے؟

جواب امین الامت حضرت سیِّدُ نا ابوعُبیدہ بن جرّاح رَضِیَ اللّٰہُ تَعَالٰی عَنْہ کا لقب ہے۔

سوال مُعَلِّمُ الْاُمَّۃ (امت کا استاذ) کس صحابی کا لقب ہے؟

جواب مُعَلِّمُ الْاُمَّۃ حضرت سیِّدُ نا عبد اللّٰہ بن مسعود رَضِیَ اللّٰہُ تَعَالٰی عَنْہ کا لقب ہے۔

سوال شَیخَین سے کون سے صحابہ کرام مراد ہیں؟

جواب شَیخَین سے مراد امیر المؤمنین حضرت سیِّدُنا ابوبکر صدیق اور امیر المؤمنین حضرت سیِّدُنا عمر فاروق رَضِیَ اللہُ تَعَالٰی عَنْہُمَا ہیں۔

سوال میز بانِ رسول کس صحابی کو کہتے ہیں؟

جواب میز بانِ رسول حضرت سیِّدُنا ابوایوب انصاری رَضِیَ اللہُ تَعَالٰی عَنْہ کو کہتے ہیں۔

سوال سرکارِ دوعالم صَلَّی اللہُ تَعَالٰی عَلَیْہِ وَاٰلِہٖ وَسَلَّم کی عَلالت (بیماری) کے دوران کس صحابی نے نمازوں میں امامت کے فرائض سرانجام دیئے؟

جواب آپ صَلَّی اللہُ تَعَالٰی عَلَیْہِ وَاٰلِہٖ وَسَلَّم کی علالت (بیماری) کے دوران امیر المؤمنین حضرت سیِّدُنا ابوبکر صدیق رَضِیَ اللہُ تَعَالٰی عَنْہ نے امامت کے فرائض سرانجام دیئے۔

سوال سرکارِ دوعالم صَلَّی اللہُ تَعَالٰی عَلَیْہِ وَاٰلِہٖ وَسَلَّم کے وصالِ ظاہری کے بعد کون کون سے صحابہ نے آپ صَلَّی اللہُ تَعَالٰی عَلَیْہِ وَاٰلِہٖ وَسَلَّم کو غسل دینے کی سعادت حاصل کی؟

جواب سرکارِ دوعالم صَلَّی اللہُ تَعَالٰی عَلَیْہِ وَاٰلِہٖ وَسَلَّم کے وصالِ ظاہری کے بعد جن صحابہ نے آپ صَلَّی اللہُ تَعَالٰی عَلَیْہِ وَاٰلِہٖ وَسَلَّم کو غسل دینے کی سعادت حاصل کی، ان کے نام یہ ہیں:

﴿۱﴾...... امیر المؤمنین حضرت سیِّدُنا علیُّ المرتضٰی کَرَّمَ اللہُ تَعَالٰی وَجْہَہُ الْکَرِیْم

﴿۲﴾...... حضرت سیِّدُنا عباس رَضِیَ اللہُ تَعَالٰی عَنْہ

﴿۳﴾...... حضرت سیِّدُنا فضل بن عباس رَضِیَ اللہُ تَعَالٰی عَنْہ

﴿۴﴾...... حضرت سیِّدُنا قُثَم بن عباس رَضِیَ اللہُ تَعَالٰی عَنْہ

﴿۵﴾...... حضرت سیِّدُنا ابوسفیان بن حارث رَضِیَ اللہُ تَعَالٰی عَنْہ

﴿۶﴾...... حضرت سیِّدُنا اسامہ بن زید رَضِیَ اللہُ تَعَالٰی عَنْہ

﴿۷﴾...... حضرت سیِّدُنا صالح حبشی رَضِیَ اللہُ تَعَالٰی عَنْہ

سوال سرکارِ ذی وقار صَلَّی اللہُ تَعَالٰی عَلَیْہِ وَاٰلِہٖ وَسَلَّم کی قبر مبارک کس صحابی نے تیار کی؟

جواب آپ صَلَّی اللہُ تَعَالٰی عَلَیْہِ وَاٰلِہٖ وَسَلَّم کی قبر مبارک حضرت سیِّدُنا ابوطلحہ انصاری رَضِیَ اللہُ تَعَالٰی عَنْہ نے تیار کی۔

سوال: ان صحابہ کرام عَلَیۡہِمُ الرِّضۡوَان کا نام بتایئے جنہوں نے سرکار صَلَّی اللّٰہُ تَعَالٰی عَلَیۡہِ وَاٰلِہٖ وَسَلَّم کو قبرِ منور میں اتارنے کا شرف پایا؟

جواب: جن صحابہ کرام عَلَیۡہِمُ الرِّضۡوَان نے سرکار صَلَّی اللّٰہُ تَعَالٰی عَلَیۡہِ وَاٰلِہٖ وَسَلَّم کو قبرِ منور میں اتارنے کا شرف پایا ان کے نام یہ ہیں: ﴿۱﴾......امیر المؤمنین حضرت سیِّدُنا علیُّ المرتضٰی کَرَّمَ اللّٰہُ تَعَالٰی وَجۡہَہُ الۡکَرِیۡم

﴿۲﴾......حضرت سیِّدُنا عباس رَضِیَ اللّٰہُ تَعَالٰی عَنۡہ ﴿۳﴾......حضرت سیِّدُنا فَضۡل بن عباس رَضِیَ اللّٰہُ تَعَالٰی عَنۡہ

﴿۴﴾......حضرت سیِّدُنا قُثَم بن عباس رَضِیَ اللّٰہُ تَعَالٰی عَنۡہ

محبوبانِ خدا و مصطفٰے

سوال: ولایت کسے کہتے ہیں؟

جواب: ولایت ایک قُربِ خاص ہے کہ **اللّٰہ** عَزَّوَجَلَّ اپنے نیک بندوں کو محض اپنے فضل و کرم سے عطا فرماتا ہے۔

سوال: کیا ولایت بے علم کو مل سکتی ہے؟

جواب: جی نہیں! ولایت کسی بے علم کو نہیں مل سکتی بلکہ اس کے لئے حُصولِ علم ضروری ہے۔

سوال: حصولِ علم سے کیا مراد ہے؟

جواب: حصولِ علم سے مراد یہ ہے کہ علم ظاہری طور پر حاصل کیا ہو یا ولایت کے دَرَجے پر پہنچنے سے پہلے **اللّٰہ** عَزَّوَجَلَّ نے اس پر علوم کو مُنکَشِف (ظاہر) فرمادیا ہو۔

سوال: سب سے افضل اولیائے کرام کس امّت کے ہیں؟

جواب: سب سے افضل اولیائے کرام سرکارِ مدینہ صَلَّی اللّٰہُ تَعَالٰی عَلَیۡہِ وَاٰلِہٖ وَسَلَّم کی امت کے ہیں۔

سوال: کیا کوئی ولی کسی صحابی سے بھی افضل ہے؟

جواب جی نہیں کوئی ولی کتنے ہی بڑے مرتبہ کا ہو، کسی صحابی کے رتبہ کو نہیں پہنچتا۔ [1]

سوال کیا طریقت شریعت کے خلاف ہے؟

جواب جی نہیں طریقت شریعت ہی کا باطنی حصہ ہے۔ [2]

سوال کیا کوئی ولی احکامِ شرعیہ کی پابندی سے سبکدوش ہوسکتا ہے؟

جواب جی نہیں اَحکامِ شرعیّہ کی پابندی سے کوئی ولی کیسا ہی عظیم ہو، سُبکدوش نہیں ہوسکتا۔ [3]

سوال کیا انبیائے کرام عَلَیْہِمُ الصَّلٰوۃُ وَالسَّلَام اور شہدائے عظام رَحِمَہُمُ اللّٰہُ السَّلَام کی طرح اولیائے کرام رَحِمَہُمُ اللّٰہُ السَّلَام بھی بعدِ وفات حیات (زندہ) ہیں؟

جواب جی ہاں! انبیائے کرام عَلَیْہِمُ الصَّلٰوۃُ وَالسَّلَام اور شُہدائے عظام رَحِمَہُمُ اللّٰہُ السَّلَام کی طرح اولیائے کرام رَحِمَہُمُ اللّٰہُ السَّلَام بھی بعدِ وفات حیات (زندہ) ہیں۔ چنانچہ،

❁......اعلیٰ حضرت، اِمامِ اَہلسنّت، مولانا شاہ امام اَحمد رضا خان عَلَیْہِ رَحمَۃُ الرَّحْمٰن ''فتاوی رضویہ'' جلد 29 صفحہ 545 پر فرماتے ہیں: اولیائے کرام رَحِمَہُمُ اللّٰہُ السَّلَام بعدِ وفات زندہ ہیں، مگر نہ مِثلِ اَنبیا (یعنی انبیائے کرام عَلَیْہِمُ الصَّلٰوۃُ وَالسَّلَام کی طرح زندہ نہیں کیونکہ) انبیائے کرام عَلَیْہِمُ السَّلَام کی حیات ''روحانی، جسمانی، دنیاوی'' ہے، (اور یہ) بالکل اُسی طرح زندہ ہوتے ہیں جس طرح دُنیا میں تھے اور اولیائے کرام رَحِمَہُمُ اللّٰہُ السَّلَام کی حیات ان سے کم اور شُہَدائے عظام رَحِمَہُمُ اللّٰہُ السَّلَام سے زائد، جن کے بارے میں قرآنِ عظیم میں فرمایا: ان (یعنی شہیدوں) کو مُردہ مت کہو وہ زندہ ہیں۔ [4]

❁......حضرتِ علّامہ شیخ عبدُ الحقّ مُحَدِّث دِہلوی عَلَیْہِ رَحمَۃُ اللّٰہِ القَوِی ارشاد فرماتے ہیں: **اللّٰہ** عَزَّوَجَلَّ کے ولی اس دارِ فانی

---

[1] ...... بہارِ شریعت، امامت کا بیان، ۱/ ۲۵۳

[2] ...... بہارِ شریعت، ولایت کا بیان، ۱/ ۲۶۴ ملتقطاً

[3] ...... بہارِ شریعت، ولایت کا بیان، ۱/ ۲۶۶

[4] ...... فتاوی رضویہ، ۲۹/ ۵۴۵

(یعنی خَتم ہو جانے والی دُنیا) سے دارِ بقا (یعنی باقی رہنے والے جہان) کی طرف منتقل (Transfer) ہو جاتے ہیں، وہ اپنے پَروَردگار (عَزَّوَجَلَّ) کے پاس زندہ ہیں، انہیں رِزق دیا جاتا ہے اور خوش وخُرَّم ہیں لیکن لوگوں کو اس کا شُعُور نہیں۔ [1]

۞...... حضرتِ علّامہ علی قاری عَلَیْہِ رَحمَۃُ اللهِ البَارِی نے ارشاد فرمایا: لَا فَرْقَ لَهُمْ فِي الْحَالَيْنِ وَلِذَا قِيْلَ أَوْلِيَاءُ اللهِ لَا يَمُوتُونَ وَلٰكِنْ يَّنْتَقِلُونَ مِنْ دَارٍ اِلٰى دَارٍ یعنی اولیائے کرام کی دونوں حالتوں (یعنی زندگی اور موت) میں اَصلاً فرق نہیں، اِسی لیے کہا گیا ہے کہ وہ مرتے نہیں بلکہ ایک گھر سے دوسرے گھر تشریف لے جاتے ہیں۔ [2]

اولیا ہیں کون کہتا مر گئے　　　فانی گھر سے نکلے باقی گھر گئے

سوال کیا غَیْرُ الله سے (یعنی اولیائے کرام رَحِمَہُمُ اللهُ السَّلَام سے بعدِ وفات) مدد مانگنا جائز ہے؟

جواب جی ہاں غَیْرُ الله سے (یعنی اولیائے کرام رَحِمَہُمُ اللهُ السَّلَام سے بعدِ وفات) مدد مانگنا جائز ہے۔ چنانچہ شیخُ الاسلام حضرتِ سیِّدُنا شہاب رَملی انصاری شافعی عَلَیْہِ رَحمَۃُ اللهِ الکَافِی (مُتَوَفّٰی ۱۰۰۴ھ) سے فتویٰ طلب کیا گیا: (یا سیّدی! ارشاد فرمایئے:) عام لوگ جو سختیوں (یعنی مصیبتوں) کے وَقت مَثَلاً ''یا شیخ فُلاں!'' کہہ کر پکارتے ہیں اور انبیائے کرام واولیائے عِظام سے فریاد کرتے ہیں، اس کا شَرْع شریف میں کیا حکم ہے؟ تو آپ نے فتویٰ دیا: انبیا و مُرسَلین عَلَیْہِمُ السَّلَام اور اولیا وعُلَما وصالحین رَحِمَہُمُ اللهُ المُبِیْن سے ان کے وِصال (یعنی انتقال) شریف کے بعد بھی اِستِعانت واِستِمداد (یعنی مدد طلب کرنا) جائز ہے۔ [3]

سوال ہم اَلْحَمْدُ لِلّٰه عَزَّوَجَلَّ حَنَفی ہیں، تو کیا ہمارے امام، امامِ اعظم ابوحنیفہ رَحمَۃُ اللهِ تَعَالٰی عَلَیْہ سے بھی غَیْرُ الله سے مدد مانگنا ثابت ہے؟

جواب جی ہاں! اَلْحَمْدُ لِلّٰه عَزَّوَجَلَّ ہمارے امام، حضرتِ سیِّدُنا امامِ اعظم ابوحنیفہ رَحمَۃُ اللهِ تَعَالٰی عَلَیْہ سے بھی غَیْرُ

---

[1] ......اشعۃ اللمعات، ۳/۴۲۳ مُلَخَّصًا

[2] ......مرقاۃ المفاتیح، ۳/۴۵۹

[3] ......فتاویٰ رملی، ۴/۷۳۳

اللہ سے مدد مانگنا ثابت ہے۔ چُنانچہ آپ رَحْمَۃُ اللہِ تَعَالٰی عَلَیْہ بارگاہِ رسالت میں مدد کی درخواست کرتے ہوئے ''قصیدۂ نُعمان'' میں عرض کرتے ہیں:

یَا اَکْرَمَ الثَّقَلَیْنِ یَا کَنْزَ الْوَرٰی   جُدْ لِیْ بِجُوْدِكَ وَاَرْضِنِیْ بِرِضَاكَ

اَنَا طَامِعٌ بِالْجُوْدِ مِنْكَ لَمْ یَکُنْ   لِاَبِیْ حَنِیْفَةَ فِی الْاَنَامِ سِوَاكَ

یعنی اے جِنّ وانس سے بہتر اور نعمتِ الٰہی کے خزانے! مجھے اپنی جود وسخا میں سے عطا فرمایئے اور اپنی رضا سے بھی نوازیئے۔ میں آپ کی سخاوت کا امیدوار ہوں، آپ کے سوا ابوحنیفہ کا مخلوق میں کوئی نہیں۔ [1]

مزارات پر حاضری اور زِیارَتِ قُبُور

زیارتِ قبور کا شرعی حکم

سوال مزارات پر حاضری یا عام افراد کی قبور کی زِیارت کا کیا حکم ہے؟

جواب مزارات پر حاضری یا عام افراد کی قبور کی زِیارت جائز ومستحب بلکہ مسنون (یعنی سنّت) ہے، آقائے دو جہان، مکّی مدَنی سلطان صَلَّی اللہُ تَعَالٰی عَلَیْہِ وَاٰلِہٖ وَسَلَّم شُہدائے اُحد کی زِیارت کو تشریف لے جاتے [2] اور ان کیلئے دعا فرماتے اور یہ بھی ارشاد فرمایا کہ تم لوگ قبروں کی زیارت کرو، وہ دنیا میں بے رَغبتی کا سبب ہیں اور آخرت یاد دِلاتی ہیں۔ [3]

سوال کیا مزاراتِ اولیائے کرام پر حاضری باعثِ برکت ہے؟

جواب جی ہاں! زیارتِ مزاراتِ اولیائے کرام مُوجِبِ ہزاراں ہزار برکت وسعادت ہے۔ [4]

---

[1]...... قصیدۂ نعمانیہ مع الخیرات الحسان، ص ٢٠٠

[2]...... ردالمحتار، کتاب الصلاة، باب صلاة الجنازة، مطلب في زيارة القبور، ٣/١٧٧ و المصنف لعبد الرزاق، کتاب الجنائز، باب في زيارة القبور، ٣/٣٨١، حديث: ٦٧٤٥

[3]...... ابن ماجه، کتاب الجنائز، باب ماجاء في زيارة القبور، ٢/٢٥٢، حديث: ١٥٧١

[4]...... فتاوىٰ رضویہ، ٢٩/٢٨٢

زیارتِ قبور کا مستحب طریقہ

سوال: زیارتِ قُبور کا مستَحَب طریقہ کیا ہے؟

جواب: جب بھی کوئی زیارتِ قبور کو جائے تو دَرج ذیل اُمور پر عمل کرنا مُستَحَب ہے:

❁...... پہلے اپنے مکان پر (غیر مکروہ وقت میں) دو رَکعت نَفل پڑھے، ہر رَکعت میں سورۃُ الفاتحہ کے بعد ایک بار آیتُ الکرسی، اور تین بار سورۃُ الاخلاص پڑھے اور اس نماز کا ثواب صاحِبِ قَبر کو پہنچائے، **اللہ** عَزَّوَجَلَّ اُس فوت شدہ بندے کی قَبر میں نور پیدا کرے گا اور اِس (ثواب پہنچانے والے) شخص کو بہُت زیادہ ثواب عطا فرمائے گا۔ ①

❁...... قبرستان کو جائے تو راستے میں فضول باتوں میں مشغول نہ ہو۔

❁...... جب قبرستان پہنچے تو پائنتی (پا۔اِن۔تی یعنی قدموں) کی طرف سے جا کر اس طرح کھڑا ہو کہ قبلہ کو پیٹھ ہو اور میّت کے چہرے کی طرف منہ۔ میّت کے سرہانے سے نہ آئے کہ میّت کیلئے باعثِ تکلیف ہے یعنی میّت کو گردن پھیر کر دیکھنا پڑتا ہے کہ کون آیا ہے؟ ②

❁...... اس کے بعد یہ کہے:

اَلسَّلَامُ عَلَیْکُمْ یَآ اَھْلَ الْقُبُوْرِ یَغْفِرُ اللّٰہُ لَنَا وَلَکُمْ اَنْتُمْ سَلَفُنَا وَنَحْنُ بِالْاَثَرِ ③

ترجمہ: سلامتی ہو تم پر اے اہلِ قبرستان! **اللہ** عَزَّوَجَلَّ ہماری اور تمہاری مغفرت فرمائے، تم ہم سے پہلے گئے اور ہم تمہارے بعد آنے والے ہیں۔

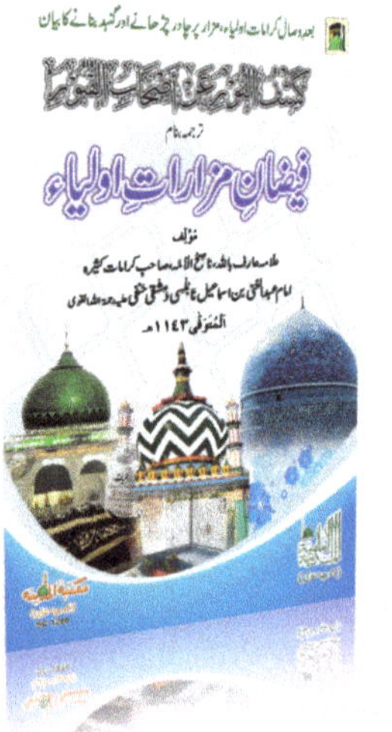

❁...... یا یوں کہے:

اَلسَّلَامُ عَلَیْکُمْ دَارَ قَوْمٍ مُّؤْمِنِیْنَ اَنْتُمْ لَنَا سَلَفٌ وَّاِنَّآ اِنْ

---

① ...... عالمگیری، کتاب الکراھیۃ، الباب السادس عشر فی زیارۃ القبور...... الخ، ۵/ ۳۵۰

② ...... ردالمحتار، کتاب الصلاۃ، باب صلاۃ الجنازۃ، مطلب في زیارۃ القبور، ۳/ ۱۷۹

③ ...... ترمذی، کتاب الجنائز، باب مایقول الرجل...... الخ، ۲/ ۳۲۹، حدیث: ۱۰۵۵

شَآءَ اللّٰہُ بِکُمْ لَاحِقُوْنَ ①

ترجمہ: اے مسلمان قوم کے گھر والو تمہیں سلام! تم ہم سے پہلے گئے اور ہم تمہارے بعد تم سے ملنے والے ہیں۔ اِنْ شَآءَ اللّٰہ عَزَّوَجَلَّ

❁......اور سورۂ فاتحہ و آیۃُ الکرسی اور سورۂ زِلزال و تکاثُر پڑھے۔ سورۂ ملک اور دوسری سورتیں بھی پڑھ سکتا ہے اور اس کا ثواب مُردوں کو پہنچائے۔

❁......اگر بیٹھنا چاہے تو اتنے فاصلے پر بیٹھے جتنا زندگی میں دُور یا نزدیک بیٹھتے تھے۔ ②

زیارتِ قبور کے لیے دن یا وقت مقرر کرنا

سوال کیا زیارت کیلئے کوئی خاص دن یا وقت مقرر ہے؟

جواب جی نہیں! زیارت کے لئے کوئی خاص دن یا وقت مقرر نہیں، البتہ! چار دن زیارت کیلئے بہتر ضرور ہیں: پیر، جمعرات، جُمُعہ اور ہفتہ۔

سوال زیارت کیلئے سب سے افضل دن یا وقت کونسا ہے؟

جواب زیارت کے لیے سب سے افضل روز جمعہ ہے۔ اگر جُمُعہ کے دن جانا ہو تو نمازِ جُمُعہ سے پہلے جانا افضل ہے اور ہفتہ کے دن طلوعِ آفتاب تک، جمعرات کو دن کے اوّل وقت اور بعض عُلَما نے فرمایا کہ آخر وقت میں افضل ہے۔ اسی طرح متبرّک راتوں میں بھی زیارت افضل ہے مثلاً شبِ براءَت، شبِ قدر، وغیرہ۔ یونہی عیدَین کے دن اور عشرۂ ذِی الْحجہ میں بھی بہتر ہے۔ ③

---

① ...... بہارِ شریعت، کتاب الجنائز، زیارتِ قبور، ۱/ ۸۴۹ مختصراً

② ...... ردّ المحتار، کتاب الصلاۃ، باب صلاۃ الجنازۃ، مطلب في زیارۃ القبور، ۳/ ۱۷۹

③ ...... ہمارا اسلام، حصہ ۵، باب دوم، ص ۳۶۰ بتغیرٍ

تیسرا باب ایک نظر میں

کیا آپ نے ہجرت سے قبل سرکارِ مدینہ صَلَّی اللہُ تَعَالٰی عَلَیْہِ وَاٰلِہٖ وَسَلَّم کی عمر مبارک کی نسبت سے تیسرے باب میں بیان کردہ دَرج ذیل 53 سُوالات کے جوابات جان لئے ہیں؟

1 ہمارے پیارے نبی صَلَّی اللہُ تَعَالٰی عَلَیْہِ وَاٰلِہٖ وَسَلَّم کا تعلق عرب کے کس خاندان سے تھا؟

2 ہمارے پیارے نبی صَلَّی اللہُ تَعَالٰی عَلَیْہِ وَاٰلِہٖ وَسَلَّم کس نبی کی اولاد میں سے ہیں؟

3 ہمارے پیارے نبی صَلَّی اللہُ تَعَالٰی عَلَیْہِ وَاٰلِہٖ وَسَلَّم اور **اللہ** عَزَّوَجَلَّ کے **خلیل** حضرت سیِّدُنا ابراہیم عَلَیْہِ السَّلَام کے درمیان کتنے واسطے (یعنی باپ دادا) ہیں؟

4 ہمارے پیارے نبی صَلَّی اللہُ تَعَالٰی عَلَیْہِ وَاٰلِہٖ وَسَلَّم کا مختصر نسب شریف بتائیے۔

5 سرکارِ مدینہ صَلَّی اللہُ تَعَالٰی عَلَیْہِ وَاٰلِہٖ وَسَلَّم کے کتنے چچا تھے؟

6 کیا سرکارِ مدینہ صَلَّی اللہُ تَعَالٰی عَلَیْہِ وَاٰلِہٖ وَسَلَّم کے سب چچا مسلمان ہوگئے تھے؟

7 ہمارے پیارے نبی صَلَّی اللہُ تَعَالٰی عَلَیْہِ وَاٰلِہٖ وَسَلَّم کی ازواجِ مُطَہَّرات رَضِیَ اللہُ تَعَالٰی عَنْھُنَّ کی تعداد کتنی تھی؟

8 اُمَّہات المؤمنین رَضِیَ اللہُ تَعَالٰی عَنْھُنَّ کے اَسمائے مبارکہ بتائیے۔

9 سرکارِ مدینہ صَلَّی اللہُ تَعَالٰی عَلَیْہِ وَاٰلِہٖ وَسَلَّم کے شہزادے کتنے تھے؟ ان کے نام بتائیے۔

10 سرکارِ مدینہ صَلَّی اللہُ تَعَالٰی عَلَیْہِ وَاٰلِہٖ وَسَلَّم کی شہزادیاں کتنی تھیں اور ان کے نام کیا تھے؟

11 سرکارِ مدینہ صَلَّی اللہُ تَعَالٰی عَلَیْہِ وَاٰلِہٖ وَسَلَّم کا چہرۂ انور کیسا تھا؟

12 کیا ہمارے سرکار صَلَّی اللہُ تَعَالٰی عَلَیْہِ وَاٰلِہٖ وَسَلَّم حضرت سیِّدُنا یوسف عَلَیْہِ السَّلَام سے بھی زیادہ حسین تھے؟

13 سرکارِ مدینہ صَلَّی اللہُ تَعَالٰی عَلَیْہِ وَاٰلِہٖ وَسَلَّم کے چہرۂ انور کے حُسن کے متعلق اعلیٰ حضرت عَلَیْہِ رَحمَۃُ رَبِّ الْعِزَّت کے کوئی دوشعر سنائیے۔

14 سرکارِ مدینہ صَلَّی اللہُ تَعَالٰی عَلَیْہِ وَاٰلِہٖ وَسَلَّم کی نورانی آنکھیں کیسی تھیں؟

15 سرکارِ مدینہ صَلَّی اللہُ تَعَالٰی عَلَیْہِ وَاٰلِہٖ وَسَلَّم کی نورانی آنکھوں کی بَصارت (دیکھنے کی قوت) کیسی تھی؟

16 سرکارِ مدینہ صَلَّی اللہُ تَعَالٰی عَلَیْہِ وَاٰلِہٖ وَسَلَّم کی نورانی آنکھوں کی عظمت کے متعلق کچھ اَشعار سنائیے۔

17 سرکارِ مدینہ صَلَّی اللّٰہُ تَعَالٰی عَلَیْہِ وَاٰلِہٖ وَسَلَّم کے گوش یعنی کان مبارک کے متعلق کچھ بتایئے؟

18 سرکارِ مدینہ صَلَّی اللّٰہُ تَعَالٰی عَلَیْہِ وَاٰلِہٖ وَسَلَّم کی قوتِ سماعت (سننے کی قوت) کیسی تھی؟

19 سرکارِ مدینہ صَلَّی اللّٰہُ تَعَالٰی عَلَیْہِ وَاٰلِہٖ وَسَلَّم کی سماعت مبارک کے متعلق کوئی شِعر سنایئے۔

20 سرکارِ مدینہ صَلَّی اللّٰہُ تَعَالٰی عَلَیْہِ وَاٰلِہٖ وَسَلَّم کے اَبرو یعنی بھوئیں کیسی تھیں؟

21 سرکارِ مدینہ صَلَّی اللّٰہُ تَعَالٰی عَلَیْہِ وَاٰلِہٖ وَسَلَّم کی بھوؤں کے متعلق کوئی شعر سنایئے۔

22 سرکارِ مدینہ صَلَّی اللّٰہُ تَعَالٰی عَلَیْہِ وَاٰلِہٖ وَسَلَّم کی بینی یعنی ناک مبارک کیسی تھی؟

23 سرکارِ مدینہ صَلَّی اللّٰہُ تَعَالٰی عَلَیْہِ وَاٰلِہٖ وَسَلَّم کی بینی مبارک کے متعلق کوئی شعر سنایئے۔

24 سرکارِ مدینہ صَلَّی اللّٰہُ تَعَالٰی عَلَیْہِ وَاٰلِہٖ وَسَلَّم کی جبین یعنی پیشانی مبارک کیسی تھی؟

25 سرکارِ مدینہ صَلَّی اللّٰہُ تَعَالٰی عَلَیْہِ وَاٰلِہٖ وَسَلَّم کی پیشانی مبارک کے متعلق کوئی شعر سنایئے۔

26 سرکار صَلَّی اللّٰہُ تَعَالٰی عَلَیْہِ وَاٰلِہٖ وَسَلَّم کے دہن (منہ) مبارک کے متعلق آپ کیا جانتے ہیں؟

27 سرکارِ مدینہ صَلَّی اللّٰہُ تَعَالٰی عَلَیْہِ وَاٰلِہٖ وَسَلَّم کے دہن مبارک کے متعلق کوئی شعر سنایئے۔

28 سب سے پہلے کس نے اسلام قبول کیا؟

29 اسلام کے لیے سب سے پہلے کس صحابی نے خون بہایا؟

30 اسلام کے سب سے بڑے دشمن ابوجہل کو کس نے قتل کیا؟

31 اَمِینُ الْاُمَّت (امت کا امین) کس صحابی کا لقب ہے؟

32 مُعَلِّمُ الْاُمَّة (امت کا استاذ) کس صحابی کا لقب ہے؟

33 شَیْخَین سے کون سے صحابہ کرام مراد ہیں؟

34 میزبانِ رسول کس صحابی کو کہتے ہیں؟

35 سرکارِ دوعالم صَلَّی اللّٰہُ تَعَالٰی عَلَیْہِ وَاٰلِہٖ وَسَلَّم کی عَلالت (بیماری) کے دوران کس صحابی نے نمازوں میں امامت کے فرائض سرانجام دیئے؟

36 سرکارِ دوعالم صَلَّی اللّٰہُ تَعَالٰی عَلَیْہِ وَاٰلِہٖ وَسَلَّم کے وصالِ ظاہری کے بعد کون کون سے صحابہ نے آپ صَلَّی اللّٰہُ تَعَالٰی عَلَیْہِ وَاٰلِہٖ وَسَلَّم کو غسل دینے کی سعادت حاصل کی؟

37 سرکارِ ذی وقار صَلَّی اللّٰہُ تَعَالٰی عَلَیْہِ وَاٰلِہٖ وَسَلَّم کی قبرِ مبارک کس صحابی نے تیار کی؟

38 ان صحابہ کرام عَلَیْہِمُ الرِّضْوَان کا نام بتائیے جنہوں نے سرکار صَلَّی اللّٰہُ تَعَالٰی عَلَیْہِ وَاٰلِہٖ وَسَلَّم کو قبرِ منور میں اتارنے کا شرف پایا؟

39 ولایت کسے کہتے ہیں؟

40 کیا ولایت بے علم کو مل سکتی ہے؟

41 حصولِ علم سے کیا مراد ہے؟

42 سب سے افضل اولیائے کرام کس امت کے ہیں؟

43 کیا کوئی ولی کسی صحابی سے بھی افضل ہے؟

44 کیا طریقت شریعت کے خلاف ہے؟

45 کیا کوئی ولی احکامِ شرعیہ کی پابندی سے سبکدوش ہوسکتا ہے؟

46 کیا انبیائے کرام عَلَیْہِمُ الصَّلٰوۃُ وَالسَّلَام اور شُہدائے عظام رَحِمَہُمُ اللّٰہُ السَّلَام کی طرح اولیائے کرام رَحِمَہُمُ اللّٰہُ السَّلَام بھی بعدِ وفاتِ حیات (زندہ) ہیں؟

47 کیا **غَیْرُ اللّٰہ** سے (یعنی اولیائے کرام رَحِمَہُمُ اللّٰہُ السَّلَام سے بعدِ وفات) مدد مانگنا جائز ہے؟

48 ہم **اَلْحَمْدُ لِلّٰہ** عَزَّوَجَلَّ حَنَفی ہیں، تو کیا ہمارے امام، امامِ اعظم ابوحنیفہ رَحْمَۃُ اللّٰہِ تَعَالٰی عَلَیْہ سے بھی **غَیْرُ اللّٰہ** سے مدد مانگنا ثابت ہے؟

49 مزارات پر حاضری یا عام افراد کی قُبور کی زِیارت کا کیا حکم ہے؟

50 کیا مزاراتِ اولیائے کرام پر حاضری باعثِ برکت ہے؟

51 زیارتِ قبور کا مستحب طریقہ کیا ہے؟

52 کیا زیارت کیلئے کوئی خاص دن یا وقت مقرر ہے؟

53 زیارت کیلئے سب سے افضل دن یا وقت کونسا ہے؟

باب:4

عبادات

اس باب میں آپ پڑھیں گے

طہارت میں نجاست کی اَقسام واَحکام، غسل وتیمّم کا طریقہ وآداب، اذان، اقامت، امامت واقتدا کی شرائط، نمازِ تراویح و وتر کی ادائیگی کا طریقہ اور احکام ومسائل، سجدۂ سہْو وسجدۂ تلاوت کا طریقہ واحکام، نمازِ جُمعہ کے فضائل واحکام اور خُطباتِ جمعہ، نمازِ عیدین کا طریقہ، نمازِ جنازہ مع تجہیز وتکفین اور تدفین وتلقین وغیرہ کے احکام ومسائل، روزہ، زکوٰۃ، صدقۂ فطر، حج وقربانی کے متعلق سُوالاً جواباً مختصر بنیادی باتیں

طہارت

طہارت کے مسائل

سوال: طہارت کا کیا مطلب ہے؟

جواب: طہارت کا مطلب یہ ہے کہ نمازی کا بدن، اس کے کپڑے اور وہ جگہ جس پر نماز پڑھنی ہے نجاست سے پاک صاف ہو۔

سوال: طہارت کی کتنی قسمیں ہیں؟

جواب: طہارت کی دو قسمیں ہیں: {1}......طہارتِ صغریٰ {2}......طہارتِ کبریٰ۔

طہارتِ صغریٰ سے مراد وُضو اور طہارتِ کبریٰ سے مراد غُسل ہے۔ [1]

نجاست کی اقسام

سوال: نجاست کی کتنی قسمیں ہیں؟

جواب: نجاست کی دو قسمیں ہیں: {1}......حُکْمِیَّہ {2}......حَقِیْقِیَّہ

سوال: نجاستِ حُکْمِیَّہ سے کیا مراد ہے؟

جواب: نجاستِ حُکْمِیَّہ وہ ہے جو نظر نہیں آتی، یعنی صرف شریعت کے حکم سے اُسے ناپاکی کہتے ہیں جیسے بے وُضو ہونا یا غسل کی حاجت ہونا۔

سوال: نجاستِ حُکْمِیَّہ سے پاک ہونے کا طریقہ کیا ہے؟

جواب: اس نجاست سے پاک ہونے کا طریقہ یہ ہے کہ جہاں وُضو کرنا لازمی ہو وہاں وُضو کرلیا جائے اور جہاں غسل کی حاجت ہو وہاں غسل کرلیا جائے۔

---

[1] ...... بہارِ شریعت، کتاب الطہارۃ، ۱/ ۲۸۲

سوال: نجاستِ حَقِیْقِیَّہ سے کیا مراد ہے؟

جواب: نجاستِ حَقِیْقِیَّہ وہ ناپاک چیز ہے جو کپڑے یا بدن وغیرہ پر لگ جائے تو ظاہر طور پر معلوم ہوجاتی ہے جیسے پاخانہ پیشاب وغیرہ۔

سوال: نجاستِ حَقِیْقِیَّہ سے پاک ہونے کا طریقہ کیا ہے؟

جواب: اس سے پاک ہونے کا طریقہ یہ ہے کہ کپڑے یا بدن وغیرہ کو اس ناپاک چیز سے دھوکر پاک کیا جائے۔

نجاستِ حَقِیْقِیَّہ کی بھی دو قسمیں ہیں: {1}......نجاستِ غلیظہ {2}......نجاستِ خفیفہ۔

نجاستِ غلیظہ

سوال: نجاستِ غلیظہ کا حکم کیا ہے؟

جواب: نجاستِ غلیظہ کا حکم سخت ہے اور وہ یہ ہے:

- ......اگر کپڑے یا بدن پر ایک دِرہم سے زیادہ لگ جائے تو اس کا پاک کرنا فرض ہے۔ بے پاک کئے نماز نہیں ہوگی۔
- ......اگر دِرہم کے برابر ہے تو پاک کرنا وَاجب ہے کہ بے پاک کئے نماز پڑھی تو مکروہِ تحریمی ہوئی، یعنی ایسی نماز کا اِعادہ واجب ہے۔
- ......اگر دِرہم سے کم ہے تو پاک کرنا سُنَّت ہے کہ بے پاک کئے نماز پڑھی تو ہوگئی مگر خلافِ سُنَّت ہوئی، اعادہ بہتر ہے۔

سوال: نَجاستِ غَلیظہ کے دِرہَم یا اس سے کم یا زیادہ ہونے سے کیا مراد ہے؟

جواب: نَجاستِ غَلیظہ کا دِرہَم یا اس سے کم یا زیادہ ہونے سے مُراد یہ ہے کہ نجاستِ غلیظہ اگر گاڑھی ہو مَثَلاً پاخانہ، لِید وغیرہ تو دِرہَم سے مُراد وَزن میں ساڑھے چار ماشہ (یعنی 4.374 گرام) ہے، لہٰذا اگر نَجاست دِرہم سے زیادہ یا کم ہے تو اس سے مُراد وَزن میں ساڑھے چار ماشے سے کم یا زیادہ ہونا ہے اور اگر نَجاستِ غَلیظہ پَتلی ہو جیسے پیشاب وغیرہ تو دِرہم سے مُراد لمبائی چوڑائی ہے یعنی ہتھیلی کو خوب پھیلا کر ہموار رکھئے اور اس پر آہِستگی سے اِتنا پانی ڈالئے کہ اس سے زیادہ پانی نہ رُک سکے، اب جتنا پانی کا پھیلاؤ ہے اُتنا بڑا

دِرہم سمجھا جائے گا۔ [1] کسی کپڑے یا بدن پر چند جگہ نَجاست غلیظہ لگی اور کسی جگہ دِرہم کے برابر نہیں، مگر مجموعہ درہم کے برابر ہے تو درہم کے برابر سمجھی جائے گی اور زائد ہے تو زائد۔ نَجاستِ خفیفہ میں بھی مجموعے ہی پر حُکم دیا جائے گا۔ [2]

سوال کون کون سی چیزیں نجاستِ غلیظہ ہیں؟

جواب آدمی کا پیشاب، پاخانہ، بہتا خون، پیپ، منہ بھر قَے، دُکھتی آنکھ کا پانی، حرام چوپایوں کا پیشاب پاخانہ، گھوڑے کی لِید اور ہر حلال جانور کا گوبر، مینگنی، مرغی اور بَط کی بِیٹ، ہر قسم کی شراب، سوَر کا گوشت اور ہڈی اور بال، چھپکلی یا گرگٹ کا خون اور دَرندے چوپایوں کا تھوک، یہ سب چیزیں نجاستِ غلیظہ ہیں۔ اس کے علاوہ دُودھ پیتے بچّے یا بچّی کا پیشاب اور ان کی قَے بھی اگر منہ بھر ہے نجاستِ غلیظہ ہے اور یہ جو لوگوں میں مشہور ہے کہ ''دُودھ پیتے بچّوں کا پیشاب پاک ہے'' محض غلَط ہے۔ [3]

نجاستِ خفیفہ

سوال نجاستِ خفیفہ کا حکم کیا ہے؟

جواب نجاستِ خفیفہ کا حکم ہلکا ہے یعنی کپڑے کے حصّہ یا بدن کے جس عضو میں لگی ہو:

- ......اگر اس کی چوتھائی سے کم ہے تو مُعاف ہے۔
- ......اگر چوتھائی کے برابر ہو تو اس کا دھونا واجِب ہے۔
- ......اگر زیادہ ہو تو اس کا پاک کرنا فرض ہے۔ بے دھوئے نماز ہوگی ہی نہیں۔ [4]

سوال نجاستِ خفیفہ کون کون سی چیزیں ہیں؟

---

[1] ...... بہارِ شریعت، نجاستوں کا بیان، نجاستوں کے متعلق احکام، ۱/ ۳۸۹

[2] ......المرجع السابق، ۱/ ۳۹۳

[3] ......المرجع السابق، ۱/ ۳۹۰، ۳۹۱ ملتقطاً

[4] ......المرجع السابق، ۱/ ۳۸۷

جواب حلال جانوروں اور گھوڑے کا پیشاب اور حرام پرندوں کی بِیٹ نجاستِ خفیفہ ہے اور اگر نجاستِ غلیظہ، خفیفہ میں مل جائے تو کل غلیظہ ہے۔[1]

سوال بدن یا کپڑا نَجِس ہو جائے تو پاک کرنے کا کیا طریقہ ہے؟

جواب بدن یا کپڑا نَجِس ہو جائے تو انہیں پاک کرنے کے دو طریقے ہیں:

1 ......: نجاست اگر پتلی ہو تو بدن یا کپڑا تین مرتبہ دھونے سے پاک ہو جائے گا، مگر کپڑے کو تینوں مرتبہ اپنی پوری قوّت سے اس طرح نچوڑنا ضروری ہے کہ اس سے مزید کوئی قطرہ نہ ٹپکے، پہلی اور دوسری بار نچوڑ کر ہاتھ بھی دھو لے۔ جب کہ تیسری مرتبہ نچوڑنے میں کپڑا اور ہاتھ دونوں پاک ہو جائیں گے اور اگر نجاست دَلدار (یعنی موٹی، دبیز) ہو جیسے گوبر، خون، پاخانہ وغیرہ تو اس کو دور کرنا ضروری ہے۔ گنتی کی کوئی شرط نہیں اگرچہ چار پانچ مرتبہ دھونا پڑے۔[2] مگر یہ تین مرتبہ دھونے اور نچوڑنے کا حکم اس وَقت ہے جب تھوڑے پانی میں دھویا ہو۔

2 ......: اگر حوضِ کبیر (جس کی مقدار دَہ دردَہ یعنی 25 گز یا 225 فُٹ ہو یا پھر اس سے بڑے حوض، نہر، ندی، سمندر وغیرہ) میں دھویا ہو یا (نل، پائپ یا لوٹے وغیرہ کے ذریعے) بُہت سا پانی اس پر بہایا یا (دریا وغیرہ) بہتے پانی میں دھویا تو نچوڑنے کی شرط نہیں۔[3] بلکہ فُقَہائے کرام رَحِمَهُمُ اللّٰهُ السَّلَام فرماتے ہیں: دَری یا ٹاٹ یا کوئی ناپاک کپڑا بہتے پانی میں رات بھر پڑا رہنے دیں پاک ہو جائے گا اور اصل یہ ہے کہ جتنی دیر میں یہ ظَنِّ غالِب ہو جائے کہ پانی نَجاست کو بہالے گیا پاک ہو گیا کہ بہتے پانی سے پاک کرنے میں نچوڑنا شرط نہیں۔[4]

---

[1] ...... بہارِ شریعت، نجاستوں کا بیان، نجاستوں کے متعلق احکام، ۱/ ۳۹۱، ۳۹۲ ملتقطاً

[2] ...... بہارِ شریعت، نجاستوں کا بیان، نجس چیزوں کے پاک کرنے کا طریقہ، ۱/ ۳۹۷، ۳۹۸ ملتقطاً

[3] ...... فتاویٰ امجدیہ، ۱/ ۵۳

[4] ...... بہارِ شریعت، نجاستوں کا بیان، نجس چیزوں کے پاک کرنے کا طریقہ، ۱/ ۳۹۹

غسل

غسل کے فرائض

سوال غسل کے کتنے فرض ہیں؟ اور ان سے کیا مراد ہے؟

جواب غسل کے تین فرض ہیں:

﴿۱﴾......**کلی کرنا:** منہ میں تھوڑا سا پانی لے کر پچ کر کے ڈال دینے کا نام کلی نہیں بلکہ منہ کے ہر پرزے، گوشے، ہونٹ سے حلق کی جڑ تک ہر جگہ پانی بہ جائے۔ (۱)

﴿۲﴾......**ناک میں پانی چڑھانا:** جلدی جلدی ناک کی نوک پر پانی لگا لینے سے کام نہیں چلے گا جہاں تک نرم جگہ ہے یعنی سخت ہڈی کے شروع تک دُھلنا لازمی ہے۔ (۲)

﴿۳﴾......**تمام ظاہری بدن پر پانی بہانا:** سر کے بالوں سے لے کر پاؤں کے تلووں تک جسم کے ہر پرزے اور ہر ہر رونگٹے پر پانی بہ جانا ضروری ہے، جسم کی بعض جگہیں ایسی ہیں کہ اگر احتیاط نہ کی تو وہ سوکھی رہ جائیں گی اور غسل نہ ہوگا۔ (۳)

غسل کا طریقہ

- ......بغیر زبان ہلائے دل میں اس طرح نیت کیجئے کہ میں پاکی حاصل کرنے کے لئے غسل کرتا ہوں۔
- ......پہلے دونوں ہاتھ پہنچوں تک تین تین بار دھوئیے۔
- ......پھر استنجے کی جگہ دھوئیے خواہ نجاست ہو یا نہ ہو۔

---

(۱)......خلاصۃ الفتاوی، کتاب الطھارۃ، الفصل الثالث، سنن الوضوء، الجزء الاول، ۱/ ۲۱

(۲)......المرجع السابق

(۳)......عالمگیری، کتاب الطھارۃ، الباب الثانی، الفصل الثانی، ۱/ ۱۴

۞......پھر جسم پر اگر کہیں نجاست ہو تو اس کو دور کیجئے۔

۞......پھر نماز کا سا وضو کیجئے مگر پاؤں نہ دھویئے، ہاں اگر چوکی وغیرہ پر غسل کر رہے ہیں یا ایسی جگہ پر ہیں جہاں پانی ٹھہرتا نہیں تو پاؤں بھی دھو لیجئے۔

۞......پھر بدن پر تیل کی طرح پانی چپڑ لیجئے، خصوصاً سردیوں میں (اس دوران صابن بھی لگا سکتے ہیں)

۞......پھر تین بار سیدھے کندھے پر پانی بہایئے۔ پھر تین بار الٹے کندھے پر، پھر سر پر اور تمام بدن پر تین بار۔

۞......پھر غسل کی جگہ سے الگ ہو جایئے، اگر وضو کرنے میں پاؤں نہیں دھوئے تھے تو اب دھو لیجئے۔

آدابِ غسل

سوال نہانے میں کن باتوں کو پیشِ نظر رکھنا چاہئے؟

جواب نہانے میں درج ذیل باتوں کو پیشِ نظر رکھنا چاہئے:

۞......نہانے میں قبلہ رُخ نہ ہوں۔ ۞......تمام بدن پر ہاتھ پھیر کر مل کر نہایئے۔

۞......ایسی جگہ نہائیں کہ کسی کی نظر نہ پڑے اگر یہ ممکن نہ ہو تو مرد اپنا سَتْر (ناف سے لے کر دونوں گھٹنوں سمیت) کسی موٹے کپڑے سے چھپا لے، موٹا کپڑا نہ ہو تو حسبِ ضرورت دو یا تین کپڑے لے، کیونکہ باریک کپڑا ہو گا تو پانی سے بدن پر چپک جائے گا اور **مَعَاذَ اللّٰہ** گھٹنوں یا رانوں وغیرہ کی رنگت ظاہر ہوگی۔ عورت کو تو اور بھی زیادہ احتیاط کی حاجت ہے۔

۞......دورانِ غسل کسی قسم کی گفتگو مت کیجئے۔ ۞......کوئی دعا بھی نہ پڑھئے۔

۞......نہانے کے بعد تولیے وغیرہ سے بدن پونچھنے میں حرج نہیں۔

۞......نہانے کے بعد فوراً کپڑے پہن لیجئے۔ اگر مکروہ وقت نہ ہو تو دو رکعت نفل ادا کرنا مستحب ہے۔[1]

---

[1]......نماز کے احکام، غسل کا طریقہ، ص ۱۰۰ ملتقطاً

بے وضو یا بے غسل کے لیے ممنوع کام

سوال: ناپاکی کی حالت میں کون کون سے کام نہیں کرسکتے؟

جواب: ناپاکی کی حالت میں یہ کام کرنا منع ہیں:

﴿1﴾......جس پر غسل فرض ہو اس پر دَرْج ذیل کام کرنا حرام ہیں:

- ......مسجد میں جانا
- ......طواف کرنا
- ......قرآنِ پاک چھونا
- ......بے چھوئے زبانی پڑھنا[1]
- ......کسی آیت کا لکھنا
- ......آیت کا تعویذ لکھنا
- ......ایسا تعویذ یا انگوٹھی چھونا یا پہننا جس پر آیت یا حُروفِ مُقَطَّعات لکھے ہوں حرام ہے۔[2]

(موم جامے والے یا پلاسٹک میں لپیٹ کر کپڑے یا چمڑے وغیرہ میں سِلے ہوئے تعویذ کو پہننے یا چھونے میں مضائقہ نہیں)

﴿2﴾......جو بے وضو ہو اس پر درج ذیل کام کرنا حرام ہیں:

- ......جس برتن یا کٹورے پر کوئی سورت یا آیتِ مبارکہ لکھی ہو بے وضو اور بے غسل دونوں کو اس کا چھونا حرام ہے۔[3]
- ......قرآنِ پاک کا ترجمہ فارسی یا اردو یا کسی دوسری زبان میں ہو اس کو بھی پڑھنے یا چھونے میں قرآن پاک ہی کا سا حُکم ہے۔[4]

بے وضو یا بے غسل کے لیے جائز کام

سوال: ناپاکی کی حالت میں کون کون سے کام کرنے میں کوئی حرج نہیں؟

جواب: ناپاکی کی حالت میں درج ذیل کام کرنے میں کوئی حرج نہیں:

﴿1﴾......جو بے وضو ہو وہ درج ذیل کام کرسکتا ہے:

---

[1]......درمختار، کتاب الطھارۃ، ۱/۳۴۳، ۳۴۸

[2]......بہارِ شریعت، غسل کا بیان، ۱/۳۲۶

[3]......عالمگیری، کتاب الطھارۃ، الباب السادس، الفصل الرابع، ۱/۳۹

[4]......بہارِ شریعت، غسل کا بیان، ۱/۳۲۷

(1)......اگر قرآنِ پاک جُزدان (یعنی غِلاف) میں ہو تو بے وضو یا بے غسل جزدان پر ہاتھ لگانے میں حرَج نہیں۔ ①

(2)......کسی ایسے کپڑے یا رومال وغیرہ سے قرآن پاک پکڑنا جائز ہے جو نہ اپنے تابع ہو نہ قرآنِ پاک کے۔ ②

(3)......بے وُضو کو قرآنِ مجید یا اسکی کسی آیت کا چھونا حرام ہے۔ بے چھوئے زبانی یا دیکھ کر پڑھے تو کوئی حَرَج نہیں۔ ③

(1)......جس پر غسل فرض ہو وہ دَرْج ذیل کام کرسکتا ہے:

(1)......قرآنِ پاک کی آیت دعا کی نیت سے یا تبرّک کیلئے مثلاً بِسْمِ اللّٰهِ الرَّحْمٰنِ الرَّحِیْمِ ؕ یا ادائے شُکر کے لئے اَلْحَمْدُ لِلّٰهِ رَبِّ الْعٰلَمِیْنَ ۙ﴿۱﴾ یا کسی مسلمان کی موت یا کسی قسم کے نقصان کی خبر پر اِنَّا لِلّٰهِ وَ اِنَّاۤ اِلَیْهِ رٰجِعُوْنَ ؕ﴿۱۵۶﴾ یا ثناء کی نیت سے پوری سورۂ فاتحہ یا آیۃُ الکرسی یا سورۂ حشر کی آخری تین آیات پڑھیں اور ان سب صورتوں میں قرآن پڑھنے کی نیت نہ ہو تو کوئی حرج نہیں۔ ④

(2)......آخری تینوں قُل بلا لفظِ قُل بہ نیت ثناء پڑھ سکتے ہیں۔ لفظِ قُل کیساتھ ثناء کی نیت سے بھی نہیں پڑھ سکتے کیوں کہ اس صورت میں ان کا قرآن ہونا مُتَعَیَّن ہے، نیت کو کچھ دخل نہیں۔ ⑤

(3)......قرآنِ مجید دیکھنے میں کچھ حَرَج نہیں اگرچہ حُروف پر نظر پڑے اور الفاظ سمجھ میں آئیں اور خیال میں پڑھتے جائیں، کیونکہ خیال میں پڑھنے کا اعتبار نہیں۔

(4)......دُرود شریف اور دعاؤں کے پڑھنے میں حَرَج نہیں مگر بہتر یہ ہے کہ وُضو یا کُلّی کر کے پڑھیں۔

(5)......اذان کا جواب دینا بھی جائز ہے۔

---

[۱]......الھدایة، کتاب الطھارات، باب الحیض والاستحاضة، ۱/۳۳

[۲]......ردالمحتار، کتاب الطھارة، مطلب یطلق الدعاء......الخ، ۱/۳۴۸

[۳]......المرجع السابق

[۴]......عالمگیری، کتاب الطھارة، الباب السادس، الفصل الرابع، ۱/۳۸
وبہارِ شریعت، غسل کا بیان، ۱/۳۲۶

[۵]......بہارِ شریعت، غسل کا بیان، ۱/۳۲۶

تیمّم

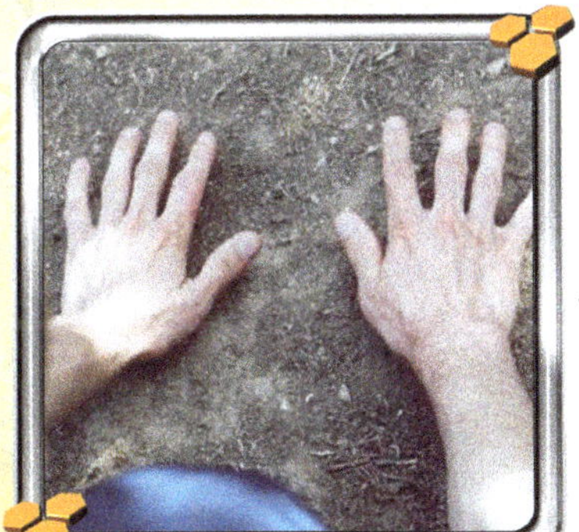

سوال تیمم کیا ہے؟

جواب تیمم اصل میں وُضو اور غسل کا بدل ہے، یعنی جس کا وُضو نہ ہو یا نہانے کی ضرورت ہو اور پانی پر قدرت نہ ہو تو وہ وُضو اور غسل کی جگہ تیمم کر سکتا ہے۔

سوال کیا وُضو اور غُسل کے تیمم میں کوئی فرق ہے؟

جواب جی نہیں! وضو اور غُسل کے تیمم میں کوئی فرق نہیں۔

سوال اگر کسی پر غُسل فرض ہو تو کیا وہ غسل کا تیمم کر کے نماز وغیرہ پڑھ سکتا ہے یا نماز کے لیے الگ سے وُضو کا تیمم کرنا ضروری ہے؟

جواب جی ہاں! اگر کسی پر غسل فرض ہو تو وہ تیمم کر کے نماز وغیرہ پڑھ سکتا ہے اور اس کے لیے یہ ضروری نہیں کہ غسل اور وُضو دونوں کے لیے دو تیمم کرے بلکہ ایک ہی میں دونوں کی نیت کر لے دونوں ہو جائیں گے اور اگر صرف غُسل یا وُضو کی نیت کی جب بھی کافی ہے۔

سوال کیا تیمم کا ذکر قرآنِ مجید میں بھی ہے؟

جواب جی ہاں! تیمم کا ذکر پارہ 6 سورۂ مائدہ کی آیت نمبر 6 میں کچھ یوں آیا ہے:

وَ اِنْ كُنْتُمْ مَّرْضٰۤى اَوْ عَلٰى سَفَرٍ اَوْ جَآءَ اَحَدٌ مِّنْكُمْ مِّنَ الْغَآىٕطِ اَوْ لٰمَسْتُمُ النِّسَآءَ فَلَمْ تَجِدُوْا مَآءً فَتَیَمَّمُوْا صَعِیْدًا طَیِّبًا فَامْسَحُوْا بِوُجُوْهِكُمْ وَ اَیْدِیْكُمْ مِّنْهُ ؕ

ترجمۂ کنزالایمان: اور اگر تم بیمار ہو یا سفر میں ہو یا تم میں کوئی قضائے حاجت سے آیا یا تم نے عورتوں سے صُحبت کی اور ان صورتوں میں پانی نہ پایا تو پاک مٹی سے تیمّم کرو تو اپنے منہ اور ہاتھوں کا اس سے مَسح کرو۔

(پ۶، المائدۃ: ۶)

تیمم کے فرائض

سوال تیمّم کے کتنے فرض ہیں؟

جواب تیمم کے تین فرض ہیں:

﴿۱﴾......نیت ﴿۲﴾......سارے منہ پر ہاتھ پھیرنا ﴿۳﴾......کہنیوں سمیت دونوں ہاتھوں کا مَسْح کرنا۔

سوال تیمم میں نیت سے کیا مراد ہے؟

جواب تیمم کرتے وقت یہ نیت ہونا فرض ہے: **بے وضو یا بے غسلی یا دونوں سے پاکی حاصل کرنے اور نماز وغیرہ جائز ہونے کے لئے تیمم کرتا ہوں۔** یاد رکھئے کہ نیت اگرچہ دل کے ارادے کا نام ہے مگر زبان سے بھی کہہ لینا بہتر ہے۔

سوال تیمم میں سارے منہ پر ہاتھ پھیرتے ہوئے کن باتوں کو پیشِ نظر رکھنا چاہئے؟

جواب تیمم میں سارے منہ پر ہاتھ پھیرتے ہوئے دَرج ذیل باتوں کو پیشِ نظر رکھنا چاہئے:

- ......ہاتھ اس طرح پھیرا جائے کہ منہ کا کوئی حصہ باقی نہ رہ جائے اگر بال برابر بھی کوئی جگہ رہ گئی تیمم نہ ہوا۔
- ......داڑھی، مونچھوں اور بھوؤں کے بالوں پر ہاتھ پھر جانا ضَروری ہے۔
- ......بھوؤں کے نیچے اور آنکھوں کے اوپر جو جگہ ہے اس کا اور ناک کے نِچلے حصے کا خیال رکھیں کہ اگر خیال نہ رکھیں گے تو ان پر ہاتھ نہ پھرے گا اور تیمم نہ ہوگا۔
- ......زور سے آنکھیں بند کرلیں جب بھی تیمم نہ ہوگا۔
- ......ہونٹ کا وہ حصہ جو عادۃً منہ بند ہونے کی حالت میں دکھائی دیتا ہے اس پر بھی مسح ہو جانا ضروری ہے تو اگر کسی نے ہاتھ پھیرتے وقت ہونٹوں کو زور سے دبا لیا کہ کچھ حصہ باقی رہ گیا تیمم نہ ہوا۔

سوال تیمم میں کہنیوں سمیت دونوں ہاتھوں کے مسح کے دوران کیا احتیاط کرنی چاہئے؟

جواب: تیمّم میں کہنیوں سمیت دونوں ہاتھوں کے مَسْح کے دوران یہ خیال رکھنا چاہیے کہ کوئی جگہ ذرّہ برابر باقی نہ رہے ورنہ تیمم نہ ہوگا اور اس کے لیے انگوٹھی چھلّے یا کنگن چوڑیاں وغیرہ پہنے ہوں تو انہیں اُتار کران کے نیچے ہاتھ پھیرنا فرض ہے۔

تیمم کی سنّتیں

سوال: تیمّم کی سنّتیں کتنی ہیں؟

جواب: تیمّم کی دس سنّتیں ہیں:

﴿1﴾...... بِسْمِ اللّٰہ شریف کہنا۔ ﴿2﴾...... ہاتھوں کو زمین پر مارنا۔

﴿3﴾...... زمین پر ہاتھ مار کر لوٹ دینا۔[1] ﴿4﴾...... اُنگلیاں کُھلی ہوئی رکھنا۔

﴿5﴾...... ہاتھوں کو جھاڑ لینا یعنی ایک ہاتھ کے انگوٹھے کی جڑ کو دوسرے ہاتھ کے انگوٹھے کی جڑ پر مارنا مگر یہ احتیاط رہے کہ تالی کی آواز پیدا نہ ہو۔

﴿6﴾...... پہلے منہ پھر ہاتھوں کا مسح کرنا۔ ﴿7﴾...... دونوں کا مسح پے در پے ہونا۔

﴿8﴾...... پہلے سیدھے پھر اُلٹے ہاتھ کا مسح کرنا۔ ﴿9﴾...... داڑھی کا خِلال کرنا۔

﴿10﴾...... انگلیوں کا خلال کرنا جبکہ غُبار پہنچ گیا ہو۔ اگر غبار نہ پہنچا ہو مثلاً پتّھر وغیرہ کسی ایسی چیز پر ہاتھ مارا جس پر غبار نہ ہو تو خلال فرض ہے خلال کیلئے دوبارہ زمین پر ہاتھ مارنا ضَروری نہیں۔[2]

تیمم کا طریقہ

❁...... تیمم کی نیت کیجئے۔

---

[1] ...... یعنی ہاتھوں کو پہلے آگے بڑھانا پھر پیچھے لانا۔

[2] ...... بہارِ شریعت، تیمم کا بیان، ۱/۳۵۶

❁......بِسْمِ اللہ پڑھ کر دونوں ہاتھوں کی انگلیاں کُشادہ کر کے کسی ایسی پاک چیز پر جو زمین کی جنس (مثلاً پتھر، چونا، اینٹ، دیوار، مٹی وغیرہ) سے ہو مار کر لوٹ لیجئے (یعنی آگے بڑھایئے پھر پیچھے لایئے)۔

❁......اگر زیادہ گرد لگ جائے تو جھاڑ لیجئے اور اس سے سارے منہ کا اس طرح مَسْح کیجئے کہ کوئی حصہ رہ نہ جائے اگر بال برابر بھی کوئی جگہ رہ گئی تو تیمم نہ ہوگا۔

❁......پھر دوسری بار اسی طرح ہاتھ زمین پر مار کر دونوں ہاتھوں کا ناخنوں سے لیکر کہنیوں سمیت مسح کیجئے۔

❁......اس کا بہتر طریقہ یہ ہے کہ الٹے ہاتھ کے انگوٹھے کے علاوہ چار انگلیوں کا پیٹ سیدھے ہاتھ کی پشت پر رکھئے اور انگلیوں کے سروں سے کہنیوں تک لے جایئے اور پھر وہاں سے اُلٹے ہی ہاتھ کی ہتھیلی سے سیدھے ہاتھ کے پیٹ کو مَس کرتے ہوئے گٹے تک لایئے اور اُلٹے انگوٹھے کے پیٹ سے سیدھے انگوٹھے کی پُشت کا مسح کیجئے۔ اسی طرح سیدھے ہاتھ سے اُلٹے ہاتھ کا مسح کیجئے۔

❁......اور اگر ایک دم پوری ہتھیلی اور انگلیوں سے مسح کر لیا تب بھی تیمم ہو گیا چاہے کہنی سے انگلیوں کی طرف لائے یا انگلیوں سے کہنی کی طرف لے گئے مگر سنّت کے خلاف ہوا۔ تیمم میں سر اور پاؤں کا مسح نہیں ہے۔ ①

سورۂ تَکْوِیر کی فضیلت

صدرُ الْاَ فاضل حضرتِ علامہ مولانا سیّد محمد نعیم الدین مراد آبادی عَلَیْہِ رَحْمَۃُ اللہِ الْھَادِی **خزائنُ العرفان** میں سورۂ تکویر کے متعلق فرماتے ہیں: سورۂ کُوِّرَت مکّیہ ہے، اس میں ایک رکوع، 29 آیتیں، 104 کلمے، 530 حَرف ہیں۔ حدیث شریف میں ہے سیّدِ عالَم صَلَّی اللہُ تَعَالٰی عَلَیْہِ وَاٰلِہٖ وَسَلَّم نے فرمایا کہ جسے پسند ہو کہ روزِ قیامت کو ایسا دیکھے گویا کہ وہ نظر کے سامنے ہے تو چاہئے کہ سورۂ **اِذَا الشَّمْسُ كُوِّرَتْ** اور سورۂ **اِذَا السَّمَآءُ انْفَطَرَتْ** اور سورۂ **اِذَا السَّمَآءُ انْشَقَّتْ** پڑھے۔ (ترمذی)

---

①......نماز کے احکام، ص ۱۲۸

اَذان کا بیان

سوال: اذان سے کیا مراد ہے؟

جواب: اذان سے مراد وہ مخصوص اعلان ہے جو پنج وقتہ نَماز سے پہلے مخصوص الفاظ میں کیا جاتا ہے تا کہ نمازی مسجد میں آ کر باجماعت اپنے رب کی بارگاہ میں حاضر ہوسکیں۔

سوال: اذان دینے کا طریقہ کیا ہے؟

جواب: اذان دینے کا طریقہ یہ ہے:

- ......اذان کہنے والا باوضو قبلہ کی طرف منہ کرے۔
- ......مسجد کے باہر بلند جگہ پر کھڑا ہو۔
- ......کانوں کے سوراخوں میں شہادت کی انگلیاں ڈالے۔
- ......اذان کے کلمات بلند آواز سے ٹھہر ٹھہر کر کہے تا کہ دوسروں کو خوب سُنائی دے۔
- ......اور حَیَّ عَلَی الصَّلٰوۃ داہنی طرف منہ کر کے اور حَیَّ عَلَی الْفَلَاح بائیں طرف منہ کر کے کہے۔

سوال: اذان کہنے والے کو کیا کہتے ہیں؟

جواب: اذان کہنے والے کو مؤذِّن کہتے ہیں۔

سوال: اذان سننے والا کیا کرے؟

جواب: جب اذان ہو تو اتنی دیر کے لئے سلام کلام اور سارے کام یہاں تک کہ قرآن کی تلاوت بند کر دے، اذان کو غور سے سُنے اور جواب دے۔

سوال: جو شخص اذان کے وقت باتیں کرتا رہے اس کے متعلق کیا حکم ہے؟

جواب: جو شخص اذان کے وقت باتوں میں لگا رہے اس پر **مَعَاذَ اللّٰہ** خاتمہ بُرا ہونے کا خوف ہے۔ ①

سوال: اذان کا جواب دینے سے کیا مراد ہے؟

جواب: اذان کا جواب دینے سے مراد یہ ہے:

❁......مؤذن جو کلمات کہے اس کے بعد سننے والا بھی وہی کلمات کہے۔ مگر حَیَّ عَلَی الصَّلٰوۃ، حَیَّ عَلَی الْفَلَاح کے جواب میں لَا حَوْلَ وَلَا قُوَّۃَ اِلَّا بِاللّٰہِ کہے۔

❁......جب مؤذن اَشْھَدُ اَنَّ مُحَمَّدًا رَّسُوْلُ اللّٰہِ کہے تو سننے والا دُرود شریف پڑھے اور مستحب ہے کہ انگوٹھوں کو بوسہ دے کر آنکھوں سے لگالے اور کہے: قُرَّۃُ عَیْنِیْ بِکَ یَا رَسُوْلَ اللّٰہِ اَللّٰھُمَّ مَتِّعْنِیْ بِالسَّمْعِ وَالْبَصَر ۔ یعنی **یارسولَ اللہ!** میری آنکھوں کی ٹھنڈک آپ سے ہے۔ یاالٰہی! مجھے سُننے اور دیکھنے سے فائدہ پہنچا۔ ②

❁......فجر کی اذان میں جب مؤذن اَلصَّلٰوۃُ خَیْرٌ مِّنَ النَّوْم کہے تو سننے والا کہے:

صَدَقْتَ وَبَرَرْتَ وَبِالْحَقِّ نَطَقْتَ ③

❁......جب اذان ختم ہو جائے تو مؤذن اور اذان سننے والا ہر فرد درود شریف پڑھ کر یہ دعا پڑھے:

اَللّٰھُمَّ رَبَّ ھٰذِہِ الدَّعْوَۃِ التَّآمَّۃِ وَالصَّلٰوۃِ الْقَآئِمَۃِ اٰتِ سَیِّدَنَا مُحَمَّدَا نِ الْوَسِیْلَۃَ وَالْفَضِیْلَۃَ وَالدَّرَجَۃَ الرَّفِیْعَۃَ وَابْعَثْہُ مَقَامًا مَّحْمُوْدَا نِ الَّذِیْ وَعَدْتَّہٗ وَاجْعَلْنَا فِیْ شَفَاعَتِہٖ یَوْمَ الْقِیٰمَۃِ ط اِنَّکَ لَا تُخْلِفُ الْمِیْعَادَ ط ④

---

① ......جامع الرموز للقھستانی، کتاب الصلاۃ، فصل الاذان، ۱/۱۲۴

② ......ردالمحتار، کتاب الصلاۃ، مطلب فی کراھۃ تکرار الجماعۃ......الخ، ۲/۸۴

③ ......ردالمحتار، کتاب الصلاۃ، مطلب فی کراھۃ تکرار الجماعۃ......الخ، ۲/۸۳

④ ......بہارِ شریعت، اذان کا بیان، ۱/۴۷۴

ترجمہ: اے اللہ عَزَّوَجَلَّ! اس دعوتِ تامّہ اور صلوٰۃِ قائمہ کے مالک تو ہمارے سردار محمد صَلَّی اللّٰہُ تَعَالٰی عَلَیْہِ وَاٰلِہٖ وَسَلَّم کو وسیلہ اور فضیلت اور بہت بلند دَرَجہ عطا فرما اور ان کو مقامِ محمود میں کھڑا کر جس کا تو نے ان سے وعدہ کیا ہے اور ہمیں قیامت کے دن ان کی شفاعت نصیب فرما، بیشک تو وعدہ کے خلاف نہیں کرتا۔

اقامت کا بیان

سوال اقامت کسے کہتے ہیں؟

جواب جماعت قائم ہونے سے پہلے جلدی جلدی ہلکی آواز سے اذان کے الفاظ پڑھنے کو اقامت یا تکبیر کہتے ہیں۔

سوال اذان واقامت میں کیا فرق ہے؟

جواب اذان اور اقامت میں تھوڑا سا فرق ہے اور وہ یہ ہے:

- ......اذان میں کانوں کے سوراخوں میں انگلیاں رکھتے ہیں جبکہ اقامت میں ایسا نہیں کرتے۔
- ......اذان عام طور پر بلند جگہ اور مسجد سے باہر کہی جاتی ہے جبکہ اقامت مسجد میں امام کی پچھلی صَف میں دائیں یا بائیں کھڑے ہو کر کہی جاتی ہے۔
- ......اذان اور نماز کے درمیان کافی وقت ہوتا ہے جبکہ اقامت کے فوراً بعد نماز شروع ہو جاتی ہے۔
- ......پانچوں وقت صرف اقامت میں حَیَّ عَلَی الْفَلَاح کے بعد دو بار قَدْ قَامَتِ الصَّلٰوۃُ (یعنی نماز قائم ہو چکی) کہا جاتا ہے۔

سوال اقامت کا جواب کس طرح دیا جائے؟

جواب اس کا جواب بھی اسی طرح ہے جیسے اذان کا، ہاں اس میں قَدْ قَامَتِ الصَّلٰوۃُ کے جواب میں یہ کَلِمہ کہے: اَقَامَهَا اللّٰهُ وَاَدَامَهَا مَادَامَتِ السَّمٰوٰتُ وَالْاَرْضُ ۔ یعنی اللہ اس کو قائم اور ہمیشہ رکھے جب تک کہ آسمان وزمین ہیں۔

مدنی پھول

پانچوں نمازوں میں اقامت سے قبل دُرودوسلام اور اعلان

بِسْمِ اللّٰہِ الرَّحْمٰنِ الرَّحِیْمِ

اَلصَّلٰوۃُ وَالسَّلَامُ عَلَیْكَ یَا رَسُوْلَ اللہ   وَعَلٰی اٰلِكَ وَاَصْحٰبِكَ یَاحَبِیْبَ اللہ

اَلصَّلٰوۃُ وَالسَّلَامُ عَلَیْكَ یَا نَبِیَّ اللہ   وَعَلٰی اٰلِكَ وَاَصْحٰبِكَ یَا نُوْرَ اللہ

اِعتکاف کی نیّت کر لیجئے، موبائل فون ہوتو بند کر دیجئے۔ حصولِ ثواب کے لیے اقامت بیٹھ کر سنئے اور جواب دیجئے، حَیَّ عَلَی الْفَلاح پر کھڑا ہونا سنت ہے۔

اقامت کے بعد اعلان

پھر اقامت کے بعد امام صاحِب یا مُکَبِّر (اقامت کہنے والے کو مُکَبِّر کہتے ہیں) یہ اعلان کرے:

اپنی ایڑیاں، گردنیں اور کندھے ایک سیدھ میں کر کے صَف سیدھی کر لیجئے۔ دو آدمیوں کے بیچ میں جگہ چھوڑنا گناہ ہے، کندھے سے کندھا رگڑ کھاتا ہوا رکھنا واجِب، صَف سیدھی رکھنا واجب اور جب تک اگلی صَف دونوں کونوں تک پوری نہ ہو جائے پیچھے نماز شروع کر دینا ترکِ واجب، ناجائز اور گناہ ہے۔ 15 سال سے چھوٹے نابالغ بچوں کو صفوں میں کھڑا نہ رکھیں، انہیں کونے میں بھی نہ بھیجیں، چھوٹے بچوں کی صف سب سے آخر میں بنائیں۔

نماز کا بیان

اِمامت کی شرائط

سوال: امامت کی شرائط کتنی ہیں؟

جواب: جو شخص شَرعی معذور نہ ہو اس کے امام کے لئے چھ شرائط ہیں: ﴿۱﴾...... صحیحُ العقیدہ مسلمان ہونا ﴿۲﴾...... بالغ ہونا ﴿۳﴾...... عاقل ہونا ﴿۴﴾...... مرد ہونا ﴿۵﴾...... قراءت صحیح ہونا ﴿۶﴾...... (شرعی) معذور[1] نہ ہونا[2]

سوال: امامت کا سب سے زیادہ حق دار کون ہے؟

جواب: اِمامت کا سب سے زیادہ حق دار وہ شخص ہے جو نماز وطہارت کے احکام کو سب سے زیادہ جانتا ہو، اگرچہ باقی عُلوم میں پوری دَسْتگاہ (مہارت) نہ رکھتا ہو، بشرطیکہ اتنا قرآن یاد ہو کہ بطورِ مسنون (سنت کے مطابق) پڑھے اور صحیح پڑھتا ہو یعنی حُروف مَخارج سے ادا کرتا ہو اور مذہب کی کچھ خرابی نہ رکھتا ہو اور فَواحِش (بے حیائی کے کاموں) سے بچتا ہو۔[3]

---

[1] ...... ہر وہ شخص جس کو کوئی ایسی بیماری ہے کہ ایک وقت پورا ایسا گزر گیا کہ وُضو کے ساتھ نمازِ فرض ادا نہ کر سکا وہ معذور ہے۔ (بہارِ شریعت، استحاضہ کے احکام، ۱/ ۳۸۵)

[2] ...... رد المحتار، کتاب الصلاۃ، مطلب شروط الامامۃ الکبری، ۲/ ۳۳۷

[3] ...... بہارِ شریعت، امامت کا بیان، ۱/ ۵۶۷

سوال: جس امام کا عقیدہ درست نہ ہو کیا اس کے پیچھے نماز ہو جائے گی؟

جواب: وہ بدمذہب جس کی بدمذہبی حدِّ کُفر کو پہنچ گئی ہو اس کے پیچھے نماز نہیں ہوتی اور جس کی بدمذہبی حد کفر کو نہ پہنچی ہو اس کے پیچھے نماز، مکروہِ تحریمی (واجبُ الاِعادہ) ہے۔ [1]

اقتدا کی 13 شرائط

﴿۱﴾......نیت۔

﴿۲﴾......اِقتدا اور اس نیتِ اقتدا کا تحریمہ (نماز کی نیت باندھنے کے وقت پہلی بار ہاتھ اٹھا کر اَللّٰہُ اَکْبَر کہنے) کے ساتھ ہونا یا تکبیرِ تحریمہ سے پہلے ہونا بشرطیکہ پہلے ہونے کی صورت میں کوئی اجنبی کام نیت و تحریمہ سے جُدائی کرنے والا نہ ہو۔

﴿۳﴾......امام و مُقتدی دونوں کا ایک مکان میں ہونا۔

﴿۴﴾......دونوں کی نماز ایک ہو یا امام کی نماز، نمازِ مقتدی کو اپنے ضِمن میں لیے ہو۔

﴿۵﴾......امام کی نماز کا مذہب مقتدی پر صحیح ہونا اور ﴿۶﴾......امام و مقتدی دونوں کا اسے صحیح سمجھنا۔

﴿۷﴾......شرائط کی موجودگی میں عورت کا مُحاذی (برابر) نہ ہونا۔

﴿۸﴾......مقتدی کا امام سے آگے نہ ہونا۔

﴿۹﴾......امام کے اِنتقالات کا علم ہونا۔

﴿۱۰﴾......امام کا مقیم یا مسافر ہونا معلوم ہونا۔

﴿۱۱﴾......ارکان کی ادائیگی میں شریک ہونا۔

﴿۱۲﴾......ارکان کی ادائیگی میں مقتدی امام کے مِثل ہو یا کم۔

﴿۱۳﴾......یونہی شرائط میں مقتدی کا امام سے زائد نہ ہونا۔ [2]

---

[1] ......بہارِ شریعت، امامت کا بیان، ۱/ ۵۶۲ ملخصًا

[2] ......درمختار و رد المحتار، کتاب الصلاۃ، مطلب شروط الامامۃ الکبری، ۲/ ۳۳۷-۳۴۰

نمازِ تراویح

تراویح کی شرعی حیثیت

سوال کیا تراویح فرض ہے؟

جواب جی نہیں تراویح نہ تو فرض ہے اور نہ ہی واجب بلکہ ہر عاقل و بالغ مسلمان پر تراویح پڑھنا سنتِ مؤکدہ ہے اور اسے چھوڑنا جائز نہیں۔ [1]

سوال کیا تراویح کی جماعت واجب ہے؟

جواب جی نہیں! تراویح کی جماعت واجب نہیں بلکہ سنتِ مؤکَّدہ علَی الکفایہ ہے۔ یعنی اگر مسجد کے سارے لوگوں نے چھوڑ دی تو سب اِساءَت کے مرتکِب ہوئے (یعنی بُرا کیا) اور اگر چند افراد نے باجماعت پڑھ لی تو تنہا پڑھنے والا جماعت کی فضیلت سے محروم رہا۔ [2]

سوال مسجد کے علاوہ گھر یا کسی دوسری جگہ باجماعت تراویح ادا کرنے کا کیا حکم ہے؟

جواب تراویح مسجد میں باجماعت ادا کرنا افضل ہے۔ اگر گھر میں باجماعت ادا کی تو ترکِ جماعت کا گناہ نہ ہوا مگر وہ ثواب نہ ملے گا جو مسجد میں پڑھنے کا تھا۔ [3] عشا کے فرض مسجد میں باجماعت ادا کر کے گھر یا ہال وغیرہ میں تراویح ادا کیجئے اگر بلا عُذرِ شَرعی مسجد کے بجائے گھر یا ہال وغیرہ میں عشا کے فرض کی جماعت قائم کر لی تو ترکِ واجب کا مرتکب ہونے کی وجہ سے گناہ گار ہوں گے۔ [4]

سوال کیا تراویح بیٹھ کر پڑھ سکتے ہیں؟

---

[1] ...... درمختار، کتاب الصلاۃ، باب الوتر والنوافل، مبحث صلاۃ التراویح، ۲/۵۹۶

[2] ...... ھدایہ، کتاب الصلاۃ، باب النوافل، فصل فی قیام شھر رمضان، ۱/۷۰

[3] ...... عالمگیری، کتاب الصلاۃ، فصل فی التراویح، ۱/۱۱۶

[4] ...... اس کا تفصیلی مسئلہ فیضانِ سنت جلد اوّل کے صفحہ 1116 پر ملاحظہ فرمائیے۔

جواب جی نہیں! تراویح بلا عُذر بیٹھ کر پڑھنا مکروہ (تنزیہی) ہے، بلکہ بعض فُقَہائے کرام رَحِمَہُمُ اللّٰہُ السَّلَام کے نزدیک تو (بلا عذر بیٹھ کر) تراویح ہوتی ہی نہیں۔ ①

تراویح کا وقت

سوال تراویح کا وقت کیا ہے؟

جواب تراویح کا وقت عشا کے فرض پڑھنے کے بعد سے صبح صادِق تک ہے۔ عشا کے فرض ادا کرنے سے پہلے اگر پڑھ لی تو نہ ہوگی۔ ② عام طور پر تراویح وِتْروں سے پہلے پڑھی جاتی ہے لیکن اگر کوئی وتر پہلے پڑھ لے تو تراویح بعد میں بھی پڑھ سکتا ہے۔

سوال اگر تراویح فوت ہوگئی تو اس کی قضا کب کرے؟

جواب تراویح اگر (وقت میں نہ پڑھی اور) فوت ہوگئی تو اس کی قضا نہیں۔ ③

رکعات کی تعداد

سوال تراویح کی کتنی رکعتیں ہیں؟

جواب تراویح کی ﴿20﴾ رکعتیں ہیں۔ امیرالمؤمنین حضرت سیِّدُنا عمر فاروقِ اعظم رَضِیَ اللّٰہُ تَعَالٰی عَنْہ کے عَہد میں ﴿20﴾ رکعتیں ہی پڑھی جاتی تھیں۔ ④

تراویح کی ادائیگی کا طریقہ

سوال تراویح کی ﴿20﴾ رکعتوں کی ادائیگی کا طریقہ کیا ہے؟

---

① ...... درمختار، کتاب الصلاۃ، باب الوتر والنوافل، مبحث صلاۃ التراویح، ۲/۶۰۳

② ...... عالمگیری، کتاب الصلوۃ، الباب التاسع، فصل فی التراویح، ۱/۱۱۵

③ ...... درمختار، کتاب الصلاۃ، باب الوتر والنوافل، مبحث صلاۃ التراویح، ۲/۵۹۸

④ ...... معرفۃ السنن والآثار للبیہقی، کتاب الصلاۃ، باب قیام رمضان، ۲/۳۰۵، حدیث: ۱۳۶۵

جواب تراویح کی ﴿20﴾ رکعتوں کی ادائیگی کا طریقہ یہ ہے:

- ......بہتر یہ ہے کہ تراویح کی ﴿20﴾ رکعتیں دو دو کر کے ﴿10﴾ سلام کے ساتھ ادا کرے۔
- ......اگر کسی نے تراویح کی ﴿20﴾ رکعتیں پڑھ کر آخر میں سلام پھیرا تو اگر ہر دو رکعت پر قَعْدَہ کرتا رہا تو ہو جائیں گی مگر کراہت کے ساتھ اور اگر قعدہ نہ کیا تھا تو دو رکعت کے قائم مقام ہوئیں۔ ①
- ......ہر دو رکعت پر قعدہ کرنا فرض ہے۔
- ......ہر قعدہ میں اَلتَّحِیَّات کے بعد دُرود شریف اور دعا بھی پڑھے۔
- ......اگر مقتدیوں پر گرانی ہوتی ہو (یعنی انہیں بوجھ محسوس ہوتا ہو) تو تَشَہُّد کے بعد اَللّٰھُمَّ صَلِّ عَلٰی مُحَمَّدٍ وَّاٰلِہٖ پر اِکتفا کرے۔
- ......طاق رکعت (یعنی پہلی، تیسری، پانچویں وغیرہ) میں ثنا پڑھے اور امام تَعَوُّذ و تسمیہ پڑھے۔
- ......جب دو دو رکعت کر کے پڑھ رہا ہے تو ہر دو رکعت پر الگ الگ نیت کرے اور اگر بیس رکعتوں کی ایک ساتھ نیت کر لی تب بھی جائز ہے۔ ②

نابالغ امام کے پیچھے تراویح کا حکم

سوال کیا نابالغ امام کے پیچھے تراویح پڑھ سکتے ہیں؟

جواب جی نہیں! نابالغ امام کے پیچھے صرف نابالغان ہی تراویح پڑھ سکتے ہیں۔ بالغ کی تراویح (بلکہ کوئی بھی نماز حتیٰ کہ نفل بھی) نابالغ کے پیچھے نہیں ہوتی۔

تراویح میں ختمِ قرآن

سوال تراویح میں پورا قرآنِ مجید پڑھنے یا سُننے کی شَرعی حیثیت کیا ہے؟

---

① ......بہارِ شریعت، تراویح کا بیان، ۱/ ۶۸۹

② ......فیضانِ سنت، فیضانِ تراویح، ۱/ ۱۱۱۷

جواب تراویح میں پورا قرآنِ مجید پڑھنا اور سننا سنتِ مؤکدہ ہے۔ [1]

سوال اگر تراویح میں کسی بھی وجہ سے ختمِ قرآن ممکن نہ ہو تو کیا کرنا چاہئے؟

جواب اگر تراویح میں کسی بھی وجہ سے پورا قرآنِ مجید ختم کرنا ممکن نہ ہو تو تراویح میں کوئی سی بھی سورتیں پڑھ لیجئے، اگر چاہیں تو قرآنِ کریم کی آخری دس سورتیں اَلَمْ تَرَ کَیْفَ سے وَالنَّاس تک دو مرتبہ پڑھ لیجئے، اس طرح 20 رکعتیں یاد رکھنا بھی آسان رہے گا۔

سوال تراویح میں بِسْمِ اللّٰهِ الرَّحْمٰنِ الرَّحِیْمِ بلند آواز سے پڑھنا چاہئے یا آہستہ؟

جواب تراویح میں بِسْمِ اللّٰهِ الرَّحْمٰنِ الرَّحِیْمِ ایک بار اونچی آواز سے پڑھنا سنت ہے اور ہر سورۃ کی ابتدا میں آہستہ پڑھنا مستحب ہے۔

سوال اگر تراویح صرف آخری دس سورتوں کے ساتھ پڑھی جا رہی ہو تو کیا پھر بھی ایک بار بِسْمِ اللّٰه شریف اونچی آواز سے پڑھنا سنت ہے؟

جواب جی نہیں! اگر تراویح صرف آخری دس سورتوں کے ساتھ پڑھی جا رہی ہو تو بِسْمِ اللّٰه شریف اونچی آواز سے پڑھنا سنت نہیں۔

سوال تراویح میں ختمِ قرآنِ کریم کس طرح کرنا چاہئے؟

جواب مُتَاَخِّرِین (یعنی بعد میں آنے والے) فُقَہائے کرام رَحِمَھُمُ اللّٰہُ السَّلَام نے ختمِ تراویح میں تین بار قُلْ هُوَ اللّٰهُ شریف پڑھنا مستحب کہا ہے۔ نیز بہتر یہ ہے کہ ختم کے دن آخری رکعت میں الٓمّٓ سے الْمُفْلِحُوْنَ تک پڑھے۔ [2]

سوال ختمِ قرآن کے بعد کیا مہینے کے باقی دن تراویح چھوڑ دے؟

---

[1] ...... فتاوٰی رضویہ، ۷ / ۴۵۸

[2] ...... بہارِ شریعت، تراویح کا بیان، ۱ / ۶۹۵

جواب اگر ستائیسویں کو یا اس سے قبل قرآنِ پاک ختم ہوگیا تب بھی آخر رمضان تک تراویح پڑھتے رہیں کہ سنتِ مؤکدہ ہے۔ [1]

تراویح میں قراءتِ قرآن

سوال تراویح میں قرآنِ مجید جلدی جلدی پڑھنا چاہئے یا آہستہ آہستہ؟

جواب تراویح میں قرآنِ مجید جلدی جلدی نہیں پڑھنا چاہیے بلکہ تَرتیل کے ساتھ یعنی ٹھہر ٹھہر کر پڑھنا چاہیے۔ چُنانچہ بہارِ شریعت میں ہے: فرضوں میں ٹھہر ٹھہر کر قِراءَت کرے اور تراویح میں متوسِّط (یعنی درمیانہ) انداز پر اور رات کے نوافِل میں جلد پڑھنے کی اجازت ہے، مگر ایسا پڑھے کہ سمجھ میں آسکے یعنی کم سے کم "مَدّ" کا جو دَرَجہ قارِیوں نے رکھا ہے اُس کو ادا کرے ورنہ حرام ہے۔ اس لئے کہ تَرتیل سے (یعنی خوب ٹھہر ٹھہر کر) قرآن پڑھنے کا حکم ہے۔ [2]

سوال آج کل کے بہت تیز پڑھنے والے حفّاظ کے متعلق کیا حکم ہے؟

جواب آج کل کے اکثر حفاظ اس طرح پڑھتے ہیں کہ مد کا ادا ہونا تو بڑی بات ہے یَعْلَمُوْنَ تَعْلَمُوْنَ کے سوا کسی لفظ کا پتا نہیں چلتا، حُروف بھی صحیح طرح ادا نہیں ہوتے، بلکہ جلدی میں لفظ کے لفظ کھا جاتے ہیں اور اس پر فخر ہوتا ہے کہ فلاں اس قدر جلد پڑھتا ہے، حالانکہ اس طرح قرآنِ مجید پڑھنا حرام وسخت حرام ہے۔

سوال اگر جلدی جلدی پڑھنے میں حافِظ صاحِب قرآنِ مجید میں سے کچھ الفاظ چبا گئے تو کیا خَتمِ قرآن کی سنّت ادا ہوگی؟

جواب اگر جلدی جلدی پڑھنے میں حافِظ صاحِب پورے قرآنِ مجید میں سے صِرف ایک حَرف بھی چبا گئے تو خَتمِ قرآن کی سنّت ادا نہ ہوگی۔

سوال اگر کسی آیت میں کوئی حَرف چَب گیا یا اپنے مَخرج سے نہ نکلا تو اب کیا کرنا چاہئے؟

---

[1] ...... عالمگیری، کتاب الصلاۃ، الباب التاسع، فصل فی التراویح، ۱/۱۱۸

[2] ...... درمختار و ردالمحتار، کتاب الصلاۃ، باب صفۃ الصلاۃ، فصل فی القراءۃ، مطلب: السنۃ تکون سنۃ...... الخ، ۲/۳۲۰

جواب اگر کسی آیت میں کوئی حَرف چَب گیا یا اپنے مَخرج سے نہ نکلا تو لوگوں سے شرمائے بغیر پلٹ پڑیئے اور دُرُست پڑھ کر پھر آگے بڑھئے۔

غلطی ہوجانے یا بھول جانے کی صورتیں

سوال اگر کسی وجہ سے تراویح کی نَماز فاسِد ہوجائے تو کیا کرنا چاہئے؟

جواب اگر کسی وجہ سے تراویح کی نماز فاسد ہوجائے تو جتنا قرآنِ پاک ان رکعتوں میں پڑھا تھا دوبارہ پڑھیں تاکہ ختم میں نقصان نہ رہے۔

سوال اگر امام غلطی سے کوئی آیت یا سورۃ چھوڑ کر آگے بڑھ گیا تو کیا کرے؟

جواب اگر امام غلطی سے کوئی آیت یا سورۃ چھوڑ کر آگے بڑھ گیا تو مستحَب یہ ہے کہ (یاد آنے پر پہلے) اسے پڑھ کر پھر آگے بڑھے۔[1]

سوال تراویح میں دو رکعت کے بعد بیٹھنا بھول گیا تو کیا کرے؟

جواب دو رکعت پر بیٹھنا بھول گیا تو اسے دَرج ذیل باتوں کا خیال رکھنا چاہئے:

- ......جب تک تیسری کا سجدہ نہ کیا ہو بیٹھ جائے آخر میں سجدۂ سَہْو کرلے۔
- ......اگر تیسری کا سجدہ کرلیا تو چار پوری کرلے مگر یہ دو شمار ہوں گی۔ ہاں اگر پہلی دو کے بعد قعدہ کیا تھا تو چار ہوئیں۔
- ......تین رکعتیں پڑھ کر سلام پھیرا، اگر دوسری پر بیٹھا نہیں تھا تو نہ ہوئیں ان کے بدلے کی دو رکعتیں دوبارہ پڑھے۔

سوال تراویح میں اگر کوئی رکعات کی تعداد بھول جائے تو کیا کرے؟

جواب تراویح میں اگر رکعات کی تعداد بھول جائے تو درج ذیل صورتوں پر عمل کرے:

- ......سلام پھیرنے کے بعد کوئی کہتا ہے دو ہوئیں، کوئی کہتا ہے تین، تو امام کو جو یاد ہو اس کا اعتبار ہے، اگر امام خود بھی تَذَبْذُب کا شکار ہو تو جس پر اعتماد ہو اس کی بات مان لے۔

---

[1] ......عالمگیری، کتاب الصلاۃ، الباب التاسع، فصل فی التراویح، ۱/۱۱۸

✿......اگر لوگوں کو شک ہو کہ بیس ہوئیں یا اٹھارہ؟ تو دو رکعت تنہا تنہا پڑھیں۔

ترویحہ سے مراد

سوال تَرْوِیْحَہ سے کیا مراد ہے؟

جواب ترویحہ سے مراد ہر چار رکعت کے بعد کا وہ وقفہ ہے جس میں اتنی دیر آرام کیلئے بیٹھا جاتا ہے جتنی دیر میں چار رکعت پڑھی ہیں اور یہ مستَحَب ہے۔

سوال ترویحہ کے دوران کیا کرنا یا پڑھنا چاہئے؟

جواب ترویحہ کے دوران اختیار ہے: چپ بیٹھا رہے یا ذِکر و دُرود اور تلاوت کرے یا تنہا نفل پڑھے۔[1] یہ تسبیح بھی پڑھ سکتے ہیں:

سُبْحَانَ ذِی الْمُلْكِ وَالْمَلَكُوْتِ سُبْحَانَ ذِی الْعِزَّةِ وَالْعَظَمَةِ وَالْهَيْبَةِ وَالْقُدْرَةِ وَالْكِبْرِيَآءِ وَالْجَبَرُوْتِ ط سُبْحَانَ الْمَلِكِ الْحَيِّ الَّذِیْ لَا يَنَامُ وَلَا يَمُوْتُ ط سُبُّوْحٌ قُدُّوْسٌ رَّبُّنَا وَرَبُّ الْمَلٰٓئِكَةِ وَالرُّوْحِ ط اَللّٰهُمَّ اَجِرْنِیْ مِنَ النَّارِ ط يَا مُجِيْرُ! يَا مُجِيْرُ! يَا مُجِيْرُ! بِرَحْمَتِكَ يَآ اَرْحَمَ الرّٰحِمِيْنَ[2]

تراویح پڑھانے کی اُجرت لینا

سوال تراویح پڑھانے کی اُجرت لینا کیسا ہے؟

جواب تراویح پڑھانے کی اُجرت لینا ناجائز و حرام ہے۔ چُنانچِہ اعلیٰ حضرت، امامِ اہلسنّت مولانا شاہ امام احمد رضا خان عَلَیْہِ رَحمَۃُ الرَّحْمٰن کی بارگاہ میں اُجرت دے کر میّت کے ایصالِ ثواب کیلئے خَتمِ قرآن و ذکرُ اللہ

[1]......غنیة المتملی، فصل فی النوافل، التراویح، ص ۴۰۴

[2]......فیضانِ سنت، فیضانِ تراویح، ۱ / ۱۱۲۲

کروانے سے متعلّق جب اِستِفتا پیش ہوا تو جواباً ارشاد فرمایا: تلاوتِ قرآن و ذکرِ الٰہی پر اُجرت لینا دینا دونوں حرام ہے۔ لینے دینے والے دونوں گنہگار ہوتے ہیں اور جب یہ فِعلِ حرام کے مُرتکب ہیں تو ثواب کس چیز کا اَموات (یعنی مرنے والوں) کو بھیجیں گے؟ گناہ پر ثواب کی اُمید اور زیادہ سخت واَشَد (یعنی شدید ترین جُرم) ہے۔[1]

سوال: اگر تراویح پڑھانے کی اُجرت طے نہ کی جائے اور لوگ یا انتظامیہ کچھ خدمت وغیرہ کریں تو کیا یہ لینا جائز ہے؟

جواب: اگر تراویح پڑھانے کی اُجرت طے نہ کی جائے اور لوگ یا انتظامیہ کچھ خدمت وغیرہ کریں تو یہ لینا جائز نہیں، کیونکہ طے کرنے ہی کو اُجرت نہیں کہتے بلکہ اگر یہاں تراویح پڑھانے اِسی لئے آتے ہیں کہ معلوم ہے کہ یہاں کچھ ملتا ہے اگرچہ طے نہ ہوا ہو تو یہ بھی اُجرت ہی ہے۔ (لہٰذا یہ ناجائز و حرام ہے نیز) اُجرت رقم ہی کا نام نہیں بلکہ کپڑے یا غلّہ وغیرہ کی صورت میں بھی اُجرت، اُجرت ہی ہے۔ ہاں اگر حافِظ صاحِب اصلاحِ نیّت کے ساتھ صاف صاف کہہ دیں کہ میں کچھ نہیں لوں گا یا پڑھوانے والا کہہ دے: نہیں دوں گا۔ پھر بعد میں حافِظ صاحِب کی خدمت کر دیں تو حرج نہیں کہ اَعمال کا دارومدار نیّتوں پر ہے۔[2]

سوال: اگر حافظ اُجرت نہ لے مگر اپنی تیزی دکھانے، خوش آوازی کی داد پانے اور نام چمکانے کیلئے قرآنِ پاک پڑھے تو کیا اسے ثواب ملے گا؟

جواب: اگر حافظ اُجرت نہ لے مگر اپنی تیزی دکھانے، خوش آوازی کی داد پانے اور نام چمکانے کیلئے قرآنِ پاک پڑھے تو ثواب تو دُور کی بات ہے، اُلٹا حبِّ جاہ اور ریاکاری کی تباہ کاری میں جا پڑے گا، لہٰذا پڑھنے پڑھانے والوں کو اپنے اندر اِخلاص پیدا کرنا ضروری ہے۔

متفرق مسائل

سوال: اگر کوئی الگ الگ مساجِد میں تراویح پڑھے تو کیا اس کا ایسا کرنا درست ہے؟

---

[1] ......فتاویٰ رضویہ، ۲۳/ ۷ ۵۳

[2] ......فیضانِ سنت، فیضانِ تراویح، ۱/ ۱۰۹۹

جواب: جی ہاں! اگر کوئی الگ الگ مساجِد میں تراویح پڑھنا چاہتا ہو تو وہ ایسا کرسکتا ہے مگر اسے خیال رکھنا چاہئے کہ ختمِ قرآن میں نقصان نہ ہو۔ مثلاً تین مساجد ایسی ہیں کہ ان میں ہر روز سوا پارہ پڑھا جاتا ہے تو تینوں میں روزانہ باری باری جاسکتا ہے۔

سوال: بعض لوگ امام کے رکوع میں پہنچنے کے انتظار میں بیٹھے رہتے ہیں، ان کے متعلق کیا حُکم ہے؟

جواب: جو لوگ امام کے رکوع میں پہنچنے کے انتظار میں بیٹھے رہتے ہیں، انہیں یاد رکھنا چاہئے کہ یہ منافِقین سے مُشابہت ہے۔ چنانچہ **سورۃُ النِّسآء** کی آیت نمبر 142 میں ہے:

اِنَّ الْمُنٰفِقِیْنَ یُخٰدِعُوْنَ اللّٰهَ وَ هُوَ خَادِعُهُمْ ۚ وَ اِذَا قَامُوْۤا اِلَى الصَّلٰوةِ قَامُوْا كُسَالٰىۙ یُرَآءُوْنَ النَّاسَ وَ لَا یَذْكُرُوْنَ اللّٰهَ اِلَّا قَلِیْلًا ﴿۱۴۲﴾ (پ ۵، النسآء: ۱۴۲)

ترجمۂ کنزالایمان: بے شک منافِق لوگ اپنے گمان میں اللہ کو فریب دیا چاہتے ہیں اور وہی انہیں غافل کرکے مارے گا اور جب نماز کو کھڑے ہوں تو ہارے جی سے لوگوں کا دکھاوا کرتے ہیں اور اللہ کو یاد نہیں کرتے مگر تھوڑا۔

لہٰذا کوئی عُذر نہ ہو تو فرض کی جماعت میں بھی اگر امام رکوع سے اُٹھ گیا تو سجدوں وغیرہ میں فوراً شریک ہوجائیں، نیز امام قَعدۂ اُولیٰ میں ہو تب بھی اس کے کھڑے ہونے کا انتظار نہ کریں بلکہ شامل ہوجائیں۔ اگر قعدہ میں شامل ہوگئے اور امام کھڑا ہوگیا تو اَلتَّحِیّات (شروع کردینے کی صورت میں) پوری کئے بغیر کھڑے نہ ہوں۔

سوال: کیا عشا کے فرض ایک امام کے پیچھے اور تراویح دوسرے امام کے پیچھے پڑھ سکتے ہیں؟

جواب: جی ہاں! نہ صرف یہ کرسکتے ہیں بلکہ ایک امام کے پیچھے فرض، دوسرے کے پیچھے تراویح اور تیسرے کے پیچھے وتر پڑھنے میں بھی کوئی حرج نہیں۔ امیرُ المؤمنین حضرت سیِّدُنا عمر فاروقِ اعظم رَضِیَ اللہُ تَعَالٰی عَنْہ فرض و وِتر کی جماعت کرواتے تھے اور حضرت سیِّدُنا اُبَی بن کَعب رَضِیَ اللہُ تَعَالٰی عَنْہ تراویح پڑھاتے۔ [1]

[1] ......عالمگیری، کتاب الصلاۃ، الباب التاسع، فصل فی التراویح، ۱/۱۱۶ ماخوذاً

نمازِ وِتر

وتر کا شرعی حکم

سوال: کیا وتر پڑھنا فرض ہے؟

جواب: جی نہیں وتر پڑھنا فرض نہیں بلکہ واجِب ہے۔

سوال: کیا فرض کی طرح وتر کی بھی قضا ہے؟

جواب: جی ہاں! فرض کی طرح وِتر کی بھی قضا کرنا ضروری ہے۔

وتر کا وقت

سوال: وتر کس وقت پڑھے جاتے ہیں؟

جواب: وتر نمازِ عشا کے بعد پڑھے جاتے ہیں؟

سوال: اگر کوئی نمازِ عشا سے پہلے وتر پڑھ لے تو کیا ہو جائیں گے؟

جواب: جی نہیں! عشا اور وتر کا وقت اگرچہ ایک ہے مگر باہَم ان میں ترتیب فرض ہے کہ عشا سے پہلے وتر کی نماز پڑھ لی تو ہوگی ہی نہیں، البتہ بھول کر اگر وتر پہلے پڑھ لیے یا بعد کو معلوم ہوا کہ عشا کی نماز بے وضو پڑھی تھی اور وتر وضو کے ساتھ تو وتر ہو گئے۔ [۱]

سوال: وتر کب تک پڑھے جا سکتے ہیں؟

جواب: وتر عشا کے فرضوں کے بعد سے صُبحِ صادِق تک پڑھے جا سکتے ہیں۔

سوال: وتر پڑھنے کا اَفضل وقت کونسا ہے؟

جواب: جو سو کر اُٹھنے پر قادِر ہو اُس کیلئے افضل ہے کہ پچھلی رات میں اُٹھ کر پہلے **تَہَجُّد** ادا کرے پھر وتر۔ [۲]

---

[۱]...... بہارِ شریعت، نماز کے وقتوں کا بیان، ۱/۴۵۱

[۲]...... نماز کے احکام، نماز کا طریقہ، ص ۲۷۳

چُنانچہ ایک حدیثِ پاک میں ہے: ''جسے اندیشہ ہو کہ پچھلی رات میں نہ اُٹھے گا وہ اوّل وقت میں پڑھ لے اور جسے اُمید ہو کہ پچھلی رات کو اٹھے گا وہ پچھلی رات میں پڑھے کہ آخر شب کی نماز مَشْہود ہے (یعنی اُس میں ملائکۂ رحمت حاضر ہوتے ہیں) اور یہ افضل ہے۔''[1]

سوال: کیاوِتر باجماعت پڑھ سکتے ہیں؟

جواب: جی نہیں! وتر باجماعت ادا کرنا منع ہے۔ البتہ! رَمضان شریف میں جماعت کے ساتھ وتر ادا کرنے کی رخصت ہے۔

وتر پڑھنے کا طریقہ

سوال: وتر کی کتنی رکعتیں ہیں اور اس کے پڑھنے کا طریقہ کیا ہے؟

جواب: نمازِ وتر تین رکعت ہے اور اس میں قَعدۂ اُولیٰ واجِب ہے۔

- ......وتر پڑھنے والا قعدۂ اُولیٰ میں صرف اَلتَّحِیَّات پڑھ کر کھڑا ہو جائے، نہ دُرود پڑھے نہ سلام پھیرے جیسے مغرب میں کرتے ہیں اُسی طرح کرے۔
- ......وتر کی تینوں رکعتوں میں مُطْلَقاً قِراءَت فرض ہے اور ہر ایک میں بعد فاتحہ سورت ملانا واجب اور بہتر یہ ہے کہ پہلی میں سَبِّحِ اسْمَ رَبِّكَ الْاَعْلَى یا اِنَّآ اَنْزَلْنٰهُ دوسری میں قُلْ يٰٓاَيُّهَا الْكٰفِرُوْنَ، تیسری میں قُلْ هُوَ اللّٰهُ اَحَدٌ پڑھے۔ کبھی کبھی اور سورتیں بھی پڑھ لے۔
- ......تیسری رَکعَت میں قراءت سے فارِغ ہو کر رکوع سے پہلے کانوں تک ہاتھ اُٹھا کر اَللّٰهُ اَكْبَر کہے جیسے تکبیرِ تحریمہ میں کرتے ہیں کہ یہ تکبیر کہنا بھی واجب ہے، پھر ہاتھ باندھ لے اور دُعائے قُنوت پڑھے۔
- ......پھر رکوع کرے اور باقی نمازوں کی طرح آخری رکعت مکمل کر کے سلام پھیر دے۔

---

[1]......مسلم، کتاب صلاة المسافرین، باب من خاف ان لا یقوم......الخ، ص ٣٨٠، حدیث: ٧٥٥

دعائے قنوت

سوال کیا دُعائے قُنوت پڑھنا فرض ہے؟

جواب جی نہیں! دُعائے قنوت پڑھنا فرض نہیں بلکہ واجِب ہے۔

سوال کیا دُعائے قنوت کسی خاص دعا کا نام ہے؟

جواب جی نہیں! دُعائے قنوت کسی خاص دُعا کا نام نہیں اور نہ ہی وتر میں کسی خاص دُعا کا پڑھنا ضروری ہے، بلکہ ہر وہ دُعا جو سرکار صَلَّی اللّٰہُ تَعَالٰی عَلَیْہِ وَاٰلِہٖ وَسَلَّم سے ثابت ہے پڑھ لی جائے جب بھی حرج نہیں، البتہ! سب میں زیادہ مشہور دُعا یہ ہے اور عام لوگ اسی دُعا کو دُعائے قنوت بھی کہتے ہیں:

اَللّٰھُمَّ اِنَّا نَسْتَعِیْنُکَ وَنَسْتَغْفِرُکَ وَنُؤْمِنُ بِکَ وَنَتَوَکَّلُ عَلَیْکَ وَنُثْنِیْ عَلَیْکَ الْخَیْرَ وَنَشْکُرُکَ وَلَا نَکْفُرُکَ وَنَخْلَعُ وَنَتْرُکُ مَنْ یَّفْجُرُکَ ط اَللّٰھُمَّ اِیَّاکَ نَعْبُدُ وَلَکَ نُصَلِّیْ وَنَسْجُدُ وَاِلَیْکَ نَسْعٰی وَنَحْفِدُ وَنَرْجُوْ رَحْمَتَکَ وَنَخْشٰی عَذَابَکَ اِنَّ عَذَابَکَ بِالْکُفَّارِ مُلْحِقٌ ط

ترجمہ: اے اللہ! ہم تجھ سے مدد چاہتے ہیں اور تجھ سے بخشش مانگتے ہیں اور تجھ پر ایمان لاتے ہیں اور تجھ پر بھروسا رکھتے ہیں اور تیری بہت اچھی تعریف کرتے ہیں اور تیرا شکر کرتے ہیں اور تیری ناشکری نہیں کرتے اور الگ کرتے ہیں اور چھوڑتے ہیں اس شخص کو جو تیری نافرمانی کرے، اے اللہ! ہم تیری ہی عبادت کرتے ہیں اور تیرے ہی لئے نماز پڑھتے اور سجدہ کرتے ہیں اور تیری ہی طرف دوڑتے اور خدمت کیلئے حاضر ہوتے ہیں اور تیری رحمت کے اُمیدوار ہیں اور تیرے عذاب سے ڈرتے ہیں بیشک تیرا عذاب کافِروں کو ملنے والا ہے۔

سوال کیا باقی دُعاؤں کی طرح دُعائے قنوت کے بعد دُرودِ پاک پڑھ سکتے ہیں؟

جواب جی ہاں! دُعائے قنوت کے بعد درود شریف پڑھ سکتے ہیں بلکہ یہ بہتر بھی ہے۔ [1]

---

[1] ...... بہارِ شریعت، وتر کا بیان، ۱/ ٦۵۵

سوال: اگر کسی کو دعائے قُنوت نہ آتی ہو تو وہ کیا پڑھے؟

جواب: اگر کسی کو دُعائے قنوت نہ آتی ہو تو وہ یہ پڑھ لے:

اَللّٰھُمَّ رَبَّنَآ اٰتِنَا فِی الدُّنْیَا حَسَنَةً وَّفِی الْاٰخِرَةِ حَسَنَةً وَّقِنَا عَذَابَ النَّارِ

اے اللہ! اے رب ہمارے ہمیں دنیا میں بھلائی دے اور ہمیں آخرت میں بھلائی دے اور ہمیں عذابِ دوزخ سے بچا۔

یا یہ پڑھیں: اَللّٰھُمَّ اغْفِرْلِیْ یعنی اے اللہ! میری مغفرت فرمادے۔

سوال: اگر کوئی دُعائے قُنوت پڑھنا بھول جائے تو کیا کرے؟

جواب: اگر کوئی دُعائے قُنوت پڑھنا بھول جائے اور رُکوع میں چلا جائے تو واپس نہ لوٹے بلکہ آخر میں سجدۂ سَہْو کرلے۔[1]

سوال: وِتْر جماعت سے پڑھ رہے ہوں اور امام مُقْتَدِی کے مکمل قنوت پڑھنے سے پہلے ہی رکوع میں چلا جائے تو اب مقتدی کیا کرے؟

جواب: رمضانُ المبارک میں وتر جماعت سے پڑھ رہے ہوں اور امام مقتدی کے مکمل قنوت پڑھنے سے پہلے ہی رکوع میں چلا جائے تو مقتدی کو چاہیے کہ وہ بھی امام کی اِقْتِدا میں فوراً رکوع میں چلا جائے اور باقی دُعائے قنوت نہ پڑھے۔[2]

---

[1] ...... عالمگیری، کتاب الصلاۃ، الباب الثامن، ۱/۱۱۱

[2] ...... المرجع السابق

سَجْدَۂ سَھْو

سجدۂ سَہْو سے مراد

سوال سجدۂ سَہْو سے کیا مراد ہے؟

جواب واجِباتِ نَماز میں سے اگر کوئی واجب بھولے سے رہ جائے یا فرائض وواجِباتِ نَماز میں بھولے سے تاخیر ہوجائے تواس کمی کو پورا کرنے کے لیے سجدۂ سَہْو کیا جاتا ہے۔

سوال اگرکسی نے جان بوجھ کر واجب ترک کیا توکیا پھر بھی سجدۂ سَہْو سے تلافی ہوجائے گی؟

جواب جی نہیں! اگرکسی نے جان بوجھ کر واجب ترک کیا توسجدۂ سَہْو سے وہ نقصان پورا نہ ہوگا بلکہ اعادہ یعنی دوبارہ نماز پڑھنا واجب ہے۔

سجدۂ سَہْو کی شرعی حیثیت

سوال سجدۂ سَہْو کی شَرعی حیثیت کیا ہے؟

جواب سجدۂ سَہْو واجِب ہے۔[1]

سوال اگرکسی نے سجدۂ سَہْو واجِب ہونے کے باوُجود نہ کیا تواس کے متعلق کیا حُکم ہے؟

جواب اگرکسی نے سجدۂ سَہْو واجِب ہونے کے باوُجود نہ کیا تونَماز لوٹانا واجب ہے۔

سوال کیا کوئی ایسا واجب بھی ہے جس کے رہ جانے کی صورت میں سجدہ سَہْو واجب نہیں ہوتا؟

جواب جی ہاں! کوئی ایسا واجب رہ جائے جو واجباتِ نَماز سے نہ ہوتوسجدۂ سَہْو واجِب نہیں ہوتا مَثَلاً ترتیب سے قرآنِ پاک پڑھنا واجِب ہے مگراس کا تعلُّق واجباتِ نَماز سے نہیں بلکہ واجباتِ تِلاوَت سے ہے، لٰہذا اگرکسی نے نماز میں خلافِ ترتیب قرآنِ کریم پڑھا مثلاً پہلے سورۂ ناس اور بعد میں سورۂ فَلَق تواس سے سجدۂ سَہْو واجب نہ ہوگا۔

---

[1] ...... درمختار، کتاب الصلاۃ، باب سجود السھو، ۲/ ۶۵۵

سوال: اگر کوئی فرض رہ جائے تو کیا سجدہ سَہْو سے اس کی بھی تلافی ہوجائے گی؟

جواب: جی نہیں! فرض ترک ہوجانے سے نَماز جاتی رَہتی ہے سجدہ سَہْو سے اس کی تلافی نہیں ہوسکتی، لہٰذا نماز دوبارہ پڑھنا ہوگی۔

سوال: اگر سُنّتیں یا مُسْتَحَبّات چھوٹ جائیں تو کیا اس صورت میں بھی سجدہ سَہْو کرلینا چاہئے؟

جواب: سُنّتیں یا مُسْتَحَبّات مَثَلاً ثنا، تعوُّذ، تَسمِیہ، اٰمین، تکبیراتِ اِنْتِقالات اور تَسبیحات کے ترک سے سجدہ سَہْو واجِب نہیں ہوتا، نَماز ہوجاتی ہے (لہٰذا اس صورت میں سجدہ سَہْو نہ کریں)۔[1] مگر دوبارہ پڑھ لینا مُسْتَحَب ہے بھول کر ترک کیا ہو یا جان بوجھ کر۔

سوال: اگر ایک سے زائد واجبات ترک ہوئے ہوں تو کیا ہر ایک کے لیے الگ الگ سجدہ سَہْو کرنا ہوگا؟

جواب: جی نہیں! نَماز میں اگرچِہ تمام واجِب ترک ہوئے، سَہْو کے دو ہی سَجدے سب کیلئے کافی ہیں۔[2]

سوال: اگر امام سے نماز میں کوئی واجب چھوٹ گیا تو کیا مقتدی پر بھی سجدہ سَہْو واجب ہے؟

جواب: جی ہاں! اگر اِمام سے سَہْو ہوا اور سَجدہ سَہْو کیا تو مُقتدی پر بھی سجدہ واجِب ہے۔[3]

سوال: اگر مُقتدی سے بحالتِ اِقتِدا سَہْو واقع ہوا تو کیا اس پر سَجدہ سَہْو واجِب ہے؟

جواب: جی نہیں! اگر مُقتدی سے بحالتِ اِقتِدا سَہْو واقع ہوا تو اس پر سَجدہ سَہْو واجب نہیں۔[4] اور نَماز لوٹانے کی بھی حاجت نہیں۔

سوال: کیا سجدہ سَہْو صرف فرض نماز میں واجب ہے یا دیگر نمازوں میں بھی واجب ہے؟

---

[1] ......فتح القدیر، کتاب الصلاۃ، باب سجود السھو، ۱/۴۳۸

[2] ......ردالمحتار، کتاب الصلاۃ، باب سجود السھو، ۲/۶۵۵

[3] ......درمختار، کتاب الصلاۃ، باب سجود السھو، ۲/۶۵۸

[4] ......عالمگیری، کتاب الصلاۃ، الباب الثانی عشر، ۱/۱۲۸

جواب: سجدۂ سَہْو کا تعلُّق نَماز سے ہے خواہ فرض ہو یا سنّت، وِتر ہو یا نَفْل۔ کسی بھی نماز میں واجِب ترک ہو جائے تو سجدۂ سَہْو واجب ہے۔

سجدہ سَہْو واجب ہونے کی چند صورتیں

سوال: چند صورتیں بتایئے جن میں سجدہ سَہْو واجب ہوتا ہے۔

جواب: سجدۂ سَہْو واجب ہونے کی چند صورتیں یہ ہیں:

- ......تَعدیلِ اَرکان (مَثَلاً رُکوع کے بعد سیدھا کھڑا ہونا یا دو سَجدوں کے درمیان ایک بار سبحٰن اللہ کہنے کی مقدار سیدھا بیٹھنا) بھول گئے سجدۂ سَہو واجِب ہے۔[1]
- ......دعائے قُنوت یا تکبیرِ قُنوت بھول گئے سجدۂ سَہْو واجِب ہے۔[2]
- ......قِراءَت وغیرہ کسی موقع پر سوچنے میں تین مرتبہ سبحٰن اللہ کہنے کا وَقفہ گزر گیا سجدۂ سَہو واجِب ہو گیا۔[3]
- ......رکوع وسجود وقعدہ میں قرآن پڑھا تو سجدہ واجب ہے۔[4]
- ......قعدۂ اُولیٰ میں تشہد کے بعد اتنا پڑھا اَللّٰھُمَّ صَلِّ عَلٰی مُحَمَّدٍ تو سجدۂ سَہْو واجب ہے اس وجہ سے نہیں کہ دُرود شریف پڑھا بلکہ اس وجہ سے کہ فرض یعنی تیسری رکعت کے قیام میں تاخیر ہوئی۔[5]
- ......امام نے جہری نماز میں بقدرِ جوازِ نَماز یعنی ایک آیت آہستہ پڑھی یا سرّی میں جہر سے تو سجدۂ سَہْو واجب ہے اور ایک کَلِمہ آہستہ یا جہر سے پڑھا تو مُعاف ہے۔[6]

---

[1] ......عالمگیری، کتاب الصلاۃ، الباب الثانی عشر، ۱۲۷/۱
[2] ......عالمگیری، کتاب الصلاۃ، الباب الثانی عشر، ۱۲۸/۱
[3] ......بہارِ شریعت، سجدہ سہو کا بیان، ۷۱۵/۱
[4] ......ردالمحتار، کتاب الصلاۃ، باب سجود السھو، ۶۵۷/۲
[5] ......درمختار، کتاب الصلاۃ، باب سجود السھو، ۶۵۷/۲
[6] ......عالمگیری، کتاب الصلاۃ، الباب الثانی عشر، ۱۲۸/۱

﴿۞﴾ ......مُنفَرِد نے سِرّی نماز میں جَہر سے پڑھا تو سجدہ واجب ہے اور جہری میں آہستہ تو نہیں۔ [1]

سجدۂ سَہْو کا طریقہ

سوال سجدۂ سَہو کا طریقہ کیا ہے؟

جواب سجدۂ سَہو کا طریقہ یہ ہے:

﴿۞﴾ ......التحیات کے بعد دَہنی طرف سلام پھیر کر دو سجدے کرے پھر تَشَہُّد وغیرہ پڑھ کر سلام پھیرے۔ [2]

﴿۞﴾ ......سجدۂ سَہو کے بعد بھی اَلتَّحِیَّات (اَث۔تَ۔حِی۔یَات) پڑھنا واجِب ہے۔ اَلتَّحِیَّات پڑھ کر سلام پھیریئے اور بہتر یہ ہے کہ دونوں قَعدوں (یعنی سجدۂ سَہو سے پہلے اور بعد) میں دُرُود شریف بھی پڑھئے۔ [3]

سجدۂ تلاوت

سجدۂ تلاوت سے مراد

سوال سجدۂ تلاوت سے کیا مراد ہے؟

جواب قرآنِ پاک میں بعض آیاتِ مبارکہ ایسی ہیں جن کے پڑھنے یا سُننے سے جو سجدہ کیا جاتا ہے اسے سجدۂ تلاوت کہتے ہیں۔

سوال قرآنِ پاک میں سجدے کی کُل کتنی آیات ہیں؟

جواب قرآنِ پاک میں سجدے کی کل چودہ آیات ہیں۔

---

[1] ......بہارِ شریعت، سجدہ سہو کا بیان، ۱/ ۷۱۴

[2] ......شرح الوقاية، كتاب الصلاة، باب سجود السهو، الجزء الاول، ۱/ ۲۲۰

[3] ......عالمگیری، كتاب الصلاة، الباب الثاني عشر، ۱/ ۱۲۵

سجدۂ تلاوت کا شرعی حکم

سوال: آیتِ سجدہ کا شَرعی حُکم کیا ہے؟

جواب: آیتِ سجدہ پڑھنے یا سننے سے سجدہ واجِب ہو جاتا ہے۔ ①

سوال: اگر کسی نے آیتِ سجدہ کا ترجَمہ پڑھا یا سنا تو کیا اس پر بھی سجدہ کرنا لازم ہے؟

جواب: جی ہاں! اگر کسی نے فارسی یا کسی اور زَبان میں آیت کا ترجَمہ پڑھا تو پڑھنے والے اور سننے والے پر سجدہ واجِب ہو گیا۔ ②

سوال: اگر کسی نے پوری آیتِ سجدہ نہ پڑھی بلکہ کچھ حصہ ہی پڑھا یا سنا تو اس کے متعلِّق کیا حکم ہے؟

جواب: سجدہ واجب ہونے کے لئے پوری آیت پڑھنا ضَروری نہیں بلکہ وہ آیتِ مبارکہ جس میں لفظِ سجدہ کا مادّہ پایا جاتا ہے اور اس کے ساتھ قَبل یا بعد کا کوئی لفظ ملا کر پڑھنا کافی ہے۔ ③

سوال: کیا آیتِ سجدہ پڑھنے یا سننے سے فوراً سجدہ کرنا ضَروری ہے یا بعد میں بھی کر سکتے ہیں؟

جواب: اگر آیتِ سجدہ نماز میں پڑھی گئی تو سجدہ بھی نماز میں فوراً کرنا واجب ہے اور اگر آیتِ سجدہ بیرونِ نماز (یعنی نماز کے باہَر) پڑھی تو فوراً سجدہ کر لینا واجِب نہیں۔ ہاں بہتر ہے کہ فوراً کر لے اور وُضو ہو تو تاخیر مکروہِ تنزیہی۔ ④ اور اگر کسی وجہ سے فوراً سجدہ نہ کر سکے تو پڑھنے و سننے والے کو یہ کہہ لینا مُستَحَب ہے: سَمِعْنَا وَ اَطَعْنَا ٭ غُفْرَانَكَ رَبَّنَا وَ اِلَیْكَ الْمَصِیْرُ ﴿۲۸۵﴾ (پ۳، البقرۃ: ۲۸۵) ترجَمۂ کنزالایمان: ہم نے سُنا اور مانا تیری مُعافی ہو اے رب ہمارے اور تیری ہی طرف پھرنا ہے۔ ⑤

---

① ...... الھدایہ، کتاب الصلاۃ، باب سجود التلاوۃ، ۱/ ۷۸

② ...... بہارِ شریعت، سجدۂ تلاوت کا بیان، ۱/ ۷۳۰

③ ...... ردالمحتار، کتاب الصلاۃ، باب سجود التلاوۃ، ۲/ ۶۹۴

④ ...... بہارِ شریعت، سجدۂ تلاوت کا بیان، ۱/ ۷۳۳ ملتقطاً

⑤ ...... ردالمحتار، کتاب الصلاۃ، باب سجود التلاوۃ، ۲/ ۷۰۳

سوال مدارِس میں طالبِ علم قرآنِ کریم یاد کرنے کے لیے ایک ہی آیت ایک ہی جگہ بیٹھے بیٹھے بار بار پڑھتے ہیں تو کیا آیتِ سجدہ بار بار پڑھنے اور سُننے سے بار بار سجدہ کرنا ہوگا؟

جواب جی نہیں! ایک ہی مجلس میں سجدے کی ایک آیت کو بار بار پڑھا یا سنا تو ایک ہی سجدہ واجِب ہوگا، اگرچہ چند شخصوں سے سنا ہو یونہی اگر آیت پڑھی اور وُہی آیت دوسرے سے سنی جب بھی ایک ہی سجدہ واجِب ہوگا۔[1]

سوال اگر کوئی پوری سورت تلاوت کرے مگر آیتِ سجدہ نہ پڑھے تو اس کے متعلّق کیا حُکم ہے؟

جواب پوری سورت پڑھنا اور آیتِ سجدہ چھوڑ دینا مکروہِ تحریمی ہے اور صرف آیتِ سجدہ کے پڑھنے میں کراہت نہیں، مگر بہتر یہ ہے کہ دو ایک آیت پہلے یا بعد کی ملا لے۔[2]

سجدۂ تِلاوت کا طریقہ

سوال سجدے کا مَسنون طریقہ کیا ہے؟

جواب سجدے کا مسنون طریقہ یہ ہے کہ کھڑے ہو کر اَللّٰہُ اَکْبَر کہتے ہوئے سجدے میں جائیے اور کم سے کم تین بار سُبْحٰنَ رَبِّیَ الْاَعْلٰی کہئے، پھر اَللّٰہُ اَکْبَر کہتے ہوئے کھڑے ہو جائیے، پہلے پیچھے دونوں بار اَللّٰہُ اَکْبَر کہنا سنّت ہے اور کھڑے ہو کر سجدے میں جانا اور سجدے کے بعد کھڑا ہونا یہ دونوں قِیام مُسْتَحَب ہیں۔[3] لہٰذا بیٹھ کر بھی سجدۂ تلاوت کر سکتے ہیں۔

سوال کیا سجدۂ تلاوت میں یہ نیت ہونا ضروری ہے کہ یہ سجدہ فلاں آیت کا ہے؟

جواب جی نہیں! سجدۂ تلاوت کی نیّت میں یہ ضروری نہیں کہ فُلاں آیت کا سجدہ ہے بلکہ مُطلَقاً سجدۂ تلاوت کی نیّت کافی ہے۔

---

[1] ...... درمختار و رد المحتار، کتاب الصلاۃ، باب سجود التلاوۃ، ۲/۷۱۲

[2] ...... درمختار، کتاب الصلاۃ، باب سجود التلاوۃ، ۲/۷۱۷

[3] ...... درمختار، کتاب الصلاۃ، باب سجود التلاوۃ، ۲/۶۹۹

سوال: کیا سجدۂ تلاوت میں اَللّٰہُ اَکْبَر کہتے وقت کانوں کو ہاتھ لگائے جاتے ہیں؟

جواب: جی نہیں! سجدۂ تلاوت میں اَللّٰہُ اَکْبَر کہتے وقت کانوں کو ہاتھ نہیں لگائے جاتے۔ [1]

آیاتِ سجدہ کے فوائد

سوال: اگر کوئی سجدے والی تمام آیات اکٹھی پڑھے تو اس کی کیا فضیلت ہے؟

جواب: بہارِ شریعت میں ہے کہ جس مقصد کے لیے ایک مجلس میں سجدہ کی سب (یعنی 14) آیتیں پڑھ کر سجدے کرے **اللہ** عَزَّوَجَلَّ اس کا مقصد پورا فرمادے گا۔ خواہ ایک ایک آیت پڑھ کر اس کا سجدہ کرتا جائے یا سب کو پڑھ کر آخر میں 14 سجدے کرلے۔ [2]

سورۂ اخلاص کی فضیلت

صدرُ الْاَفاضل حضرتِ علامہ مولانا سیّد محمد نعیم الدین مراد آبادی عَلَیْہِ رَحْمَۃُ اللّٰہِ الْھَادِی **خزائنُ العرفان** میں سورۂ اخلاص کے متعلق فرماتے ہیں: سورۂ اخلاص مکّیہ وبقولے مدنیّہ ہے، اس میں ایک رکوع، 4 یا 5 آیتیں، 15 کلِمے، 47 حَرف ہیں۔ اَحادیث میں اس سورت کی بہت فضیلتیں وارِد ہوئی ہیں اس کو تہائی قرآن کے برابر فرمایا گیا ہے یعنی تین مرتبہ اس کو پڑھا جائے تو پورے قرآن کی تلاوت کا ثواب ملے۔ ایک شخص نے سیّدِ عالَم صَلَّی اللّٰہُ تَعَالٰی عَلَیْہِ وَاٰلِہٖ وَسَلَّم سے عرض کیا کہ مجھے اس سورت سے بہت محبّت ہے۔ فرمایا: اس کی محبّت تجھے جنّت میں داخل کرے گی۔ (ترمذی) **شانِ نزول:** کفّارِ عَرَب نے سیّدِ عالَم صَلَّی اللّٰہُ تَعَالٰی عَلَیْہِ وَاٰلِہٖ وَسَلَّم سے **اللہ** ربُّ العزّت وعزّ وعلا تبارَک وتعالیٰ کے متعلق طرح طرح کے سُوال کئے کوئی کہتا تھا کہ **اللہ** کا نسَب کیا ہے، کوئی کہتا تھا کہ وہ سونے کا ہے یا چاندی کا ہے یا لوہے کا ہے یا لکڑی کا ہے، کس چیز کا ہے؟ کسی نے کہا وہ کیا کھاتا ہے، کیا پیتا ہے، رَبوبیّت اس نے کس سے ورثہ میں پائی اور اس کا کون وارث ہوگا؟ ان کے جواب میں **اللہ** تعالیٰ نے یہ سورت نازل فرمائی اور اپنے ذات وصِفات کا بیان فرما کر مَعرِفَت کی راہ واضح کی اور جاہلانہ خیالات واَوہام کی تاریکیوں کو جن میں وہ لوگ گرفتار تھے اپنی ذات وصفات کے انوار کے بیان سے مُضمَحِل کردیا۔

---

[1] ...... تنویر الابصار، کتاب الصلاۃ، باب سجود التلاوۃ، ۲/۷۰۰

[2] ...... بہارِ شریعت، سجدۂ تلاوت کا بیان، ۱/۷۳۸

14 آیاتِ سجدہ

سوال: آیاتِ سجدہ قرآنِ پاک کے کس پارے و سورت میں ہیں اور کونسی ہیں تفصیل بتائیے؟

جواب: آیاتِ سجدہ کُل 14 ہیں جن کی تفصیل یہ ہے:

(1) ...... پارہ 9، سورۂ اعراف کی آیت نمبر 206: ﴿ اِنَّ الَّذِیْنَ عِنْدَ رَبِّكَ لَا یَسْتَكْبِرُوْنَ عَنْ عِبَادَتِهٖ وَ یُسَبِّحُوْنَهٗ وَ لَهٗ یَسْجُدُوْنَ۠ ۲۰۶ ﴾

(2) ...... پارہ 13، سورۂ رعد کی آیت نمبر 15: ﴿ وَ لِلّٰهِ یَسْجُدُ مَنْ فِی السَّمٰوٰتِ وَ الْاَرْضِ طَوْعًا وَّ كَرْهًا وَّ ظِلٰلُهُمْ بِالْغُدُوِّ وَ الْاٰصَالِ۩ ۱۵ ﴾

(3) ...... پارہ 14، سورۂ نحل کی آیت نمبر 49: ﴿ وَ لِلّٰهِ یَسْجُدُ مَا فِی السَّمٰوٰتِ وَ مَا فِی الْاَرْضِ مِنْ دَآبَّةٍ وَّ الْمَلٰٓىٕكَةُ وَ هُمْ لَا یَسْتَكْبِرُوْنَ ۴۹ ﴾

(4) ...... پارہ 15، سورۂ بنی اسرائیل کی آیات نمبر 107 تا 109:

﴿ اِنَّ الَّذِیْنَ اُوْتُوا الْعِلْمَ مِنْ قَبْلِهٖۤ اِذَا یُتْلٰى عَلَیْهِمْ یَخِرُّوْنَ لِلْاَذْقَانِ سُجَّدًا ۱۰۷ وَّ یَقُوْلُوْنَ سُبْحٰنَ رَبِّنَاۤ اِنْ كَانَ وَعْدُ رَبِّنَا لَمَفْعُوْلًا ۱۰۸ وَ یَخِرُّوْنَ لِلْاَذْقَانِ یَبْكُوْنَ وَ یَزِیْدُهُمْ خُشُوْعًا۩ ۱۰۹ ﴾

(5) ...... پارہ 16، سورۂ مریم کی آیت نمبر 58:

﴿ اِذَا تُتْلٰى عَلَیْهِمْ اٰیٰتُ الرَّحْمٰنِ خَرُّوْا سُجَّدًا وَّ بُكِیًّا۩ ۵۸ ﴾

(6) ...... پارہ 17، سورۂ حج میں پہلی جگہ جہاں سجدہ کا ذکر ہے یعنی سورۂ حج کی آیت نمبر 18:

﴿ اَلَمْ تَرَ اَنَّ اللّٰهَ یَسْجُدُ لَهٗ مَنْ فِی السَّمٰوٰتِ وَ مَنْ فِی الْاَرْضِ وَ الشَّمْسُ وَ الْقَمَرُ وَ النُّجُوْمُ وَ الْجِبَالُ وَ الشَّجَرُ وَ الدَّوَآبُّ وَ كَثِیْرٌ مِّنَ النَّاسِ ؕ وَ كَثِیْرٌ حَقَّ عَلَیْهِ الْعَذَابُ ؕ وَ مَنْ

يُّهِنِ اللّٰهُ فَمَا لَهٗ مِنْ مُّكْرِمٍ ؕ اِنَّ اللّٰهَ يَفْعَلُ مَا يَشَآءُ ۩ ﴿۱۸﴾ ﴾

﴿7﴾ ...... پارہ 19، سورۂ فرقان کی آیت نمبر 60: ﴿ وَ اِذَا قِيْلَ لَهُمُ اسْجُدُوْا لِلرَّحْمٰنِ ۚ قَالُوْا وَ مَا الرَّحْمٰنُ ۗ اَنَسْجُدُ لِمَا تَاْمُرُنَا وَ زَادَهُمْ نُفُوْرًا ۩ ﴿۶۰﴾ ﴾

﴿8﴾ ...... پارہ 19، سورۂ نمل کی آیت نمبر 25، 26: ﴿ اَلَّا يَسْجُدُوْا لِلّٰهِ الَّذِيْ يُخْرِجُ الْخَبْءَ فِي السَّمٰوٰتِ وَ الْاَرْضِ وَ يَعْلَمُ مَا تُخْفُوْنَ وَ مَا تُعْلِنُوْنَ ﴿۲۵﴾ اَللّٰهُ لَاۤ اِلٰهَ اِلَّا هُوَ رَبُّ الْعَرْشِ الْعَظِيْمِ ۩ ﴿۲۶﴾ ﴾

﴿9﴾ ...... پارہ 21، سورۂ سجدہ کی آیت نمبر 15: ﴿ اِنَّمَا يُؤْمِنُ بِاٰيٰتِنَا الَّذِيْنَ اِذَا ذُكِّرُوْا بِهَا خَرُّوْا سُجَّدًا وَّ سَبَّحُوْا بِحَمْدِ رَبِّهِمْ وَ هُمْ لَا يَسْتَكْبِرُوْنَ ۩ ﴿۱۵﴾ ﴾

﴿10﴾ ...... پارہ 23، سورۂ ص کی آیت نمبر 24، 25: ﴿ فَاسْتَغْفَرَ رَبَّهٗ وَ خَرَّ رَاكِعًا وَّ اَنَابَ ۩ ﴿۲۴﴾ فَغَفَرْنَا لَهٗ ذٰلِكَ ؕ وَ اِنَّ لَهٗ عِنْدَنَا لَزُلْفٰى وَ حُسْنَ مَاٰبٍ ﴿۲۵﴾ ﴾

﴿11﴾ ...... پارہ 24، سورۂ حم السجدۃ کی آیت نمبر 37، 38: ﴿ وَ مِنْ اٰيٰتِهِ الَّيْلُ وَ النَّهَارُ وَ الشَّمْسُ وَ الْقَمَرُ ؕ لَا تَسْجُدُوْا لِلشَّمْسِ وَ لَا لِلْقَمَرِ وَ اسْجُدُوْا لِلّٰهِ الَّذِيْ خَلَقَهُنَّ اِنْ كُنْتُمْ اِيَّاهُ تَعْبُدُوْنَ ﴿۳۷﴾ فَاِنِ اسْتَكْبَرُوْا فَالَّذِيْنَ عِنْدَ رَبِّكَ يُسَبِّحُوْنَ لَهٗ بِالَّيْلِ وَ النَّهَارِ وَ هُمْ لَا يَسْـَٔمُوْنَ ۩ ﴿۳۸﴾ ﴾

﴿12﴾ ...... پارہ 27، سورۂ نجم کی آیت نمبر 62: ﴿ فَاسْجُدُوْا لِلّٰهِ وَ اعْبُدُوْا ۩ ﴿۶۲﴾ ﴾

﴿13﴾ ...... پارہ 30، سورۂ انشقاق کی آیت نمبر 20، 21: ﴿ فَمَا لَهُمْ لَا يُؤْمِنُوْنَ ﴿۲۰﴾ وَ اِذَا قُرِئَ عَلَيْهِمُ الْقُرْاٰنُ لَا يَسْجُدُوْنَ ۩ ﴿۲۱﴾ ﴾

﴿14﴾ ...... پارہ 30، سورۂ اقراء (یعنی سورۂ علق) کی آیت نمبر 19: ﴿ كَلَّا ؕ لَا تُطِعْهُ وَ اسْجُدْ وَ اقْتَرِبْ ۩ ﴿۱۹﴾ ﴾

نمازِ جُمُعَہ

ہم کتنے خوش نصیب ہیں کہ **اللہ** عَزَّوَجَلَّ نے اپنے پیارے حبیب صَلَّی اللہُ تَعَالٰی عَلَیْہِ وَاٰلِہٖ وَسَلَّم کے صَدْقے ہمیں **جُمُعَۃُ المبارَک** کی نعمت سے سرفراز فرمایا۔ افسوس! ہم ناقدرے **جُمُعَہ** شریف کو بھی عام دنوں کی طرح غفلت میں گزار دیتے ہیں۔ حالانکہ

- ...... **جُمُعَہ** یومِ عید ہے۔
- ...... **جُمُعَہ** سب دنوں کا سردار ہے۔
- ...... **جُمُعَہ** کے روز جہنّم کی آگ نہیں سُلگائی جاتی۔
- ...... **جُمُعَہ** کی رات دوزخ کے دروازے نہیں کھلتے۔
- ...... **جُمُعَہ** کو بروزِ قیامت دلہن کی طرح اُٹھایا جائے گا۔
- ...... **جُمُعَہ** کے روز مرنے والا خوش نصیب مسلمان شہید کا رُتبہ پاتا اور **عذابِ قبر** سے محفوظ ہو جاتا ہے۔

جُمُعہ سے مراد

سوال جمعہ سے کیا مراد ہے؟

جواب جمعہ کے متعلق بہت سے اَقوال مَروی ہیں۔ چنانچہ مُفسّرِ شہیر، حکیمُ الاُمّت حضرتِ مفتی احمد یار خان عَلَیْہِ رَحمَۃُ الْحَنَّان جمعہ کو جمعہ کہنے کی وُجوہات کچھ یوں نقل فرماتے ہیں:

- ......اس دن تکمیلِ خَلق ہوئی۔
- ......حضرتِ سیِّدُنا آدم صَفِیُّ اللہ عَلٰی نَبِیِّنَا وَعَلَیْہِ الصَّلٰوۃُ وَالسَّلَام کی مِٹّی اسی دن جمع ہوئی۔
- ......اس دن میں لوگ جمع ہو کر نمازِ جُمعہ ادا کرتے ہیں۔ اس لیے اس دن کو جُمعہ کہتے ہیں۔ [1]

جمعہ کا شرعی حکم

سوال جمعہ کا شَرعی حُکم کیا ہے؟

جواب جُمعہ فرضِ عَین ہے اور اس کی فرضیّت کے متعلق نمازِ ظہر سے زیادہ تاکید مروی ہے۔ [2]

سوال اگر کوئی جمعہ نہ پڑھے تو اس کے متعلق کیا حکم ہے؟

جواب فرمانِ مصطفٰے صَلَّی اللہُ تَعَالٰی عَلَیْہِ وَاٰلِہٖ وَسَلَّم ہے: جو شخص تین جُمعہ (کی نَماز) سُستی کے سبب چھوڑ دے اللہ عَزَّوَجَلَّ اس کے دل پر مُہر لگا دے گا۔ [3]

سوال اگر کوئی جمعہ کی فرضیت کا اِنکار کرے تو اس کے متعلق کیا حکم ہے؟

جواب اگر کوئی جمعہ کی فرضیت کا انکار کرے تو وہ کافِر ہے۔ [4]

سب سے پہلا جمعہ

سوال جمعہ کا آغاز کب اور کہاں ہوا؟

جواب جمعہ کا آغاز سرکارِ دوجہاں صَلَّی اللہُ تَعَالٰی عَلَیْہِ وَاٰلِہٖ وَسَلَّم کی ہجرت سے پہلے مدینہ شریف میں ہوا۔

سوال سب سے پہلے جمعہ کس نے پڑھایا؟

---

[1] ......مراۃ المناجیح، جمعہ کا باب، ۲/۳۱۷ بتغیر

[2] ......درمختار، تتمۃ کتاب الصلاۃ، باب الجمعۃ، ۳/۵

[3] ......مستدرک، کتاب الجمعۃ، التشدید علی التخلف عن الجمعۃ، ۱/۵۸۹، حدیث: ۱۱۲۰

[4] ......درمختار، تتمۃ کتاب الصلاۃ، باب الجمعۃ، ۳/۵

جواب: سرکارِ دوجہاں صَلَّی اللّٰہُ تَعَالٰی عَلَیْہِ وَاٰلِہٖ وَسَلَّم کے حُکْم سے سب سے پہلے جُمُعہ حضرت سیِّدُنا مُصْعَب بن عُمَیْر رَضِیَ اللّٰہُ تَعَالٰی عَنْہ نے پڑھایا۔

سوال: کیا سب سے پہلی نمازِ جمعہ مسجد نبوی میں ادا کی گئی تھی؟

جواب: جی نہیں! اس وقت تک مسجد نبوی نہیں بنی تھی بلکہ یہ نماز حضرت سیِّدُنا سَعْد بن خَیْثَمہ انصاری رَضِیَ اللّٰہُ تَعَالٰی عَنْہ کے گھر پر ادا کی گئی۔

سوال: جس مسجد میں جمعہ ہوتا ہے اسے کیا کہتے ہیں؟

جواب: جس مسجد میں جُمُعہ پڑھا جاتا ہے اُس کو جامع مسجِد کہتے ہیں۔

آقا کا پہلا جمعہ

سوال: سرکار صَلَّی اللّٰہُ تَعَالٰی عَلَیْہِ وَاٰلِہٖ وَسَلَّم نے سب سے پہلا جمعہ کب اور کہاں ادا فرمایا؟

جواب: سرکار صَلَّی اللّٰہُ تَعَالٰی عَلَیْہِ وَاٰلِہٖ وَسَلَّم جب ہجرت کر کے مدینۂ طَیِّبہ تشریف لائے تو 12 ربیعُ الاوّل پیر شریف کو چاشْت کے وَقت مقامِ قُباء میں اقامت فرمائی۔ پیر، منگل، بدھ اور جمعرات یہاں قِیام فرمایا اور ایک مسجِد کی بُنیاد رکھی۔ پھر جُمُعہ کے دن مدینہ شریف روانہ ہوئے، راستے میں بنی سالِم ابنِ عوف کے بَطْنِ وادی میں جُمُعہ کا وقت ہوا تو اس جگہ کو لوگوں نے مسجِد بنایا اور یوں سرکار صَلَّی اللّٰہُ تَعَالٰی عَلَیْہِ وَاٰلِہٖ وَسَلَّم نے وہاں 16 ربیع الاوّل کو پہلا جُمُعہ ادا فرمایا۔[1]

سوال: سرکارِ دوعالم صَلَّی اللّٰہُ تَعَالٰی عَلَیْہِ وَاٰلِہٖ وَسَلَّم نے اپنی حیاتِ طیبہ میں کُل کتنے جمعہ ادا فرمائے؟

جواب: سرکارِ دوعالم صَلَّی اللّٰہُ تَعَالٰی عَلَیْہِ وَاٰلِہٖ وَسَلَّم نے اپنی حیاتِ طیبہ میں تقریباً 500 جُمُعے ادا فرمائے۔[2]

---

[1] ......خزائن العرفان، پ ۲۸، الجمعۃ، تحت الآیۃ ۹، حاشیہ نمبر ۲۱

[2] ......مراۃ المناجیح، خطبہ اور نماز، ۲/ ۳۴۶ ملخصًا

جُمُعہ کا ذِکر قرآن میں

سوال کیا جمعہ کا ذکر قرآن میں بھی ہے؟

جواب جی ہاں! **اللہ** عَزَّوَجَلَّ نے جُمُعہ کے نام کی ایک پوری سورت یعنی **سورۃُ الجُمُعہ** نازِل فرمائی ہے جو کہ قرآنِ کریم کے 28ویں پارے میں جگمگا رہی ہے۔ **اللہ تَبَارَكَ وَتَعَالٰی سورۃُ الجُمُعہ** کی آیت نمبر 9 میں ارشاد فرماتا ہے:

یٰۤاَیُّهَا الَّذِیْنَ اٰمَنُوْۤا اِذَا نُوْدِیَ لِلصَّلٰوةِ مِنْ یَّوْمِ الْجُمُعَةِ فَاسْعَوْا اِلٰى ذِكْرِ اللّٰهِ وَ ذَرُوا الْبَیْعَؕ ذٰلِكُمْ خَیْرٌ لَّكُمْ اِنْ كُنْتُمْ تَعْلَمُوْنَ ۝۹ (پ۲۸، الجُمُعۃ: ۹)

ترجَمۂ کنزالایمان: اے ایمان والو جب نَماز کی اذان ہو جُمُعہ کے دن تو اللہ کے ذِکر کی طرف دوڑو اور خرید و فروخت چھوڑ دو یہ تمہارے لیے بہتر ہے اگر تم جانو۔

جُمُعہ کا ذکر احادیثِ مبارکہ میں

عذابِ قبر سے محفوظ

تاجدارِ رِسالت، شہنشاہِ نُبوت صَلَّی اللہُ تَعَالٰی عَلَیْہِ وَاٰلِہٖ وَسَلَّم نے اِرشاد فرمایا: ''جو روزِ جُمُعہ یا شبِ جُمُعہ (یعنی جمعرات اور جُمُعہ کی درمیانی شب) مرے گا عذابِ قبر سے بچالیا جائے گا اور قِیامت کے دن اِس طرح آئے گا کہ اُس پر شہیدوں کی مُہر ہوگی۔''[1]

ہر دعا قبول ہوتی ہے

سرکارِ نامدار، مدینے کے تاجدار صَلَّی اللہُ تَعَالٰی عَلَیْہِ وَاٰلِہٖ وَسَلَّم کا فرمانِ خوشبودار ہے: ''جُمُعہ میں ایک ایسی گھڑی ہے

---

[1] ...... حلیۃ الاولیاء، ۳/۱۸۱، حدیث: ۳۶۲۹

کہ اگر کوئی مسلمان اسے پا کر اللہ عَزَّوَجَلَّ سے کچھ مانگے تو اللہ عَزَّوَجَلَّ اس کو ضرور دے گا۔" [1]

مقبول ساعت کونسی ہے؟

سوال وہ گھڑی کونسی ہے جس میں ہر دعا قبول ہوتی ہے؟

جواب مُفسرِ شہیر، حکیم الامّت مفتی احمد یار خان عَلَیْہِ رَحمَۃُ اللہِ الْمَنَّان فرماتے ہیں: ہر رات میں روزانہ قَبولیّتِ دعا کی ساعت آتی ہے مگر دِنوں میں صِرف جُمُعہ کے دن۔ مگر یقینی طور پر یہ نہیں معلوم کہ وہ ساعت کب ہے۔ غالِب گمان یہ ہے کہ یہ دو خُطبوں کے درمِیان کا وقت ہے یا مغرب سے کچھ پہلے کا۔ [2]

سوال اس وقت کیا دعا مانگنا چاہئے؟

جواب بہتر یہ ہے کہ اس ساعت میں کوئی جامع دعا مانگے جیسے یہ قرآنی دعا:

رَبَّنَآ اٰتِنَا فِی الدُّنْیَا حَسَنَةً وَّفِی الْاٰخِرَةِ حَسَنَةً وَّقِنَا عَذَابَ النَّارِ (پ ٢، البقرة: ٢٠١)

ترجَمۂ کنزالایمان: اے رب ہمارے ہمیں دنیا میں بھلائی دے اور ہمیں آخرت میں بھلائی دے اور ہمیں عذابِ دوزخ سے بچا۔

جمعہ کے دن نیکی کا ثواب اور گناہ کا عذاب

مُفسّرِ شہیر حکیم الامت حضرتِ مفتی احمد یار خان عَلَیْہِ رَحمَۃُ اللہِ الْمَنَّان کے فرمان کے مطابِق "**جُمُعہ** کو حج ہو تو اس کا ثواب ستّر حج کے برابر ہے، **جُمُعہ** کی ایک نیکی کا ثواب ستّر گُنا ہے۔" [3] (چُونکہ اس کا شَرَف بَہُت زِیادہ ہے، لہٰذا) **جُمُعہ** کے روز گُناہ کا عذاب بھی ستّر گُنا ہے۔ [4]

---

[1] ......مسلم، کتاب الجمعة، باب فی الساعة التی فی یوم الجمعة، ص ٤٢٤، حدیث: ١٥ - (٨٥٢)

[2] ......مراٰة المناجیح، جمعہ کا باب، ٢/ ٣١٩ بتغیر

[3] ......مراٰة المناجیح، جمعہ کا باب، ٢/ ٣٢٥

[4] ......مراٰة المناجیح، صفائی اور جلدی کرنا، ٢/ ٣٣٦

جُمُعہ کے دن کے اعمال

سوال جمعہ کے دن کیا کام کرنے چاہئیں؟

جواب جمعہ کے دن یہ کام کرنے چاہئیں:

(1) غسلِ جمعہ

نمازِ جمعہ سے پہلے غسل کرنا چاہئے۔ چُنانچِہ مَروی ہے کہ ''جمعہ کا غسل بال کی جڑوں سے خطائیں کھینچ لیتا ہے۔''[1]

اور ایک رِوایت میں ہے: جو جُمُعہ کے دن نہائے اُس کے گناہ اور خطائیں مٹادی جاتی ہیں اور جب وہ (مسجد کی طرف) چلنا شروع کرتا ہے تو ہر قدم پر بیس سال کا عمل لکھا جاتا ہے۔ اور جب نَماز سے فارِغ ہوتو اُسے دوسو برس کے عمل کا اَجر ملتا ہے۔[2]

(2) جمعہ کے دن زینت اختیار کرنا

جمعہ کے دن زینت اختیار کرنا چاہئے۔ یعنی لباس وجسم کی صفائی کے ساتھ ساتھ مسواک کرنا چاہئے، خوشبو لگانی چاہئے، ناخن ترشوانے چاہئیں، حَجامت بنوانی چاہئے۔ چنانچہ،

حضرتِ سیِّدُ نا سَلمان فارسی رَضِیَ اللہُ تعَالٰی عَنْہ سے مروی ہے کہ سلطانِ دوجہان، شَہَنْشاہِ کون ومکان صَلَّی اللہُ تعَالٰی عَلَیْہِ وَاٰلِہٖ وَسَلَّم کا فرمانِ عالیشان ہے: جو شخص جُمُعہ کے دن نہائے اور جس طہارت (یعنی پاکیزگی) کی استِطاعت ہو کرے اور تیل لگائے اور گھر میں جو خوشبو ہو مَلے، پھر نَماز کو نکلے اور دو شخصوں میں جُدائی نہ کرے یعنی دو شخص بیٹھے ہوئے ہوں اُنھیں ہٹا کر بیچ میں نہ بیٹھے اور جو نَماز اُس کے لئے لکھی گئی ہے پڑھے اور امام جَب خُطبہ پڑھے تو چُپ رہے اُس کے لئے اُن گناہوں کی جو اِس جُمُعہ اور دوسرے جُمُعہ کے درمیان ہیں مغفرت ہو جائیگی۔[3] مروی ہے کہ

[1] ……المعجم الکبیر، ۸/۲۵۶، حدیث: ۷۹۹۶

[2] ……المعجم الاوسط، ۲/۳۱۴، حدیث: ۳۳۹۷

[3] ……بخاری، کتاب الجمعة، باب الدهن للجمعة، ۱/۳۰۶، حدیث: ۸۸۳

”جو شخص جُمعہ کے دن اپنے ناخُن کاٹتا ہے اللہ تعالٰی اُس سے بیماری نکال کر شِفا داخل کر دیتا ہے۔“ [۱]

سوال حَجامت بنوانے اور ناخن ترشوانے کا کام جمعہ سے پہلے کرنا چاہئے یا جمعہ کے بعد؟

جواب حَجامت بنوانے اور ناخُن ترشوانے کا کام جمعہ سے پہلے بھی کیا جا سکتا ہے مگر جُمعہ کے بعد یہ کام کرنا افضل ہے۔ [۲]

(3) عمامہ شریف باندھنا

عمامہ شریف چاہئے تو یہ کہ ہر روز باندھا جائے مگر جمعہ کے دن بالخصوص عمامہ باندھنے کی فضیلت بھی مَروی ہے۔ چُنانچہ سرکارِ مدینہ، قرارِ قلب وسینہ صَلَّی اللہُ تَعَالٰی عَلَیْہِ وَاٰلِہٖ وَسَلَّم کا اِرشادِ رَحمت بُنیاد ہے: ”بے شک اللہ تعالٰی اور اس کے فِرِشتے جُمعہ کے دن عمامہ باندھنے والوں پر دُرود بھیجتے ہیں۔“ [۳]

(4) دُرودِ پاک کثرت سے پڑھنا

جمعہ کے دن دُرودِ پاک کثرت سے پڑھنا چاہئے۔ چنانچہ اللہ عَزَّوَجَلَّ کے پیارے حبیب صَلَّی اللہُ تَعَالٰی عَلَیْہِ وَاٰلِہٖ وَسَلَّم کا فرمانِ عالیشان ہے: جمعہ کے دن مجھ پر دُرود کی کثرت کرو کہ یہ دن مَشہود ہے، اس میں فرشتے حاضر ہوتے ہیں اور جو دُرود پڑھتا ہے مجھ پر پیش کیا جاتا ہے یہاں تک کہ وہ فارِغ ہو جائے۔ حضرت سیِّدُنا ابودَرداء رَضِیَ اللہُ تَعَالٰی عَنْہ فرماتے ہیں: میں نے عرض کی اور کیا آپ صَلَّی اللہُ تَعَالٰی عَلَیْہِ وَاٰلِہٖ وَسَلَّم کے وصالِ ظاہری کے بعد بھی؟ ارشاد فرمایا: ہاں اسکے بعد بھی! کیونکہ اِنَّ اللّٰہَ حَرَّمَ عَلَی الْاَرْضِ اَنْ تَاْکُلَ اَجْسَادَ الْاَنْبِیَآءِ فَنَبِیُّ اللّٰہِ حَیٌّ یُّرْزَقُ۔ یعنی اللہ عَزَّوَجَلَّ نے زمین پر انبیا کے جسم کھانا حرام کر دیا ہے، اللہ کا نبی زندہ ہے، روزی دیا جاتا ہے۔ [۴]

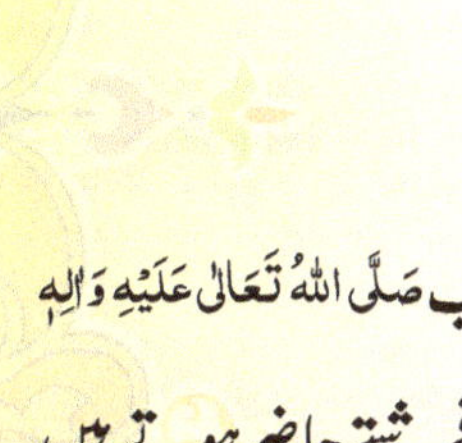

[۱] ...... المصنّف لابن ابی شیبہ، کتاب الجمعۃ، باب فی تنقیۃ الاظفار...... الخ، ۲/۶۵، حدیث: ۲

[۲] ...... درمختار، کتاب الحظر والاباحۃ، فصل فی البیع، ۹/۶۶۸

[۳] ...... مجمعُ الزوائد، کتاب الصلاۃ، باب اللباس للجمعۃ، ۲/۳۹۴، حدیث: ۳۰۷۵

[۴] ...... ابن ماجہ، کتاب الجنائز، باب ذکر وفاتہ ودفنہ صلی اللہ علیہ وسلم، ۲/۲۹۱، حدیث: ۱۶۳۷

(5) جامع مسجد کی طرف جلدی جانا

جس قدر ممکن ہو جامع مسجد کی طرف جلد جانے کی کوشش کرے۔ چُنانچہ،

سرکارِ مدینہ صَلَّی اللّٰہُ تَعَالٰی عَلَیْہِ وَاٰلِہٖ وَسَلَّم کا فرمانِ باقرینہ ہے: ''جب جُمُعہ کا دن آتا ہے تو مسجِد کے ہر دروازے پر فِرِشتے آنے والے کو لکھتے ہیں، جو پہلے آئے اس کو پہلے لکھتے ہیں، جلدی آنے والا اُس شخص کی طرح ہے جو اللہ تعالٰی کی راہ میں ایک اونٹ صَدَقہ کرتا ہے اور اس کے بعد آنے والا اُس شخص کی طرح ہے جو ایک گائے صَدَقہ کرتا ہے، اس کے بعد والا اُس شخص کی مِثل ہے جو مَینڈھا صَدَقہ کرے، پھر اِس کی مِثل ہے جو مُرغی صَدَقہ کرے، پھر اس کی مِثل ہے جو اَنڈا صَدَقہ کرے اور جب امام (خُطبہ کے لیے) بیٹھ جاتا ہے تو وہ اعمال ناموں کو لپیٹ لیتے ہیں اور آکر خُطبہ سنتے ہیں۔'' (1)

پہلی صَدی میں جمعہ کا جذبہ

حُجَّۃُ الاسلام حضرتِ سیِّدُنا امام محمد غَزَالی عَلَیْہِ رَحمَۃُ اللّٰہِ الْوَالِی فرماتے ہیں: ''پہلی صَدی میں سَحَری کے وقت اور فجر کے بعد راستوں کو لوگوں سے بھرا ہوا دیکھا جاتا تھا، وہ چَراغ لیے ہوئے (نمازِ جُمعہ کیلئے) جامع مسجِد کی طرف جاتے گویا عید کا دن ہو، حتّٰی کہ یہ سلسلہ ختم ہوگیا۔ پس منقول ہے کہ اسلام میں جو پہلی بِدعت ظاہر ہوئی وہ جامع مسجِد کی طرف جلدی جانے کو چھوڑنا ہے۔ (2)

(6) جامع مسجد میں ٹھہرنا

حُجَّۃُ الْاسلام حضرتِ سیِّدُنا امام محمد غزالی عَلَیْہِ رَحمَۃُ اللّٰہِ الْوَالِی فرماتے ہیں: (نمازِ جُمعہ کے بعد) عَصر کی نماز پڑھنے تک مسجِد ہی میں رہے اور اگر نمازِ مغرِب تک ٹھہرے تو افضل ہے، منقول ہے

---

[1] ...... بخاری، کتاب الجمعۃ، باب الاستماع ......الخ، ۱/۳۱۹، حدیث: ۹۲۹

[2] ...... احیاء العلوم، کتاب اسرار الصلاۃ ومہماتھا، الباب الخامس، ۱/۲۴۶

کہ جس نے جامع مسجِد میں (جُمعہ ادا کرنے کے بعد وہیں رُک کر) نمازِ عصر پڑھی اُس کیلئے حج کا ثواب ہے اور جس نے (وہیں رُک کر) مغرِب کی نماز پڑھی اسکے لئے حج اور عمرے کا ثواب ہے۔ [1]

(7) قبروں پر حاضری دینا

بہارِ شریعت میں ہے: جمعہ کے دن روحیں جمع ہوتی ہیں، لہٰذا اس میں زیارتِ قُبور کرنی چاہئے اور اس روز جہنم کو (بھی) نہیں بھڑکایا جاتا۔ [2]

سوال جمعہ کے دن زیارتِ قبور کا افضل وقت کونسا ہے؟

جواب جمعہ کے دن زیارتِ قبور کا افضل وقت نمازِ فجر کے بعد کا ہے۔ [3]

والدین کی قبر کی زیارت کا ثواب

سوال اگر کسی کے ماں باپ دونوں یا کوئی ایک فوت ہو چکا ہو تو کیا جمعہ کے دن ان کی قبر کی زیارت کرنے کے متعلق کوئی رِوایت مَروی ہے؟

جواب جی ہاں! اگر کسی کے ماں باپ دونوں یا کوئی ایک فوت ہو چکا ہو تو جمعہ کے دن ان کی قبر کی زیارت کرنے کے متعلّق کئی رِوایات مَروی ہیں۔ چُنانچہ ذیل میں تین روایات پیشِ خدمت ہیں:

- ...... جو اپنے ماں باپ دونوں یا ایک کی قَبْر پر ہر جُمعہ کے دن زِیارت کو حاضِر ہو، اللہ تعالیٰ اُس کے گناہ بخش دیتا ہے اور اسے ماں باپ کے ساتھ اچّھا برتاؤ کرنے والا لکھ لیا جاتا ہے۔ [4]
- ...... پیر اور جُمعرات کو اللہ عَزَّوَجَلَّ کے حضور اَعمال پیش ہوتے ہیں اور انبیائے کرام عَلَیْہِمُ الصَّلٰوۃُ وَالسَّلَام اور ماں باپ

---

[1] ...... احیاء العلوم، کتاب اسرار الصلاۃ ومھماتھا، الباب الخامس، ۱/ ۲۴۹

[2] ...... بہارِ شریعت، جمعہ کا بیان، ۱/ ۷۷۴

[3] ...... فتاویٰ رضویہ، ۹/ ۵۲۳ بتغیر

[4] ...... نوادر الاصول للترمذی، ص ۲۴

کے سامنے ہر **جُمُعہ** کو، وہ نیکیوں پر خُوش ہوتے ہیں اور ان کے چہروں کی صفائی اور چمک دمک بڑھ جاتی ہے، لہٰذا **اللّٰہ** سے ڈرو اور اپنے وفات پانے والوں کو اپنے گُناہوں سے دکھ نہ پہنچاؤ۔ (۱)

۞......جو ہر **جُمُعہ** والِدَین یا ایک کی زیارتِ **قَبْر** کرکے وہاں سورۂ **یٰسین** پڑھے تو اس سورت میں جتنے حَرف ہیں ان سب کی گنتی کے برابر **اللّٰہ** تعالیٰ اس کے لئے مَغفِرت فرمائے۔ (۲)

معلوم ہوا **جُمُعہ** شریف کو فوت شدہ والِدَین یا ان میں سے ایک کی **قَبْر** پر حاضِر ہو کر **یٰسین** شریف پڑھنے والے کا تو بیڑا ہی پار ہے۔ **اَلْحَمْدُ لِلّٰہ** عَزَّوَجَلَّ سورۂ **یٰسین** میں 5 رکوع 83 آیات 729 کلمات اور 3000 حروف ہیں، اگر **اللّٰہ** عَزَّوَجَلَّ کے نزدیک ہماری یہ گنتی دُرُست ہے تو **اِنْ شَآءَ اللّٰہ** عَزَّوَجَلَّ تین ہزار مغفرتوں کا ثواب ملے گا۔

(8) سورۂ کہف کی فضیلت

حضرتِ سیِّدُنا ابنِ عمر رَضِیَ اللّٰہُ تَعَالٰی عَنْہُمَا سے مَروی ہے کہ **شفیعِ اُمت** صَلَّی اللّٰہُ تَعَالٰی عَلَیْہِ وَاٰلِہٖ وَسَلَّم کا فرمانِ باعظمت ہے: ''جو شخص جمعہ کے روز سورۂ کہف پڑھے گا اس کے قدم سے آسمان تک نور بلند ہو گا جو قیامت کو اس کے لیے روشن ہو گا اور دو جمعوں کے درمیان جو گناہ ہوئے ہیں بخش دیئے جائیں گے۔'' (۳) اور ایک روایت میں ہے: ''جو شخص بروز جمعہ سورۂ کہف پڑھے اس کے لیے دونوں جمعوں کے درمیان نور روشن ہو گا۔'' (۴)

(9) جمعہ کے پانچ خصوصی اعمال

رسولِ اَکرم، شاہِ بنی آدم صَلَّی اللّٰہُ تَعَالٰی عَلَیْہِ وَاٰلِہٖ وَسَلَّم کا فرمانِ معظم ہے: ''پانچ چیزیں جو ایک دن میں کرے گا **اللّٰہ** عَزَّوَجَلَّ اس کو جنتی لکھ دے گا: (۱) جو مریض کی عیادت کو جائے (۲) نمازِ جنازہ میں حاضر ہو (۳) روزہ رکھے

۱......نوادر الاصول للترمذی، ص ۲۱۳

۲......اتحاف السادۃ المتقین، ۱۰/۳۶۳

۳......الترغیب والترھیب، کتاب الجمعۃ، الترغیب فی قراءۃ سورۃ الکھف......الخ، ۱/۲۹۸، حدیث: ۲

۴......المرجع السابق، ص ۲۹۷، حدیث: ۱

(۴) نمازِ جمعہ کو جائے اور (۵) غلام آزاد کرے۔ "[1]

شرائطِ جُمُعہ

جُمُعہ واجب ہونے کے لئے گیارہ شرطیں ہیں، ان میں سے ایک بھی کم ہو تو فرض نہیں، پھر بھی اگر کوئی پڑھ لے تو ہو جائے گا بلکہ عاقِل بالِغ مرد کے لئے **جُمُعہ** پڑھنا افضل ہے۔ نابالِغ نے **جُمُعہ** پڑھا تو نَفْل ہے کہ اس پر نماز فرض ہی نہیں۔ [2]

"یاغوثَ الاعظم" کے 11 حُروف کی نسبت سے جمعہ کی ادائیگی فرض ہونے کی گیارہ شرائط

(۱) شہر میں مُقیم ہونا (۲) صِحّت یعنی مریض پر **جُمُعہ** فرض نہیں مریض سے مُراد وہ ہے کہ جامع مسجد تک نہ جاسکتا ہو یا چلا تو جائے گا مگر مرض بڑھ جائے گا یا دیر میں اچھا ہوگا۔ شیخِ فانی [3] مریض کے حُکم میں ہے (۳) آزاد ہونا، غلام پر **جُمُعہ** فرض نہیں اور اُس کا آقا مَنع کرسکتا ہے (۴) مرد ہونا (۵) بالِغ ہونا (۶) عاقِل ہونا۔ یہ دونوں شرطیں یعنی عاقل و بالغ ہونا خاص **جُمُعہ** کے لیے نہیں بلکہ ہر عبادت کے واجِب ہونے میں شَرط ہیں (۷) انکھیارا ہونا (۸) چلنے پر قادِر ہونا (۹) قَید میں نہ ہونا (۱۰) بادشاہ یا چور وغیرہ کسی ظالم کا خوف نہ ہونا (۱۱) بارش یا آندھی یا اَولے یا سردی کا نہ ہونا یعنی اِس قدَر کہ ان سے نقصان کا خوفِ صحیح ہو۔ [4] جن پر نَماز فرض ہے مگر کسی شَرْعی عُذْر کے سبب جُمُعہ فرض نہیں، اُن کو جُمُعہ کے روز ظہر مُعاف نہیں ہے وہ تو پڑھنی ہی ہوگی۔

---

[1] ……الاحسان بترتیب صحیح ابن حبان، کتاب الصلاۃ، باب صلوۃ الجمعۃ، ۴/۱۹۱، حدیث: ۲۷۶۰

[2] ……نماز کے احکام، ص ۴۲۴

[3] ……شیخِ فانی: وہ بوڑھا جس کی عمر ایسی ہوگئی کہ اب روز بروز کمزور ہی ہوتا جائے گا جب وہ روزہ رکھنے سے عاجِز ہو یعنی نہ اب رکھ سکتا ہے نہ آئندہ اس میں اتنی طاقت آنے کی اُمید ہے کہ روزہ رکھ سکے گا (تو شیخ فانی ہے)۔ (بہارِ شریعت، اصطلاحات، ۱/۵۵)

[4] ……درمختار وردالمحتار، کتاب الصلاۃ، باب الجمعۃ، مطلب فی شروط……الخ، ۳/۳۰ تا ۳۳

خطبہ کے متعلق چند مفید باتیں

جو جُمُعہ کے دن کلام کرے جبکہ امام خُطبہ دے رہا ہوتو اس کی مثال اُس گدھے جیسی ہے جو بوجھ اُٹھائے ہو اور اُس وقت جو کوئی اپنے ساتھی سے یہ کہے کہ ''چپ رہو'' تو اُسے جُمُعہ کا ثواب نہ ملے گا۔[1]

خطبہ سننا واجب ہے

جو چیزیں نَماز میں حرام ہیں مَثَلاً کھانا پینا، سلام و جواب وغیرہ یہ سب خُطبہ کی حالت میں بھی حرام ہیں یہاں تک کہ نیکی کی دعوت دینا بھی۔ ہاں خطیب نیکی کی دعوت دے سکتا ہے۔ جب خُطبہ پڑھے تو تمام حاضِرین پر سننا اور چُپ رہنا واجب ہے، جو لوگ امام سے دُور ہوں کہ خُطبہ کی آواز ان تک نہیں پہنچتی اُنہیں بھی چُپ رہنا واجب ہے اگر کسی کو بُری بات کرتے دیکھیں تو ہاتھ یا سر کے اشارے سے مَنع کر سکتے ہیں زبان سے ناجائز ہے۔[2]

خطبہ سننے والا دُرُود شریف نہیں پڑھ سکتا

سرکارِ مدینہ صَلَّی اللہُ تَعَالٰی عَلَیْہِ وَاٰلِہٖ وَسَلَّم کا نامِ پاک خطیب نے لیا تو دِل میں دُرُود شریف پڑھیں کیونکہ اس وقت زَبان سے پڑھنے کی اجازت نہیں، یونہی صَحابۂ کرام عَلَیْہِمُ الرِّضْوَان کے ذِکرِ پاک پر اُس وقت رَضِیَ اللہُ تَعَالٰی عَنْہُم زَبان سے کہنے کی اجازت نہیں۔[3]

خطبہ سے پہلے کا اعلان

آج کل علمِ دین سے دوری کا دَور ہے، لوگ دیگر عبادات کی طرح خُطبہ سُننے جیسی عظیم عبادت میں بھی غلطیاں کر کے کئی گناہوں کا اِرتِکاب کرتے ہیں، لہٰذا مَدَنی اِلتجا ہے کہ ڈھیروں نیکیاں کمانے کیلئے ہر جُمُعہ کو خطیب قَبل ازاذانِ خُطبہ منبر پر بیٹھنے سے پہلے یہ اعلان کرے:

---

[1] ......مسند احمد، ۱/۴۹۴، حدیث: ۲۰۳۳

[2] ......درمختار، کتاب الصلاۃ، باب الجمعۃ، ۳/۳۹

[3] ......المرجع السابق، ص ۴۰، ۴۱ ملتقطاً

’’بِسمِ اللّٰہ‘‘ کے سات حُرُوف کی نِسبت سے خُطبہ کے 7 مَدَنی پھول

{1}...... حدیثِ پاک میں ہے: ’’جس نے جُمُعہ کے دن لوگوں کی گردنیں پھلانگیں اُس نے جہنَّم کی طرف پُل بنایا۔‘‘ [1] اس کے ایک معنیٰ یہ ہیں کہ اس پر چڑھ چڑھ کر لوگ جہنَّم میں داخِل ہوں گے۔

{2}...... خطیب کی طرف منہ کرکے بیٹھنا سنّتِ صَحابہ ہے۔ [2]

{3}...... بُزرگانِ دین رَحِمَهُمُ اللهُ الْمُبِیْن فرماتے ہیں: دو زانو بیٹھ کر خُطبہ سنے، پہلے خُطبہ میں ہاتھ باندھے، دوسرے میں زانو پر رکھے تو اِنْ شَآءَ اللّٰہ عَزَّوَجَلَّ دو رَکعت کا ثواب ملے گا۔ [3]

{4}...... اعلیٰ حضرت عَلَیْہِ رَحمَۃُ رَبِّ الْعِزَّت فرماتے ہیں: ’’خطبے میں حُضُورِ اقدس صَلَّی اللّٰہُ تَعَالٰی عَلَیْہِ وَاٰلِہٖ وَسَلَّم کا نامِ پاک سُن کر دل میں دُرُود پڑھیں کہ زَبان سے سُکوت (یعنی خاموشی) فرض ہے۔‘‘ [4]

{5}...... دُرِّمختار میں ہے: خطبہ میں کھانا پینا، کلام کرنا اگرچہ سُبْحٰنَ اللّٰہ کہنا، سلام کا جواب دینا یا نیکی کی بات بتانا حرام ہے۔ [5]

{6}...... اعلیٰ حضرت عَلَیْہِ رَحمَۃُ رَبِّ الْعِزَّت فرماتے ہیں: بحالتِ خُطبہ چلنا حرام ہے۔ یہاں تک عُلَمائے کرام فرماتے ہیں کہ اگر ایسے وقت آیا کہ خطبہ شُروع ہو گیا تو مسجِد میں جہاں تک پہنچا وہیں رُک جائے، آگے نہ بڑھے کہ یہ عمل ہو گا اور حالِ خطبہ میں کوئی عمل رَوا (یعنی جائز) نہیں۔ [6]

{7}...... اعلیٰ حضرت عَلَیْہِ رَحمَۃُ رَبِّ الْعِزَّت فرماتے ہیں: ’’خطبہ میں کسی طرف گردن پھیر کر دیکھنا (بھی) حرام ہے۔‘‘ [7]

---

[1] ...... ترمذی، کتاب الجمعۃ، باب ماجاء فی کراھیۃ ...... الخ، ۲/۴۸، حدیث: ۵۱۳

[2] ...... مشکاۃ المصابیح، ص ۲۳۱ مطبوعہ باب المدینہ (کراچی)

[3] ...... مراۃ المناجیح، ۲/۳۳۸

[4] ...... فتاویٰ رضویہ، ۸/ ۳۶۵

[5] ...... درمختار، کتاب الصلاۃ، باب الجمعۃ، ۳/۳۹

[6] ...... فتاویٰ رضویہ، ۸/۳۳۴ ماخوذاً

[7] ...... المرجع السابق

خطبۂ جُمُعَہ

جمعہ کا پہلا خطبہ

اَلْحَمْدُ لِلّٰہِ الَّذِیْ فَضَّلَ سَیِّدَنَا وَمَوْلَانَا مُحَمَّدًا صَلَّی اللّٰہُ تَعَالٰی عَلَیْہِ وَسَلَّمَ عَلَی الْعٰلَمِیْنَ جَمِیْعًا ط وَاَقَامَہٗ یَوْمَ الْقِیٰمَۃِ لِلْمُذْنِبِیْنَ الْمُتَلَوِّثِیْنَ الْخَطَّآئِیْنَ الْھَالِکِیْنَ شَفِیْعًا ط فَصَلَّی اللّٰہُ تَعَالٰی وَسَلَّمَ وَبَارَکَ عَلَیْہِ ط وَعَلٰی کُلِّ مَنْ ھُوَ مَحْبُوْبٌ وَّمَرْضِیٌّ لَّدَیْہِ صَلٰوۃً تَبْقٰی وَتَدُوْمُ بِدَوَامِ الْمَلِکِ الْحَیِّ الْقَیُّوْمِ ط وَاَشْھَدُ اَنْ لَّآ اِلٰہَ اِلَّا اللّٰہُ وَحْدَہٗ لَا شَرِیْکَ لَہٗ ط وَاَشْھَدُ اَنَّ سَیِّدَنَا وَمَوْلَانَا مُحَمَّدًا عَبْدُہٗ وَرَسُوْلُہٗ ط بِالْھُدٰی وَدِیْنِ الْحَقِّ اَرْسَلَہٗ ط صَلَّی اللّٰہُ تَعَالٰی عَلَیْہِ وَعَلٰی اٰلِہٖ وَصَحْبِہٖ اَجْمَعِیْنَ وَبَارَکَ وَسَلَّمَ ط اَمَّا بَعْدُ! فَیَآ اَیُّھَا الْمُؤْمِنُوْنَ ط رَحِمَنَا وَرَحِمَکُمُ اللّٰہُ تَعَالٰی ط اُوْصِیْکُمْ وَنَفْسِیْ بِتَقْوَی اللّٰہِ عَزَّوَجَلَّ فِی السِّرِّ وَالْاِعْلَانِ ط فَاِنَّ التَّقْوٰی سَنَامُ ذُرَی الْاِیْمَانِ ط وَاذْکُرُوا اللّٰہَ عِنْدَ کُلِّ شَجَرٍ وَّحَجَرٍ ط وَاعْلَمُوْٓا اَنَّ اللّٰہَ بِمَا تَعْمَلُوْنَ بَصِیْرٌ ط وَاَنَّ اللّٰہَ لَیْسَ بِغَافِلٍ عَمَّا تَعْمَلُوْنَ ط وَاقْتَفُوْٓا اٰثَارَ سُنَنِ سَیِّدِ الْمُرْسَلِیْنَ ط صَلَوَاتُ اللّٰہِ تَعَالٰی وَسَلَامُہٗ عَلَیْہِ وَعَلَیْھِمْ اَجْمَعِیْنَ ط فَاِنَّ السُّنَنَ ھِیَ الْاَنْوَارُ وَزَیِّنُوْا قُلُوْبَکُمْ بِحُبِّ ھٰذَا النَّبِیِّ الْکَرِیْمِ ط عَلَیْہِ وَعَلٰی اٰلِہٖ اَفْضَلُ الصَّلٰوۃِ وَالتَّسْلِیْمِ فَاِنَّ الْحُبَّ ھُوَ الْاِیْمَانُ کُلُّہٗ ط اَلَا لَآ اِیْمَانَ لِمَنْ لَّا مَحَبَّۃَ لَہٗ ط اَلَا لَآ اِیْمَانَ لِمَنْ لَّا مَحَبَّۃَ لَہٗ ط اَلَا لَآ اِیْمَانَ لِمَنْ لَّا مَحَبَّۃَ لَہٗ ط رَزَقَنَا اللّٰہُ تَعَالٰی وَاِیَّاکُمْ حُبَّ حَبِیْبِہٖ ھٰذَا النَّبِیِّ الْکَرِیْمِ ط عَلَیْہِ وَعَلٰی اٰلِہٖ اَکْرَمُ الصَّلٰوۃِ وَالتَّسْلِیْمِ ط کَمَا یُحِبُّ رَبُّنَا وَیَرْضٰی ط وَاسْتَعْمَلَنَا وَاِیَّاکُمْ بِسُنَّتِہٖ ط وَحَیَّانَا وَاِیَّاکُمْ عَلٰی مَحَبَّتِہٖ ط وَتَوَفَّانَا وَاِیَّاکُمْ عَلٰی مِلَّتِہٖ ط وَحَشَرَنَا وَاِیَّاکُمْ فِیْ زُمْرَتِہٖ ط وَسَقَانَا وَاِیَّاکُمْ مِنْ شَرْبَتِہٖ ط شَرَابًا ھَنِیْئًا مَّرِیْئًا سَآئِغًا لَّا نَظْمَأُ بَعْدَہٗ اَبَدًا ط وَاَدْخَلَنَا وَاِیَّاکُمْ فِیْ جَنَّتِہٖ ط بِمَنِّہٖ وَرَحْمَتِہٖ

وَ كَرَمِهٖ وَرَأْفَتِهٖ ط اِنَّهٗ هُوَ الرَّءُوْفُ الرَّحِيْمُ ط عَنِ النَّبِيِّ صَلَّى اللّٰهُ تَعَالٰى عَلَيْهِ وَسَلَّمَ ط اَلْبِرُّ لَا يَبْلٰى وَالذَّنْبُ لَا يُنْسٰى وَالدَّيَّانُ لَا يَمُوْتُ ط اِعْمَلْ مَاشِئْتَ كَمَا تَدِيْنُ تُدَانُ ط اَعُوْذُ بِاللّٰهِ مِنَ الشَّيْطٰنِ الرَّجِيْمِ ط ﴿فَمَنْ يَّعْمَلْ مِثْقَالَ ذَرَّةٍ خَيْرًا يَّرَهٗ ۝٧ وَ مَنْ يَّعْمَلْ مِثْقَالَ ذَرَّةٍ شَرًّا يَّرَهٗ ۝٨﴾ بَارَكَ اللّٰهُ لَنَا وَلَكُمْ فِي الْقُرْاٰنِ الْعَظِيْمِ ط وَنَفَعَنَا وَاِيَّاكُمْ بِالْاٰيَاتِ وَالذِّكْرِ الْحَكِيْمِ ط اِنَّهٗ تَعَالٰى مَلِكٌ كَرِيْمٌ ط جَوَادٌ بَرٌّ رَّءُوْفٌ رَّحِيْمٌ ط اَقُوْلُ قَوْلِيْ هٰذَا ط وَاَسْتَغْفِرُ اللّٰهَ لِيْ وَلَكُمْ وَلِسَائِرِ الْمُؤْمِنِيْنَ وَالْمُؤْمِنٰتِ ط اِنَّهٗ هُوَ الْغَفُوْرُ الرَّحِيْمُ ط

جمعہ کا دوسرا خطبہ

اَلْحَمْدُ لِلّٰهِ نَحْمَدُهٗ وَنَسْتَعِيْنُهٗ وَنَسْتَغْفِرُهٗ وَنُؤْمِنُ بِهٖ وَنَتَوَكَّلُ عَلَيْهِ ط وَنَعُوْذُ بِاللّٰهِ مِنْ شُرُوْرِ اَنْفُسِنَا وَمِنْ سَيِّاٰتِ اَعْمَالِنَا ط مَنْ يَّهْدِهِ اللّٰهُ فَلَا مُضِلَّ لَهٗ وَمَنْ يُّضْلِلْهُ فَلَا هَادِيَ لَهٗ وَنَشْهَدُ اَنْ لَّا اِلٰهَ اِلَّا اللّٰهُ وَحْدَهٗ لَا شَرِيْكَ لَهٗ ط وَنَشْهَدُ اَنَّ سَيِّدَنَا وَمَوْلَانَا مُحَمَّدًا عَبْدُهٗ وَرَسُوْلُهٗ ط بِالْهُدٰى وَدِيْنِ الْحَقِّ اَرْسَلَهٗ ط صَلَّى اللّٰهُ تَعَالٰى عَلَيْهِ وَعَلٰى اٰلِهٖ وَاَصْحَابِهٖ اَجْمَعِيْنَ وَ بَارَكَ وَسَلَّمَ اَبَدًا ط لَا سِيَّمَا عَلٰى اَوَّلِهِمْ بِالتَّصْدِيْقِ ط وَاَفْضَلِهِمْ بِالتَّحْقِيْقِ ط اَلْمَوْلَى الْاِمَامِ الصِّدِّيْقِ ط اَمِيْرِ الْمُؤْمِنِيْنَ وَاِمَامِ الْمُشَاهِدِيْنَ لِرَبِّ الْعٰلَمِيْنَ ط سَيِّدِنَا وَمَوْلَانَا الْاِمَامِ ط اَبِيْ بَكْرِ الصِّدِّيْقِ ط رَضِيَ اللّٰهُ تَعَالٰى عَنْهُ ط وَعَلٰى اَعْدَلِ الْاَصْحَابِ ط مُزَيِّنِ الْمِنْبَرِ وَالْمِحْرَابِ ط اَلْمُوَافِقِ رَاْيُهٗ لِلْوَحْيِ وَالْكِتَابِ ط سَيِّدِنَا وَمَوْلَانَا الْاِمَامِ ط اَمِيْرِ الْمُؤْمِنِيْنَ وَغَيْظِ الْمُنَافِقِيْنَ ط اِمَامِ الْمُجَاهِدِيْنَ فِيْ رَبِّ الْعٰلَمِيْنَ ط اَبِيْ حَفْصٍ عُمَرَ بْنِ الْخَطَّابِ ط رَضِيَ اللّٰهُ تَعَالٰى عَنْهُ ط وَعَلٰى جَامِعِ الْقُرْاٰنِ كَامِلِ الْحَيَاءِ وَالْاِيْمَانِ ط مُجَهِّزِ جَيْشِ الْعُسْرَةِ فِيْ

رِضَى الرَّحْمٰنِ ۔ سَيِّدِنَا وَمَوْلٰنَا الْاِمَامِ ۔ اَمِيْرِ الْمُؤْمِنِيْنَ وَاِمَامِ الْمُتَصَدِّقِيْنَ لِرَبِّ الْعٰلَمِيْنَ ۔ اَبِيْ عَمْرٍو عُثْمَانَ بْنِ عَفَّانَ ۔ رَضِيَ اللهُ تَعَالٰى عَنْهُ ۔ وَعَلٰى اَسَدِ اللهِ الْغَالِبِ ۔ اِمَامِ الْمَشَارِقِ وَالْمَغَارِبِ ۔ حَلَّالِ الْمُشْكِلَاتِ وَالنَّوَآئِبِ ۔ دَفَّاعِ الْمُعْضِلَاتِ وَالْمَصَآئِبِ ۔ اَخِ الرَّسُوْلِ وَزَوْجِ الْبَتُوْلِ ۔ سَيِّدِنَا وَمَوْلٰنَا الْاِمَامِ ۔ اَمِيْرِ الْمُؤْمِنِيْنَ وَاِمَامِ الْوَاصِلِيْنَ اِلٰى رَبِّ الْعٰلَمِيْنَ ۔ اَبِي الْحَسَنِ عَلِيِّ بْنِ اَبِيْ طَالِبٍ ۔ كَرَّمَ اللهُ تَعَالٰى وَجْهَهُ الْكَرِيْمِ ۔ وَعَلٰى ابْنَيْهِ الْكَرِيْمَيْنِ السَّعِيْدَيْنِ الشَّهِيْدَيْنِ ۔ اَلْقَمَرَيْنِ الْمُنِيْرَيْنِ النَّيِّرَيْنِ ۔ اَلزَّاهِرَيْنِ الْبَاهِرَيْنِ الطَّيِّبَيْنِ الطَّاهِرَيْنِ ۔ سَيِّدَيْنَا اَبِيْ مُحَمَّدِ ِالْحَسَنِ وَاَبِيْ عَبْدِ اللهِ الْحُسَيْنِ ۔ رَضِيَ اللهُ تَعَالٰى عَنْهُمَا ۔ وَعَلٰى اُمِّهِمَا سَيِّدَةِ النِّسَاءِ ۔ اَلْبَتُوْلِ الزَّهْرَآءِ ۔ فِلْذَةِ كَبِدِ خَيْرِ الْاَنْبِيَآءِ ۔ صَلَوَاتُ اللهِ تَعَالٰى وَسَلَامُهٗ عَلٰى اَبِيْهَا الْكَرِيْمِ ۔ وَعَلَيْهَا وَعَلٰى بَعْلِهَا وَابْنَيْهَا ۔ وَعَلٰى عَمَّيْهِ الشَّرِيْفَيْنِ الْمُطَهَّرَيْنِ مِنَ الْاَدْنَاسِ ۔ سَيِّدَيْنَا اَبِيْ عُمَارَةَ حَمْزَةَ وَاَبِي الْفَضْلِ الْعَبَّاسِ ۔ رَضِيَ اللهُ تَعَالٰى عَنْهُمَا ۔ وَعَلٰى سَآئِرِ فِرَقِ الْاَنْصَارِ وَالْمُهَاجِرَةِ ۔ وَعَلَيْنَا مَعَهُمْ يَا اَهْلَ التَّقْوٰى وَاَهْلَ الْمَغْفِرَةِ ۔ اَللّٰهُمَّ انْصُرْ مَنْ نَّصَرَ دِيْنَ سَيِّدِنَا وَمَوْلٰنَا مُحَمَّدٍ صَلَّى اللهُ تَعَالٰى عَلَيْهِ وَعَلٰى اٰلِهٖ وَصَحْبِهٖ اَجْمَعِيْنَ وَبَارَكَ وَسَلَّمَ ۔ رَبَّنَا يَا مَوْلٰنَا وَاجْعَلْنَا مِنْهُمْ وَاخْذُلْ مَنْ خَذَلَ دِيْنَ سَيِّدِنَا وَمَوْلٰنَا مُحَمَّدٍ صَلَّى اللهُ تَعَالٰى عَلَيْهِ وَعَلٰى اٰلِهٖ وَصَحْبِهٖ اَجْمَعِيْنَ وَبَارَكَ وَسَلَّمَ ۔ رَبَّنَا يَا مَوْلٰنَا وَلَا تَجْعَلْنَا مِنْهُمْ ۔ عِبَادَ اللهِ رَحِمَكُمُ اللهُ ۔ اِنَّ اللهَ يَاْمُرُ بِالْعَدْلِ وَالْاِحْسَانِ وَاِيْتَآئِ ذِي الْقُرْبٰى وَيَنْهٰى عَنِ الْفَحْشَآءِ وَالْمُنْكَرِ وَالْبَغْيِ ۚ يَعِظُكُمْ لَعَلَّكُمْ تَذَكَّرُوْنَ ۔ وَلَذِكْرُ اللهِ تَعَالٰى اَعْلٰى وَاَوْلٰى وَاَجَلُّ وَاَعَزُّ وَاَتَمُّ وَاَهَمُّ وَاَعْظَمُ وَاَكْبَرُ ۔

مسلمانوں کی عیدیں

سوال: سال میں کتنی عیدیں ہیں؟

جواب: سال میں دو عیدیں ہیں یعنی عیدالفطر اور عیدُالاَضحیٰ۔

سوال: یہ دونوں عیدیں کب اور کن مہینوں میں منائی جاتی ہیں؟

جواب: **عیدالفطر** ماہِ رمضان المبارک کے ختم ہونے کے بعد یکم شوّالُ المکرم کو منائی جاتی ہے اور **عیدالاضحیٰ** ماہِ ذوالحجۃ الحرام کی دس تاریخ کو منائی جاتی ہے۔

سوال: ان دونوں عیدوں پر مسلمان کیا کرتے ہیں؟

جواب: ان دونوں عیدوں پر مسلمان خوشیاں مناتے ہیں۔ مثلاً

......**عیدالفطر** کو میٹھی عید بھی کہتے ہیں اس دن رنگ برنگے کھانے پکائے جاتے ہیں، نمازِ عید پڑھنے سے پہلے غریبوں کو اپنی خوشیوں میں شریک کرنے کے لیے فِطْرانہ دیا جاتا ہے۔

......**عیدالاضحیٰ** کو عید قربان اور بَقَر عید بھی کہتے ہیں، اس موقع پر نمازِ عید کے بعد راہِ خدا میں جانوروں کی قربانیاں پیش کی جاتی ہیں۔

سوال: کیا ان دونوں عیدوں کے علاوہ بھی کسی دن کو عید کہا گیا ہے؟

جواب: جی ہاں! جمعہ کے دن کو بھی **عید کا دن** کہا گیا ہے۔

عیدوں کی عید

سوال: کیا ان عیدوں کے علاوہ بھی کوئی دن ایسا ہے جس میں مسلمان خوشیاں مناتے ہیں؟

جواب: جی ہاں! ان دو عیدوں کے علاوہ ماہِ ربیعُ الاوّل کی بارہ تاریخ کو بھی مسلمان خوب خوشیاں مناتے ہیں، کیونکہ اس دن **اللہ** عَزَّوَجَلَّ کے پیارے حبیب صَلَّی اللہُ تَعَالٰی عَلَیْہِ وَاٰلِہٖ وَسَلَّم صبحِ صادِق کے وقت اس جہاں

میں فضل ورحمت بن کر تشریف لائے۔ لہٰذا بارہ ربیعُ الاوّل کا دن مسلمانوں کے لئے عیدوں کی بھی عید ہے اس لیے کہ اگر آپ صَلَّی اللّٰہُ تَعَالٰی عَلَیْہِ وَاٰلِہٖ وَسَلَّم جہاں میں شاہِ بحر وبَر بن کر جلوہ گر نہ ہوتے تو کوئی عید، عید ہوتی نہ کوئی شب، شبِ بَرَاءَت۔ بلاشبہ کون ومکان کی تمام تر رونق وشان اس جانِ جہان، محبوبِ رَحمٰن صَلَّی اللّٰہُ تَعَالٰی عَلَیْہِ وَاٰلِہٖ وَسَلَّم کے قدموں کی دُھول کا صَدقہ ہے۔

وہ جو نہ تھے تو کچھ نہ تھا وہ جو نہ ہوں تو کچھ نہ ہو
جان ہیں وہ جہان کی جان ہے تو جہان ہے[1]

سوال عید میلاد کے موقع پر مسلمان کیا کرتے ہیں؟

جواب عید میلاد کے موقع پر مسلمان گھروں کو ماہِ ربیع الاوّل کی آمد کے ساتھ ہی جھنڈوں اور چراغاں وغیرہ سے خوب سجاتے ہیں، پھر بارہ تاریخ کو میلاد کی خوشی میں جلسے جلوسوں کا خوب اہتمام کرتے ہیں جن میں جھوم جھوم کر نعتیں پڑھی جاتی ہیں اور درودیوار "سرکار کی آمد مرحبا" کے پُرکیف نعروں سے گونج اُٹھتے ہیں۔

عِیدَین کی نمازیں

سوال کیا عیدین کی نماز پڑھنا فرض ہے؟

جواب جی نہیں! عیدین کی نماز پڑھنا فرض نہیں بلکہ واجِب ہے۔

سوال کیا عیدین کی نماز پڑھنا تمام مسلمانوں پر واجب ہے؟

جواب جی نہیں! عیدین کی نماز پڑھنا سب پر واجب نہیں بلکہ صرف ان لوگوں پر واجب جن پر جمعہ واجب ہے۔

سوال کیا نمازِ جمعہ کی ادائیگی کی طرح نمازِ عیدین کی ادائیگی کی بھی کچھ شرائط ہیں؟

جواب جی ہاں! نمازِ جمعہ کی ادائیگی کی طرح نمازِ عیدین کی ادائیگی کی بھی شرائط ہیں اور یہ وہی شرطیں ہیں جو جمعہ کے لیے ہیں۔

---

[1] ...... حدائق بخشش، ص ١٧٨

نمازِ عیدین و نمازِ جمعہ میں فرق

سوال کیا نمازِ جُمُعہ اور نمازِ عیدین کی ادائیگی میں کوئی فرق ہے؟

جواب جی ہاں! نمازِ جمعہ اور نمازِ عیدین کی ادائیگی میں بنیادی طور پر تین فرق ہیں:

- ...... جمعہ میں خطبہ شرط ہے اور عیدین میں سنّت۔ اگر جمعہ میں خطبہ نہ پڑھا تو جمعہ نہ ہوا اور عیدین میں نہ پڑھا تو نماز ہوگئی مگر بُرا کیا۔
- ...... جمعہ کا خُطبہ نماز سے پہلے ہوتا ہے اور عیدین کا نماز کے بعد۔ اگر پہلے پڑھ لیا تو بُرا کیا، مگر نماز ہوگئی لوٹائی نہیں جائے گی۔
- ...... جمعہ کی نماز سے پہلے اذان و اقامت ہوتی ہے مگر عیدین میں نہ اذان ہے نہ اقامت۔ صرف دو بار اتنا کہنے کی اجازت ہے: اَلصَّلٰوۃُ جَامِعَۃٌ۔

نمازِ عید کا طریقہ

سوال کیا عیدین کی نمازوں اور عام نمازوں کی ادائیگی میں بھی کوئی فرق ہے؟

جواب جی ہاں! عیدین کی نمازوں اور عام نمازوں کی ادائیگی میں معمولی سا فرق ہے۔

سوال نمازِ عید کا طریقہ کیا ہے؟

جواب نمازِ عید کا طریقہ یہ ہے:

- ......سب سے پہلے نمازی کو چاہیے کہ اس طرح نیت کرے:

میں نیت کرتا ہوں دو رکعت نمازِ عیدُ الفطر (یا عیدالاضحیٰ) کی، ساتھ چھ زائد تکبیروں کے، واسطے اللہ عَزَّوَجَلَّ کے، (مُقتدی یہ بھی کہے: پیچھے اس امام کے) منہ طرف قبلہ شریف۔

- ......پھر کانوں تک ہاتھ اٹھائے اور اَللہُ اَکْبَر کہہ کر حسبِ معمول ناف کے نیچے باندھ لے۔

✿......ثنا پڑھے۔

✿......پھر کانوں تک ہاتھ اُٹھائے اور اَللّٰہُ اَکْبَر کہتے ہوئے لٹکا دے۔

✿......پھر کانوں تک ہاتھ اٹھائے اور اَللّٰہُ اَکْبَر کہہ کر لٹکا دے۔

✿......پھر کانوں تک ہاتھ اٹھائے اور اَللّٰہُ اَکْبَر کہہ کر حسبِ معمول ناف کے نیچے باندھ لے۔

(یعنی پہلی تکبیر کے بعد ہاتھ باندھے اس کے بعد دوسری اور تیسری تکبیر میں لٹکائے اور چوتھی میں ہاتھ باندھ لے۔ اس کو یوں یاد رکھے کہ جہاں قیام میں تکبیر کے بعد کچھ پڑھنا ہے وہاں ہاتھ باندھنے ہیں اور جہاں نہیں پڑھنا وہاں ہاتھ لٹکانے ہیں)

✿......پھر امام تعوّذ اور تسمیہ آہستہ پڑھ کر الحمد شریف اور سورت بلند آواز کے ساتھ پڑھے، پھر رکوع وسجود وغیرہ کر کے پہلی رکعت مکمل کرلے۔

✿......پھر دوسری رکعت میں پہلے الحمد شریف اور سورت جہْر کے ساتھ پڑھے۔

✿......پھر تین بار کانوں تک ہاتھ اٹھا کر اَللّٰہُ اَکْبَر کہے اور ہاتھ نہ باندھے اور چوتھی بار بغیر ہاتھ اٹھائے اَللّٰہُ اَکْبَر کہتے ہوئے رکوع میں جائے۔

✿......باقی نماز دوسری نمازوں کی طرح پوری کرے، سلام پھیرنے کے بعد امام دو خُطبے پڑھے۔ پھر دعا مانگے پہلے خطبے کو شروع کرنے سے پہلے امام نو بار اور دوسرے سے پہلے سات بار اور منبر سے اُترنے سے پہلے چودہ بار اَللّٰہُ اَکْبَر آہستہ سے کہے کہ یہ سنّت ہے۔

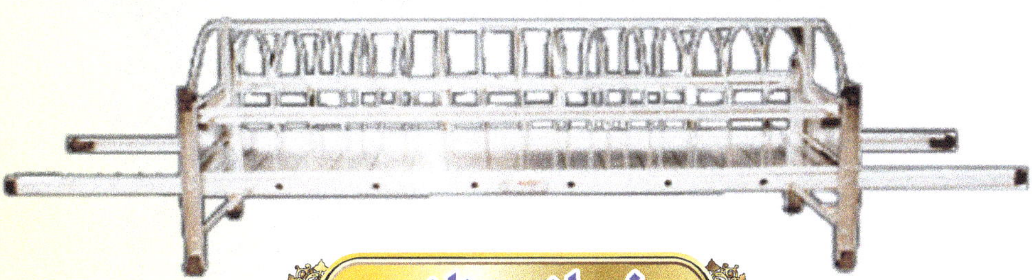

نمازِ جنازہ

تجہیز و تکفین

سوال نمازِ جنازہ سے قبل کیا میت کے لیے کوئی خاص اہتمام کیا جاتا ہے؟

جواب جی ہاں! نمازِ جنازہ سے قبل میت کی تجہیز و تکفین کا اہتمام کیا جاتا ہے۔

سوال تجہیز و تکفین سے کیا مراد ہے؟

جواب تجہیز سے مراد میت کو غسل وغیرہ دینا اور تکفین سے مراد میت کو کفن پہنانا ہے۔

سوال غسلِ میت کے فرائض بتائیں؟

جواب ایک بار سارے بدن پر پانی بہانا فرض ہے اور تین بار سنت۔

غسلِ میت کا طریقہ

سوال غسلِ میت کا طریقہ بتائیں؟

جواب غسلِ میت کا طریقہ یہ ہے:

- ......اگربتیاں یا لوبان جلا کر تین، پانچ یا سات بار غسل کے تختے کو دھونی دیں یعنی اتنی بار تختے کے گرد پھرائیں۔
- ......تختے پر میت کو اس طرح لٹائیں جیسے قبر میں لٹاتے ہیں۔
- ......ناف سے گھٹنوں سمیت کپڑے سے چھپا دیں۔[1]

---

[1] ......آج کل غسل کے دوران سفید کپڑا اوڑھاتے ہیں، پانی لگنے سے بے پردگی ہوتی ہے، لہٰذا کتھئی یا گہرے رنگ کا اتنا موٹا کپڑا ہو کہ پانی پڑنے سے سَتر نہ چمکے، کپڑے کی دو تہیں کرلیں تو زیادہ بہتر۔

❁......نہلانے والا اپنے ہاتھ پر کپڑا لپیٹ کر اِستنجا کروائے (یعنی پانی سے دھوئے)۔

❁......پھر نماز جیسا وضو کروائیں یعنی تین بار منہ پھر کہنیوں سمیت دونوں ہاتھ تین تین بار دھلائیں، پھر سر کا مَسْح کریں، پھر تین بار دونوں پاؤں دُھلائیں۔[1]

❁......پھر سر اور داڑھی کے بال ہوں تو وہ دھوئیں۔

❁......اب بائیں (یعنی اُلٹی) کروٹ پر لٹا کر بیری کے پتوں کا جوش دیا ہوا (نیم گرم) پانی اور یہ نہ ہو تو خالص پانی نیم گرم سر سے پاؤں تک بہائیں کہ تختہ تک پہنچ جائے۔

❁......پھر سیدھی کروٹ لٹا کر بھی اسی طرح کریں۔

❁......پھر ٹیک لگا کر بٹھائیں اور نرمی کے ساتھ پیٹ کے نچلے حصے پر ہاتھ پھیریں اور کچھ نکلے تو دھو ڈالیں۔ دوبارہ وضو اور غسل کی حاجت نہیں۔

❁......پھر آخر میں سر سے پاؤں تک تین بار کافور کا پانی بہائیں۔

❁......پھر کسی پاک کپڑے سے بدن آہستہ سے پونچھ دیں۔

مسنون کفن اور اس کی تفصیل

سوال مرد وعورت کا مَسنون کَفَن کیا ہے؟

جواب مرد کے کفن میں تین کپڑے ہوتے ہیں: {1}......لِفافہ {2}......اِزار اور {3}......قمیص۔

اور عورت کے لیے مذکورہ تین کے علاوہ دو مزید ہوتے ہیں یعنی {4}......سینہ بند اور {5}......اوڑھنی۔

{1}......لفافہ (یعنی چادر) میت کے قد سے اتنی بڑی ہو کہ دونوں طرف سے باندھ سکیں۔

{2}......ازار (یعنی تہبند) چوٹی سے قدم تک ہو۔

---

[1] ......میت کے وضو میں پہلے گٹّوں تک ہاتھ دھونا، کلی کرنا اور ناک میں پانی ڈالنا نہیں ہے۔ البتہ کپڑے یا روئی کے پُھرَیرے بھگو کر دانتوں، مسوڑھوں، ہونٹوں اور نتھنوں پر پھیر دیں۔

﴿3﴾......قمیص (یعنی کفنی) گردن سے گھٹنوں کے نیچے تک اور یہ آگے پیچھے دونوں طرف برابر ہو، اس میں چاک اور آستینیں نہ ہوں۔ مرد کے لئے کفنی کندھوں پر چیریں اور عورت کے لئے سینے کی طرف۔

﴿4﴾......سینہ بند پستان سے ناف تک اور بہتر یہ ہے کہ ران تک ہو۔

﴿5﴾......اوڑھنی تین ہاتھ (یعنی ڈیڑھ گز) کی ہو۔

سوال **مُخَنَّث** (ہیجڑے) کو مردوں والا مسنون کفن دیا جائے گا یا عورتوں والا؟

جواب **مُخَنَّث** کو عورتوں والا کفن دیا جائے۔

سوال مردوں اور عورتوں کو کفن پہنانے کا طریقہ بتایئے؟

جواب مردوں اور عورتوں کو کفن پہنانے کا طریقہ درج ذیل ہے:

مرد کو کفن پہنانے کا طریقہ

- ......کفن کو ایک، تین، پانچ یا سات بار دُھونی دیں۔
- ......پھر اس طرح بچھائیں کہ پہلے لِفافہ یعنی بڑی چادر اس پر تہبند اور اس کے اوپر کفنی رکھیں۔
- ......اب میت کو اس پر لٹائیں اور کفنی پہنائیں۔
- ......اب داڑھی پر (نہ ہو تو ٹھوڑی پر) اور تمام جسم پر خوشبو ملیں۔
- ......وہ اعضاء جن پر سجدہ کیا جاتا ہے یعنی پیشانی، ناک، ہاتھوں اور قدموں پر کافور لگائیں۔
- ......پھر تہبند پہلے اُلٹی جانب سے پھر سیدھی جانب سے لپیٹیں۔
- ......اب آخر میں لفافہ بھی اسی طرح پہلے الٹی جانب سے پھر سیدھی جانب سے لپیٹیں تا کہ سیدھا اوپر رہے۔
- ......آخر میں سر اور پاؤں کی طرف سے باندھ دیں۔

عورت کو کفن پہنانے کا طریقہ

- ......کفنی پہنا کر اس کے بالوں کے دو حصے کر کے کفنی کے اوپر سینے پر ڈال دیں۔

۞ ......اوڑھنی کو آدھی پیٹھ کے نیچے بچھا کر سر پر لا کر منہ پر نِقاب کی طرح ڈال دیں کہ سینے پر رہے۔ اس کا طول آدھی پشت سے نیچے تک اور عرض ایک کان کی لو سے دوسرے کان کی لو تک ہو۔ بعض لوگ اوڑھنی اس طرح اوڑھاتے ہیں جس طرح عورتیں زندگی میں سر پر اوڑھتی ہیں یہ خلافِ سنت ہے۔

۞ ......پھر بدستور تہبند و لِفافہ یعنی چادر لپیٹیں۔

۞ ......پھر آخر میں سینہ بند پستان کے اوپر والے حصے سے ران تک لا کر کسی ڈوری سے باندھیں۔

تجہیز و تکفین اور نمازِ جنازہ پڑھنے کی فضیلت

سوال: کیا تجہیز و تکفین اور نمازِ جنازہ پڑھنے کی فضیلت بھی مَروی ہے؟

جواب: جی ہاں! تجہیز و تکفین اور نمازِ جنازہ پڑھنے کی فضیلت بہت سی رِوایات میں مروی ہے۔ چُنانچہ،

۞ ......امیرالمؤمنین حضرت سیِّدُنا علیُّ المرتضٰی کَرَّمَ اللہُ تَعَالٰی وَجْهَهُ الْكَرِيْم سے مروی ہے کہ **اللہ** عَزَّوَجَلَّ کے پیارے حبیب صَلَّی اللہُ تَعَالٰی عَلَیْہِ وَاٰلِہٖ وَسَلَّم نے ارشاد فرمایا کہ جو کسی میت کو نہلائے، کفن پہنائے، خوشبو لگائے، جنازہ اُٹھائے، نماز پڑھے اور (نہلاتے وقت) جو ناقِص بات نظر آئے اسے چھپائے وہ گناہوں سے ایسا پاک ہو جاتا ہے جیسے ماں کے پیٹ سے پیدا ہوا ہو۔[1]

۞ ......سرکارِ مدینہ، قرارِ قلب و سینہ صَلَّی اللہُ تَعَالٰی عَلَیْہِ وَاٰلِہٖ وَسَلَّم کا فرمانِ عظمت نشان ہے: جو شخص (ایمان کا تقاضا سمجھ کر اور حصولِ ثواب کی نیت سے) اپنے گھر سے جنازہ کے ساتھ چلے، نمازِ جنازہ پڑھے اور دفن تک جنازہ کے ساتھ رہے، اس کے لئے دو قیراط[2] ثواب ہے جس میں ہر قیراط اُحد (پہاڑ) کے برابر ہے اور جو شخص صرف نمازِ جنازہ پڑھ کر واپس آجائے (اور تدفین میں شریک نہ ہو) تو اس کے لئے ایک قیراط ثواب ہے۔[3]

---

[1] ......ابن ماجه، كتاب الجنائز، باب ماجاء فی غسل الميت، ۲/۲۰۱، حدیث: ۱۴۶۲

[2] ......قیراط اصل میں نصف دانق یعنی دِرہم کے بارھویں حصے کو کہتے ہیں۔ (عمدة القاری، ۱۴/۴۸۳)

[3] ......مسلم، كتاب الجنائز، باب فضل الصلاة على الجنازة، ص ۴۷۲، حدیث: ۵۶ - (۹۴۵)

نمازِ جنازہ کی شرعی حیثیت

سوال نمازِ جنازہ کی شرعی حیثیت کیا ہے؟

جواب نمازِ جنازہ فرضِ کِفایہ ہے۔ یعنی اگر کسی ایک نے بھی ادا کرلیا تو سب کی طرف سے ہوگیا ورنہ جن جن کو خبر پہنچی تھی اور نہیں آئے وہ سب گناہ گار ہوں گے۔ ①

سوال کیا نمازِ جنازہ کے لئے جماعت شرط ہے؟

جواب جی نہیں! نمازِ جنازہ کے لئے جماعت شرط نہیں، ایک شخص بھی پڑھ لے تو فرض ادا ہوجائے گا۔ ②

سوال اگر کوئی نمازِ جنازہ کا فرض ہونا نہ مانے تو اس کے متعلق کیا حُکم ہے؟

جواب اگر کوئی نمازِ جنازہ کا فرض ہونا نہ مانے تو وہ کافِر ہے۔

نمازِ جنازہ کی شرائط

سوال نمازِ جنازہ کے صحیح ہونے کی شرائط بتائیے؟

جواب نمازِ جنازہ کے صحیح ہونے کے لیے دو قسم کی شرائط ہیں: ایک تو وہ ہیں جن کا تعلّق نمازی سے ہے اور دوسری وہ ہیں جن کا تعلق میت سے ہے۔

سوال نمازی سے متعلق کیا شرائط ہیں؟

جواب نمازی سے متعلق وہی شرائط ہیں جو عام نمازی کی ہیں:

❁...... بدن، جگہ اور کپڑوں کا پاک ہونا ❁...... سَترِ عورت

❁...... قبلہ رُو ہونا ❁...... نیت کا ہونا ❁...... اس میں وقت اور تکبیرِ تحریمہ شرط نہیں۔

سوال میت سے متعلق شرائط کیا ہیں؟

---

① ...... فتاویٰ تاتارخانیہ، کتاب الصلاۃ، الفصل الثانی والثلاثون، ۲/۱۵۳

② ...... عالمگیری، کتاب الصلاۃ، الباب الحادی والعشرون، الفصل الخامس، ۱/۱۶۲

جواب میت سے متعلّق شرائط یہ ہیں:

- ......میّت کا مسلمان ہونا۔
- ......میّت کے بدن وکفن کا پاک ہونا۔
- ......جنازہ کا وہاں موجود ہونا یعنی کُل یا اکثر یا نصف (آدھا بدن) مع سر کے موجود ہونا، لہٰذا غائب کی نماز نہیں ہوسکتی۔
- ......جنازہ نمازی کے آگے قبلہ کی طرف ہو، اگر نمازی کے پیچھے ہوگا نماز صحیح نہ ہوگی۔
- ......میّت کا وہ حصۂ بدن چُھپا ہو جس کا چھپانا فرض ہے۔
- ......میّت امام کے مُحاذی (یعنی اس کی سیدھ میں) ہو یعنی اگر ایک میّت ہے تو اُس کا کوئی حصۂ بدن امام کے محاذی ہو اور چند ہوں تو کسی ایک کا حصۂ بدن امام کے محاذی ہونا کافی ہے۔

نمازِ جنازہ کے فرائض اور سنّتیں

سوال نمازِ جنازہ کے فرائض اور سنّتیں بتایئے؟

جواب نمازِ جنازہ کے دو فرض ہیں: (۱) چار بار اَللّٰہُ اَکْبَر کہنا (۲) قیام۔

اس میں تین سنتِ مؤکدہ ہیں: (۱) ثنا (۲) درود شریف (۳) میت کیلئے دعا۔

نماز جنازہ کا طریقہ

- ......مُقتدی اس طرح نیت کرے: میں نیت کرتا ہوں اس جنازہ کی نماز کی، واسطے اللّٰہ عَزَّوَجَلَّ کے، دعا اس میت کیلئے، پیچھے اس امام کے۔
- ......اب امام ومقتدی پہلے کانوں تک ہاتھ اٹھائیں اور اَللّٰہُ اَکْبَر کہتے ہوئے فوراً حسبِ معمول ناف کے نیچے باندھ لیں۔

۞......ثنا پڑھیں۔اس میں وَتَعَالٰی جَدُّكَ کے بعد وَجَلَّ ثَنَآؤُكَ وَلَآ اِلٰهَ غَيْرُكَ پڑھیں۔

۞......پھر بغیر ہاتھ اٹھائے اَللّٰهُ اَكْبَر کہیں۔

۞......پھر درودِ ابراہیمی پڑھیں۔

۞......پھر بغیر ہاتھ اٹھائے اَللّٰهُ اَكْبَر کہیں اور دعا پڑھیں۔

(امام تکبیریں بلند آواز سے کہے اور مُقتدی آہستہ۔ باقی تمام اَذکار امام ومقتدی سب آہستہ پڑھیں)

۞......دعا کے بعد پھر اَللّٰهُ اَكْبَر کہیں اور ہاتھ لٹکا دیں۔

۞......پھر دونوں طرف سلام پھیر دیں۔[1]

بالغ مرد وعورت کے جنازے کی دعا

اَللّٰهُمَّ اغْفِرْ لِحَيِّنَا وَمَيِّتِنَا وَشَاهِدِنَا وَغَآئِبِنَا وَصَغِيْرِنَا وَكَبِيْرِنَا وَذَكَرِنَا وَاُنْثَانَا ط اَللّٰهُمَّ مَنْ اَحْيَيْتَهٗ مِنَّا فَاَحْيِهٖ عَلَى الْاِسْلَامِ وَمَنْ تَوَفَّيْتَهٗ مِنَّا فَتَوَفَّهٗ عَلَى الْاِيْمَانِ [2]

ترجمہ: اے اللہ! تو بخش دے ہمارے زندہ اور مردہ کو اور ہمارے حاضر وغائب کو اور ہمارے چھوٹے اور بڑے کو اور مرد اور عورت کو۔ اے اللہ! ہم میں سے تو جسے زندہ رکھے اسے اسلام پر زندہ رکھ اور ہم میں سے تو جس کو وفات دے اسے ایمان پر وفات دے۔

نابالغ لڑکے کے جنازہ کی دعا

اَللّٰهُمَّ اجْعَلْهُ لَنَا فَرَطًا وَّاجْعَلْهُ لَنَا اَجْرًا وَّذُخْرًا وَّاجْعَلْهُ لَنَا شَافِعًا وَّمُشَفَّعًا [3]

---

[1] ......نماز کے احکام، ص ۳۸۲

[2] ......ترمذی، کتاب الجنائز، باب مایقول فی الصلاة علی المیت، ۲/۳۱۴، حدیث: ۱۰۲۶

[3] ......کنز الدقائق، کتاب الصلاة، باب الجنائز، ص ۵۲

ترجمہ: اے اللہ! تو اس (لڑکے) کو ہمارے لیے پیش رو کر اور اس کو ہمارے لیے ذخیرہ کر اور اس کو ہماری شفاعت کرنے والا بنا اور مقبولُ الشَّفاعۃ کر دے۔

نابالغ لڑکی کے جنازہ کی دعا

اَللّٰھُمَّ اجْعَلْھَا لَنَا فَرَطًا وَّاجْعَلْھَا لَنَا اَجْرًا وَّذُخْرًا وَّاجْعَلْھَا لَنَا شَافِعَۃً وَّمُشَفَّعَۃً

ترجمہ: اے اللہ! تو اس (لڑکی) کو ہمارے لیے پیش رو کر اور اس کو ہمارے لیے ذخیرہ کر اور اس کو ہماری شفاعت کرنے والی بنا اور مقبول الشفاعۃ کر دے۔

جنازے کو کندھا دینے کا ثواب

سوال کیا جنازے کو کندھا دینا ثواب کا کام ہے؟

جواب جی ہاں! جنازے کو کندھا دینا بہت زیادہ ثواب کا کام ہے۔ چُنانچہ مَروی ہے کہ جو جنازے کی چار پائی کے چاروں پایوں کو کندھا دے تو اس کے چالیس کبیرہ گناہ مٹا دیئے جائیں گے۔[1]

سوال کیا سرکارِ مدینہ صَلَّی اللہُ تَعَالٰی عَلَیْہِ وَاٰلِہٖ وَسَلَّم سے کسی جنازے کو کندھا دینا ثابت ہے؟

جواب جی ہاں! سرکارِ مدینہ صَلَّی اللہُ تَعَالٰی عَلَیْہِ وَاٰلِہٖ وَسَلَّم نے حضرت سیدنا سَعْد بن مُعاذ رَضِیَ اللہُ تَعَالٰی عَنْہ کے جنازے کو کندھا دیا تھا۔

جنازے کو کندھا دینے کا طریقہ

سوال جنازے کو کندھا دینے کا طریقہ کیا ہے؟

جواب جنازے کو کندھا دینے میں یہ باتیں سنّت ہیں:

- ...... چار شخص جنازہ اُٹھائیں، ایک ایک پایہ ایک شخص لے اور اگر صرف دو شخصوں نے جنازہ اٹھایا، ایک سرہانے

---

[1] ...... المعجم الاوسط، ۴/۲۶۰، حدیث: ۵۹۲۰

اور ایک پائنتی تو بلاضرورت مکروہ ہے اور ضرورت سے ہو مثلاً جگہ تنگ ہے تو حرج نہیں۔

- ...... یکے بعد دیگرے چاروں پایوں کو کندھا دے اور ہر بار دس دس قدم چلے۔
- ...... پہلے سیدھے سِرہانے کندھا دے، پھر سیدھی پائنتی (یعنی سیدھے پاؤں کی طرف) پھر اُلٹے سرہانے پھر الٹی پائنتی اور دس دس قدم چلے تو کُل چالیس قدم ہوئے۔[1]
- ...... بعض لوگ جنازے کے جُلوس میں اعلان کرتے رہتے ہیں، دو دو قدم چلو! ان کو چاہئے کہ اس طرح اعلان کیا کریں "ہر پائے کو کندھے پر لئے دس دس قدم چلئے۔"

نمازِ جنازہ کے متعلق متفرق مدنی پھول

سوال: کیا جوتا پہن کر جنازہ پڑھ سکتے ہیں؟

جواب: اگر جوتا پہن کر نمازِ جنازہ پڑھیں تو جوتے اور زمین دونوں کا پاک ہونا ضروری ہے اور جوتا اُتار کر اس پر کھڑے ہو کر پڑھیں تو جوتے کے تلے اور زمین کا پاک ہونا ضروری نہیں۔[2]

سوال: نمازِ جنازہ میں کتنی صفیں ہونی چاہئیں؟

جواب: نماز جنازہ میں تین صفیں ہوں تو بہتر ہے کیونکہ فرمانِ مصطفٰے صَلَّی اللّٰہُ تَعَالٰی عَلَیْہِ وَاٰلِہٖ وَسَلَّم ہے: جس کی نمازِ جنازہ تین صفوں نے پڑھی بے شک اس کے لیے جنت واجِب ہوگئی۔[3]

سوال: نمازِ جنازہ میں سب سے اَفضل صَف کونسی ہے؟

جواب: نمازِ جنازہ میں پچھلی صف تمام صفوں سے افضل ہے۔[4]

---

[1] ...... بہارِ شریعت، جنازہ لے چلنے کا بیان، ۱/ ۸۲۲

[2] ...... فتاویٰ رضویہ، ۹/ ۱۸۸

[3] ...... ترمذی، کتاب الجنائز، باب ماجاء فی الصلاۃ علی المیت الشفاعۃ لہ، ۲/ ۳۱۷، حدیث: ۱۰۳۰

[4] ...... درمختار، کتاب الصلاۃ، باب صلاۃ الجنازۃ، ۳/ ۱۳۱

بالغ کی نمازِ جنازہ سے پہلے یہ اعلان کیجئے

مرحوم کے عزیز واَحباب توجہ فرمائیں۔ مرحوم نے اگر زندگی میں کبھی آپ کی دل آزاری یا حق تلفی کی ہو تو ان کو مُعاف کر دیجئے، اِنْ شَآءَ اللّٰہ عَزَّوَجَلَّ مرحوم کا بھی بھلا ہوگا اور آپ کو بھی ثواب ملے گا اگر کوئی لَین دین کا مُعاملہ ہو تو مرحوم کے وارثوں سے رابِطہ کیجئے۔ نمازِ جنازہ کی نیت اور اس کا طریقہ بھی سن لیجئے: ''میں نیت کرتا ہوں اس جنازہ کی نماز کی، واسطے اللّٰہ عَزَّوَجَلَّ کے، دعا اس میت کے لیے پیچھے اس امام کے۔'' اگر یہ الفاظ یاد نہ رہیں تو کوئی حرج نہیں، آپ کے دل میں یہ نیت ہونی ضَروری ہے کہ ''میں اس میت کی نمازِ جنازہ پڑھ رہا ہوں۔'' جب امام صاحِب اَللّٰہُ اَکْبَر کہیں تو کانوں تک ہاتھ اُٹھانے کے بعد اَللّٰہُ اَکْبَر کہتے ہوئے فوراً حسبِ معمول ناف کے نیچے باندھ لیجئے اور ثنا پڑھئے۔ دوسری بار امام صاحب اَللّٰہُ اَکْبَر کہیں تو آپ بغیر ہاتھ اٹھائے اَللّٰہُ اَکْبَر کہیے پھر نماز والا دُرودِ ابراہیم پڑھئے تیسری بار امام صاحب اَللّٰہُ اَکْبَر کہیں تو آپ بغیر ہاتھ اٹھائے اَللّٰہُ اَکْبَر کہئے اور بالغ کے جنازہ کی دعا پڑھئے (اگر نابالغ یا نابالغہ ہے تو اس کی دعا پڑھنے کا اعلان کرنا ہے) جب چوتھی بار امام صاحب اَللّٰہُ اَکْبَر کہیں تو آپ اَللّٰہُ اَکْبَر کہہ کر دونوں ہاتھوں کو کھول کر لٹکا دیجئے اور امام صاحب کے ساتھ قاعدے کے مطابِق سلام پھیر دیجئے۔

تدفین

سوال میت کو قبر میں اُتارنے کے لیے قبر کے پاس کس طرف رکھنا چاہیے؟

جواب میت کو قبر سے قبلہ کی جانب رکھنا مستحب ہے تا کہ میت قبلہ کی طرف سے قبر میں اتاری جائے۔

سوال میت کو قبر میں اتارتے وقت کتنے آدمی ہونے چاہئیں؟

جواب میت قبر میں اتارتے وقت حسبِ ضرورت دو یا تین آدمی کافی ہیں۔ بہتر ہے کہ وہ لوگ قوی اور نیک ہوں۔

سوال عورت کی میت قبر میں اتارتے ہوئے کن باتوں کو پیشِ نظر رکھنا چاہیے؟

جواب عورت کی میت قبر میں محارم [1] اتاریں۔ یہ نہ ہوں تو دیگر رشتے دار، یہ بھی نہ ہوں تو پرہیز گاروں سے اتروائیں۔ نیز میت کو اتارنے سے لے کر تختے لگانے تک کسی کپڑے سے چھپائے رکھیں۔

سوال میت کو قبر میں اتارتے وقت کیا دعا پڑھنا چاہیے؟

جواب میت کو قبر میں اتارتے وقت یہ دعا پڑھیں:

بِسْمِ اللّٰهِ وَبِاللّٰهِ وَعَلٰى مِلَّةِ رَسُوْلِ اللّٰهِ

سوال میت کو قبر میں لٹاتے وقت کیا کرنا چاہیے؟

جواب میت کو قبر میں لٹاتے وقت درج ذیل باتوں کا خیال رکھنا چاہیے:

- ......میت کو سیدھی کروٹ پر لٹائیں۔
- ......اگر سیدھی کروٹ پر لٹانا ممکن نہ ہو تو اس کا منہ پھیر کر قبلہ کی طرف کردیں۔ بشرطیکہ آسانی سے ممکن ہو ورنہ زبردستی نہ کریں کہ میت کو تکلیف ہوگی۔
- ......کفن کی بندش کھول دیں کہ اب ضرورت نہیں، نہ کھولی تو بھی حرج نہیں۔

---

[1] ......یعنی ایسے قریبی رشتے دار جن سے اس عورت کا زندگی میں نکاح حرام تھا۔

قبر پر مٹی ڈالنے کا طریقہ

سوال: قبر پر مٹی ڈالنے کا طریقہ بتائیے؟

جواب: قبر پر مٹی ڈالنے کا مستحب طریقہ یہ ہے کہ سرہانے کی طرف سے دونوں ہاتھوں سے تین بار مٹی ڈالیں۔ پہلی بار کہیں: مِنۡهَا خَلَقۡنٰكُمۡ، دوسری بار: وَفِيۡهَا نُعِيۡدُكُمۡ، تیسری بار: وَمِنۡهَا نُخۡرِجُكُمۡ تَارَةً اُخۡرٰى کہیں۔ اب باقی مٹی پھاوڑے وغیرہ سے ڈال دیں۔

سوال: قبر پر کس قدر مٹی ڈالنا چاہئے؟

جواب: قبر پر صرف اسی قدر مٹی ڈالیں جس قدر قبر سے نکلی ہو، اس سے زیادہ ڈالنا مکروہ ہے۔

سوال: قبر کیسی بنانی چاہئے؟

جواب: قبر اونٹ کے کوہان کی طرح ڈھال والی بنانا چاہئے۔

سوال: قبر زمین سے کس قدر اونچی ہونی چاہئے؟

جواب: قبر زمین سے ایک بالشت اونچی ہو یا اس سے معمولی زیادہ۔[1]

تدفین کے بعد کے امور

سوال: تدفین کے بعد کیا کرنا چاہئے؟

جواب: تدفین کے بعد درج ذیل کام کرنا چاہئیں:

- ...... پانی چھڑکنا سنّت ہے۔ اس کے علاوہ بعد میں پودے وغیرہ کو پانی دینے کی غرض سے چھڑکیں تو جائز ہے۔ آج کل جو بلاوجہ قبروں پر پانی چھڑکا جاتا ہے اس کو فتاویٰ رضویہ شریف، جلد ۹ صفحہ ۳۷۳ پر اسراف لکھا ہے۔
- ...... دفن کے بعد سرہانے الٓمّٓ تا الْمُفْلِحُوْنَ اور قدموں کی طرف اٰمَنَ الرَّسُوْلُ سے ختم سورہ تک پڑھنا مستحب ہے۔

---

[1] ...... رد المحتار، کتاب الصلاۃ، باب صلاۃ الجنازۃ، مطلب فی دفن المیت، ۳/۱۶۸

✿......تلقین کریں۔

✿......قَبْر کے سِرہانے قبلہ رو کھڑے ہو کر اذان دیں۔

✿......قبر پر پھول ڈالنا بہتر ہے کہ جب تک تَر رہیں گے تسبیح کریں گے اور میت کا دل بہلے گا۔[1]

تلقین

سوال تلقین کی شَرعی حیثیت کیا ہے؟

جواب دفن کے بعد مُردہ کو تلقین کرنا شَرعاً جائز ہے۔

سوال کیا تلقین حدیث سے ثابت ہے؟

جواب جی ہاں! تلقین حدیثِ پاک سے ثابت ہے۔

سوال تلقین کا طریقہ کیا ہے؟

جواب تلقین کا طریقہ حدیثِ پاک میں کچھ یوں مَروی ہے: جب کوئی مسلمان فوت ہو تو اسے دَفْن کرنے کے بعد ایک شخص اس کی قبر کے سرہانے کھڑا ہو کر تین بار یہ کہے: یا فلاں بن فلانہ! (فلاں کی جگہ میت کا نام اور فلانہ کی جگہ میت کی والدہ کا نام لے) پہلی بار وہ سُنے گا مگر جواب نہ دے گا۔ دوسری بار سُن کر سیدھا ہو کر بیٹھ جائے گا اور تیسری بار یہ جواب دے گا: **اللہ** عَزَّوَجَلَّ **تجھ پر رحم فرمائے! ہمیں ارشاد کر۔** مگر پُکارنے والے کو اس کے جواب کی خبر نہیں ہوتی، لہٰذا تین بار یا فلاں بن فلانہ کہنے کے بعد یہ کہے:

اُذْكُرْ مَا خَرَجْتَ مِنَ الدُّنْيَا شَهَادَةَ اَنْ لَّآ اِلٰهَ اِلَّا اللّٰهُ
وَاَنَّ مُحَمَّدًا عَبْدُهٗ وَرَسُوْلُهٗ وَاَنَّكَ رَضِيْتَ بِاللّٰهِ رَبًّا
وَّبِالْاِسْلَامِ دِيْنًا وَّ بِمُحَمَّدٍ نَّبِيًّا وَّ بِالْقُرْاٰنِ اِمَامًا

---

[1] ......ردالمحتار، کتاب الصلاۃ، باب صلاۃ الجنازۃ، مطلب فی وضع الجرید......الخ، ۳/۱۸۴ ماخوذاً

ترجمہ: تو اسے یاد کر جس پر تو دنیا سے نکلا یعنی یہ گواہی کہ **اللہ** عَزَّوَجَلَّ کے سوا کوئی معبود نہیں اور **محمد** صَلَّی اللہُ تَعَالٰی عَلَیْہِ وَاٰلِہٖ وَسَلَّم اس کے بندے اور رسول ہیں اور یہ کہ تو **اللہ** عَزَّوَجَلَّ کے رب اور اسلام کے دین اور **محمد** صَلَّی اللہُ تَعَالٰی عَلَیْہِ وَاٰلِہٖ وَسَلَّم کے نبی اور قرآن کے امام ہونے پر راضی تھا۔[1]

سوال تلقین کا کیا فائدہ ہے؟

جواب تلقین کا فائدہ یہ ہے کہ جب مُنکر نکیر سُوال کرنے آتے ہیں اور لوگوں کو میت کو تلقین کرتے دیکھتے ہیں تو ان میں سے ایک دوسرے کا ہاتھ پکڑ کر کہتا ہے: چلو! ہم اس کے پاس کیا بیٹھیں جسے لوگ اس کی حُجّت سکھا چکے۔

سوال اگر کسی کو میت کی ماں کا نام معلوم نہ ہو تو تلقین کے وقت کیا کہے؟

جواب اگر کسی کو میت کی ماں کا نام معلوم نہ ہو تو ماں کی جگہ حضرت سیِّدَتُنا حَوّا رَضِیَ اللہُ تَعَالٰی عَنْھَا کا نام لے لے۔[2]

ایصالِ ثواب

سوال ایصالِ ثواب سے کیا مراد ہے؟

جواب ایصالِ ثواب سے مراد یہ ہے کہ زندہ لوگ اپنے ہر نیک عمل اور ہر قسم کی عبادت خواہ مالی ہو یا بدنی، فرض و نفل اور خیر خیرات کا ثواب مُردوں کو پہنچا سکتے ہیں۔

سوال کیا ایصالِ ثواب کا ذکر کسی حدیثِ پاک میں بھی مَروی ہے؟

جواب جی ہاں! بہت سی احادیثِ مبارکہ میں ایصالِ ثواب کا ذکر ملتا ہے۔ چُنانچہ،

سرکارِ نامدار صَلَّی اللہُ تَعَالٰی عَلَیْہِ وَاٰلِہٖ وَسَلَّم کا ارشادِ مشکبار ہے: مُردہ کا حال قبر میں ڈوبتے ہوئے انسان کی مانند ہے کہ وہ شدّت سے اِنتظار کرتا ہے کہ باپ یا ماں یا بھائی یا کسی دوست کی دعا اس کو پہنچے اور جب کسی کی دعا

[1] ...... المعجم الكبير، ۸/۲۴۹، حديث: ۷۹۷۹

[2] ...... نماز کے احکام، ص ۴۶۰

اسے پہنچتی ہے تو اس کے نزدیک وہ دنیا وَمَا فِیْھَا (یعنی دنیا اور اس میں جو کچھ ہے اس) سے زیادہ محبوب ہوتی ہے۔ اللّٰہ عَزَّوَجَلَّ قبر والوں کو ان کے زندہ مُتَعَلِّقِین کی طرف سے ہَدِیّہ کیا ہوا ثواب پہاڑوں کی مانند عطا فرماتا ہے، زندوں کا ہدیّہ (یعنی تحفہ) مُردوں کیلئے دُعائے مغفرت کرنا ہے۔ [1] اور طَبَرانی شریف میں ہے:

جب کوئی شخص میّت کو اِیصالِ ثواب کرتا ہے تو جبرئیل امین اسے نُورانی طَباق (بڑی پلیٹ) میں رکھ کر قبر کے کنارے کھڑے ہو جاتے ہیں اور کہتے ہیں: ''اے قبر والے! یہ ہَدِیّہ (تحفہ) تیرے گھر والوں نے بھیجا ہے قَبول کر۔'' یہ سن کر وہ خوش ہوتا ہے اور اس کے پڑوسی اپنی محرومی پر غمگین ہوتے ہیں۔ [2]

سوال کیا ایصالِ ثواب کے لیے دن وغیرہ مقرر کرنا جائز ہے؟ مثلاً تیجہ، دَسواں، چالیسواں اور برسی (یعنی سالانہ ختم) وغیرہ۔

جواب زِندوں کے اِیصالِ ثواب سے یقیناً مُردوں کو فائدہ پہنچتا ہے۔ مگر شریعت نے ایصالِ ثواب کے لیے کوئی خاص دن مقرر نہیں فرمایا بلکہ جب کسی کا دل چاہے اپنی سہولت کے لیے کوئی بھی وقت اور دن مقرر کر سکتا ہے۔ چاہے وہ تیسرا دن ہو یا دَسواں یا چالیسواں یا کوئی اور دن ہو، بلکہ اِنتقال کے بعد ہی سے قرآنِ مجید کی تلاوت اور خیر خیرات کا سلسلہ بھی جاری کیا جا سکتا ہے۔

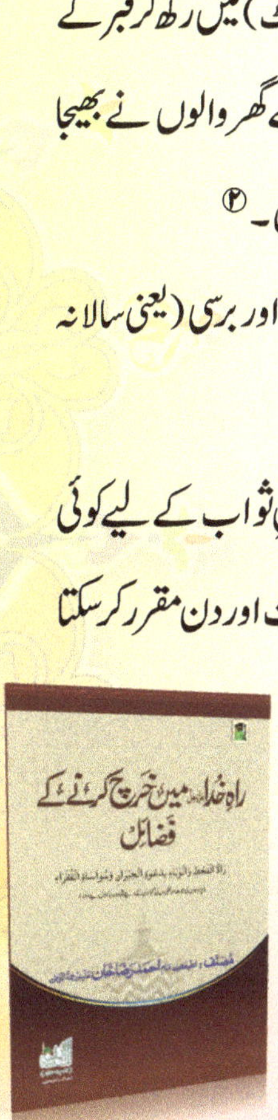

سوال کیا ایصالِ ثواب صرف مُردوں کو ہی کیا جا سکتا ہے؟

جواب جی نہیں! ایصالِ ثواب مردوں کے ساتھ ساتھ زِندوں کو بھی کیا جا سکتا ہے۔

سوال بُزُرگانِ دِین رَحِمَهُمُ اللّٰهُ الْمُبِیْن کی نیاز اور لنگر وغیرہ کھانا کیسا ہے؟

جواب بزرگانِ دِین رَحِمَهُمُ اللّٰهُ الْمُبِیْن کی نیاز اور لنگر وغیرہ کھانا نہ صرف یہ کہ جائز ہے بلکہ باعِثِ بَرَکت بھی ہے۔

---

[1] ……شعب الایمان، الخامس والخمسون من شعب الایمان، باب فی بر الوالدین، ۶/۲۰۳، حدیث: ۷۹۰۵

[2] ……المعجم الاوسط، ۵/۳۷، حدیث: ۶۵۰۴

سوال بُزرگانِ دِین رَحِمَهُمُ اللّٰهُ الْمُبِين کی نیاز کیا مال دار بھی کھا سکتے ہیں؟

جواب جی ہاں! بزرگانِ دِین رَحِمَهُمُ اللّٰهُ الْمُبِين کی نیاز مال دار بھی کھا سکتے ہیں۔ مثلاً رَجب شریف کے کونڈے، محرم کا شربت یا کھچڑا، ماہِ ربیعُ الآخر کی گیارہویں شریف جس میں حضرتِ سیِّدنا غَوثِ اَعظم شیخ **عَبْدُ الْقَادِر** جیلانی قُدِّسَ سِرُّہُ النّوْرَانِی کی فاتحہ دلائی جاتی ہے، رَجب کی چھٹی تاریخ حضور خواجہ غریب نواز حضرتِ سیِّدنا **مُعِیْنُ الدِّیْن** چشتی اجمیری رَحْمَۃُ اللّٰہِ تَعَالٰی عَلَیْہ کی فاتحہ دلائی جاتی ہے، یونہی حضور غوثِ پاک رَحْمَۃُ اللّٰہِ تَعَالٰی عَلَیْہ کا توشہ یا حضرتِ سیِّدنا شیخ **عَبْدُ الْحَق** رَحْمَۃُ اللّٰہِ تَعَالٰی عَلَیْہ کا توشہ وغیرہ یہ سب وہ چیزیں ہیں جو صدیوں سے مسلمانوں کے عوام وخواص اور عُلَما وفُضَلا میں جاری ہیں اور ان میں خاص اِہتمام کیا جاتا ہے۔ اُمَرا بھی اس میں ذَوق وشوق سے شریک ہوتے ہیں اور لنگر وغیرہ کے کھانے سے فیض پاتے ہیں۔

ایصالِ ثواب وفاتحہ کا طریقہ

سوال ایصالِ ثواب کا طریقہ کیا ہے؟

جواب ایصالِ ثواب کوئی مشکل کام نہیں صرف اتنا کہہ دینا یا دل میں نیّت کر لینا بھی کافی ہے: **یااللہ** عَزَّوَجَلَّ! میں نے جو قرآنِ پاک پڑھا (یا فُلاں فُلاں عمل کیا) اس کا ثواب میری والِدہ مرحومہ یا میرے فلاں رشتے دار کو پہنچا۔ **اِنْ شَآءَ اللّٰه** عَزَّوَجَلَّ ثواب پہنچ جائے گا۔

سوال فاتحہ کا طریقہ کیا ہے؟

جواب آج کل مسلمانوں میں خُصُوصاً کھانے پر جو فاتحہ کا طریقہ رائج ہے وہ بھی بہت اچّھا ہے، اس دوران تلاوت وغیرہ کا بھی ایصالِ ثواب کیا جا سکتا ہے۔ جن کھانوں کا ایصالِ ثواب کرنا ہے وہ سارے یا سب میں سے تھوڑا تھوڑا کھانا نیز ایک گلاس میں پانی بھر کر سب کچھ سامنے رکھ لیجئے۔

اب أَعُوذُ بِاللّٰهِ مِنَ الشَّيْطٰنِ الرَّجِيْمِ پڑھ کر ایک بار

بِسْمِ اللّٰهِ الرَّحْمٰنِ الرَّحِيْمِ

قُلْ يٰٓاَيُّهَا الْكٰفِرُوْنَ ۙ﴿۱﴾ لَآ اَعْبُدُ مَا تَعْبُدُوْنَ ۙ﴿۲﴾ وَلَآ اَنْتُمْ عٰبِدُوْنَ مَآ
اَعْبُدُ ۚ﴿۳﴾ وَلَآ اَنَا عَابِدٌ مَّا عَبَدْتُّمْ ۙ﴿۴﴾ وَلَآ اَنْتُمْ عٰبِدُوْنَ مَآ اَعْبُدُ ۗ﴿۵﴾ لَكُمْ
دِيْنُكُمْ وَلِيَ دِيْنِ ۧ﴿۶﴾

تین بار بِسْمِ اللّٰهِ الرَّحْمٰنِ الرَّحِيْمِ

قُلْ هُوَ اللّٰهُ اَحَدٌ ۚ﴿۱﴾ اَللّٰهُ الصَّمَدُ ۚ﴿۲﴾ لَمْ يَلِدْ ۙ وَلَمْ يُوْلَدْ ۙ﴿۳﴾ وَلَمْ يَكُنْ لَّهٗ كُفُوًا
اَحَدٌ ۧ﴿۴﴾

ایک بار بِسْمِ اللّٰهِ الرَّحْمٰنِ الرَّحِيْمِ

قُلْ اَعُوْذُ بِرَبِّ الْفَلَقِ ۙ﴿۱﴾ مِنْ شَرِّ مَا خَلَقَ ۙ﴿۲﴾ وَمِنْ شَرِّ غَاسِقٍ اِذَا وَقَبَ ۙ﴿۳﴾ وَ
مِنْ شَرِّ النَّفّٰثٰتِ فِي الْعُقَدِ ۙ﴿۴﴾ وَمِنْ شَرِّ حَاسِدٍ اِذَا حَسَدَ ۧ﴿۵﴾

ایک بار بِسْمِ اللّٰهِ الرَّحْمٰنِ الرَّحِيْمِ

قُلْ اَعُوْذُ بِرَبِّ النَّاسِ ۙ﴿۱﴾ مَلِكِ النَّاسِ ۙ﴿۲﴾ اِلٰهِ النَّاسِ ۙ﴿۳﴾ مِنْ شَرِّ الْوَسْوَاسِ ۙ۬
الْخَنَّاسِ ۪ۙ﴿۴﴾ الَّذِيْ يُوَسْوِسُ فِيْ صُدُوْرِ النَّاسِ ۙ﴿۵﴾ مِنَ الْجِنَّةِ وَالنَّاسِ ۧ﴿۶﴾

ایک بار بِسْمِ اللّٰهِ الرَّحْمٰنِ الرَّحِيْمِ

اَلْحَمْدُ لِلّٰهِ رَبِّ الْعٰلَمِيْنَ ۙ﴿۱﴾ الرَّحْمٰنِ الرَّحِيْمِ ۙ﴿۲﴾ مٰلِكِ يَوْمِ الدِّيْنِ ۗ﴿۳﴾ اِيَّاكَ
نَعْبُدُ وَاِيَّاكَ نَسْتَعِيْنُ ۗ﴿۴﴾ اِهْدِنَا الصِّرَاطَ الْمُسْتَقِيْمَ ۙ﴿۵﴾ صِرَاطَ الَّذِيْنَ
اَنْعَمْتَ عَلَيْهِمْ ۙ۬ غَيْرِ الْمَغْضُوْبِ عَلَيْهِمْ وَلَا الضَّآلِّيْنَ ۧ﴿۷﴾

پڑھنے کے بعد یہ پانچ آیات پڑھیے:

{1}........ وَ اِلٰـهُكُمْ اِلٰهٌ وَّاحِدٌ ۚ لَاۤ اِلٰهَ اِلَّا هُوَ الرَّحْمٰنُ الرَّحِيْمُ ﴿۱۶۳﴾ (پ۲، البقرة:۱۶۳)

{2}........ اِنَّ رَحْمَتَ اللّٰهِ قَرِيْبٌ مِّنَ الْمُحْسِنِيْنَ ﴿۵۶﴾ (پ۸، الاعراف:۵۶)

{3}........ وَ مَاۤ اَرْسَلْنٰكَ اِلَّا رَحْمَةً لِّلْعٰلَمِيْنَ ﴿۱۰۷﴾ (پ۱۷، الانبیآء:۱۰۷)

{4}........ مَا كَانَ مُحَمَّدٌ اَبَاۤ اَحَدٍ مِّنْ رِّجَالِكُمْ وَ لٰكِنْ رَّسُوْلَ اللّٰهِ وَ خَاتَمَ النَّبِيّٖنَ ؕ وَ كَانَ اللّٰهُ بِكُلِّ شَیْءٍ عَلِيْمًا ﴿۴۰﴾ (پ۲۲، الاحزاب:۴۰)

{5}........ اِنَّ اللّٰهَ وَ مَلٰٓئِكَتَهٗ يُصَلُّوْنَ عَلَى النَّبِيِّ ؕ يٰۤاَيُّهَا الَّذِيْنَ اٰمَنُوْا صَلُّوْا عَلَيْهِ وَ سَلِّمُوْا تَسْلِيْمًا ﴿۵۶﴾ (پ۲۲، الاحزاب:۵۶)

اب کوئی سا بھی دُرُود شریف پڑھے: مثلاً

صَلَّى اللّٰهُ عَلَى النَّبِيِّ الْاُمِّيِّ وَاٰلِهٖ صَلَّى اللّٰهُ عَلَيْهِ
وَسَلَّمَ صَلٰوةً وَّ سَلَامًا عَلَيْكَ يَا رَسُوْلَ اللّٰه

اس کے بعد پڑھے:

سُبْحٰنَ رَبِّكَ رَبِّ الْعِزَّةِ عَمَّا يَصِفُوْنَ ﴿۱۸۰﴾ وَ سَلٰمٌ عَلَى الْمُرْسَلِيْنَ ﴿۱۸۱﴾ وَ الْحَمْدُ لِلّٰهِ رَبِّ الْعٰلَمِيْنَ ﴿۱۸۲﴾ (پ۲۳، الصفت:۱۸۰تا۱۸۲)

اب ہاتھ اٹھا کر فاتحہ پڑھانے والا بُلند آواز سے ''اَلْفاتحہ'' کہے۔ سب لوگ آہستہ سے سورۂ فاتحہ پڑھیں۔ اب فاتحہ پڑھانے والا اس طرح اعلان کرے: ''آپ نے جو کچھ پڑھا ہے اُس کا ثواب مجھے دیدیجئے۔'' تمام حاضرین کہہ دیں: ''آپ کو دیا۔'' اب فاتحہ پڑھانے والا ایصالِ ثواب کردے۔

اِیصالِ ثواب کیلئے دعا کا طریقہ

یااللہ عَزَّوَجَلَّ! جو کچھ پڑھا گیا (اگر کھانا وغیرہ ہے تو اس طرح سے بھی کہئے) اور جو کچھ کھانا وغیرہ پیش کیا گیا ہے بلکہ آج تک جو کچھ ٹوٹا پھوٹا عمل ہو سکا ہے اس کا ثواب ہمارے ناقِص عمل کے لائق نہیں بلکہ اپنے کرم کے شایانِ شان مرحمت فرما اور اسے ہماری جانب سے اپنے پیارے محبوب، دانائے غُیُوب صَلَّی اللّٰہُ تَعَالٰی عَلَیْہِ وَاٰلِہٖ وَسَلَّم کی بارگاہ میں نذر پہنچا۔ سرکارِ مدینہ صَلَّی اللّٰہُ تَعَالٰی عَلَیْہِ وَاٰلِہٖ وَسَلَّم کے تَوَسُّط سے تمام انبیائے کرام عَلَیْہِمُ الصَّلٰوۃُ وَالسَّلَام تمام صحابۂ کرام عَلَیْہِمُ الرِّضْوَان تمام اولیائے عِظام رَحِمَہُمُ اللّٰہُ السَّلَام کی جناب میں نذر پہنچا۔ سرکارِ مدینہ صَلَّی اللّٰہُ تَعَالٰی عَلَیْہِ وَاٰلِہٖ وَسَلَّم کے تَوَسُّط سے حضرت سَیِّدُنا آدم صَفِیُّ اللّٰہ عَلٰی نَبِیِّنَا وَعَلَیْہِ الصَّلٰوۃُ وَالسَّلَام سے لے کر اب تک جتنے انسان و جِنّات مسلمان ہوئے یا قِیامت تک ہوں گے سب کو پہنچا۔ اس دَوران جن جن بُزُرگوں کو خُصُوصاً ایصالِ ثواب کرنا ہے ان کا نام بھی لیتے جائیے۔ اپنے ماں باپ اور دیگر رشتے داروں اور اپنے پیر و مرشِد کو بھی ایصالِ ثواب کیجئے۔ (فوت شُدگان میں سے جن جن کا نام لیتے ہیں ان کو خوشی حاصل ہوتی ہے) اب حسبِ معمول دعا ختم کر دیجئے۔ (اگر تھوڑا تھوڑا کھانا اور پانی نکالا تھا تو وہ کھانوں اور پانی میں واپس ڈال دیجئے)

ثواب اَعمال کا میرے تو پہنچا ساری اُمّت کو
مجھے بھی بخش یا رب بخش اُن کی پیاری اُمّت کو

صَلُّوا عَلَی الْحَبِیْب! صَلَّی اللّٰہُ تَعَالٰی عَلٰی مُحَمَّد

روزہ

روزہ سے مراد

سوال: روزہ سے کیا مراد ہے؟

جواب: روزہ سے مراد یہ ہے کہ عبادت کی نیّت سے صُبحِ صادِق سے غروبِ آفتاب تک کچھ کھانے پینے وغیرہ سے باز رہیں۔

روزہ کی شرعی حیثیت

سوال: کیا روزہ رکھنا فرض ہے؟

جواب: جی ہاں! روزہ رکھنا فرض ہے اور بعض صورتوں میں واجِب اور نفْل بھی ہے۔

سوال: فرض روزہ سے کیا مراد ہے؟

جواب: ماہِ رمضان المبارک میں روزہ رکھنا فرض ہے اور اگر کوئی شخص کسی عُذر کی وجہ سے اس ماہ میں روزے نہ رکھ سکے تو بعد میں ان روزوں کی قضا کرنا بھی فرض ہے۔ اس کے علاوہ کفّارے کے روزے رکھنا بھی فرض ہیں۔

سوال: واجب روزے سے کیا مراد ہے؟

جواب: اگر کسی نے روزہ کی نذر مانی ہو تو نذْر پوری ہونے کے بعد روزہ رکھنا واجب ہے۔

سوال نَفلی روزے سے کیا مراد ہے؟

جواب فرض اور واجب روزوں کے علاوہ باقی ہر طرح کا روزہ نفلی ہوتا ہے اگرچہ ان میں سے بعض روزے سنت اور مستحب بھی ہیں: مثلاً ✿...... عاشورا یعنی دسویں محرم کا روزہ اور اس کے ساتھ نویں کا بھی ✿...... ہر مہینے میں تیرھویں، چودھویں، پندرھویں کا روزہ ✿...... عَرَفہ یعنی **ذُو الْحجة الحرام** کی 9 تاریخ کا روزہ ✿...... پیر اور جمعرات کا روزہ ✿...... عیدُ الفطر کے چھ روزے ✿...... ایک دن چھوڑ کر روزہ رکھنا۔

سوال کیا کسی دن روزہ رکھنا منع بھی ہے؟

جواب جی ہاں! عیدَین کے دو دن اور ماہِ ذوالحجۃ الحرام میں ایامِ تَشریق [1] کے تین دن روزہ رکھنا مکروہِ تحریمی ہے۔

روزے کب اور کس پر فرض ہوئے؟

سوال رَمَضان کے روزے کب اور کس پر فرض ہوئے؟

جواب توحید و رِسالت کا اِقرار کرنے اور تمام ضَروریاتِ دِین پر ایمان لانے کے بعد جس طرح ہر مُسلمان پر نَماز فَرض قرار دی گئی ہے اسی طرح رَمَضان شریف کے روزے بھی ہر مُسلمان (مَرد و عورت) عاقِل و بالِغ پر فَرض ہیں اور یہ روزے ۱۰ **شعبانُ الْمُعَظَّم** دو ہجری کو فرض ہوئے۔

سوال قرآنِ مجید میں روزوں کی فرضیت کا حکم کس آیتِ مبارکہ میں ہے؟

جواب قرآنِ مجید میں روزوں کی فرضیت کا حکم سورۂ بَقَرہ کی آیت نمبر 183 میں ہے۔ چُنانچہ ارشادِ باری تعالیٰ ہے:

یٰۤاَیُّهَا الَّذِیْنَ اٰمَنُوْا كُتِبَ عَلَیْكُمُ الصِّیَامُ كَمَا كُتِبَ عَلَى الَّذِیْنَ مِنْ قَبْلِكُمْ لَعَلَّكُمْ تَتَّقُوْنَۙ۝۱۸۳ (پ ۲، البقرة: ۱۸۳)

ترجمۂ کنزالایمان: اے ایمان والو تم پر روزے فرض کیے گئے جیسے اگلوں پر فرض ہوئے تھے کہ کہیں تمہیں پرہیز گاری ملے۔

---

[1]...... دس ذوالحجہ کے بعد کے تین دن (۱۱، ۱۲، ۱۳) کو ایامِ تشریق کہتے ہیں۔ (بہارِ شریعت، حصہ چہارم کی اصطلاحات، ۱/ ۵۵)

سوال کیا روزہ پہلے کی اُمّتوں پر بھی فرض تھا؟

جواب جی ہاں! روزہ گزَشتہ اُمّتوں میں بھی تھا مگر اُس کی صُورت ہمارے روزوں سے مختلف تھی۔ رِوایات سے پتا چلتا ہے کہ

- ...... حضرتِ سیّدُنا آدم عَلَیْہِ السَّلام نے (ہر اسلامی ماہ کی) ۱۳، ۱۴، ۱۵ تاریخ کو روزہ رکھا۔[۱]
- ...... حضرتِ سیّدُنا نُوح عَلَیْہِ السَّلام ہمیشہ روزہ دار رہتے۔[۲]
- ...... حضرتِ سیّدُنا عیسیٰ عَلَیْہِ السَّلام ہمیشہ روزہ رکھتے تھے کبھی نہ چھوڑتے تھے۔[۳]
- ...... حضرتِ سیّدُنا داؤد عَلَیْہِ السَّلام ایک دن چھوڑ کر ایک دن روزہ رکھتے۔[۴]
- ...... حضرتِ سیّدُنا سُلیمان عَلَیْہِ السَّلام تین دن مہینے کے شروع میں، تین دن درمیان میں اور تین دن آخر میں (یعنی مہینے میں ۹ دن) روزہ رکھا کرتے۔[۵]

روزہ تقویٰ و پرہیزگاری کی علامت ہے

سوال کیا روزہ تقویٰ و پرہیزگاری کی علامت ہے؟

جواب جی ہاں! روزہ پرہیزگاری کی علامت ہے کیونکہ سخت گرمی کے دنوں میں جب پیاس سے حلق سُوکھ رہا ہو، ہونٹ خُشک ہو چکے ہوں اور پانی بھی موجود ہو تو بھی روزہ دار اُس کی طرف دیکھتا تک نہیں۔ اسی طرح بھوک کی شِدّت کے باوجود روزہ دار کھانے کی طرف ہاتھ نہیں بڑھاتا۔ اس سے معلوم ہوتا ہے کہ روزہ دار کا اللہ عَزَّوَجَلَّ پر کِتنا پُختہ ایمان ہے کیونکہ وہ جانتا ہے کہ اِس کی حرکت ساری دُنیا سے تو چُھپ سکتی ہے مگر

---

[۱] ...... کنز العمال، کتاب الصوم، الجزء الثامن، ۴/۲۵۸، حدیث: ۲۴۱۸۸

[۲] ...... ابن ماجه، کتاب الصیام، باب ماجاء في صیام نوح، ۲/۳۳۳، حدیث: ۱۷۱۴

[۳] ...... کنز العمال، کتاب الصوم، الجزء الثامن، ۴/۳۰۴، حدیث: ۲۴۶۲۴

[۴] ...... مسلم، کتاب الصیام، باب النهی عن صوم الدهر ...... الخ، ص ۵۸۷، حدیث: ۱۸۷-(۱۱۵۹)

[۵] ...... کنز العمال، کتاب الصوم، الجزء الثامن، ۴/۳۰۴، حدیث: ۲۴۶۲۴

اللہ عَزَّوَجَلَّ سے پوشیدہ نہیں رہ سکتی۔ اللہ عَزَّوَجَلَّ پر اس کا یہ یقینِ کامل روزے کا عملی نتیجہ ہے کیونکہ دُوسری عِبادتیں کِسی نہ کِسی ظاہری حَرَکت سے ادا کی جاتی ہیں مگر روزے کا تعلُّق باطِن سے ہے۔ اِس کا حال اللہ عَزَّوَجَلَّ کے سِوا کوئی نہیں جانتا اگر وہ چُھپ کر کھا پی لے تب بھی لوگ تو یہی سمجھتے رہیں گے کہ یہ روزہ دار ہے مگر وہ مَحْض خوفِ خدا کے باعث کھانے پینے سے اپنے آپ کو بچا رہا ہے اور یہی تو تقویٰ و پرہیز گاری ہے۔

سوال کس عمر میں روزہ رکھنا شروع کر دینا چاہئے؟

جواب چھوٹے مَدَنی منّوں کو بھی روزہ رکھنے کی عادت ڈالنی چاہئے تاکہ جب وہ بالِغ ہو جائیں تو اُنہیں روزہ رکھنے میں دُشواری نہ ہو۔ چُنانچہ،

اعلیٰ حضرت عَلَیْہِ رَحمَۃُ رَبِّ الْعِزَّت فرماتے ہیں: بچہ جیسے آٹھویں سال میں قدم رکھے اس کے ولی پر لازم ہے کہ اسے نماز روزے کا حُکم دے اور جب اسے گیارھواں سال شروع ہو تو ولی پر واجِب ہے کہ صوم وصلوٰۃ پر مارے بشرطیکہ روزے کی طاقت ہو اور روزہ ضَرر (یعنی نقصان) نہ کرے۔ (1)

سوال کیا کبھی کسی نے دودھ پینے کی عمر میں روزہ رکھا ہے؟

جواب جی ہاں ہمارے گیارھویں والے پیر حضور غوثِ اعظم دستگیر شیخ عبدالقادر جیلانی قُدِّسَ سِرُّہُ النُّوْرَانِی دودھ پینے کی عمر میں ماہِ رَمضان میں دن کے وقت اپنی والِدہ ماجِدہ کا دودھ نہیں پیتے تھے گویا کہ روزے سے ہوں۔

سوال کیا روزہ رکھنے سے انسان بیمار ہو جاتا ہے؟

جواب جی نہیں! روزہ رکھنے سے انسان بیمار نہیں ہوتا بلکہ تندرست ہو جاتا ہے جیسا کہ فرمانِ مصطفٰے صَلَّی اللہُ تَعَالٰی عَلَیْہِ وَاٰلِہٖ وَسَلَّم ہے: **صُوْمُوْا تَصِحُّوْا** یعنی روزہ رکھو صحّت یاب ہو جاؤ گے۔ (2)

---

(1) ......فتاویٰ رضویہ، ۱۰/ ۳۴۵

(2) ......المعجم الاوسط، ۶/ ۱۴۶، حدیث: ۸۳۱۲

روزہ رکھنے و کھولنے کی دعائیں

نیّت دل کے ارادہ کا نام ہے، زبان سے کہنا شرط نہیں مگر زبان سے کہہ لینا مستحب ہے۔ چُنانچہ،

اگر رات میں (یعنی صُبحِ صادِق سے پہلے) روزے کی نیّت کرے تو یوں کہے:

نَوَيْتُ اَنْ اَصُوْمَ غَدًا لِلّٰهِ تَعَالٰى مِنْ فَرْضِ رَمَضَانَ هٰذَا

یعنی میں نے نیّت کی کہ **اللہ** عَزَّوَجَلَّ کے لیے اس رَمَضان کا فرض روزہ کل رکھوں گا۔

اور اگر دن میں (یعنی صبح صادق کے بعد) نیّت کرے تو یہ کہے:

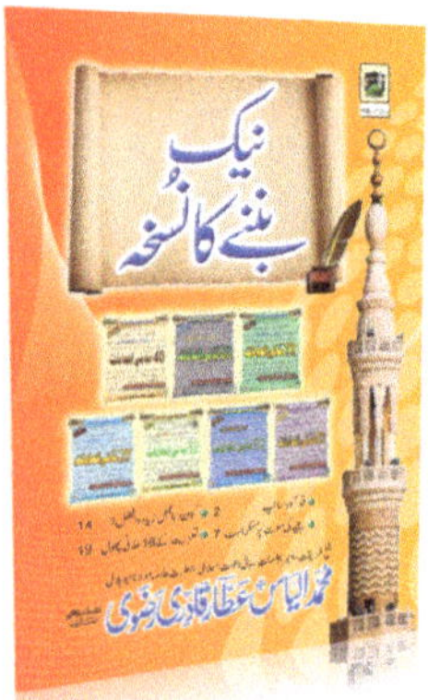

نَوَيْتُ اَنْ اَصُوْمَ هٰذَا الْيَوْمَ لِلّٰهِ تَعَالٰى مِنْ فَرْضِ رَمَضَانَ

میں نے نیّت کی کہ **اللہ** عَزَّوَجَلَّ کے لیے آج رمضان کا فرض روزہ رکھوں گا۔ [1]

روزے کی حقیقت

سوال روزہ داروں کے اعتبار سے روزہ کی کتنی قسمیں ہیں؟

جواب روزہ داروں کے اعتبار سے روزہ کی تین قسمیں ہیں:

{1}...... **عوام کا روزہ:** روزہ کے لُغوی معنٰی ہیں: رُکنا۔ شریعت کی اِصطِلاح میں صُبحِ صادِق سے لے کر غُروبِ آفتاب تک قَصدًا کھانے پینے وغیرہ سے رُکے رہنے کو روزہ کہتے ہیں اور یہی عوام یعنی عام لوگوں کا روزہ ہے۔

{2}...... **خَواص کا روزہ:** کھانے پینے وغیرہ سے رُکے رہنے کے ساتھ ساتھ جسم کے تمام اَعْضاء کو بُرائیوں سے روکنا خَواص یعنی خاص لوگوں کا روزہ ہے۔

{3}...... **اَخَصُّ الْخَواص کا روزہ:** اپنے آپ کو تمام تر اُمُور سے روک کر صِرف اور صِرف **اللہ** عَزَّوَجَلَّ کی طرف مُتَوَجِّہ ہونا، یہ **اَخَصُّ الْخَواص** یعنی خاصُ الْخاص لوگوں کا روزہ ہے۔

سوال روزے کی حقیقت کیا ہے؟

---

[1] ...... بہارِ شریعت، ۱/ ۹۶۸

جواب حضرتِ سَیِّدُنا داتا گنج بخش علی ہجویری عَلَیْہِ رَحمَۃُ اللّٰہِ الْقَوِی فرماتے ہیں: روزے کی حقیقت رُکنا ہے اور رُکے رہنے کی بہُت سی شَرائِط ہیں: مَثَلاً مِعْدے کو کھانے پینے سے رَوکے رکھنا، آنکھ کو شَہوانی نظر سے روکے رکھنا، کان کو غِیبت سُننے، زَبان کو فُضُول اور فِتنہ انگیز باتیں کرنے اور جسم کو حُکْمِ الٰہی کی مخالَفت سے روکے رکھنا روزہ ہے۔ جب بندہ اِن تمام شرائِط کی پیروی کرے گا تب وہ حقیقتاً روزہ دار ہوگا۔ [1]

سوال حضرتِ سَیِّدُنا داتا گنج بخش علی ہجویری عَلَیْہِ رَحمَۃُ اللّٰہِ الْقَوِی کے فرمان سے کیا بات معلوم ہوتی ہے؟

جواب حضرتِ سَیِّدُنا داتا گنج بخش علی ہجویری عَلَیْہِ رَحمَۃُ اللّٰہِ الْقَوِی کے فرمان سے یہ بات معلوم ہوتی ہے کہ ہمیں بھوکا پیاسا رہنے کے ساتھ ساتھ جسم کے دیگر اعضاء مثلاً آنکھ، کان، زبان، ہاتھ اور پاؤں کا بھی روزہ رکھنا چاہئے۔

آنکھ کا روزہ

سوال آنکھ کے روزے سے کیا مراد ہے؟

جواب آنکھ کے روزے سے مراد یہ ہے کہ آنکھ جب بھی اُٹھے تو صِرف اور صِرف جائز اُمُور ہی کی طرف اُٹھے۔ یعنی اپنی آنکھ کو فلمیں، ڈرامے دیکھنے، کسی پر بُری نظر ڈالنے سے بچا کر اس سے مسجد و قرآنِ پاک، والِدَین و اَساتِذہ، اپنے پیرو مُرشِد و عُلَمائے کرام اور مزاراتِ اولیائے کرام رَحِمَہُمُ اللّٰہُ السَّلَام دیکھئے اور زہے نصیب، کرم بالائے کرم ہو جائے تو سبز سبز گنبد کے انوار اور **کَعْبَةُ اللّٰه** شریف کے جلوے دیکھئے۔

کان کا روزہ

سوال کان کے روزے سے کیا مراد ہے؟

جواب کان کے روزے سے مراد یہ ہے کہ صِرف اور صِرف جائز باتیں سُنئے یعنی اپنے کانوں کو غیبت، چغلی، گانے باجے و موسیقی، فُحش لطیفے و بے حیائی کی باتیں اور کان لگا کر کسی کے عَیب سُننے سے بچا کر اذان و اقامت، تلاوتِ قرآن و نعت، سنّتوں بھرا بیان و دین کی پیاری پیاری باتیں سنئے۔

---

[1] ...... کشف المحجوب، کشف الحجاب السابع فی الصوم، ص ۳۵۳، ۳۵۴ ملتقطاً

زبان کا روزہ

سوال: زبان کے روزے سے کیا مراد ہے؟

جواب: زبان کے روزے سے مراد یہ ہے کہ زَبان صرف اور صِرف نیک و جائز باتوں کیلئے ہی حَرَکت میں آئے۔ یعنی اپنی زبان کو جھوٹ، غیبت، چغلی، گالی گلوچ کرنے، بے حیائی، فضول اور کسی مسلمان کی دل آزاری والی باتیں کرنے، گانے و نغمے گانے، فُحش و بے ہودہ لطیفے سُنانے سے بچا کر **ذکرُ اللہ** کرنے، نعت شریف پڑھنے، سچ بولنے، اذان و اقامت کہنے، نماز پڑھنے، تلاوتِ قرآنِ پاک کرنے، سنّتوں بھرا بیان اور اچھی اچھی باتیں کرنے میں استعمال کریں۔

ہاتھ کا روزہ

سوال: ہاتھ کے روزے سے کیا مراد ہے؟

جواب: ہاتھ کے روزے سے مراد یہ ہے کہ جب بھی ہاتھ اُٹھیں، صِرف نیک کاموں کے لئے اُٹھیں یعنی اپنے ہاتھوں کو کسی پر ظُلم کرنے، رشوت لینے، تاش لُڈو اور دیگر فضول کھیل کھیلنے، چوری کرنے اور جھوٹ لکھنے سے بچا کر قرآنِ پاک کو چھونے، مسلمان بھائی، عُلَمائے کرام، مشائخ عِظام سے مُصافَحہ کرنے، زکوٰۃ وصَدَقہ خیرات دینے، حلال کی محنت مزدوری کرنے اور دین کی پیاری پیاری باتیں لکھنے میں استعمال کریں۔

پاؤں کا روزہ

سوال: پاؤں کے روزے سے کیا مراد ہے؟

جواب: پاؤں کے روزے سے مراد یہ ہے کہ پاؤں صِرف نیک کاموں کیلئے اُٹھیں یعنی چلیں تو مسجد و مزاراتِ اولیاء، سنتوں بھرے اجتماع و نیکی کی دعوت، مدنی قافلہ و سفرِ مدینہ کی طرف چلیں اور ہرگز سینما گھر، ڈرامہ گاہ، بُرے دوستوں کی مجلسوں، شطرنج، لُڈو، تاش، کرکٹ، فُٹبال، ویڈیو گیمز وغیرہ کھیل کھیلنے یا دیکھنے کی طرف نہ چلیں۔

روزہ رکھنے کے فضائل

{1}...... ہر شے کا ایک دروازہ ہوتا ہے اور عبادت کا دروازہ روزہ ہے۔[1]

{2}...... جس کا روزے کی حالت میں انتقال ہوا اللّٰہ عَزَّوَجَلَّ اس کو قیامت تک کے روزوں کا ثواب عطا فرماتا ہے۔[2]

{3}...... جس نے رَمَضان کا روزہ رکھا اور اس کی حُدود کو پہچانا اور جس چیز سے بچنا چاہیے اس سے بچا تو جو (کچھ گناہ) پہلے کر چکا ہے اس کا کفّارہ ہو گیا۔[3]

{4}...... جس نے اللّٰہ عَزَّوَجَلَّ کی راہ میں ایک دن کا روزہ رکھا اللّٰہ عَزَّوَجَلَّ اس کے چہرے کو جہنّم سے ستّر سال کی مَسافت دُور کر دے گا۔[4]

{5}...... قیامت کے دن روزے داروں کے لئے سونے کے دستر خوان پر کھانا رکھا جائے گا جسے وہ کھائیں گے حالانکہ لوگ (حساب و کتاب کے) مُنتظر ہوں گے۔[5]

روزہ نہ رکھنے کی وعیدیں

{1}...... جس نے رَمَضان کے ایک دن کا روزہ بغیر رخصت و بغیر مَرَض اِفطار کیا (یعنی نہ رکھا) تو زمانہ بھر کا روزہ بھی اس کی قضا نہیں ہو سکتا اگرچہ بعد میں رکھ بھی لے۔[6]

{2}...... اُس شخص کی ناک خاک آلود ہو جس پر رَمَضان کا مہینہ داخِل ہوا پھر اس کی مغفِرت ہونے سے قبل گُزر گیا۔[7]

---

[1] ...... الجامع الصغیر، ص ۱۴۶، حدیث: ۲۴۱۵

[2] ...... فردوس الاخبار، ۲/۲۷۴، حدیث: ۵۹۶۷

[3] ...... الاحسان بترتیب صحیح ابن حبان، باب فضل رمضان، الجزء الخامس، ۴/۱۸۲، حدیث: ۳۴۲۴

[4] ...... بخاری، کتاب الجهاد والسیر، باب فضل الصوم فی سبیل الله، ۲/۲۶۵، حدیث: ۲۸۴۰

[5] ...... کنز العمال، کتاب الصوم، الباب الاول فی صوم الفرض، الجزء الثامن، ۸/۲۱۴، حدیث: ۲۳۶۴۰

[6] ...... ترمذی، کتاب الصوم، باب ماجاء فی الافطار متعمدًا، ۲/۱۷۵، حدیث: ۷۲۳

[7] ...... مسند احمد، ۳/۶۱، حدیث: ۷۴۵۵

سحری سے متعلق چند بنیادی باتیں

سوال سَحَری سے کیا مراد ہے؟

جواب سَحَری سے مراد وہ کھانا ہے جو رَمَضانُ المبارک میں رات کے آخری حصے سے صُبْحِ صادِق تک روزہ رکھنے کے لیے کھایا جاتا ہے۔

سوال سَحَری کب تک کر سکتے ہیں؟

جواب سَحَری میں تاخِیر کرنا مُسْتَحَب ہے اور دیر سے سَحَری کرنے میں زیادہ ثواب مِلتا ہے مگر اتنی تاخیر بھی نہ کی جائے کہ صبحِ صادق کا شُبہ ہونے لگے۔

سوال سَحَری میں تاخیر سے مُراد کونسا وَقت ہے؟

جواب سَحَری میں تاخیر سے مُراد رات کا چھٹا حِصّہ ہے۔

سوال رات کا چھٹا حِصّہ کیسے معلوم ہو سکتا ہے؟

جواب غُروبِ آفتاب سے لے کر صُبحِ صادِق تک رات کہلاتی ہے۔ مَثَلاً کسی دِن سات بجے شام کو سورج غُروب ہوا اور پھر چار بجے صُبحِ صادِق ہوئی تو اِس طرح غروبِ آفتاب سے لے کر صُبحِ صادِق تک جو نو گھنٹے کا وَقفہ گزرا وہ رات کہلایا۔ اب رات کے اِن نو گھنٹوں کے برابر برابر چھ حِصّے کئے تو ہر حِصّہ ڈیڑھ گھنٹے کا ہوا۔ اب رات کے آخری ڈیڑھ گھنٹے (یعنی اڑھائی بجے تا چار بجے) کے دوران صُبحِ صادِق سے پہلے پہلے جب بھی سَحَری کی، وہ تاخیر سے کرنا ہوا۔

سوال جو لوگ صُبحِ صادِق کے بعد فَجر کی اذانیں ہو رہی ہوں اور کھاتے پیتے رہیں ان کے متعلّق کیا حُکم ہے؟

جواب وہ لوگ جو صُبحِ صادِق کے بعد فَجر کی اذانیں ہو رہی ہوں اور کھاتے پیتے رہیں ان کا روزہ نہیں ہوتا کیونکہ روزہ بند کرنے کا تعلُّق اذانِ فَجر سے نہیں بلکہ صبحِ صادق کے شروع ہونے سے ہے، لِہٰذا صُبحِ صادِق سے پہلے پہلے کھانا پینا بند کرنا ضَروری ہے۔

اے ہمارے پیارے پیارے اللہ عَزَّوَجَلَّ! ہمیں اپنی پسند کا روزہ دار بنا کر مدینے میں روزہ کی حالت میں اپنے پیارے محبوب صَلَّی اللہُ تَعَالٰی عَلَیْہِ وَاٰلِہٖ وَسَلَّم کے قدموں میں موت اور جنّتُ البقیع میں مدفن نصیب فرما۔ امین

زکوٰۃ

زکوٰۃ سے مراد

سوال زکوٰۃ سے کیا مراد ہے؟

جواب زکوٰۃ شریعت کی جانب سے مقرّر کردہ اس مال کو کہتے ہیں جسے اپنا ہر طرح کا نفع ختم کرنے کے بعد رِضائے الٰہی کے لئے کسی ایسے مسلمان فقیر کی ملکیت میں دے دیا جائے جو نہ تو خود ہاشمی ہو اور نہ ہی کسی ہاشمی کا آزاد کردہ غلام ہو۔ [1]

سوال ہاشمی سے کیا مراد ہے؟

جواب اس سے مراد حضرت علی و جعفر و عقیل اور حضرت عباس و حارِث بن عبدُ المُطَّلِب کی اولادیں ہیں۔ ان کے علاوہ جنہوں نے نبی کریم صَلَّی اللہُ تَعَالٰی عَلَیْہِ وَاٰلِہٖ وَسَلَّم کی اِعانت (مدد) نہ کی مثلاً ابولَہَب کہ اگرچہ یہ کافِر بھی حضرت عبدالمطلب کا بیٹا تھا مگر اس کی اولادیں بنی ہاشم میں شمار نہ ہوں گی۔ [2]

سوال زکوٰۃ کس پر فرض ہے؟

جواب زکوٰۃ دینا ہر اُس عاقِل، بالغ اور آزاد مسلمان پر فرض ہے جو سال بھر نصاب کا مالک ہو اور وہ نصاب اس کے قبضے میں ہونے کے ساتھ ساتھ اس کی حاجتِ اَصلِیَّہ (یعنی ضَروریاتِ زندگی) سے زائد بھی ہو۔ نیز اس

[1] ...... درمختار، کتاب الزکوۃ، ۳/۲۰۳ تا ۲۰۶ ملتقطاً

[2] ...... بہارشریعت، مال زکوٰۃ کے مصارف، ۱/۹۳۱

پر ایسا قرض بھی نہ ہو کہ اگر وہ قرض ادا کرے تو اس کا نصاب باقی نہ رہے۔ ①

سوال: نصاب کا مالک ہونے سے کیا مراد ہے؟

جواب: نصاب کا مالک ہونے سے مراد یہ ہے کہ اس شخص کے پاس ساڑھے سات تولے سونا یا ساڑھے باون تولے چاندی یا اتنی مالیت کی رقم یا اتنی مالیت کا مالِ تجارت ہو۔

سوال: حاجتِ اَصلِیَّہ سے کیا مراد ہے؟

جواب: حاجتِ اصلیہ سے مراد وہ چیزیں ہیں جن کی عموماً انسان کو ضَرورت ہوتی ہے اور ان کے بغیر گزر اوقات میں شدید تنگی و دُشواری محسوس ہوتی ہے جیسے رہنے کا گھر، پہننے کے کپڑے، سواری، علمِ دین سے متعلّق کتابیں اور پیشے سے متعلق اوزار وغیرہ۔ ②

سوال: زکوٰۃ کے فرض ہونے کے لیے سال گُزرنے میں قَمری (یعنی چاند کے) مہینوں کا اعتبار ہوگا یا شمسی مہینوں کا؟

جواب: زکوٰۃ کے فرض ہونے کے لیے سال گزرنے میں قَمری (یعنی چاند کے) مہینوں کا اعتبار ہوگا نہ کہ شمسی مہینوں کا، بلکہ شمسی مہینوں کا اعتبار حرام ہے۔ ③

سوال: کتنی زکوٰۃ دینا فرض ہے؟

جواب: نصاب کا چالیسواں حصہ (یعنی 2.5%) زکوٰۃ کے طور پر دینا فرض ہے۔

سوال: زکوٰۃ کب فرض ہوئی؟

جواب: زکوٰۃ 2 ہجری میں روزوں سے قَبل فرض ہوئی۔ ④

---

① ...... بہارِ شریعت، زکوٰۃ کا بیان، ١/ ٨٧٥ تا ٨٨٠ ملتقطاً

② ...... ھدایۃ، کتاب الزکوۃ، ١/ ٩٦

③ ...... فتاوی رضویہ، ١٠/ ١٥٧ ماخوذاً

④ ...... درمختار، کتاب الزکوۃ، ٣/ ٢٠٢

سوال: کیازکوٰۃ کی فرضیَّت قرآن وسنّت سے ثابت ہے؟

جواب: جی ہاں! زکوٰۃ کی فرضیت کتاب وسنّت سے ثابت ہے۔ چُنانچہ،

❁...... **اللہ** عَزَّوَجَلَّ قرآنِ پاک میں ارشادفرماتا ہے:

وَ اَقِیْمُوا الصَّلٰوةَ وَ اٰتُوا الزَّكٰوةَ ترجَمۂ کنزالایمان: اور نماز قائم رکھواور زکوٰۃ دو۔

(پ ا، البقرۃ: ۴۳)

صدرُ الافاضل حضرت مولانا سیّد محمد نعیم الدین مراد آبادی عَلَیْہِ رَحمَۃُ اللہِ الْھَادِی اس آیت کے تحت تفسیرِ خزائنُ العرفان میں لکھتے ہیں: اس آیت میں نماز وزکوٰۃ کی فرضیت کا بیان ہے۔

❁......شہنشاہِ مدینہ، قرارِ قلب وسینہ صَلَّی اللہُ تَعَالٰی عَلَیْہِ وَاٰلِہٖ وَسَلَّم نے جب حضرت سیدنا مُعاذ رَضِیَ اللہُ تَعَالٰی عَنْہ کو یمن کی طرف بھیجا تو ارشادفرمایا: ان کو بتاؤ کہ **اللہ** عَزَّوَجَلَّ نے ان کے مالوں میں زکوٰۃ فرض کی ہے جوان کے مال داروں سے لے کر فُقَرا کو دی جائے گی۔ [1]

سوال: اگرکوئی زکوٰۃ کوفرض نہ مانے تواس کے متعلّق کیا حُکم ہے؟

جواب: اگرکوئی زکوٰۃ کوفرض نہ مانے تو وہ کافِر ہے۔ [2]

سوال: کیازکوٰۃ دینے سے مال میں کمی ہوجاتی ہے؟

جواب: جی نہیں! زکوٰۃ دینے سے مال میں کمی نہیں ہوتی بلکہ مال پہلے سے بھی بڑھ جاتا ہے، لہٰذا زکوٰۃ دینے والے کو یہ یقین رکھتے ہوئے خوشدلی سے زکوٰۃ دینی چاہیے کہ **اللہ** عَزَّوَجَلَّ اس کو بہتر بدلہ عطا فرمائے گا۔ چنانچہ، **اللہ** عَزَّوَجَلَّ کے محبوب، دانائے غُیوب صَلَّی اللہُ تَعَالٰی عَلَیْہِ وَاٰلِہٖ وَسَلَّم کا فرمانِ عظمت نشان ہے: صدقہ سے مال کم نہیں ہوتا۔ [3] اگرچہ ظاہری طور پر مال کم ہوتا نظر آتا ہے لیکن حقیقت میں بڑھ رہا ہوتا ہے جیسے درخت

---

[1]...... ترمذی، کتاب الزکوۃ، باب ماجاء فی کراھیۃ اخذ خیار المال فی الصدقۃ، ۲/۱۲۶، حدیث: ۶۲۵ ملخصًا

[2]...... عالمگیری، کتاب الزکوۃ، الباب الاول، ۱/۱۷۰

[3]...... المعجم الاوسط، ۱/۶۱۸، حدیث: ۲۲۷۰

سے خراب ہونے والی شاخیں تراشنے سے بظاہر درخت میں کمی نظر آتی ہے لیکن یہ تراشنا اس کی نشو ونما کا سبب ہے۔ **مُفَسِّرِ شَہیر، حکیمُ الاُمَّت** مفتی احمد یار خان عَلَیْہِ رَحمَۃُ اللّٰہِ الْحَنَّان فرماتے ہیں: زکوٰۃ دینے والے کی زکوٰۃ ہر سال بڑھتی ہی رہتی ہے۔ یہ تجربہ ہے جو کسان کھیت میں بیج پھینک آتا ہے وہ بظاہر بوریاں خالی کرلیتا ہے لیکن حقیقت میں مع اضافہ کے بھر لیتا ہے۔ گھر کی بوریاں چوہے، سُرسُری وغیرہ کی آفات سے ہلاک ہوجاتی ہیں یا یہ مطلب ہے کہ جس مال میں سے صَدَقہ نکلتا رہے اُس میں سے خرچ کرتے رہو **اِنْ شَآءَ اللہ** عَزَّوَجَلَّ بڑھتا ہی رہے گا، کُنویں کا پانی بھرے جاؤ تو بڑھے ہی جائے گا۔ [1]

سوال زکوٰۃ دینے کے فوائد کیا ہیں؟

جواب زکوٰۃ دینے کے فوائد دو طرح کے ہیں کچھ وہ ہیں جو قرآنِ پاک میں بیان ہوئے ہیں اور بعض حدیثِ پاک میں مروی ہیں۔ چُنانچہ،

قرآنِ پاک میں مروی چند فوائد

قرآنِ پاک میں مَروی چند فوائد یہ ہیں:

﴿1﴾ ......زکوٰۃ دینے والے پر رحمتِ الٰہی کی چھما چھم برسات ہوتی ہے۔ سورۂ اَعراف میں ہے:

وَرَحْمَتِیْ وَسِعَتْ كُلَّ شَیْءٍؕ فَسَاَكْتُبُهَا لِلَّذِیْنَ یَتَّقُوْنَ وَ یُؤْتُوْنَ الزَّكٰوةَ (پ۹، الاعراف: ۱۵۶)

ترجمۂ کنزالایمان: اور میری رحمت ہر چیز کو گھیرے ہے تو عنقریب میں نعمتوں کو ان کے لئے لکھ دوں گا جو ڈرتے اور زکوٰۃ دیتے ہیں۔

﴿2﴾ ......زکوٰۃ دینے سے تقویٰ حاصل ہوتا ہے۔ قرآنِ پاک میں مُتَّقِین کی علامات میں سے ایک علامت یہ بھی بیان کی گئی ہے۔ چنانچہ ارشاد ہوتا ہے:

---

[1] ......مرأۃ المناجیح، ۳/۹۳

وَ مِمَّا رَزَقْنٰهُمْ یُنْفِقُوْنَ ﴿۳﴾ (پ ۱، البقرۃ: ۳)

ترجَمۂ کنز الایمان: اور ہماری دی ہوئی روزی میں سے ہماری راہ میں اُٹھائیں۔

﴿3﴾ ......زکوٰۃ دینے والا کامیاب لوگوں کی فہرست میں شامل ہوجاتا ہے۔ جیسا کہ قرآن پاک میں فلاح کو پہنچنے والوں کا ایک کام زکوٰۃ بھی گِنوایا گیا ہے۔ چُنانچہ ارشاد ہوتا ہے:

قَدْ اَفْلَحَ الْمُؤْمِنُوْنَ ﴿۱﴾ الَّذِیْنَ هُمْ فِیْ صَلَاتِهِمْ خٰشِعُوْنَ ﴿۲﴾ وَ الَّذِیْنَ هُمْ عَنِ اللَّغْوِ مُعْرِضُوْنَ ﴿۳﴾ وَ الَّذِیْنَ هُمْ لِلزَّكٰوةِ فٰعِلُوْنَ ﴿۴﴾ (پ ۱۸، المؤمنون: ۱ تا ۴)

ترجَمۂ کنز الایمان: بیشک مُراد کو پہنچے ایمان والے جو اپنی نماز میں گڑگڑاتے ہیں اور وہ جو کسی بیہودہ بات کی طرف اِلتفات نہیں کرتے اور وہ کہ زکوٰۃ دینے کا کام کرتے ہیں۔

﴿4﴾ ......اللہ عَزَّوَجَلَّ زکوٰۃ ادا کرنے والے کی مدد فرماتا ہے۔ چنانچہ ارشاد ہوتا ہے:

وَ لَیَنْصُرَنَّ اللّٰهُ مَنْ یَّنْصُرُهٗ ؕ اِنَّ اللّٰهَ لَقَوِیٌّ عَزِیْزٌ ﴿۴۰﴾ اَلَّذِیْنَ اِنْ مَّكَّنّٰهُمْ فِی الْاَرْضِ اَقَامُوا الصَّلٰوةَ وَ اٰتَوُا الزَّكٰوةَ وَ اَمَرُوْا بِالْمَعْرُوْفِ وَ نَهَوْا عَنِ الْمُنْكَرِ ؕ وَ لِلّٰهِ عَاقِبَةُ الْاُمُوْرِ ﴿۴۱﴾ (پ ۱۷، الحج: ۴۰، ۴۱)

ترجَمۂ کنز الایمان: اور بیشک اللہ ضرور مدد فرمائے گا اس کی جو اس کے دین کی مدد کرے گا بیشک ضرور اللہ قدرت والا غالب ہے وہ لوگ کہ اگر ہم اُنہیں زمین میں قابو دیں تو نماز برپا رکھیں اور زکوٰۃ دیں اور بَھلائی کا حُکم کریں اور بُرائی سے روکیں اور اللہ ہی کے لئے سب کاموں کا انجام۔

﴿5﴾ ......زکوٰۃ ادا کرنا اللہ کے گھروں یعنی مساجِد کو آباد کرنے والوں کی صفات میں سے ہے۔ چنانچہ ارشاد ہوتا ہے:

اِنَّمَا یَعْمُرُ مَسٰجِدَ اللّٰهِ مَنْ اٰمَنَ بِاللّٰهِ وَ الْیَوْمِ الْاٰخِرِ وَ اَقَامَ الصَّلٰوةَ

ترجَمۂ کنز الایمان: اللہ کی مسجدیں وہی آباد کرتے ہیں جو اللہ اور قیامت پر ایمان لاتے اور نماز قائم رکھتے ہیں اور

وَ اٰتَى الزَّكٰوةَ وَ لَمْ يَخْشَ اِلَّا اللّٰهَ فَعَسٰۤى اُولٰٓىٕكَ اَنْ يَّكُوْنُوْا مِنَ الْمُهْتَدِيْنَ۝۱۸ (پ ۱۰، التوبۃ: ۱۸)

زکوۃ دیتے ہیں اور اللّٰہ کے سوا کسی سے نہیں ڈرتے تو قریب ہے کہ یہ لوگ ہدایت والوں میں ہوں۔

﴿6﴾......زکوۃ دینے والے کا مال کم نہیں ہوتا بلکہ دنیا و آخرت میں بڑھتا ہے۔ اللّٰہ عَزَّوَجَلَّ ارشاد فرماتا ہے:

وَ مَاۤ اَنْفَقْتُمْ مِّنْ شَیْءٍ فَهُوَ يُخْلِفُهٗ ۚ وَ هُوَ خَيْرُ الرّٰزِقِيْنَ۝۳۹ (پ ۲۲، سبا: ۳۹)

ترجمۂ کنزالایمان: اور جو چیز تم اللّٰہ کی راہ میں خرچ کرو وہ اسکے بدلے اور دے گا اور وہ سب سے بہتر رزق دینے والا۔

ایک مقام پر ارشاد ہوتا ہے:

مَثَلُ الَّذِيْنَ يُنْفِقُوْنَ اَمْوَالَهُمْ فِیْ سَبِيْلِ اللّٰهِ كَمَثَلِ حَبَّةٍ اَنْۢبَتَتْ سَبْعَ سَنَابِلَ فِیْ كُلِّ سُنْۢبُلَةٍ مِّائَةُ حَبَّةٍ ؕ وَ اللّٰهُ يُضٰعِفُ لِمَنْ يَّشَآءُ ؕ وَ اللّٰهُ وَاسِعٌ عَلِيْمٌ۝۲۶۱ اَلَّذِيْنَ يُنْفِقُوْنَ اَمْوَالَهُمْ فِیْ سَبِيْلِ اللّٰهِ ثُمَّ لَا يُتْبِعُوْنَ مَاۤ اَنْفَقُوْا مَنًّا وَّ لَاۤ اَذًى ۙ لَّهُمْ اَجْرُهُمْ عِنْدَ رَبِّهِمْ ۚ وَ لَا خَوْفٌ عَلَيْهِمْ وَ لَا هُمْ يَحْزَنُوْنَ۝۲۶۲ (پ ۳، البقرۃ: ۲۶۱، ۲۶۲)

ترجمۂ کنزالایمان: ان کی کہاوت جو اپنے مال اللّٰہ کی راہ میں خرچ کرتے ہیں اس دانہ کی طرح جس نے اوگائیں سات بالیں ہر بال میں سو دانے اور اللّٰہ اس سے بھی زیادہ بڑھائے جس کے لیے چاہے اور اللّٰہ وُسعت والا علم والا ہے وہ جو اپنے مال اللّٰہ کی راہ میں خرچ کرتے ہیں پھر دیے پیچھے نہ اِحسان رکھیں نہ تکلیف دیں ان کا نیگ (اجروثواب) ان کے رب کے پاس ہے اور انہیں نہ کچھ اندیشہ ہو نہ کچھ غم۔

احادیثِ مبارکہ میں مروی چند فوائد

﴿1﴾......تمہارے اسلام کا پورا ہونا یہ ہے کہ تم اپنے مالوں کی زکوۃ ادا کرو۔ [1]

[1] ......الترغیب والترھیب، کتاب الصدقات، باب الترغیب فی اداءِ الزکوۃ، ۱/ ۳۰۱، حدیث: ۱۲

﴿2﴾ ...... اپنے مال کی زکوٰۃ نکال کہ وہ پاک کرنے والی ہے، تجھے پاک کردے گی۔[1]

﴿3﴾ ...... جس نے اپنے مال کی زکوٰۃ ادا کردی اس سے مال کا شر دُور ہوگیا۔[2]

﴿4﴾ ...... زکوٰۃ اسلام کا پُل ہے۔[3]

زکوٰۃ نہ دینے کے نقصانات

﴿1﴾ ...... جو قوم زکوٰۃ نہ دے گی اللہ عَزَّوَجَلَّ اسے قَحط میں مبتلا فرمائے گا۔[4]

﴿2﴾ ...... خشکی وتری میں جو مال تلف ہوتا ہے، وہ زکوٰۃ نہ دینے سے تلف ہوتا ہے۔[5]

﴿3﴾ ...... جس مال کی زکوٰۃ نہیں دی گئی قیامت کے دن وہ مال گنجا سانپ بن کر مالک کو دَوڑائے گا۔[6]

صَدَقۂ فِطر

صدقۂ فطر سے مراد

سوال صَدَقۂ فطر سے کیا مراد ہے؟

جواب صدقۂ فطر سے مراد وہ صدقہ ہے جو رَمَضانُ المبارک کے بعد نمازِ عید کی ادائیگی سے قبل دیا جاتا ہے۔

صدقۂ فطر کی شرعی حیثیت

سوال صدقۂ فطر کی شَرعی حیثیت کیا ہے؟

---

[1] ...... مسند احمد، ۴/ ۲۷۳، حدیث: ۱۲۳۹۷

[2] ...... المعجم الاوسط، ۱/ ۴۳۱، حدیث: ۱۵۷۹

[3] ...... المعجم الاوسط، ۶/ ۳۲۸، حدیث: ۸۹۳۷

[4] ...... المعجم الاوسط، ۳/ ۲۷۵، حدیث: ۴۵۷۷

[5] ...... الترغیب والترھیب، کتاب الصدقات، الترھیب من منع الزکوۃ ...... الخ، ۱/ ۳۰۸، حدیث: ۱۶

[6] ...... مسند احمد، ۳/ ۲۲۶، حدیث: ۱۰۸۵۷

جواب صَدَقۂ فِطر واجِب ہے۔[1] صحیح بخاری میں ہے کہ سرکارِ والا تبار صَلَّی اللّٰہُ تَعَالٰی عَلَیْہِ وَاٰلِہٖ وَسَلَّم نے مسلمانوں پر صدقۂ فطر مقرّر کیا۔[2]

سوال صدقہ فطر کس پر واجب ہے؟

جواب صدقہ فطر ہر اس آزاد مسلمان پر واجب ہے جو مالکِ نصاب ہو اور اس کا نصاب حاجتِ اَصلِیَّہ سے فارِغ ہو۔[3] مالِکِ نِصاب مَرد اپنی طرف سے، اپنے چھوٹے بچّوں کی طرف سے اور اگر کوئی مَجْنُون (یعنی پاگل) اولاد ہے (خواہ بالِغ ہی ہو) تو اُس کی طرف سے بھی صدقۂ فطر ادا کرے۔

ہاں! اگر وہ بچّہ یا مَجْنُون خود صاحِبِ نِصاب ہے تو پھر اُس کے مال میں سے فِطرہ ادا کردے۔[4]

سوال صدقۂ فطر کب واجب ہوتا ہے؟

جواب صدقۂ فطر عید کے دن صُبْحِ صادِق طلوع ہوتے ہی واجب ہوجاتا ہے۔[5]

سوال صدقۂ فطر کب واجب ہوا؟

جواب دو ہجری میں رَمَضان کے روزے فرض ہوئے اور اسی سال عید سے دو دن پہلے صدقۂ فطر کا حُکم دیا گیا۔[6]

سوال کیا صدقۂ فطر کا ذکر قرآنِ پاک میں بھی ہے؟

جواب جی ہاں! صدقۂ فطر کا ذکر 30 ویں پارے کی سورۂ اعلیٰ میں کیا گیا ہے۔ چُنانچہ مَروی ہے کہ مدینے کے تاجدار صَلَّی اللّٰہُ تَعَالٰی عَلَیْہِ وَاٰلِہٖ وَسَلَّم سے اس آیتِ کریمہ: قَدْ اَفْلَحَ مَنْ تَزَكّٰىۙ (١٤) وَ ذَكَرَ اسْمَ

---

[1] ……درمختار، کتاب الزکوۃ، باب صدقۃ الفطر، ٣/٣٦٢

[2] ……بخاری، کتاب الزکوۃ، باب فرض صدقۃ الفطر، ١/٥٠٧، حدیث: ١٥٠٣ ملخصًا

[3] ……درمختار، کتاب الزکوۃ، باب صدقۃ الفطر، ٣/٣٦٥

[4] ……عالمگیری، کتاب الزکوۃ، الباب الثامن فی صدقۃ الفطر، ١/١٩٢

[5] ……المرجع السابق

[6] ……درمختار، کتاب الزکوۃ، باب صدقۃ الفطر، ٣/٣٦٢

رَبِّهٖ فَصَلّٰى ﴿۱۵﴾ (پ ۳۰، الاعلیٰ: ۱۴، ۱۵) ترجمۂ کنز الایمان: بے شک مُراد کو پہنچا جو سُتھرا ہوا اور اپنے رب کا نام لے کر نماز پڑھی۔ کے متعلّق سُوال کیا گیا تو آپ صَلَّی اللّٰہُ تَعَالٰی عَلَیْہِ وَاٰلِہٖ وَسَلَّم نے ارشاد فرمایا: یہ آیت صَدَقۂ فِطر کے بارے میں نازل ہوئی۔ [1]

صدقۂ فطر کی ادائیگی کی حکمت

سوال صدقۂ فطر کیوں دیا جاتا ہے؟

جواب حضرت سیِّدُنا ابنِ عباس رَضِیَ اللّٰہُ تَعَالٰی عَنْہُمَا سے مَروی ہے کہ شہنشاہِ مدینہ، قرارِ قلب وسینہ صَلَّی اللّٰہُ تَعَالٰی عَلَیْہِ وَاٰلِہٖ وَسَلَّم نے روزوں کو لَغْو اور بے حیائی کی بات سے پاک کرنے کے لیے اور مسکینوں کو کھلانے کے لیے صدقۂ فطر مقرّر فرمایا۔ [2] حکیمُ الامت مفتی احمد یار خان نعیمی عَلَیْہِ رَحمَۃُ اللّٰہِ الْقَوِی اس حدیثِ پاک کے تحت فرماتے ہیں: فطرہ واجِب کرنے میں 2 حکمتیں ہیں۔ ایک تو روزہ دار کے روزوں کی کوتاہیوں کی مُعافی۔ اکثر روزے میں غصہ بڑھ جاتا ہے تو بلاوجہ لڑ پڑتا ہے، کبھی جھوٹ غیبت وغیرہ بھی ہو جاتے ہیں، رب تعالیٰ اس فطرے کی بَرَکت سے وہ کوتاہیاں مُعاف کر دے گا کہ نیکیوں سے گناہ معاف ہوتے ہیں۔ دوسرے مساکین کی روزی کا انتظام۔ [3]

سوال کیا صدقۂ فطر کے لئے رَمَضان کے روزے رکھنا شرط ہے؟

جواب جی نہیں! صدقۂ فطر واجب ہونے کے لئے رَمَضان کے روزے رکھنا شرط نہیں، لہٰذا بلا عُذْر یا کسی عُذْر مثلاً سفر، مَرَض یا بڑھاپے کی وجہ سے روزے نہ رکھنے والا بھی فطرہ ادا کرے گا۔ [4]

---

[1] ...... صحیح ابن خزیمہ، ۴/۹۰، حدیث: ۲۴۹۷

[2] ...... ابو داود، کتاب الزکوۃ، باب زکوۃ الفطر، ۲/۱۵۷، حدیث: ۱۶۰۹

[3] ...... مرأۃ المناجیح، ۳/۴۳

[4] ...... درمختار، کتاب الزکوۃ، باب صدقۃ الفطر، ۳/۳۶۷

حَج

حج سے مراد

سوال حج کسے کہتے ہیں؟

جواب حج نام ہے اِحرام باندھ کر 9 ذُوالْحِجہ کو میدانِ عَرَفات [1] میں ٹھہرنے اور کعبہ مُعظّمہ کے طَواف کا۔ اس کے لیے ایک خاص وقت مقرّر ہے کہ اس میں یہ اَفعال کیے جائیں تو حج ہے۔ [2]

حج کی شرعی حیثیت

سوال حج کی شَرعی حیثیت کیا ہے؟

جواب حج کرنا فرض ہے۔

سوال کیا حج کرنا ہر ایک پر فرض ہے؟

جواب جی نہیں! ہر ایک پر فرض نہیں بلکہ صرف ان لوگوں پر فرض ہے جو اس کی اِستِطاعت رکھتے ہیں۔ جیسا کہ فرمانِ باری تعالیٰ ہے:

وَلِلّٰهِ عَلَى النَّاسِ حِجُّ الْبَيْتِ مَنِ اسْتَطَاعَ اِلَيْهِ سَبِيْلًا (پ ۴، اٰل عمرٰن: ۹۷)

ترجَمۂ کنزالایمان: اور اللہ کے لیے لوگوں پر اس گھر کا حج کرنا ہے جو اس تک چل سکے۔

---

[1] ...... مِنیٰ سے تقریباً 11 کلومیٹر دور ایک میدان ہے جہاں 9 ذوالحجہ کو تمام حاجی صاحبان جمع ہوتے ہیں۔ (بہارِ شریعت، اصطلاحات، ۱/۶۸)

[2] ...... بہارِ شریعت، حج کا بیان، ۱/۱۰۳۵

سوال اگر کوئی شخص صاحبِ اِستطاعت ہو تو کیا اس پر ہر سال حج کرنا فرض ہوگا؟

جواب جی نہیں! حج صرف زندگی میں ایک بار فرض ہے، جب ایک بار حج کر لیا تو اب ہر سال استطاعت کے باوجود فرض نہیں۔

سوال جو شخص استطاعت رکھتے ہوئے حج نہ کرے اس کے متعلق کیا حکم ہے؟

جواب جو شخص استطاعت کے باوجود حج نہ کرے اس کے متعلق سرکارِ نامدار، مدینے کے تاجدار صَلَّی اللہُ تَعَالٰی عَلَیْہِ وَاٰلِہٖ وَسَلَّم نے ارشاد فرمایا: جسے حج کرنے سے نہ حاجتِ ظاہرہ مانع ہوئی، نہ ظالم بادشاہ، نہ کوئی ایسا مرض جو روک دے پھر بغیر حج کیے مرگیا تو چاہے یہودی ہو کر مرے یا نصرانی ہو کر۔[1]

سوال حج کس سال فرض ہوا؟

جواب حج ۹ ہجری میں فرض ہوا، اس کی فرضیّت قطعی ہے، جو اس کی فرضیت کا انکار کرے کافِر ہے۔

حج کے فضائل پر مبنی احادیثِ مبارکہ

(1)......حج کمزوروں کے لیے جہاد ہے۔[2]

(2)......حج ان گناہوں کو دُور کر دیتا ہے جو پیشتر ہوئے ہیں۔[3]

(3)......جس نے حج کیا اور رَفَث (فُحش کلام) نہ کیا اور فِسق نہ کیا تو گناہوں سے پاک ہو کر ایسا لوٹا جیسے اُس دن کہ ماں کے پیٹ سے پیدا ہوا۔[4]

(4)......حج و عمرہ محتاجی اور گناہوں کو ایسے دور کرتے ہیں، جیسے بھٹی لوہے اور چاندی اور سونے کے میل کو دور کرتی ہے

---

[1]......دارمی، کتاب المناسک، باب من مات ولم یحجّ، ۲/۴۵، حدیث: ۱۷۸۵

[2]......ابن ماجه، کتاب الحج، باب الحج جهاد النساء، ۳/۴۱۴، حدیث: ۲۹۰۲

[3]......مسلم، کتاب الایمان، باب کون الاسلام یهدم ماقبله......الخ، ص ۷۴، حدیث: ۱۲۱

[4]......بخاری، کتاب الحج، باب فضل الحج المبرور، ۱/۵۱۲، حدیث: ۱۵۲۱

اور حجِ مَبرور کا ثواب جنّت ہی ہے۔[1]

حج کی اقسام

سوال حج کی کتنی قسمیں ہیں؟

جواب حج کی تین قسمیں ہیں: (1)...... **حَجِّ قِرَان** (2)...... **حَجِّ تَمَتُّع** (3)...... **حَجِّ اِفْرَاد**

سوال **حَجِّ قِرَان** سے کیا مراد ہے؟

جواب **حَجِّ قِرَان** سے یہ مراد ہے کہ حاجی عمرہ اور حج دونوں کا اِحرام ایک ساتھ باندھے۔

سوال **حَجِّ تَمَتُّع** سے کیا مراد ہے؟

جواب **حَجِّ تَمَتُّع** سے مراد یہ ہے کہ حاجی حج کے مہینے میں عمرہ کرے پھر اسی سال حج کا احرام باندھے یا پورا عمرہ نہ کیا، صرف چار پھیرے کیے پھر حج کا احرام باندھا۔

سوال **حَجِّ اِفْرَاد** سے کیا مراد ہے؟

جواب **حَجِّ اِفْرَاد** سے مراد یہ ہے کہ حاجی حج کے مہینے میں صرف حج کرے۔

سوال سب سے افضل حج کونسا ہے؟

جواب سب سے افضل قِران ہے پھر تمتّع پھر اِفراد۔

حج کے مہینے و ایام

سوال حج کے اَیّام کون سے ہیں؟

جواب حج کا وقت شَوَّال سے دسویں **ذُو الْحَجَّةِ الْحَرَام** تک یعنی دو مہینے اور دس دن ہے کہ اس سے پہلے حج کے اَفعال نہیں ہو سکتے۔[2]

---

[1] ...... ترمذی، کتاب الحج، باب ماجاء فی ثواب الحج والعمرة، ۲/۲۱۸، حدیث: ۸۱۰

[2] ...... بہارِ شریعت، حج کا بیان، ۱/۱۰۳۶

ذوالحجۃ الحرام کی 8 تاریخ کے افعال

سوال حج کے دوران **ذُو الْحَجَّۃِ الْحَرام** کی 8 تاریخ کو کیا کام کیے جاتے ہیں؟

جواب حج کے دوران **ذُو الْحَجَّۃِ الْحَرام** کی 8 تاریخ کو دَرج ذیل کام کیے جاتے ہیں:

- ......اگر احرام [1] کی حالت میں نہ ہوں تو سب سے پہلے حج کا احرام باندھا جاتا ہے کیونکہ احرام کے بغیر حج نہیں ہوتا۔
- ......پھر طلوعِ آفتاب کے بعد **مِنٰی** [2] کو روانگی ہوتی ہے۔
- ......**مِنٰی** میں نمازِ ظہر تک پہنچ کر اگلی صبح نمازِ فجر تک قیام کیا جاتا ہے۔

ذوالحجۃ الحرام کی 9 تاریخ کے افعال

سوال **ذُو الْحَجَّۃِ الْحَرام** کی 9 تاریخ کو کیا کام کیے جاتے ہیں؟

جواب **ذُو الْحَجَّۃِ الْحَرام** کی 9 تاریخ کو درج ذیل کام کیے جاتے ہیں:

- ......نمازِ فجر **مِنٰی** میں ادا کرنے کے بعد میدانِ عَرَفات کا رُخ کیا جاتا ہے۔
- ......جب نمازِ ظہر کا وقت ہو جائے تو میدانِ عرفات میں نمازِ ظہر اور عصر ملا کر پڑھی جاتی ہیں [3] مگر اسکی بعض شرائط ہیں۔
- ......میدانِ عرفات میں کم از کم ایک لمحہ ٹھہرنا حج کا پہلا رُکن (یعنی فرض) ہے لہٰذا 9 **ذُو الْحَجَّۃِ الْحَرام** دوپہر ڈھلنے سے لے کر 10 **ذُو الْحَجَّۃِ الْحَرام** صُبحِ صادِق کے درمیان جو کوئی احرام کے ساتھ ایک لمحہ کے لئے بھی میدانِ عرفات میں داخل ہو گیا وہ حاجی ہو گیا۔
- ......پھر غروبِ آفتاب کے بعد میدانِ عرفات سے **مُزدَلِفَہ** [4] کے لئے روانہ ہو جائیں۔

---

[1] ......جب حج یا عمرہ یا دونوں کی نیت کر کے تَلبِیہ پڑھتے ہیں تو بعض حلال چیزیں بھی حرام ہو جاتی ہیں اس لئے اس کو **احرام** کہتے ہیں اور مجازاً ان بغیر سِلی چادروں کو بھی **احرام** کہا جاتا ہے جن کو **احرام** کی حالت میں استعمال کیا جاتا ہے۔ (بہارِ شریعت، اصطلاحات، ۱/ ۶۴)

[2] ......مسجدُ الحَرام سے پانچ کلومیٹر پر ایک وادی ہے جہاں حاجی صاحبان قیام کرتے ہیں۔ (بہارِ شریعت، اصطلاحات، ۱/ ۶۸)

[3] ......آپ اپنے اپنے خیموں ہی میں ظہر کی نماز ظہر کے وقت میں اور عصر کی نماز عصر کے وقت میں باجماعت ادا کیجئے۔ (رفیق الحرمین، حاشیہ، ص ۱۶۰)

[4] ......مِنٰی سے عرفات کی طرف تقریباً پانچ کلومیٹر پر واقع ایک میدان ہے جہاں عرفات سے واپسی پر رات بسر کرتے ہیں۔ یہاں صبحِ صادق اور طلوعِ آفتاب کے درمیان کم از کم ایک لمحہ وُقوف واجب ہے۔ (بہارِ شریعت، اصطلاحات، ۱/ ۶۴)

✿......مُزدَلِفہ شریف میں مغرب اور عشاء دونوں نمازیں ایک ساتھ ادا کریں۔

سوال مزدلفہ شریف میں مغرب اور عشاء دونوں نمازیں ایک ساتھ کیسے پڑھی جاتی ہیں؟

جواب مزدلفہ شریف میں ایک ہی اَذان اور ایک ہی اِقامت سے نمازِ مغرِب وعشاء وقتِ عشاء میں ادا کی جاتی ہیں، لہٰذا اَذان واِقامت کے بعد پہلے مغرب کے تین فَرض ادا کرلیجئے، سلام پھیرتے ہی فوراً عشاء کے فرض پڑھئے پھر مغرِب کی سُنَّتیں، نَفل (اوّابین) اِسکے بعد عشاء کی سُنَّتیں، نفل اور وِتر ونَوافل ادا کیجئے۔ [1]

ذوالحجۃ الحرام کی 10 تاریخ کے افعال

سوال ذُو الْحَجَّةِ الْحَرام کی 10 تاریخ کو کیا کام کیے جاتے ہیں؟

جواب ذُو الْحَجَّةِ الْحَرام کی 10 تاریخ کو دَرج ذیل کام کیے جاتے ہیں:

✿......10 ویں رات کو مزدلفہ میں قیام کرنا سنّتِ موکدہ اور کم از کم حاجی کا ایک لمحہ وہاں ٹھہرنا واجِب ہے۔

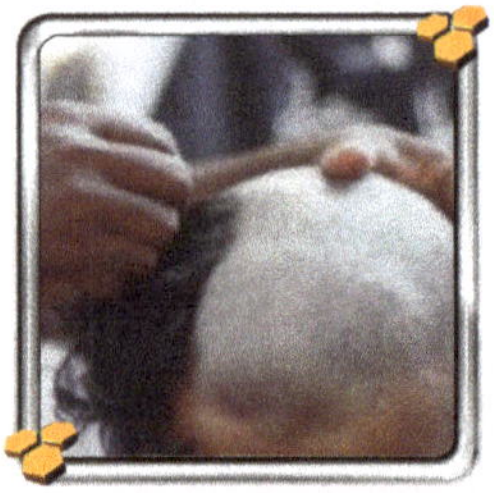

✿......پھر نمازِ فجر مزدلفہ میں ادا کرنے کے بعد مِنٰی کو روانگی ہوتی ہے۔

✿......مِنٰی پہنچ کر جَمْرَۃُ الْعَقَبہ یعنی بڑے شیطان کو سات کنکریاں ماری جاتی ہیں۔

✿......کنکریاں مارنے کے بعد قربانی کی جاتی ہے۔

✿......قربانی کرنے کے بعد مرد حَلْق یا قَصر [2] کرواتے ہیں جبکہ عورتیں صرف قصر [3] کرواتی ہیں۔

✿......حلق کروانے کے بعد احرام کی پابندیاں ختم ہوجائیں گی۔

---

[1]......رفیق الحرمین، ص ۱۸۲

[2]......احرام سے باہر ہونے کے لئے حُدودِ حَرَم ہی میں پورا سر منڈوانے کو حَلْق اور چوتھائی سر کا ہر بال کم از کم انگلی کے ایک پورے کے برابر کتروانے کو قصر کہتے ہیں۔ (رفیق الحرمین، ص ۶۰)

[3]......اِسلامی بہنوں کو سَر مُنڈانا حرام ہے وہ صِرف تَقْصِیر کروائیں۔ اِس کا آسان طریقہ یہ ہے کہ اپنی چُٹیا کے سِرے کو اُنگلی کے گرد لپیٹ کر اُتنا حصّہ کاٹ لیں، لیکن یہ اِحتِیاط لازِمی ہے کہ کم از کم چوتھائی سَر کے بال ایک پَورے کے برابر کٹ جائیں۔ (رفیق الحرمین، ص ۱۳۸)

⚙......اب سلے ہوئے کپڑے پہن سکتے ہیں۔

⚙......اب حج کا آخری فرض طواف الزیارت کیا جاتا ہے۔

سوال طَوافُ الزِّیارت سے کیا مراد ہے؟

جواب 10 ذُو الْحَجَّةِ الْحَرام سے 12 ذُو الْحَجَّةِ الْحَرام کے سورج غروب ہونے سے پہلے کعبہ مُشَرَّفہ کے طواف کو حج کا دوسرا بڑا رُکن (فرض) طوافُ الزیارت کہا جاتا ہے، اس کے بعد حج مکمل ہو جاتا ہے۔ طواف الزیارت سلے ہوئے کپڑے پہن کر کیا جاتا ہے کیونکہ قربانی اور حلْق کے بعد حاجی احرام کی پابندیوں سے آزاد ہو چکا ہوتا ہے۔

ذوالحجۃ الحرام کی 11 اور 12 تاریخ کے افعال

سوال ذُو الْحَجَّةِ الْحَرام کی 11 اور 12 تاریخ کو کیا کام کیے جاتے ہیں؟

جواب ذُو الْحَجَّةِ الْحَرام کی 11 اور 12 تاریخ کو درج ذیل کام کیے جاتے ہیں:

⚙...... طواف الزیارت کے بعد گیارہ، بارہ اور تیرہ ذُو الْحَجَّةِ الْحَرام کی تین راتیں مِنٰی شریف میں گزارنا سنّت ہے۔

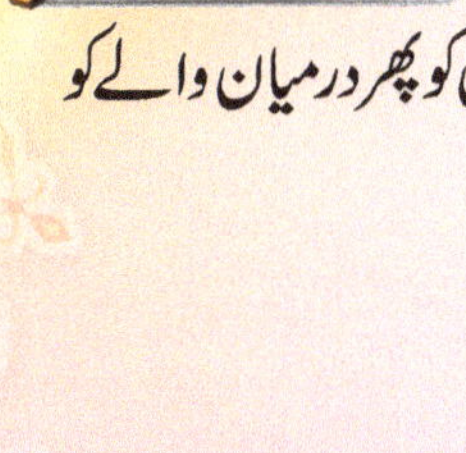

⚙......گیارہ، بارہ تاریخ کو تینوں شیطانوں کو کنکریاں ماری جاتی ہیں۔

سوال تینوں شیطانوں کو کنکریاں مارنے کی ترتیب کیا ہے؟

جواب گیارہ اور بارہ تاریخ کو زَوالِ آفتاب (سورج ڈھلنے) کے بعد پہلے چھوٹے شیطان کو پھر درمیان والے کو اور آخر میں بڑے شیطان کو کنکریاں ماری جاتی ہیں۔

قربانی

قربانی سے مراد

سوال قربانی سے کیا مراد ہے؟

جواب قربانی سے مراد ہے: مخصوص جانور کو مخصوص دن میں (یعنی 10، 11 اور 12 ذُوالحجہ کو) قُربِ خداوندی کے حُصول کی نیت سے ذَبْح کرنا۔ کبھی اُس جانور کو بھی **اُضْحِیہ** اور قربانی کہتے ہیں جو ذبح کیا جاتا ہے۔[1]

قربانی کی شرعی حیثیت

سوال قربانی کی شَرعی حیثیت کیا ہے؟

جواب قربانی ہر اُس بالِغ مقیم مسلمان مرد وعورت پر واجِب ہے جو مالکِ نصاب ہو۔[2]

قربانی کا جانور

سوال قربانی کے جانور کی عمر کتنی ہونی چاہئے؟

جواب اُونٹ پانچ سال کا، گائے بھینس دو سال کی، بکرا (بکری، دُنبہ، دُنبی اور بھیڑ وغیرہ سب) ایک سال کا۔ اس

---

[1]...... بہارِ شریعت، اضحیہ یعنی قربانی کا بیان، ۳/ ۳۲۷

[2]...... عالمگیری، کتاب الاضحیۃ، الباب الاوّل، ۵/ ۲۹۲

سے کم عمر ہو تو قربانی جائز نہیں، زیادہ ہو تو جائز بلکہ افضل ہے۔ ہاں دُنبہ یا بھیڑ کا چھ مہینے کا بچہ اگر اتنا بڑا ہو کہ دُور سے دیکھنے میں سال بھر کا معلوم ہوتا ہو تو اس کی قربانی جائز ہے۔ [1]

سوال قربانی کا جانور کیسا ہونا چاہئے؟

جواب قربانی کا جانور بے عیب ہونا ضَروری ہے۔ چُنانچِہ مروی ہے کہ سرکارِ مدینہ صَلَّی اللہُ تَعَالٰی عَلَیْہِ وَاٰلِہٖ وَسَلَّم نے ارشاد فرمایا: ”چار قسم کے جانور قربانی کے لیے درست نہیں: ﴿1﴾......**کانا:** جس کا کانا پن ظاہِر ہو ﴿2﴾......**بیمار:** جس کی بیماری ظاہر ہو ﴿3﴾......**لنگڑا:** جس کا لَنگ ظاہر ہو اور ﴿4﴾......**ایسا لاغر** جس کی ہڈیوں میں مَغز نہ ہو۔“ [2] البتہ! اگر تھوڑا سا عیب ہو (مثلاً کان چِرا ہوا ہو یا کان میں سوراخ ہو) تو قربانی ہو جائے گی مگر مکروہ ہوگی اور اگر عیب زیادہ ہو تو بالکل نہیں ہوگی۔ [3]

قربانی کا طریقہ

سوال جانور ذَبح کرنے کا طریقہ کیا ہے؟

جواب جانور ذبح کرنے میں سنّت یہ ہے کہ ذبح کرنے والا اور جانور دونوں قبلہ رُو ہوں، ہمارے عَلاقہ (یعنی پاک و ہِند) میں قبلہ مغرب میں ہے، اس لئے سرِ ذَبیحہ (جانور کا سر) جنوب کی طرف ہونا چاہئے تاکہ جانور بائیں (اُلٹے) پہلو لیٹا ہو اور اس کی پیٹھ مشرق کی طرف ہو، تاکہ اس کا منہ قبلہ کی طرف ہو جائے اور ذبح کرنے والے نے اپنا یا جانور کا منہ قبلہ کی طرف کرنا ترک کیا تو مکروہ ہے۔ [4] پھر جانور کی گردن کے قریب پہلو پر اپنا سیدھا پاؤں رکھ کر اَللّٰھُمَّ لَکَ وَمِنْکَ بِسْمِ اللّٰہِ اَللّٰہُ اَکْبَرُ پڑھ کر تیز چُھری سے جلد ذبح کر دیجئے۔

---

[1] ...... درمختار، کتاب الاضحیۃ، ۹/ ۵۳۳

[2] ...... مسند احمد، ۶/ ۴۰۷، حدیث: ۱۸۵۳۵

[3] ...... بہارِ شریعت، قربانی کے جانور کا بیان، ۳/ ۳۴۰ ملخصاً

[4] ...... فتاویٰ رضویہ، ۲۰/ ۲۱۶

جانور ذبح کرتے وقت کی دعا

سوال: قربانی کا جانور ذبح کرنے سے پہلے کونسی دعا پڑھی جاتی ہے؟

جواب: قربانی کا جانور ذبح کرنے سے پہلے یہ دعا پڑھی جاتی ہے:

اِنِّیْ وَجَّھْتُ وَجْھِیَ لِلَّذِیْ فَطَرَ السَّمٰوٰتِ وَالْاَرْضَ عَلٰی مِلَّۃِ اِبْرَاھِیْمَ حَنِیْفًا وَّمَا اَنَا مِنَ الْمُشْرِکِیْنَ اِنَّ صَلَاتِیْ وَ نُسُکِیْ وَمَحْیَایَ وَمَمَاتِیْ لِلّٰہِ رَبِّ الْعٰلَمِیْنَ لَا شَرِیْکَ لَہٗ وَبِذٰلِکَ اُمِرْتُ وَاَنَا مِنَ الْمُسْلِمِیْنَ

سوال: کیا ذبح کے بعد بھی کوئی دعا پڑھی جاتی ہے؟

جواب: جی ہاں! قربانی اپنی طرف سے ہو تو ذبح کے بعد یہ دعا پڑھی جاتی ہے:

اَللّٰھُمَّ تَقَبَّلْ مِنِّیْ کَمَا تَقَبَّلْتَ مِنْ خَلِیْلِکَ اِبْرَاھِیْمَ عَلَیْہِ الصَّلٰوۃُ وَالسَّلَامُ وَحَبِیْبِکَ مُحَمَّدٍ صَلَّی اللّٰہُ تَعَالٰی عَلَیْہِ وَاٰلِہٖ وَسَلَّم

اور اگر دوسرے کی طرف سے ہو تو مِنِّیْ کے بجائے مِنْ کہہ کر اس کا نام لیا جاتا ہے۔[1]

قربانی کے متعلق دیگر مدنی پھول

سوال: کیا قربانی کا جانور اپنے ہاتھ سے ذبح کرنا چاہیے؟

جواب: جی ہاں! قربانی کا جانور اپنے ہاتھ سے ذبح کرنا سنّت ہے اور بوقت ذبح بہ نیتِ ثوابِ آخرت وہاں حاضر رہنا بھی سنت ہے۔

سوال: گائے، بھینس اور اونٹ میں کتنی قربانیاں ہوسکتی ہیں؟

---

[1] ......ابلق گھوڑے سوار، ص ۱۴

جواب گائے، بھینس اور اونٹ میں سات قربانیاں ہوسکتی ہیں۔

سوال جس پر قربانی واجب ہو وہ اگر قربانی کے بجائے اتنی رقم صَدقہ کردے تو کیا اس کے لیے ایسا کرنا جائز ہے؟

جواب جی نہیں! قربانی کا بکرا یا اس کی قیمت صدقہ کردینے سے قربانی نہیں ہوتی کیونکہ قربانی کے وقت میں قربانی کرنا ہی لازِم ہے کوئی دوسری چیز اس کے قائم مَقام نہیں ہوسکتی۔ [1]

سوال قربانی کے وقت تماشا دیکھنا کیسا ہے؟

جواب قربانی کے وقت بطورِ تفریح ذَبح ہونے والے جانور کے گِرد گھیرا ڈالنا، اس کے چِلّانے اور تڑپنے پھڑکنے سے لُطف اَندوز ہونا، ہنسنا، قَہقَہے بلند کرنا اور اس کا تماشا بنانا سراسر غفلت کی علامت ہے۔ ذبح کرتے وقت یا اپنی قربانی ہو رہی ہو اس کے پاس حاضر رہتے وقت ادائے سنّت کی نیّت ہونی چاہیے۔

سوال قربانی کے وقت ادائے سنت کے علاوہ اور کیا کیا نیتیں کی جاسکتی ہیں؟

جواب قربانی کے وقت ادائے سنت کے علاوہ دَرج ذیل نیتیں بھی کی جاسکتی ہیں:

❁ ......میں راہِ خدا میں جس طرح آج جانور قربان کر رہا ہوں بوقتِ ضرورت اپنی جان بھی قربان کر دوں گا۔

❁ ......جانور ذبح کرکے اپنے نَفْسِ اَمّارہ کو بھی ذبح کر رہا ہوں اور آئندہ گناہوں سے بچوں گا۔

سوال ذبح کے وقت جانور پر رحم کھانا کیسا ہے؟

جواب ذبح ہونے والے جانور پر رحم کھائے اور غور کرے کہ اگر اس کی جگہ مجھے ذبح کیا جارہا ہوتا تو میری کیا کیفیت ہوتی! بوقتِ ذبح جانور پر رحم کھانا کارِ ثواب ہے جیسا کہ ایک صحابی نے بارگاہِ رسالت میں عرض کی: **یارسولَ اللّٰہ** صَلَّی اللّٰہُ تَعَالٰی عَلَیْہِ وَاٰلِہٖ وَسَلَّم! مجھے بکری ذبح کرنے پر رحم آتا ہے۔ تو آپ صَلَّی اللّٰہُ تَعَالٰی عَلَیْہِ وَاٰلِہٖ وَسَلَّم نے ارشاد فرمایا: اگر اس پر رحم کرو گے تو **اللّٰہ** عَزَّوَجَلَّ بھی تم پر رحم فرمائے گا۔ [2]

---

[1] ......بہارِ شریعت، اضحیہ یعنی قربانی کا بیان، ۳/ ۳۳۵ ماخوذًا

[2] ......مسند احمد، ۵/ ۳۰۴، حدیث: ۱۵۵۹۲

بہارِ شریعت حِصّہ اَوّل ودُوم سے چند ضَروری اِصطِلاحات کی وضاحت

مُعجِزہ: نبی سے بعدِ دعویٔ نبوت خلافِ عادت صادِر ہونے والی چیز کو جس سے سب مُنکرین عاجِز ہوجاتے ہیں اسے مُعجزہ کہتے ہیں۔

اِرھاص: نبی سے جو بات خلافِ عادت نبُوّت سے پہلے ظاہر ہواُس کو اِرْہاص کہتے ہیں۔

کرامت: ولی سے جو بات خلافِ عادت صادر ہواس کو کرامت کہتے ہیں۔

مَعُونت: عام مؤمنین سے جو بات خلافِ عادت صادِر ہواس کو مَعُونَت کہتے ہیں۔

اِسْتِدراج: بے باک فُجّار یا کُفّار سے جو بات ان کے مُوافِق ظاہر ہواس کو اِستِدْراج کہتے ہیں۔

اِھانت: بے باک فجار یا کفار سے جو بات ان کے خلاف ظاہر ہواس کو اِہانَت کہتے ہیں۔

بِدعت: وہ اِعْتِقاد یا وہ اَعمال جو کہ حضور عَلَیۡہِ الصَّلٰوۃُ وَالسَّلَام کے زمانۂ حیاتِ ظاہری میں نہ ہوں بعد میں ایجاد ہوئے۔

بدعت سَیِّئَہ: جو بدعت اسلام کے خلاف ہو یا کسی سنت کو مٹانے والی ہو وہ بدعت سیئہ ہے۔

بدعت مکروھَہ: وہ نیا کام جس سے کوئی سنت چھوٹ جائے اگر سنت غیر مؤکدہ چھوٹی تو یہ بدعت مکروہ تنزیہی ہے اور اگر سنت مؤکدہ چھوٹی تو یہ بدعت مکروہ تحریمی ہے۔

بدعت حَرام: وہ نیا کام جس سے کوئی واجِب چھوٹ جائے، یعنی واجب کو مٹانے والی ہو۔

بدعت مستحبہ: وہ نیا کام جو شریعت میں منع نہ ہو اور اس کو عام مسلمان کارِثواب جانتے ہوں یا کوئی شخص اس کو نیت خیر سے کرے، جیسے محفل میلاد وغیرہ۔

بدعت جائِز (مُباح): ہر وہ نیا کام جو شریعت میں منع نہ ہو اور بغیر کسی نیتِ خیر کے کیا جائے جیسے مختلف قسم کے

کھانے کھانا وغیرہ۔

بدعت واجب: وہ نیا کام جو شَرعاً مَنْع نہ ہو اور اس کے چھوڑنے سے دین میں حرَج واقع ہو، جیسے کہ قرآن کے اِعراب اور دینی مدارِس اور علمِ نحو وغیرہ پڑھنا۔

تَقلید: کسی کے قول وفعل کو اپنے اوپر لازم شرعی جاننا یہ سمجھ کر کہ اس کا کلام اور اس کا کام ہمارے لیے حُجت ہے کیونکہ یہ شرعی مُحَقّق ہے، جیسے کہ ہم مسائل شرعیہ میں امامِ اَعظم ابوحنیفہ رَضِیَ اللّٰہُ تَعَالٰی عَنْہُ کا قول وفعل اپنے لیے دلیل سمجھتے ہیں اور دلائل شرعیہ میں نظر نہیں کرتے۔

تَقلید کی مختلف صورتیں:

شرعی مسائل تین طرح کے ہیں: (١) عقائِد: ان میں کسی کی تقلید جائز نہیں (٢) وہ احکام جو صَراحۃً قرآن پاک یا حدیث شریف سے ثابت ہوں اِجتہاد کو ان میں دَخْل نہیں، ان میں بھی کسی کی تقلید جائز نہیں جیسے پانچ نمازیں، نماز کی رکعتیں، تیس روزے وغیرہ (٣) وہ احکام جو قرآن پاک یا حدیث شریف سے اِستِنْباط و اجتہاد کر کے نکالے جائیں، ان میں غیر مُجتہِد پر تقلید کرنا واجب ہے۔

فرض: جو دلیل قَطْعی [١] سے ثابت ہو یعنی ایسی دلیل جس میں کوئی شُبہ نہ ہو۔

فرض کفایہ: وہ ہوتا ہے جو کچھ لوگوں کے ادا کرنے سے سب کی جانب سے ادا ہو جاتا ہے اور کوئی بھی ادا نہ کرے تو سب گناہ گار ہوتے ہیں۔ جیسے نمازِ جنازہ وغیرہ۔

واجب: وہ جس کی ضَرورت دلیل ظَنّی [٢] سے ثابت ہو۔

---

[١] ……دلیل قطعی وہ ہے جس کا ثبوت قرآن پاک یا حدیث مُتَواتِرہ سے ہو۔ (فتاوی فقیہ ملت، ١/ ٢٠٤)

[٢] ……دلیل ظنی وہ ہے جس کا ثبوت قرآن پاک یا حدیث مُتَواتِرہ سے نہ ہو، بلکہ اَحادیث اُحاد یا محض اَقوال ائمہ سے ہو۔ (فتاوی فقیہ ملت، ١/ ٢٠٤)

سنّتِ مؤکدہ: وہ ہے جس کو حضور صَلَّی اللّٰہُ تَعَالٰی عَلَیْہِ وَاٰلِہٖ وَسَلَّم نے ہمیشہ کیا ہو البتہ بیانِ جواز کے لیے کبھی ترک بھی کیا ہو۔

سنّتِ غیر مؤکدہ: وہ عمل جس پر حضورِ اقدس صَلَّی اللّٰہُ تَعَالٰی عَلَیْہِ وَاٰلِہٖ وَسَلَّم نے مُداوَمت (ہمیشگی) نہیں فرمائی اور نہ اس کے کرنے کی تاکید فرمائی لیکن شریعت نے اس کے ترک کو ناپسند جانا ہو اور آپ صَلَّی اللّٰہُ تَعَالٰی عَلَیْہِ وَاٰلِہٖ وَسَلَّم نے وہ عمل کبھی کیا ہو۔

مُستحب: وہ کہ نظرِ شَرْع میں پسند ہو مگر ترک پر کچھ ناپسندی نہ ہو، خواہ خود حضورِ اقدس صَلَّی اللّٰہُ تَعَالٰی عَلَیْہِ وَاٰلِہٖ وَسَلَّم نے اسے کیا یا اس کی ترغیب دی یا عُلَمائے کرام نے پسند فرمایا اگرچہ اَحادِیث میں اس کا ذِکر نہ آیا۔

مُباح: وہ جس کا کرنا اور نہ کرنا یکساں ہو۔

حرامِ قَطْعی: جس کی مُمانعت دلیلِ قطعی سے لُزوماً ثابت ہو، یہ فرض کا مُقابِل ہے۔

مکروہ تحریمی: جس کی ممانعت دلیلِ ظنی سے لزوماً ثابت ہو، یہ واجب کا مُقابِل ہے۔

اِساءَت: وہ ممنوع شرعی جس کی ممانعت کی دلیل حرام اور مکروہ تحریمی جیسی تو نہیں مگر اس کا کرنا بُرا ہے، یہ سنّتِ مؤکدہ کے مُقابِل ہے۔

مکروہِ تَنْزِیْھی: وہ عمل جسے شریعت ناپسند رکھے مگر عمل پر عذاب کی وعید نہ ہو۔ یہ سنّتِ غیر مؤکدہ کے مُقابِل ہے۔

خلافِ اَولیٰ: وہ عمل جس کا نہ کرنا بہتر ہو۔ یہ مستحب کا مُقابِل ہے۔

چوتھا باب ایک نظر میں

کیا آپ نے اَصحابِ بَدْر کی نسبت سے عبادات کے متعلّق چوتھے باب میں بیان کردہ دَرج ذیل 313 سُوالات کے جوابات جان لئے ہیں؟

1 طَہارت کا کیا مطلب ہے؟

2 طہارت کی کتنی قسمیں ہیں؟

3 نجاست کی کتنی قسمیں ہیں؟

4 نجاستِ حُکْمِیَّہ سے کیا مراد ہے؟

5 نجاستِ حُکْمِیَّہ سے پاک ہونے کا طریقہ کیا ہے؟

6 نجاستِ حَقِیقِیَّہ سے کیا مراد ہے؟

7 نجاستِ حَقِیقِیَّہ سے پاک ہونے کا طریقہ کیا ہے؟

8 نجاستِ غلیظہ کا حُکْم کیا ہے؟

9 نَجاستِ غَلیظہ کے دِرہَم یا اس سے کم یا زیادہ ہونے سے کیا مراد ہے؟

10 کون کون سی چیزیں نجاستِ غلیظہ ہیں؟

11 نجاستِ خفیفہ کا حکم کیا ہے؟

12 نجاستِ خفیفہ کون کون سی چیزیں ہیں؟

13 بدن یا کپڑا نَجِس ہوجائے تو پاک کرنے کا کیا طریقہ ہے؟

14 غسل کے کتنے فرض ہیں؟ اور ان سے کیا مراد ہے؟

15 غسل کا طریقہ بتایئے۔

16 نہانے میں کن باتوں کو پیشِ نظر رکھنا چاہئے؟

17 ناپاکی کی حالت میں کون کون سے کام نہیں کرسکتے؟

18 ناپاکی کی حالت میں کون کون سے کام کرنے میں کوئی حرج نہیں؟

19 تیمّم کیا ہے؟

20 کیا وُضو اور غُسل کے تیمم میں کوئی فرق ہے؟

21 اگر کسی پر غُسل فرض ہو تو کیا وہ غسل کا تیمم کر کے نماز وغیرہ پڑھ سکتا ہے یا نماز کے لیے الگ سے وُضو کا تیمم کرنا ضروری ہے؟

22 کیا تیمم کا ذکر قرآنِ مجید میں بھی ہے؟

23 تیمم کے کتنے فرض ہیں؟

24 تیمم میں نیّت سے کیا مراد ہے؟

25 تیمم میں سارے منہ پر ہاتھ پھیرتے ہوئے کن باتوں کو پیشِ نظر رکھنا چاہیے؟

26 تیمم میں کُہنیوں سمیت دونوں ہاتھوں کے مَسْح کے دوران کیا احتیاط کرنی چاہیے؟

27 تیمم کی سنتیں کتنی ہیں؟

28 تیمم کیسے کرتے ہیں؟ طریقہ بتایئے۔

29 اذان سے کیا مراد ہے؟

30 اذان دینے کا طریقہ کیا ہے؟

31 اذان کہنے والے کو کیا کہتے ہیں؟

32 اذان سننے والا کیا کرے؟

33 جو شخص اذان کے وقت باتیں کرتا رہے اس کے متعلّق کیا حُکم ہے؟

34 اذان کا جواب دینے سے کیا مراد ہے؟

35 اِقامت کسے کہتے ہیں؟

36 اذان و اقامت میں کیا فرق ہے؟

37 اقامت کا جواب کس طرح دیا جائے؟

38 امامت کی شرائِط کتنی ہیں؟

39 امامت کا سب سے زیادہ حق دار کون ہے؟

40 جس امام کا عقیدہ دُرست نہ ہو کیا اس کے پیچھے نماز ہو جائے گی؟

41 اِقتِدا کی 13 شرائط میں سے کوئی سات شرائط بتایئے۔

42 کیا تراویح فرض ہے؟

43 کیا تراویح کی جماعت واجب ہے؟

44 مسجد کے علاوہ گھر یا کسی دوسری جگہ باجماعت تراویح ادا کرنے کا کیا حُکم ہے؟

45 کیا تراویح بیٹھ کر پڑھ سکتے ہیں؟

46 تراویح کا وقت کیا ہے؟

47 اگر تراویح فوت ہوگئی تو اس کی قضا کب کرے؟

48 تراویح کی کتنی رکعتیں ہیں؟

49 تراویح کی «20» رکعتوں کی ادائیگی کا طریقہ کیا ہے؟

50 کیا نابالغ امام کے پیچھے تراویح پڑھ سکتے ہیں؟

51 تراویح میں پورا قرآنِ مجید پڑھنے یا سُننے کی شَرعی حیثیت کیا ہے؟

52 اگر تراویح میں کسی بھی وجہ سے ختمِ قرآن ممکن نہ ہو تو کیا کرنا چاہئے؟

53 تراویح میں بِسۡمِ اللّٰہِ الرَّحۡمٰنِ الرَّحِیۡمِ بلند آواز سے پڑھنا چاہئے یا آہستہ؟

54 اگر تراویح صرف آخری دس سورتوں کے ساتھ پڑھی جارہی ہو تو کیا پھر بھی ایک بار بِسۡمِ اللّٰہ شریف اونچی آواز سے پڑھنا سنّت ہے؟

55 تراویح میں ختمِ قرآنِ کریم کس طرح کرنا چاہئے؟

56 ختمِ قرآن کے بعد کیا مہینے کے باقی دن تراویح چھوڑ دے؟

57 تراویح میں قرآنِ مجید جلدی جلدی پڑھنا چاہیے یا آہستہ آہستہ؟

58 آج کل کے بہت تیز پڑھنے والے حُفّاظ کے متعلّق کیا حُکم ہے؟

59 اگر جلدی جلدی پڑھنے میں حافِظ صاحِب قرآنِ مجید میں سے کچھ الفاظ چبا گئے تو کیا خَتمِ قرآن کی سنّت ادا ہوگی؟

60 اگر کسی آیت میں کوئی حَرف چُھپ گیا یا اپنے مَخرج سے نہ نکلا تو اب کیا کرنا چاہیے؟

61 اگر کسی وجہ سے تراویح کی نَماز فاسِد ہو جائے تو کیا کرنا چاہیے؟

62 اگر امام غَلَطی سے کوئی آیت یا سورۃ چھوڑ کر آگے بڑھ گیا تو کیا کرے؟

63 تراویح میں دو رَکعت کے بعد بیٹھنا بُھول گیا تو کیا کرے؟

64 تراویح میں اگر کوئی رکعات کی تعداد بھول جائے تو کیا کرے؟

65 تَرْوِیحَہ سے کیا مراد ہے؟

66 ترویحہ کے دوران کیا کرنا یا پڑھنا چاہیے؟

67 تراویح پڑھانے کی اُجرت لینا کیسا ہے؟

68 اگر تراویح پڑھانے کی اُجرت طے نہ کی جائے اور لوگ یا انتظامیہ کچھ خدمت وغیرہ کریں تو کیا یہ لینا جائز ہے؟

69 اگر حافِظ اُجرت نہ لے مگر اپنی تیزی دکھانے، خوش آوازی کی داد پانے اور نام چمکانے کیلئے قرآنِ پاک پڑھے تو کیا اسے ثواب ملے گا؟

70 اگر کوئی الگ الگ مساجِد میں تراویح پڑھے تو کیا اس کا ایسا کرنا درست ہے؟

71 بعض لوگ امام کے رُکوع میں پہنچنے کے انتظار میں بیٹھے رہتے ہیں، ان کے متعلق کیا حکم ہے؟

72 کیا عشا کے فرض ایک امام کے پیچھے اور تراویح دوسرے امام کے پیچھے پڑھ سکتے ہیں؟

73 کیا وِتر پڑھنا فرض ہے؟

74 کیا فرض کی طرح وتر کی بھی قضا ہے؟

75 وِتر کس وقت پڑھے جاتے ہیں؟

76 اگر کوئی نمازِ عشا سے پہلے وتر پڑھ لے تو کیا ہو جائیں گے؟

77 وتر کب تک پڑھے جا سکتے ہیں؟

78 وتر پڑھنے کا افضل وقت کونسا ہے؟

79 کیا وتر با جماعت پڑھ سکتے ہیں؟

80 وتر کی کتنی رکعتیں ہیں اور اس کے پڑھنے کا طریقہ کیا ہے؟

81 کیا دُعائے قنوت پڑھنا فرض ہے؟

82 کیا دُعائے قُنُوت کسی خاص دعا کا نام ہے؟

83 کیا باقی دُعاؤں کی طرح دُعائے قُنُوت کے بعد دُرودِ پاک پڑھ سکتے ہیں؟

84 اگر کسی کو دعائے قنوت نہ آتی ہو تو وہ کیا پڑھے؟

85 اگر کوئی دُعائے قُنُوت پڑھنا بھول جائے تو کیا کرے؟

86 وتر جماعت سے پڑھ رہے ہوں اور امام مُقتدِی کے مکمل قنوت پڑھنے سے پہلے ہی رکوع میں چلا جائے تو اب مقتدی کیا کرے؟

87 سجدۂ سَہْو سے کیا مراد ہے؟

88 اگر کسی نے جان بوجھ کر واجِب ترک کیا تو کیا پھر بھی سجدۂ سَہْو سے تلافی ہو جائے گی؟

89 سجدۂ سَہْو کی شَرعی حیثیت کیا ہے؟

90 اگر کسی نے سجدۂ سَہْو واجِب ہونے کے باوُجُود نہ کیا تو اس کے متعلق کیا حکم ہے؟

91 کیا کوئی ایسا واجب بھی ہے جس کے رہ جانے کی صورت میں سجدہ سَہْو واجب نہیں ہوتا؟

92 اگر کوئی فرض رہ جائے تو کیا سجدہ سَہْو سے اس کی بھی تلافی ہو جائے گی؟

93 اگر سنّتیں یا مُستَحَبّات چھوٹ جائیں تو کیا اس صورت میں بھی سجدۂ سَہْو کر لینا چاہئے؟

94 اگر ایک سے زائد واجبات ترک ہوئے ہوں تو کیا ہر ایک کے لیے الگ الگ سجدہ سَہْو کرنا ہوگا؟

95 اگر امام سے نماز میں کوئی واجب چھوٹ گیا تو کیا مُقتدِی پر بھی سجدہ سَہْو واجب ہے؟

96 اگر مُقتدی سے بحالتِ اقتِدا سَہْو واقع ہوا تو کیا اس پر سَجدہ سَہْو واجِب ہے؟

97 کیا سجدہ سَہْو صرف فرض نماز میں واجب ہے یا دیگر نمازوں میں بھی واجب ہے؟

98 چند صورتیں بتایئے جن میں سجدہ سَہْو واجب ہوتا ہے۔

99 سَجدۂ سَہو کا طریقہ کیا ہے؟

100 سجدۂ تلاوت سے کیا مراد ہے؟

101 قرآنِ پاک میں سجدے کی کل کتنی آیات ہیں؟

102 آیتِ سجدہ کا شَرْعِی حُکم کیا ہے؟

103 اگر کسی نے آیتِ سجدہ کا ترجمہ پڑھا یا سُنا تو کیا اس پر بھی سجدہ کرنا لازِم ہے؟

104 اگر کسی نے پوری آیتِ سجدہ نہ پڑھی بلکہ کچھ حصہ ہی پڑھا یا سنا تو اس کے متعلّق کیا حُکم ہے؟

105 کیا آیتِ سجدہ پڑھنے یا سننے سے فوراً سجدہ کرنا ضروری ہے یا بعد میں بھی کر سکتے ہیں؟

106 مدارِس میں طالبِ علم قرآنِ کریم یاد کرنے کے لیے ایک ہی آیت ایک ہی جگہ بیٹھے بیٹھے بار بار پڑھتے ہیں تو کیا آیتِ سجدہ بار بار پڑھنے اور سننے سے بار بار سجدہ کرنا ہوگا؟

107 اگر کوئی پوری سورت تلاوت کرے مگر آیتِ سجدہ نہ پڑھے تو اس کے متعلق کیا حکم ہے؟

108 سجدے کا مَسنون طریقہ کیا ہے؟

109 کیا سجدۂ تلاوت میں یہ نیت ہونا ضروری ہے کہ یہ سجدہ فلاں آیت کا ہے؟

110 کیا سجدۂ تلاوت میں اَللّٰہُ اَکْبَر کہتے وقت کانوں کو ہاتھ لگائے جاتے ہیں؟

111 اگر کوئی سجدے والی تمام آیات اکٹھی پڑھے تو اس کی کیا فضیلت ہے؟

112 آیاتِ سجدہ قرآنِ پاک کے کس پارے و سورت میں ہیں اور کونسی ہیں تفصیل بتایئے؟

113 جُمُعَہ سے کیا مراد ہے؟

114 جُمُعہ کا شَرعی حُکم کیا ہے؟

115 اگر کوئی جمعہ نہ پڑھے تواس کے متعلّق کیا حکم ہے؟

116 اگر کوئی جمعہ کی فرضیت کا اِنکار کرے تواس کے متعلق کیا حکم ہے؟

117 جمعہ کا آغاز کب اور کہاں ہوا؟

118 سب سے پہلے جمعہ کس نے پڑھایا؟

119 کیا سب سے پہلی نمازِ جمعہ مسجدِ نَبَوِی میں ادا کی گئی تھی؟

120 جس مسجد میں جمعہ ہوتا ہے اسے کیا کہتے ہیں؟

121 سرکار صَلَّی اللّٰہُ تَعَالٰی عَلَیْہِ وَاٰلِہٖ وَسَلَّم نے سب سے پہلا جمعہ کب اور کہاں ادا فرمایا؟

122 سرکارِ دوعالم صَلَّی اللّٰہُ تَعَالٰی عَلَیْہِ وَاٰلِہٖ وَسَلَّم نے اپنی حیاتِ طیبہ میں کُل کتنے جمعہ ادا فرمائے؟

123 کیا جمعہ کا ذِکر قرآن میں بھی ہے؟

124 جو شخص روزِ جُمعہ یا شبِ جُمعہ (یعنی جمعرات اور جُمعہ کی درمیانی شب) مرے اس کے متعلق سرکارِ مدینہ صَلَّی اللّٰہُ تَعَالٰی عَلَیْہِ وَاٰلِہٖ وَسَلَّم نے کیا ارشاد فرمایا ہے؟

125 کیا جمعہ کے دن ہر دعا قبول ہوتی ہے؟

126 وہ گھڑی کونسی ہے جس میں ہر دعا قبول ہوتی ہے؟

127 اس وقت کیا دعا مانگنا چاہئے؟

128 کیا یہ بات درست ہے کہ جمعہ کے دن نیکی کا ثواب اور گناہ کا عذاب سَتّر گنا ہوجاتا ہے؟

129 جمعہ کے دن کیا کام کرنے چاہئیں؟

130 جمعہ کے دن غسل کی فضیلت بتایئے۔

131 کیا جمعہ کے دن سنت کے مطابق سنور کر نماز کے لیے جانے کے متعلق کوئی فضیلت مَروی ہے؟

132 حَجامت بنوانے اور ناخن ترشوانے کا کام جمعہ سے پہلے کرنا چاہئے یا جمعہ کے بعد؟

133 جمعہ کے دن عِمامہ شریف باندھنے کی فضیلت بتایئے۔

134 جُمعہ کے دن درودِ پاک کی کثرت کے متعلّق کوئی رِوایت بیان کیجئے۔

135 کیا جمعہ کے دن جلد جامع مسجد جانے کی کوئی فضیلت مَروی ہے؟

136 اگر کوئی جمعہ کے دن نمازِ عصر یا مغرب تک مسجد ہی میں رُکا رہے تو اس کے لیے کس قَدَر اجر وثواب ہے؟

137 جمعہ کے دن زیارتِ قُبور کا افضل وقت کونسا ہے؟

138 اگر کسی کے ماں باپ دونوں یا کوئی ایک فوت ہو چکا ہو تو کیا جمعہ کے دن ان کی قبر کی زیارت کرنے کے متعلق کوئی روایت مروی ہے؟

139 جمعہ کے دن سورۂ کہف کی تلاوت کی فضیلت بتایئے۔

140 وہ کونسے پانچ کام ہیں جو جمعہ کے دن کرنے سے بندہ جنّت کا حق دار بن سکتا ہے؟

141 جمعہ کی ادائیگی کی شرائط بیان کیجئے۔

142 جمعہ کے دن خُطبہ ہو رہا ہو اور ایک شخص باتوں میں مصروف ہو تو اس کے متعلق کیا حُکم ہے؟

143 کیا خطبہ سُننا واجِب ہے؟

144 کیا خطبہ سننے والا دُرُود شریف پڑھ سکتا ہے؟

145 خُطبہ کے 7 مَدَنی پھول بیان کیجئے۔

146 جمعہ کے خطبات سنایئے۔

147 سال میں کتنی عیدیں ہیں؟

148 یہ دونوں عیدیں کب اور کن مہینوں میں منائی جاتی ہیں؟

149 ان دونوں عیدوں پر مسلمان کیا کرتے ہیں؟

150 کیا ان دونوں عیدوں کے علاوہ بھی کسی دن کو عید کہا گیا ہے؟

151 کیا ان عیدوں کے علاوہ بھی کوئی دن ایسا ہے جس میں مسلمان خوشیاں مناتے ہیں؟

152 عید میلاد کے موقع پر مسلمان کیا کرتے ہیں؟

153 کیا عیدین کی نماز پڑھنا فرض ہے؟

154 کیا عیدین کی نماز پڑھنا تمام مسلمانوں پر واجب ہے؟

155 کیا نمازِ جمعہ کی ادائیگی کی طرح نمازِ عیدین کی ادائیگی کی بھی کچھ شرائط ہیں؟

156 کیا نمازِ جمعہ اور نمازِ عیدین کی ادائیگی میں کوئی فَرق ہے؟

157 کیا عیدین کی نمازوں اور عام نمازوں کی ادائیگی میں بھی کوئی فرق ہے؟

158 نمازِ عید کا طریقہ کیا ہے؟

159 نمازِ جنازہ سے قبل کیا میت کے لیے کوئی خاص اہتمام کیا جاتا ہے؟

160 تجہیز و تکفین سے کیا مراد ہے؟

161 غسلِ میت کے فرائض بتائیں؟

162 غسلِ میت کا طریقہ بتائیں؟

163 مرد و عورت کا مسنون کفن کیا ہے؟

164 مُخَنَّث (ہیجڑے) کو مَردوں والا مسنون کفن دیا جائے گا یا عورتوں والا؟

165 مردوں اور عورتوں کو کفن پہنانے کا طریقہ بتایئے؟

166 کیا تجہیز و تکفین اور نمازِ جنازہ پڑھنے کی فضیلت بھی مروی ہے؟

167 نمازِ جنازہ کی شَرعی حیثیت کیا ہے؟

168 کیا نمازِ جنازہ کے لئے جماعت شرط ہے؟

169 اگر کوئی نمازِ جنازہ کا فرض ہونا نہ مانے تو اس کے متعلق کیا حُکم ہے؟

170 نمازِ جنازہ کے صحیح ہونے کی شرائط بتایئے؟

171 نمازی سے متعلق کیا شرائط ہیں؟

172 میت سے متعلق شرائط کیا ہیں؟

173 نمازِ جنازہ کے فرائض اور سنّتیں بتایئے؟

174 نمازِ جنازہ کا طریقہ بتایئے۔

175 بالغ مرد وعورت کے جنازے کی دعا کیا ہے؟

176 نابالغ لڑکے کے جنازہ کی دعا سُنایئے۔

177 نابالغ لڑکی کے جنازہ کی دعا سنایئے۔

178 کیا جنازے کو کندھا دینا ثواب کا کام ہے؟

179 کیا سرکارِ مدینہ صَلَّی اللّٰہُ تَعَالٰی عَلَیْہِ وَاٰلِہٖ وَسَلَّم سے کسی جنازے کو کندھا دینا ثابت ہے؟

180 جنازے کو کندھا دینے کا طریقہ کیا ہے؟

181 کیا جوتا پہن کر جنازہ پڑھ سکتے ہیں؟

182 نمازِ جنازہ میں کتنی صفیں ہونی چاہئیں؟

183 نمازِ جنازہ میں سب سے افضل صف کونسی ہے؟

184 بالغ کی نمازِ جنازہ سے پہلے کیا اعلان کرنا چاہئے؟

185 میت کو قبر میں اُتارنے کے لیے قبر کے پاس کس طرف رکھنا چاہئے؟

186 میت کو قبر میں اتارتے وقت کتنے آدمی ہونے چاہئیں؟

187 عورت کی میت قبر میں اتارتے ہوئے کن باتوں کو پیشِ نظر رکھنا چاہئے؟

188 میت کو قبر میں اتارتے وقت کیا دعا پڑھنی چاہئے؟

189 میت کو قبر میں لٹاتے وقت کیا کرنا چاہئے؟

190 قبر پر مٹی ڈالنے کا طریقہ بتایئے؟

191 قبر پر کس قدر مٹی ڈالنی چاہئے؟

192 قبر کیسی بنانی چاہئے؟

193 قبر زمین سے کس قدر اونچی ہونی چاہئے؟

194 تدفین کے بعد کیا کرنا چاہئے؟

195 تلقین کی شرعی حیثیت کیا ہے؟

196 کیا تلقین حدیث سے ثابت ہے؟

197 تلقین کا طریقہ کیا ہے؟

198 تلقین کا کیا فائدہ ہے؟

199 اگر کسی کو میت کی ماں کا نام معلوم نہ ہو تو تلقین کے وقت کیا کہے؟

200 ایصالِ ثواب سے کیا مراد ہے؟

201 کیا ایصالِ ثواب کا ذکر کسی حدیثِ پاک میں بھی مروی ہے؟

202 کیا ایصالِ ثواب کے لیے دن وغیرہ مقرّر کرنا جائز ہے؟ مثلاً تیجہ، دَسواں، چالیسواں اور برسی (یعنی سالانہ ختم) وغیرہ۔

203 کیا ایصالِ ثواب صرف مُردوں کو ہی کیا جاسکتا ہے؟

204 بُزرگانِ دِین رَحِمَہُمُ اللہُ الْمُبِیْن کی نیاز اور لنگر وغیرہ کھانا کیسا ہے؟

205 بزرگانِ دِین رَحِمَہُمُ اللہُ الْمُبِیْن کی نیاز کیا مال دار بھی کھاسکتے ہیں؟

206 ایصالِ ثواب کا طریقہ کیا ہے؟

207 فاتحہ کا طریقہ کیا ہے؟

208 اِیصالِ ثواب کیلئے دعا کا طریقہ بتائیے؟

209 روزہ سے کیا مراد ہے؟

210 کیا روزہ رکھنا فرض ہے؟

211 فرض روزہ سے کیا مراد ہے؟

212 واجِب روزے سے کیا مراد ہے؟

213 نفلی روزے سے کیا مراد ہے؟

214 کیا کسی دن روزہ رکھنا منع بھی ہے؟

215 رمضان کے روزے کب اور کس پر فرض ہوئے؟

216 قرآنِ مجید میں روزوں کی فرضیت کا حکم کس آیتِ مبارکہ میں ہے؟

217 کیا روزہ پہلے کی اُمّتوں پر بھی فرض تھا؟

218 کیا روزہ تقویٰ و پرہیز گاری کی علامت ہے؟

219 کس عمر میں روزہ رکھنا شروع کر دینا چاہئے؟

220 کیا کبھی کسی نے دودھ پینے کی عمر میں روزہ رکھا ہے؟

221 کیا روزہ رکھنے سے انسان بیمار ہو جاتا ہے؟

222 روزہ رکھنے و کھولنے کی دعائیں سنائیے؟

223 روزہ داروں کے اعتبار سے روزہ کی کتنی قسمیں ہیں؟

224 روزے کی حقیقت کیا ہے؟

225 حضرتِ سیِّدُنا داتا گنج بخش علی ہجویری عَلَیْہِ رَحمَۃُ اللہِ الْقَوِی کے فرمان سے کیا بات معلوم ہوتی ہے؟

226 آنکھ کے روزے سے کیا مراد ہے؟

227 کان کے روزے سے کیا مراد ہے؟

228 زبان کے روزے سے کیا مراد ہے؟

229 ہاتھ کے روزے سے کیا مراد ہے؟

230 پاؤں کے روزے سے کیا مراد ہے؟

231 روزہ کے چار حُروف کی نسبت سے روزہ رکھنے کے فضائل پر مبنی چار رِوایات بیان کیجیے؟

232 روزہ نہ رکھنے کی دو وعیدیں بیان کیجئے۔

233 سَحَری سے کیا مراد ہے؟

234 سَحَری کب تک کر سکتے ہیں؟

235 سَحَری میں تاخیر سے مُراد کونسا وَقت ہے؟

236 رات کا چھٹا حِصّہ کیسے معلوم ہوسکتا ہے؟

237 جولوگ صُبحِ صادِق کے بعد فَجر کی اذانیں ہورہی ہوں اور کھاتے پیتے رہیں ان کے مُتعلّق کیا حُکم ہے؟

238 زکوٰۃ سے کیا مراد ہے؟

239 ہاشمی سے کیا مراد ہے؟

240 زکوٰۃ کس پر فرض ہے؟

241 نصاب کا مالک ہونے سے کیا مراد ہے؟

242 حاجتِ اَصلِیَّہ سے کیا مراد ہے؟

243 زکوٰۃ کے فرض ہونے کے لیے سال گزرنے میں قَمرِی (یعنی چاند کے) مہینوں کا اعتبار ہوگا یا شمسی مہینوں کا؟

244 کتنی زکوٰۃ دینا فرض ہے؟

245 زکوٰۃ کب فرض ہوئی؟

246 کیا زکوٰۃ کی فرضیت قرآن وسنت سے ثابت ہے؟

247 اگر کوئی زکوٰۃ کو فرض نہ مانے تو اس کے متعلق کیا حکم ہے؟

248 کیا زکوٰۃ دینے سے مال میں کمی ہوجاتی ہے؟

249 قرآن وسنت سے زکوٰۃ دینے کے فوائد اور نہ دینے کے نقصانات بیان کیجئے۔

250 صَدَقۂ فِطر سے کیا مراد ہے؟

251 صدقۂ فطر کی شَرعی حیثیت کیا ہے؟

252 صدقۂ فطر کس پر واجِب ہے؟

253 صَدَقۂ فِطر کب واجِب ہوتا ہے؟

254 صدقۂ فطر کب واجب ہوا؟

255 کیا صدقۂ فطر کا ذکر قرآنِ پاک میں بھی ہے؟

256 صدقۂ فطر کیوں دیا جاتا ہے؟

257 کیا صدقۂ فطر کے لئے رَمَضان کے روزے رکھنا شرط ہے؟

258 حج کسے کہتے ہیں؟

259 حج کی شَرعی حیثیت کیا ہے؟

260 کیا حج کرنا ہر ایک پر فرض ہے؟

261 اگر کوئی شخص صاحبِ اِستِطاعت ہو تو کیا اس پر ہر سال حج کرنا فرض ہوگا؟

262 جو شخص استطاعت رکھتے ہوئے حج نہ کرے اس کے متعلّق کیا حُکم ہے؟

263 حج کس سال فرض ہوا؟

264 حج کے فضائل پر مبنی کوئی سی تین اَحادیثِ مبارکہ بیان کیجئے۔

265 حج کی کتنی قسمیں ہیں؟

266 حَجِّ قِرَان سے کیا مراد ہے؟

267 حَجِّ تَمَتُّع سے کیا مراد ہے؟

268 حَجِّ اِفْرَاد سے کیا مراد ہے؟

269 سب سے افضل حج کونسا ہے؟

270 حج کے اَیّام کون سے ہیں؟

271 حج کے دوران ذُوالْحَجَّۃِ الْحَرام کی 8 تاریخ کو کیا کام کیے جاتے ہیں؟

272 ذُوالْحَجَّۃِ الْحَرام کی 9 تاریخ کو کیا کام کیے جاتے ہیں؟

273 مُزدَلِفَہ شریف میں مغرب اور عشا دونوں نمازیں ایک ساتھ کیسے پڑھی جاتی ہیں؟

274 ذُوالْحَجَّۃِ الْحَرام کی 10 تاریخ کو کیا کام کیے جاتے ہیں؟

275 طَوافُ الزِّیارت سے کیا مراد ہے؟

276 ذُوالْحَجَّۃِ الْحَرام کی 11 اور 12 تاریخ کو کیا کام کیے جاتے ہیں؟

277 تینوں شیطانوں کو کنکریاں مارنے کی ترتیب کیا ہے؟

278 قربانی سے کیا مراد ہے؟

279 قربانی کی شَرْعی حیثیت کیا ہے؟

280 قربانی کے جانور کی عمر کتنی ہونی چاہیے؟

281 قربانی کا جانور کیسا ہونا چاہیے؟

282 جانور ذَبْح کرنے کا طریقہ کیا ہے؟

283 قربانی کا جانور ذبح کرنے سے پہلے کونسی دعا پڑھی جاتی ہے؟

284 کیا ذبح کے بعد بھی کوئی دعا پڑھی جاتی ہے؟

285 کیا قربانی کا جانور اپنے ہاتھ سے ذَبْح کرنا چاہیے؟

286 گائے، بھینس اور اونٹ میں کتنی قربانیاں ہوسکتی ہیں؟

287 جس پر قربانی واجِب ہو وہ اگر قربانی کے بجائے اتنی رقم صَدَقہ کردے تو کیا اس کے لیے ایسا کرنا جائز ہے؟

288 قربانی کے وقت تماشا دیکھنا کیسا ہے؟

289 قربانی کے وقت ادائے سنّت کے علاوہ اور کیا کیا نیّتیں کی جاسکتی ہیں؟

290 ذبح کے وقت جانور پر رحم کھانا کیسا ہے؟

291 نبی سے جو بات خلافِ عادت اعلانِ نُبُوّت سے پہلے ظاہر ہو اس کو کیا کہتے ہیں؟

292 نبی سے جو بات خلافِ عادت اعلانِ نبوت کے بعد ظاہر ہو اس کو کیا کہتے ہیں؟

293 ولی سے جو بات خلافِ عادت صادِر ہو اس کو کیا کہتے ہیں؟

294 عام مؤمنین سے جو بات خلافِ عادت صادر ہو اس کو کیا کہتے ہیں؟

295 بے باک فُجّار یا کُفّار سے جو بات ان کے مُوافق ظاہر ہو اس کو کیا کہتے ہیں؟

296 بے باک فُجّار یا کفار سے جو بات ان کے خلاف ظاہر ہو اس کو کیا کہتے ہیں؟

297 بدعت سے کیا مراد ہے؟

298 بدعتِ سیئہ، مکروہہ اور بدعتِ حرام سے کیا مراد ہے؟

299 بدعتِ مُستحبّہ، مباح اور بدعتِ واجِب سے کیا مراد ہے؟

300 تقلید کسے کہتے ہیں؟

301 تقلید کی مختلف صورتیں بیان کیجئے۔

302 کسی شے کے فرض ہونے سے کیا مراد ہے؟

303 فرضِ کِفایہ سے کیا مراد ہے؟

304 واجب کسے کہتے ہیں؟

305 سنتِ مؤکدہ سے کیا مراد ہے؟

306 سنتِ غیر مؤکدہ سے کیا مراد ہے؟

307 مستحب کی تعریف بیان کیجئے۔

308 مباح کسے کہتے ہیں؟

309 حرامِ قَطْعی سے کیا مراد ہے؟

310 مکروہِ تحریمی کیا ہوتا ہے؟

311 مکروہِ تنزیہی کسے کہتے ہیں؟

312 اِساءَت سے کیا مراد ہے؟

313 خلافِ اَولیٰ کسے کہتے ہیں؟

باب: 5

سُنّتیں اور آداب

اس باب میں آپ پڑھیں گے

علمِ دین سیکھنے سکھانے کے فضائل، قرآنِ مجید کی تلاوت کرنے و سیکھنے کے فضائل، مختلف کاموں سے پہلے اچھی اچھی نیّتوں کا بیان مثلاً کھانا کھانے، پانی و چائے پینے، خوشبو لگانے کی نیتوں کے علاوہ مختلف کاموں کی سنتیں اور آداب

علمِ دین

علم ایک ایسی نایاب دولت ہے جو روپے پیسے سے حاصل نہیں ہوسکتی بلکہ یہ تو مَحض اللہ عَزَّوَجَلَّ کا ایک خاص کرم ہے وہ جسے چاہے اس دولت سے نواز دے۔

علمِ دین حاصل کرنے کے بے شُمار فضائل و بَرَکات قرآن وحدیث میں جابجا وارِد ہوئے ہیں۔ چُنانچِہ اللہ عَزَّوَجَلَّ قرآنِ پاک میں ارشاد فرماتا ہے:

فَلَوۡلَا نَفَرَ مِنۡ كُلِّ فِرۡقَةٍ مِّنۡهُمۡ طَآئِفَةٌ لِّيَتَفَقَّهُوۡا فِى الدِّيۡنِ (پ ۱۱، التوبۃ: ۱۲۲)

ترجمۂ کنز الایمان: تو کیوں نہ ہوا کہ ان کے ہر گروہ میں سے ایک جماعت نکلے کہ دین کی سمجھ حاصل کریں۔

"علم نایاب دولت ہے" کے چودہ حروف کی نسبت سے علم کے متعلق 14 فرامینِ مُصطَفٰے

پیارے مدنی منو! علمِ دین سیکھنے والے سعادت مندوں کے کیا کہنے! ان پر اللہ عَزَّوَجَلَّ اور اس کے پیارے حبیب صَلَّی اللہُ تَعَالٰی عَلَیْہِ وَاٰلِہٖ وَسَلَّم کے لُطف وکرم کی بارش رحمت بن کر چھما چھم برستی ہے۔ اس بات کا اندازہ درج ذیل رِوایات کو پڑھ کر بخوبی لگایا جاسکتا ہے۔

﴿1﴾ ......جو شخص حصولِ علم کے لیے کسی راستہ پر چلے اللہ عَزَّوَجَلَّ اس کے لیے جنت کا راستہ آسان فرما دیتا ہے۔[1]

[1] ......مسلم، کتاب الذکر والدعاء، باب فضل الاجتماع......الخ، ص ۱۴۴۷، حدیث: ۳۸-(۲۶۹۹)

﴿2﴾......جو شخص طلبِ علم کے لئے گھر سے نکلا تو جب تک واپس نہ ہوا اللہ عَزَّوَجَلَّ کی راہ میں ہے۔[۱]

﴿3﴾......اللہ عَزَّوَجَلَّ جس سے بھلائی کا ارادہ فرماتا ہے اُسے دین کی سمجھ بوجھ عطا فرما دیتا ہے۔[۲]

﴿4﴾......ایک گھڑی رات میں پڑھنا، پڑھانا ساری رات عبادت کرنے سے افضل ہے۔[۳]

﴿5﴾......مؤمن کبھی خیر (یعنی علم) سے سیر نہیں ہوتا اسے سُنتا یعنی حاصل کرتا رہتا ہے یہاں تک کہ جنت میں پہنچ جاتا ہے۔[۴]

﴿6﴾......علم کو خوب پھیلاؤ اور لوگوں میں بیٹھو تاکہ علم نہ جاننے والے علم حاصل کریں کیونکہ جب تک علم کو راز نہیں بنایا جائے گا علم نہیں اُٹھے گا۔[۵]

﴿7﴾......جو علم طلب کرے پھر اسے حاصل کرنے میں کامیاب ہو جائے تو اس کے لیے دوگُنا اَجر ہے۔ اگر حاصل نہ کر سکے تو ایک اجر ہے۔[۶]

﴿8﴾......جسے موت اس حال میں آئے کہ وہ اسلام زندہ کرنے کے لیے علم سیکھ رہا ہو تو جنت میں اس کے اور انبیائے کرام عَلَیْہِمُ السَّلَام کے درمیان ایک دَرَجہ کا فرق ہوگا۔[۷]

﴿9﴾......کیا تم جانتے ہو بڑا سخی کون ہے؟ عرض کی گئی: اَللّٰہُ وَرَسُوْلُہٗ اَعْلَمُ یعنی اللہ عَزَّوَجَلَّ اور اس کے رسول صَلَّی اللّٰہُ تَعَالٰی عَلَیْہِ وَاٰلِہٖ وَسَلَّم زیادہ جانتے ہیں۔ فرمایا: اللہ عَزَّوَجَلَّ بڑا جواد ہے، پھر اولادِ آدم میں مَیں بڑا سخی ہوں اور میرے بعد وہ شخص بڑا سخی ہے جو علم سیکھے اور پھر اسے پھیلائے وہ قیامت کے دن ایک جماعت ہو کر آئے گا۔[۸]

---

[۱] ......ترمذی، کتاب العلم، باب فضل طلب العلم، ۴/۲۹۴، حدیث: ۲۶۵۶

[۲] ......المرجع السابق، باب اذا اراد اللہ......الخ، حدیث: ۲۶۵۴

[۳] ......دارمی، باب مذاکرۃ العلم، ۱/۱۵۷، حدیث: ۶۱۴

[۴] ......ترمذی، کتاب العلم، باب ماجاء فی فضل الفقہ علی العبادۃ، ۴/۳۱۴، حدیث: ۲۶۹۵

[۵] ......بخاری، کتاب العلم، باب کیف یقبض العلم، ۱/۵۴

[۶] ......دارمی، باب فی فضل العلم والعالم، ۱/۱۰۸، حدیث: ۳۳۵

[۷] ......دارمی، باب فی فضل العلم والعالم، ۱/۱۱۲، حدیث: ۳۵۴

[۸] ......شعب الایمان للبیہقی، الثامن عشر من شعب الایمان، باب فی نشر العلم، ۲/۲۸۱، حدیث: ۱۷۶۷

﴿10﴾......مَنْ طَلَبَ الْعِلْمَ تَكَفَّلَ اللهُ لَهٗ بِرِزْقِهٖ جو شخص علم کی طلب میں رہتا ہے اللّٰہ عَزَّوَجَلَّ اس کے رِزْق کا ضامن ہے۔ ①

﴿11﴾......تھوڑا سا علم کثیر عبادت سے اچھا ہے۔ ②

﴿12﴾......طالبِ علم کو اس حال میں موت آئی کہ وہ طلبِ علم میں مصروف تھا تو وہ شہید ہے۔ ③

﴿13﴾......افضل صَدَقہ یہ ہے کہ کوئی مسلمان شخص علم حاصل کرے پھر اپنے مسلمان بھائی کو بھی سکھائے۔ ④

﴿14﴾......اللّٰہ عَزَّوَجَلَّ کے پیارے حبیب صَلَّی اللّٰہُ تَعَالٰی عَلَیْہِ وَاٰلِہٖ وَسَلَّم ایک صحابی سے مَحْوِ گفتگو تھے کہ وحی نازل ہوئی: اس صحابی کی زندگی کی ایک ساعت (یعنی گھنٹہ بھر) باقی رہ گئی ہے۔ یہ وقتِ عصر تھا۔ رحمتِ عالم صَلَّی اللّٰہُ تَعَالٰی عَلَیْہِ وَاٰلِہٖ وَسَلَّم نے جب یہ بات اس صحابی کو بتائی تو انہوں نے مُضطَرب ہوکر اِلتجا کی: ''یارسولَ اللّٰہ صَلَّی اللّٰہُ تَعَالٰی عَلَیْہِ وَاٰلِہٖ وَسَلَّم! مجھے ایسے عمل کے بارے میں بتائیے جو اس وقت میرے لئے سب سے بہتر ہو۔'' تو آپ صَلَّی اللّٰہُ تَعَالٰی عَلَیْہِ وَاٰلِہٖ وَسَلَّم نے ارشاد فرمایا: ''علم سیکھنے میں مشغول ہو جاؤ۔'' چُنانچہ وہ صحابی علم سیکھنے میں مشغول ہو گئے اور مغرب سے پہلے ہی ان کا انتقال ہو گیا۔ راوی فرماتے ہیں کہ اگر علم سے بہتر کوئی شے ہوتی تو سرکارِ مدینہ صَلَّی اللّٰہُ تَعَالٰی عَلَیْہِ وَاٰلِہٖ وَسَلَّم اسی کا حُکم ارشاد فرماتے۔ ⑤

اصحابِ صفہ

ہمارے بُزرگانِ دین رَحِمَہُمُ اللّٰہُ الْمُبِیْن علمِ دین حاصل کرنے کا بہت شوق رکھتے تھے، اس بات کا اندازہ ہم یوں

---

①......تاریخ بغداد، ۳/۳۹۷، حدیث: ۱۵۳۵

②......الترغیب والترھیب، کتاب العلم، باب الترغیب فی العلم...الخ، ۱/۵۰، حدیث: ۵

③......جامع بیان العلم وفضلہ، باب جامع فی فضل العلم، ص ۶۴، حدیث: ۱۹۴

④......ابن ماجہ، کتاب السنۃ، باب ثواب معلم الناس الخیر، ۱/۱۵۸، حدیث: ۲۴۳

⑤......تفسیر کبیر، پ ۱، البقرۃ، تحت الآیۃ: ۳۰، ۱/۴۱۰

لگا سکتے ہیں کہ صحابۂ کرام عَلَیۡہِمُ الرِّضۡوَان کا معمول تھا کہ ضَروریاتِ زندگی پوری کرنے کے ساتھ ساتھ دو جہاں کے تاجْوَر، سلطانِ بَحر وبَر صَلَّی اللّٰہُ تَعَالٰی عَلَیۡہِ وَاٰلِہٖ وَسَلَّم کی بارگاہِ بے کس پناہ میں حاضر ہوکر علمِ دین بھی حاصل کیا کرتے تھے مگر مختلف عَلاقوں سے تعلّق رکھنے والے ساٹھ سے 70 صحابۂ کرام عَلَیۡہِمُ الرِّضۡوَان ایسے تھے جو سرکارِ مدینہ صَلَّی اللّٰہُ تَعَالٰی عَلَیۡہِ وَاٰلِہٖ وَسَلَّم کے درِاَقدس پر پڑے رہتے اور آپ صَلَّی اللّٰہُ تَعَالٰی عَلَیۡہِ وَاٰلِہٖ وَسَلَّم کی صحبت میں رہ کر علمِ دین سیکھنے کے ساتھ ساتھ راہِ خدا میں سفر کر کے کافروں کو دعوتِ اسلام پیش کرتے اور عام مسلمانوں کو شَرعی اَحکامات سکھایا کرتے۔ ان کی رہائش مسجد نَبَوی سے مُتَّصِل ایک چبوترے میں تھی جس پر چھت ڈال دی گئی تھی، عَرَبی زبان میں چونکہ چبوترے کو صُفَّہ کہتے ہیں، لہٰذا ان پاکیزہ ہستیوں کو اصحابِ صفہ کہا جاتا۔ سب سے زیادہ اَحادیث رِوایت کرنے والے صحابی حضرت سیِّدُنا ابوہُرَیْرہ رَضِیَ اللّٰہُ تَعَالٰی عَنْہ بھی انہی خوش نصیبوں میں شامل تھے۔

اَلۡحَمۡدُ لِلّٰہ عَزَّوَجَلَّ اصحابِ صفہ عَلَیۡہِمُ الرِّضۡوَان کے بعد بھی کثیر مسلمان ان پاکیزہ ہستیوں کے نقشِ قدم پر چلتے رہے اور اپنے عَلاقے اور گھر وغیرہ کو چھوڑ کر کسی مَدْرَسہ یا جامِعَہ میں جمع ہوکر باقاعدہ علمِ دین سیکھتے سکھاتے رہے اور نیکی کی دعوت عام کرتے رہے۔

پیارے مدنی منو! دُنیاوی ترقّی کے ساتھ ساتھ جب روز بروز نئی ایجادات ہونے لگیں تو اکثر لوگ علمِ دین کے حُصول کو چھوڑ کر دنیاوی عُلوم وفُنون سیکھنے سمجھنے اور اس کے ذریعے اپنی زندگی عیش وآرام کے ساتھ گُزارنے کی جستجو میں لگ گئے۔ یہی وجہ ہے کہ اس پُرفتن دور میں آج کا مسلمان علمِ دین کے حصول کے جذبے سے ناواقف اور کوسوں دور نظر آتا ہے۔ اگر کچھ لوگ خوش قسمتی سے راہِ علم کے مسافر بن جاتے ہیں تو نَفْس وشیطان انہیں اپنے گھیرے میں لے لیتے ہیں کیونکہ جس طرح ہر قیمتی شے چوروں کے لئے کشش رکھتی ہے اسی طرح ہر اس شے پر شیطان کی خصوصی توجّہ ہوتی ہے جو اُخروی لحاظ سے قیمتی ہو۔ یہی وجہ ہے کہ راہِ علم پر چلنے والے مسلمان نفس وشیطان کی نگاہوں کا مرکز بن جاتے ہیں۔

راہِ علم کے مسافر یعنی طالبِ علم شیطان پر کس قدر بھاری ہیں اس کا اندازہ ان رِوایات سے لگایا جا سکتا ہے۔ چُنانچہ حضرت سیِّدُنا ابنِ مسعود رَضِیَ اللہُ تَعَالٰی عَنْہ سے مَروی ہے کہ رسولِ اَکرم صَلَّی اللہُ تَعَالٰی عَلَیْہِ وَاٰلِہٖ وَسَلَّم نے ارشاد فرمایا: اس ذات کی قسم جس کے قبضۂ قدرت میں میری جان ہے! ایک عالم شیطان پر ایک ہزار عابِدوں سے زیادہ بھاری ہے۔ [1] اور حضرت سیدنا واثلہ رَضِیَ اللہُ تَعَالٰی عَنْہ سے مروی ہے کہ سرکارِ مدینہ صَلَّی اللہُ تَعَالٰی عَلَیْہِ وَاٰلِہٖ وَسَلَّم نے ارشاد فرمایا: ''اس عالم سے بڑھ کر شیطان کی کمر توڑ کر رکھ دینے والی کوئی شے نہیں جو اپنے قبیلہ میں ظاہر ہو۔'' [2]

پیارے مدنی منو! شیطان ہر سَمت سے طالبِ علم پر مسلسل حملہ آور ہوتا رہتا ہے اور اسے اُخروی سعادت سے محروم کروا دینے کو اپنی کامیابی تصوّر کرتا ہے۔ اس سلسلے میں شیطان کی سب سے پہلی کوشش یہ ہوتی ہے کہ کوئی اس راہِ عظیم کا مسافر نہ بن پائے اور اگر کوئی بننے میں کامیاب ہو بھی جائے تو یہ اس طالبِ علم کو نیت کی خرابی، مایوسی، خود پسندی، تکبّر، سُستی اور لالچ جیسی ہلاکتوں میں مبتلا کر کے اسے علمِ دین کے ثَمرات سے محروم کروانے کی بھرپور کوشش کرتا ہے، لٰہذا **اللہ** عَزَّوَجَلَّ کی بارگاہ میں دعا ہے کہ **اللہ** عَزَّوَجَلَّ ہمیں شیطان کے مکر و فریب سے محفوظ فرمائے اور اپنے بُزُرگانِ دین رَحِمَہُمُ اللہُ الْمُبِیْن کے نقشِ قدم پر چل کر علمِ دین حاصل کرنے اور اسے دوسروں تک پہنچانے کی توفیق عطا فرمائے۔

اٰمین بجاہِ النبی الامین صَلَّی اللہُ تَعَالٰی عَلَیْہِ وَاٰلِہٖ وَسَلَّم

تِلاوتِ قرآنِ مجید

قرآنِ مجید **اللہ** عَزَّوَجَلَّ کا پیارا کلام ہے۔ اس کی تلاوت کرنا بہت بڑا ثواب ہے۔ چنانچہ مروی ہے کہ **اللہ** عَزَّوَجَلَّ زمین والوں پر عذاب کرنے کا ارادہ فرماتا ہے لیکن جب بچّوں کو قرآنِ پاک پڑھتے سُنتا ہے تو عذاب روک لیتا ہے۔ [3]

[1] ……کنز العمال، کتاب العلم، الجزء العاشر، ۵/ ۶۷، حدیث: ۲۸۹۰۴

[2] ……کنز العمال، کتاب العلم، الجزء العاشر، ۵/ ۶۴، حدیث: ۲۸۷۵۱

[3] ……دارمی، کتاب فضائل القراٰن، باب فی تعاهد القراٰن، ۲/ ۵۳۰، حدیث: ۳۳۴۵

ہو کرم اللہ! حافِظ مَدَنی مُنّوں کے طُفیل
جگمگاتے گنبدِ خضرا کی کرنوں کے طفیل

پیارے مدنی منو! آپ سب بہت خوش نصیب ہیں کہ اللہ عَزَّوَجَلَّ کے پاک کلام قرآنِ مجید کی تعلیم حاصل کررہے ہیں جبکہ بَہُت سارے بچے ایسے بھی ہیں جو گلی کوچوں میں آوارہ گھومتے ہیں اور قرآنِ پاک کی تعلیم سے محروم ہیں، ایسے بچوں کو فلمی گانے تو یاد ہوتے ہیں، انگلش نظمیں بھی اَزبر ہوتی ہیں مگر افسوس! قرآنِ پاک کی کوئی سورت یاد نہیں ہوتی۔ دعا کیجئے کہ اللہ عَزَّوَجَلَّ انہیں بھی قرآنِ مجید کے نور سے منوّر فرمائے ۔ اٰمین

شیطان کے وار

بسا اوقات شیطان مدنی منّوں کو قرآنِ پاک کی تعلیم سے روکنے کے لئے کھیل کود میں لگا دیتا ہے، آپ اس کی باتوں میں نہ آیئے۔ یاد رکھئے! ہم دنیا میں کھیل تماشوں کے لئے نہیں آئے، لہٰذا کھیل کود میں وقت برباد کرنے کے بجائے بھرپور توجہ کے ساتھ قرآنِ پاک کی تعلیم حاصل کیجئے۔

اسی طرح شیطان مدنی منوں کا دل قرآنِ پاک کی تعلیم سے اُچاٹ کرنے کے لئے دل میں یوں وسوسے ڈالتا ہے کہ یہ کیا ہے کہ تم سارا دن ''ا، ب، ت'' پڑھتے رہتے ہو؟ جب کبھی آپ کو ایسے وَسوسے آئیں تو ان وسوسوں کو فوراً جھٹک دیجئے کیونکہ شیطان یوں ہمیں نیکیوں سے روکنا چاہتا ہے۔ حدیثِ پاک میں ہمارے میٹھے میٹھے آقا، مکی مدنی مصطفےٰ صَلَّی اللہُ تَعَالٰی عَلَیْہِ وَاٰلِہٖ وَسَلَّم کا فرمانِ عالیشان ہے: ''جس نے کتابُ اللہ کا ایک حَرف پڑھا اس کے لئے اس کے عِوَض ایک نیکی ہے اور ایک نیکی کا ثواب دس گنا ہوتا ہے۔ میں نہیں کہتا کہ ''الٓمّٓ'' ایک حرف ہے بلکہ ''الف'' ایک حرف ''لام'' ایک حرف اور ''میم'' ایک حرف ہے۔'' [1]

روشن قندیلیں

قرآنِ پاک کو جتنی بار بھی پڑھا جائے ثواب ہی ثواب ہے، لہٰذا مدرسہ میں پڑھنے کے علاوہ گھر میں بھی سبق یاد

[1] ......ترمذی، کتاب فضائل القران، باب ماجاء فی من قرا حرفا... الخ، ۴/۴۱۷، حدیث: ۲۹۱۹

کرنے اور تلاوتِ قرآن کا اہتمام فرمانا چاہیے کہ اس میں ہمارے لیے رحمت ہی رحمت ہے۔ چُنانچہ،

مروی ہے کہ حضرت سیِّدُنا **اُسید بن حُضیر** رَضِیَ اللّٰہُ تَعَالٰی عَنْہ ایک رات سورۂ بَقَرہ کی تلاوت فرما رہے تھے کہ یکا یک قریب ہی بندھا ہوا آپ کا گھوڑا بِدَکنے یعنی اُچھلنے کودنے لگا۔ آپ خاموش ہوئے تو گھوڑا بھی ٹھہر گیا، آپ نے پھر پڑھنا شروع کیا تو گھوڑا بھی دوبارہ اچھلنے کودنے لگا، آپ پھر خاموش ہو گئے، اس طرح جب آپ پڑھنے لگتے تو گھوڑے کی اُچھل کود دیکھ کر پھر خاموش ہو جاتے کیونکہ آپ کے صاحبزادے حضرت یحییٰ گھوڑے کے قریب ہی سو رہے تھے، اس لئے آپ کو اندیشہ ہوا کہ کہیں گھوڑا بچے کو تکلیف نہ پہنچائے۔ چنانچہ جب آپ نے صَحْن میں آکر آسمان کی طرف دیکھا تو کیا دیکھتے ہیں کہ بادل کی طرح کوئی چیز ہے جس میں بہت سی قِندیلیں (چراغ) روشن ہیں۔ آپ نے صُبح کو بارگاہِ رسالت میں حاضر ہو کر یہ واقعہ بیان کیا تو رحمتِ عالم صَلَّی اللّٰہُ تَعَالٰی عَلَیْہِ وَاٰلِہٖ وَسَلَّم نے ارشاد فرمایا: یہ فرشتوں کی مُقدَّس جماعت تھی جو تیری قِراءَت کی وجہ سے آسمان سے تیرے مکان کی طرف اُتر پڑی تھی اگر تو صبح تک تلاوت کرتا رہتا تو یہ فرشتے زمین سے اس قدر قریب ہو جاتے کہ تمام انسانوں کو ان کا دیدار ہو جاتا۔ [1]

بزرگانِ دین اور تلاوتِ قرآن

پیارے مدنی منو! بُزُرگانِ دین رَحِمَہُمُ اللّٰہُ الْمُبِیْن تلاوتِ قرآن پاک میں بہت دلچسپی رکھتے تھے بعض بزرگانِ دین رَحِمَہُمُ اللّٰہُ الْمُبِیْن روزانہ چار، بعض دو اور بعض ایک قرآنِ پاک ختم فرماتے۔ اسی طرح بعض حضرات دو دن میں ایک قرآنِ پاک ختم فرماتے، بعض تین دن میں، بعض پانچ دن میں اور بعض سات دن میں اور سات دن میں قرآنِ پاک ختم کرنا اکثر صحابۂ کرام عَلَیْہِمُ الرِّضْوَان کا معمول تھا، لہٰذا آپ بھی جتنا ممکن ہو تلاوتِ قرآن پاک کو اپنا معمول بنا لیجئے۔ نیز اپنے سبق کی تکرار بھی کرتے رہیے مگر ایک بات ذہن نشین رکھئے کہ جلدی پڑھنے کی کوشش میں غلط نہیں پڑھنا چاہیے کہ ثواب صحیح پڑھنے میں ہے نہ کہ مَحْض جلدی پڑھنے میں۔

---

[1] ......مشکاۃ المصابیح، کتاب فضائل القرآن، ۱/۳۹۸، حدیث: ۲۱۱۶ ملخصًا

والدین کی خوش بختی

پیارے مدنی منو! جس طرح آپ خوش نصیب ہیں کہ قرآنِ پاک کی تعلیم حاصل کررہے ہیں اسی طرح آپ کے والدین بھی بڑے خوش قسمت ہیں کیونکہ وہ آپ کو دینی تعلیم کے زیور سے آراستہ کررہے ہیں۔ **اِنْ شَآءَ اللّٰہ** عَزَّوَجَلَّ ان کے لئے آپ ایک عظیم ثوابِ جاریہ کا سبب ہوں گے۔ چُنانچِہ،

قبر سے عذاب اُٹھ گیا

مَنْقُول ہے کہ حضرت سیِّدُنا عیسیٰ عَلَیْہِ السَّلَام نے ایک قَبْر کے قریب سے گُزرتے ہوئے دیکھا کہ اس میت پر عذاب ہورہا ہے۔ پھر جب آپ عَلَیْہِ السَّلَام کا واپسی پر وہاں سے گزر ہوا تو ملاحَظہ فرمایا کہ اس قبر میں نور ہی نور ہے اور وہاں رحمتِ الٰہی کی بارش ہورہی ہے۔ آپ عَلَیْہِ السَّلَام بہت حیران ہوئے اور بارگاہِ الٰہی میں عرض کی کہ مجھے اس کا بھید بتایا جائے۔ چنانچہ ارشاد ہوا: اے **روحُ اللّٰہ!** یہ سخت گناہ گار اور بدکار تھا اس وجہ سے عذاب میں گرفتار تھا۔ اس کے انتقال کے بعد اس کے یہاں لڑکا پیدا ہوا اور آج اس کو مَکْتَب میں بھیجا گیا، استاذ نے اس کو بِسْمِ اللّٰہ شریف پڑھائی۔ مجھے حیا آئی کہ میں زمین کے اندر اس شخص کو عذاب دوں جس کا بچہ زمین کے اوپر میرا نام لے رہا ہے۔[1]

پیارے مدنی منّو! دیکھا آپ نے جس شخص کے بچے نے صرف بِسْمِ اللّٰہ شریف پڑھی اور اِس کی بَرَکت سے اُس کی بخشش ہوگئی تو جن خوش نصیب والدین کے بچوں نے پورے **کلامُ اللّٰہ** کی تعلیم حاصل کی اور اس کے مطابق عمل کیا تو ان کی شان کس قَدَر بلند ہوگی۔ ایسے خوش نصیب والدین کو یقیناً کل بروزِ قیامت ایسا تاج پہنایا جائے گا جس کی چمک سورج سے بھی زیادہ ہوگی۔ چنانچہ،

بروزِ قیامت حافظ کے والدین کو تاج پہنایا جائے گا

حضرت سیِّدُنا مُعاذ جُہَنی رَضِیَ اللّٰہُ تَعَالٰی عَنْہ سے مَروی ہے کہ سرکارِ نامدار، مدینے کے تاجدار صَلَّی اللّٰہُ تَعَالٰی عَلَیْہِ وَاٰلِہٖ

[1] ……تفسیر کبیر، الباب الحادی العشر، النکت المستخرجة من البسملة، ۱/۱۵۵

وَسَلَّم نے فرمایا: جس نے قرآن پڑھا اور جو کچھ اس میں ہے اس پر عمل کیا، اس کے والدین کو قیامت کے دن ایسا تاج پہنایا جائے گا جس کی روشنی اس سورج سے اچھی ہوگی جو دنیا میں تمہارے گھروں کے اندر چمکتا ہے تو خود اس عمل کرنے والے کے متعلق تمہارا کیا گمان ہے۔ [1]

نیک اولاد صدقۂ جاریہ ہے

والدین کو چاہیے کہ اپنے بچوں کو قرآنِ پاک کی تعلیم سے آراستہ و پیراستہ فرمائیں، اس میں ان کا اپنا فائدہ ہے کہ نیک اولاد والدین کے لئے ثوابِ جاریہ ہوتی ہے۔ عموماً دیکھا گیا ہے کہ جو بچے دینی تعلیم حاصل کرتے ہیں وہ والدین کا بہت ادب کرتے ہیں یہ معاملہ تو والدین کی حیات میں ہے ان کی وفات کے بعد بھی یہی بچے کام آتے ہیں کہ جب تک وہ تلاوتِ قرآنِ کریم کرتے رہیں گے اور نیک اعمال کرتے رہیں گے ان کے والدین کو اجر و ثواب ملتا رہے گا۔ اس کو اس مثال سے سمجھئے کہ اگر کسی شخص کے دو بچے ہوں ایک بچے کو اس نے فقط دُنیوی تعلیم دِلا کر ڈاکٹر کی ڈگری دلائی، دوسرے کو پہلے حافظِ قرآن بنایا، پھر دوسری تعلیم دلائی۔ والدین کے انتقال کے بعد ایصالِ ثواب کے لحاظ سے کون ماں باپ کے لئے فائدہ مند ہوگا؟ کیا ڈاکٹر کی ڈگری مفید ہوگی یا حِفْظِ قرآنِ کریم؟ عَقْل مند کے لئے اشارہ کافی ہے۔

پیارے مدنی منّو! اے کاش! آپ قرآنِ کریم کی تعلیم کی اہمیت کو سمجھیں اور قرآن وسنت کی تعلیم کو خوب دلجمعی کے ساتھ سیکھیں۔ اے کاش! ایسا مدنی ماحول بن جائے کہ ہر بچے کے لئے تعلیمِ قرآن لازمی ہو جائے اور ہر ماں باپ اپنے ہر بچے کو قرآن وسنت کی تعلیم کے زیور سے آراستہ کرے۔ ؎

یہی ہے آرزو تعلیمِ قرآں عام ہو جائے
ہر اِک پرچم سے اونچا پرچمِ اسلام ہو جائے

---

[1] ……ابوداود، كتاب الوتر، باب في ثواب قراءة القرآن، ۲/۱۰۰، حديث: ۱۴۵۳

اچھی اچھی نیتیں

نیک اَعمال کے قبول ہونے کے لئے ہمیں اپنی نیتوں میں اخلاص پیدا کرنا ہوگا۔ آیئے جانتے ہیں کہ نیت کسے کہتے ہیں؟ اور اچھی اچھی نیتوں کے ذریعے ہم کس قدر ثوابِ آخرت کا ذخیرہ اکٹھا کرسکتے ہیں۔

نیت کسے کہتے ہیں؟

نیت لُغوی طور پر دل کے پُختہ اِرادے کو کہتے ہیں اور شَرْعاً عبادت کے اِرادے کو نیت کہا جاتا ہے۔ [1]

جتنی نیتیں اُتنا ثواب

ایک عمل میں جتنی نیّتیں ہوں گی اتنی نیکیوں کا ثواب ملے گا، مثلاً کسی محتاج رشتے دار کی مدد کرنے میں اگر نیت فقط صَدَقہ کی ہوگی تو ایک نیت کا ثواب ملے گا اور اگر صلۂ رحمی (یعنی خاندان والوں سے نیکی کا برتاؤ کرنے) کی نیّت بھی کریں گے تو دو گُنا ثواب پائیں گے۔ [2] اسی طرح مسجد میں نماز کے لئے جانا بھی ایک عمل ہے اس میں بہت سی نیّتیں کی جاسکتی ہیں، امامِ اہلسنّت مولانا شاہ امام احمد رضا خان عَلَیْہِ رَحمَۃُ الرَّحْمٰن نے فتاویٰ رضویہ جلد 5 صفْحہ 673 میں اس کے لئے چالیس نیّتیں بیان کی ہیں، آپ مزید فرماتے ہیں: بے شک جو علمِ نیّت جانتا ہے ایک ایک فعل کو اپنے لئے کئی کئی نیکیاں کرسکتا ہے۔ [3] بلکہ مُباح کاموں میں بھی اچھی نیتیں کرنے سے ثواب ملے گا مثلاً خوشبو لگانے میں اِتباعِ سنت، تعظیمِ مسجد، فرحتِ دماغ اور اپنے اسلامی بھائیوں سے ناپسندیدہ بُو دور کرنے کی نیّتیں ہوں تو ہر نیّت کا الگ ثواب ہوگا۔ [4]

ہر کام سے پہلے اچھی نیّتیں کرلیجئے

پیارے مَدَنی مُنّو! بلاشبہ اچھی نیت کرنا ایک ایسا عمل ہے جو محنت کے اعتبار سے بے حد ہلکا لیکن اجر و ثواب کے

---

[1] ......ماخوذ از نزھۃ القاری شرح صحیح البخاری، باب بدء الوحی، ۱/ ۲۲۴

[2] ......اشعۃ اللمعات، ۱/ ۳۶

[3] ......فتاویٰ رضویہ، ۵/ ۶۷۳

[4] ......اشعۃ اللمعات، ۱/ ۳۷ ملخصًا

لحاظ سے بہت عظیم ہے۔ اس لئے ہمیں چاہئے کہ ہر نیک عمل شروع کرنے سے پہلے اچھی اچھی نیتیں کرلیں حتی کہ کھانے، پینے، لباس پہننے اور سونے وغیرہ میں بھی اچھی نیت شامل حال ہو۔ مثلاً کھانے پینے سے **اللہ** عَزَّوَجَلَّ کی اِطاعت پر قوت حاصل کرنے کی نیت ہو۔ لباس پہنتے وقت یہ نیت ہو کہ **اللہ** عَزَّوَجَلَّ نے مجھے اپنی پوشیدہ چیزیں چُھپانے کا حُکم دیا ہے اور **اللہ** عَزَّوَجَلَّ کی نعمت کے اظہار کی نیت ہو۔ سونے سے یہ مقصود ہو کہ جو عبادات **اللہ** عَزَّوَجَلَّ نے فرض کی ہیں ان کو ادا کرنے میں مدد حاصل ہو۔[1]

''مدینہ'' کے پانچ حُروف کی نسبت سے اچھی نیّت کے 5 فضائل

﴿1﴾...... مسلمان کی نیّت اس کے عمل سے بہتر ہے۔[2]

﴿2﴾...... سچی نیت سب سے افضل عمل ہے۔[3]

﴿3﴾...... اچھی نیت بندے کو جنت میں داخل کر دیتی ہے۔[4]

﴿4﴾...... **اللہ** عَزَّوَجَلَّ آخرت کی نیت پر دنیا عطا فرما دیتا ہے مگر دنیا کی نیت پر آخرت نہیں عطا فرماتا ہے۔[5]

﴿5﴾...... اچھی نیت عرش سے چِمٹ جاتی ہے پس جب کوئی بندہ اپنی نیت کو سچّا کر دیتا ہے تو عرش ہلنے لگ جاتا ہے، پھر اس بندے کو بخش دیا جاتا ہے۔[6]

---

[1]...... اچھی اچھی نیّتوں سے متعلّق رَہنمائی کیلئے شیخِ طریقت، امیرِ اہلسنّت، بانیِ دعوتِ اسلامی حضرت علامہ مولانا ابو بلال محمد الیاس عطّار قادری دَامَتْ بَرَکَاتُہُمُ الْعَالِیَہ کا سنّتوں بھرا کیسٹ بیان نیّت کا پھل اور نیتوں سے متعلق آپ کے مُرتّب کردہ کارڈ یا پمفلٹ مکتبۃ المدینہ کی کسی بھی شاخ سے ہدیّۃً حاصِل فرمائیں۔

[2]...... المعجم الکبیر، ۶/۱۸۵، حدیث: ۵۹۴۲

[3]...... جامع الاحادیث، ۲/۱۹، حدیث: ۳۵۵۴

[4]...... کنز العمال، کتاب الاخلاق، باب النیة، ۳/۱۶۹، حدیث: ۷۲۴۵

[5]...... کنز العمال، کتاب الاخلاق، باب الزھد، ۳/۷۵، حدیث: ۶۰۵۳

[6]...... تاریخ بغداد، ۲/۴۴۳، حدیث: ۶۹۲۶

پیارے مدنی منّو! دنیا وآخرت کی کامیابی کے لئے اپنی نیتوں میں اخلاص پیدا کرنا ضروری ہے آیئے چند اچھی اچھی نیتیں سیکھنے کے ساتھ ساتھ مختلف سنّتیں اوران کے آداب بھی سیکھ لیتے ہیں:

کھانے کی "40" نیتیں

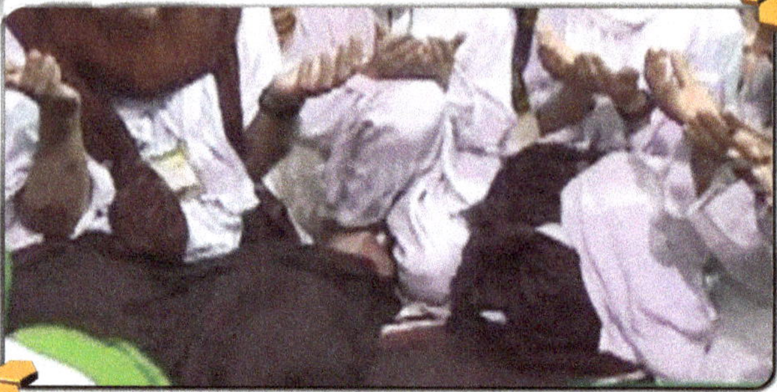

(از شیخِ طریقت امیرِ اہلسنّت بانیٔ دعوتِ اسلامی حضرت علامہ مولانا ابوبلال محمد الیاس عطار قادری رضوی دامت برکاتہم العالیہ)

﴿1﴾...... کھانے سے قبل اور ﴿2﴾...... بعد کا وُضو کروں گا۔ (یعنی ہاتھ، مُنہ کا اگلا حصّہ دھوؤں گا اور کُلّیاں کروں گا) ﴿3﴾...... عبادت ﴿4﴾...... تِلاوت ﴿5﴾...... والدین کی خدمت ﴿6﴾...... تحصیلِ علمِ دین ﴿7﴾...... سنّتوں کی تربیّت کی خاطِر مَدَنی قافِلے میں سفر ﴿8﴾...... عَلاقائی دَورہ برائے نیکی کی دعوت میں شرکت ﴿9﴾...... اُمورِ آخِرت اور ﴿10﴾...... حسبِ ضَرورت کسبِ حلال کیلئے بھاگ دوڑ پر قوّت حاصِل کروں گا۔

(یہ نیّتیں اُسی صورت میں مُفید ہوں گی جبکہ بھوک سے کم کھائے، خوب ڈٹ کر کھانے سے اُلٹا عبادت میں سُستی پیدا ہوتی، گناہوں کی طرف رُجحان بڑھتا اور پیٹ کی خرابیاں جَنم لیتی ہیں)

﴿11﴾...... زمین پر ﴿12﴾...... دستر خوان بچھانے کی سنّت ادا کرکے ﴿13﴾...... سنّت کے مطابِق بیٹھ کر ﴿14﴾...... کھانے سے قبل بِسۡمِ اللّٰہِ الرَّحۡمٰنِ الرَّحِیۡمِ اور ﴿15﴾ ...... دیگر دُعائیں پڑھ کر ﴿16﴾...... تین انگلیوں سے ﴿17﴾...... چھوٹے چھوٹے نوالے بنا کر ﴿18﴾...... اچھی طرح چبا کر کھاؤں گا۔

﴿19﴾...... ہر دو ایک لُقمہ پر یَا وَاجِدُ پڑھوں گا ﴿20﴾...... جو دانہ وغیرہ گر گیا اُٹھا کر کھالوں گا۔

﴿21﴾......روٹی کا ہر نوالہ سالن کے برتن کے اوپر کرکے توڑوں گا تاکہ روٹی کے ذرّات برتن ہی میں گریں۔

﴿22﴾......ہڈّی اور گرم مصالحہ اچھی طرح صاف کرنے اور چاٹنے کے بعد پھینکوں گا۔

﴿23﴾......بھوک سے کم کھاؤں گا۔

﴿24﴾......آخر میں سنّت کی ادائیگی کی نیّت سے برتن اور ﴿25﴾......تین بار انگلیاں چاٹوں گا۔

﴿26﴾......کھانے کے برتن دھو کر پی کر ایک غلام آزاد کرنے کے ثواب کا حقدار بنوں گا۔[1]

﴿27﴾......جب تک دسترخوان نہ اُٹھالیا جائے اُس وقت تک بِلا ضَرورت نہیں اُٹھوں گا۔

﴿28﴾......کھانے کے بعد مسنون دعائیں پڑھوں گا ﴿29﴾......خلال کروں گا۔

مل کر کھانے کی مزید نیّتیں

﴿30﴾......دسترخوان پر اگر کوئی عالم یا بُزُرگ موجود ہوئے تو اُن سے پہلے کھانا شروع نہیں کروں گا۔

﴿31﴾......مسلمانوں کے قُرب کی بَرَکتیں حاصِل کروں گا۔

﴿32﴾......ان کو بوٹی، کدّو شریف، کُھرچن اور پانی وغیرہ پیش کرکے اُن کا دل خوش کروں گا۔

﴿33﴾......اُن کے سامنے مُسکرا کر صَدَقہ کا ثواب کماؤں گا۔

﴿34﴾......کھانے کی نیّتیں اور ﴿35﴾......سنّتیں بتاؤں گا۔

﴿36﴾......موقع ملا تو کھانے سے قبل اور ﴿37﴾......بعد کی دعائیں پڑھاؤں گا۔

﴿38﴾......غذا کا عمدہ حصّہ مَثَلاً بوٹی وغیرہ حرص سے بچتے ہوئے دوسروں کی خاطر ایثار کروں گا۔

﴿39﴾......ان کو خلال کا تحفہ پیش کروں گا۔ ﴿40﴾......کھانے کے ہر ایک دو لُقمہ پر ہو سکا تو اس نیّت کے ساتھ بلند آواز سے یَاوَاجِدُ کہوں گا کہ دوسروں کو بھی یاد آجائے۔

[1]......احیاء العلوم، ۲/ ۸ ماخوذاً

پانی پینے کی "15" نیتیں

(از شیخِ طریقت امیرِ اہلسنّت بانیٔ دعوتِ اسلامی حضرت علامہ مولانا ابوبلال محمد الیاس عطار قادری رضوی دَامَتْ بَرَکَاتُہُمُ الْعَالِیَہ)

(1)......عبادت (2)......تِلاوت (3)...... والدین کی خدمت (4)...... تحصیلِ علمِ دین (5)......سنّتوں کی تربیّت کی خاطِر مَدَنی قافلے میں سفر (6)......علاقائی دورہ برائے نیکی کی دعوت میں شرکت (7)......اُمورِ آخرت اور (8)......حسبِ ضرورت کسبِ حلال کیلئے بھاگ دوڑ پر قوّت حاصِل کروں گا۔

(یہ نیّتیں اُسی وقت مُفید ہوں گی جب کہ فریز ریا برف کا خوب ٹھنڈا پانی نہ ہو کہ ایسا پانی مزید بیماریاں پیدا کرتا ہے۔)

(9)......بیٹھ کر (10)...... بِسْمِ اللّٰہِ الرَّحْمٰنِ الرَّحِیْمِ پڑھ کر (11)......اُجالے میں دیکھ کر (12)...... چوس کر (13)......تین سانس میں پیوں گا۔ (14)...... پی چکنے کے بعد اَلْحَمْدُ لِلّٰہ عَزَّوَجَلَّ کہوں گا (15)......بچا ہوا پانی نہیں پھینکوں گا۔

چائے پینے کی "6" نیتیں

(1)...... بِسْمِ اللّٰہِ الرَّحْمٰنِ الرَّحِیْمِ پڑھ کر پیوں گا (2)...... سُستی اُڑا کر عبادت (3)......تلاوت (4)...... دینی کِتابَت اور (5)......اسلامی مُطَالَعَہ پر قوت حاصل کروں گا (6)...... پینے کے بعد اَلْحَمْدُ لِلّٰہ عَزَّوَجَلَّ کہوں گا۔

خوشبولگانے کی نِیّتیں

﴿1﴾……سنتِ مصطفٰے ہے اس لئے خوشبولگاؤں گا ﴿2﴾……لگانے سے قَبْل بِسْمِ الله ﴿3﴾……لگاتے ہوئے دُرود شریف اور ﴿4﴾……لگانے کے بعد ادائے شکرِ نعمت کی نیت سے اَلْحَمْدُ لِلّٰہِ رَبِّ الْعٰلَمِیْن کہوں گا ﴿5﴾…… ملائکہ اور ﴿6﴾……مسلمانوں کو فرحت پہنچاؤں گا ﴿7﴾……عَقْل بڑھے گی تو احکامِ شَرعی یاد کرنے اور سنتیں سیکھنے پر قوت حاصل کروں گا ﴿8﴾……لباس وغیرہ سے بدبُودُور کر کے مسلمانوں کو غیبت کے گناہ سے بچاؤں گا۔

موقع کی مناسبت سے یہ نیتیں بھی کی جاسکتی ہیں:

﴿9﴾……نماز کے لئے زینت حاصل کروں گا۔

﴿10﴾……مسجد ﴿11﴾……نمازِ تہجُّد ﴿12﴾……جُمُعہ ﴿13﴾……پیر شریف

﴿14﴾……رمضانُ المبارک ﴿15﴾……عیدُ الفطر ﴿16﴾……عیدُ الاضحٰی ﴿17﴾……شبِ میلاد

﴿18﴾……عیدِ میلاد ﴿19﴾……جلوسِ میلاد ﴿20﴾……شبِ معراج ﴿21﴾……شبِ بَراءَت

﴿22﴾……گیارہویں شریف ﴿23﴾……یومِ رضا ﴿24﴾……درسِ قرآن و ﴿25﴾……حدیث

﴿26﴾……اَورادووَظائف ﴿27﴾……تلاوت ﴿28﴾……درود شریف ﴿29﴾……دینی کُتُب کا مُطالَعہ

﴿30﴾……تدریسِ عِلْمِ دین ﴿31﴾……تعلیمِ عِلْمِ دین ﴿32﴾……فتوٰی نویسی

﴿33﴾……دینی کتب کی تصنیف وتالیف ﴿34﴾……سنتوں بھرے اجتماع

﴿35﴾......اِجتماعِ ذِکرو ﴿36﴾......نَعت ﴿37﴾......قرآن خوانی ﴿38﴾......درسِ فیضانِ سنّت

﴿39﴾......علاقائی دورہ برائے نیکی کی دعوت ﴿40﴾......سنّتوں بھرا بیان کرتے وقت

﴿41﴾......عالِم ﴿42﴾......ماں ﴿43﴾......باپ ﴿44﴾......مؤمن صالح ﴿45﴾......پیرصاحِب

﴿46﴾......موئے مبارک کی زیارت اور ﴿47﴾......مزار شریف کی حاضری کے مَوَاقِع پر بھی تعظیم کی نیت سے خوشبو لگائی جاسکتی ہے۔

خوشبو لگانے کے مدنی پھول

خوشبو لگانا نہایت پیاری اور میٹھی سنت ہے، ہمارے میٹھے میٹھے سرکار، مدینے کے تاجدار صَلَّی اللّٰہ تَعَالٰی عَلَیْہِ وَاٰلِہٖ وَسَلَّم خوشبو کو بے حد پسند فرماتے اور آپ صَلَّی اللّٰہ تَعَالٰی عَلَیْہِ وَاٰلِہٖ وَسَلَّم ہر وقت مُعطّر معطر رہتے ،آپ صَلَّی اللّٰہ تَعَالٰی عَلَیْہِ وَاٰلِہٖ وَسَلَّم خوشبو کا بہت استعمال فرمایا کرتے تاکہ غلام بھی ادائے سنت کی نیت سے خوشبو لگایا کریں ورنہ اس بات میں کس کو شک وشُبہ ہوسکتا ہے کہ آپ صَلَّی اللّٰہ تَعَالٰی عَلَیْہِ وَاٰلِہٖ وَسَلَّم کا وجودِ مسعود تو قدرتی طور پر خود ہی مہکتا رہتا اور آپ صَلَّی اللّٰہ تَعَالٰی عَلَیْہِ وَاٰلِہٖ وَسَلَّم کا مبارک پسینہ بذاتِ خود کائنات کی سب سے بہترین خوشبو ہے۔ ؎

مُشک و عنبر کیا کروں؟ اے دوست خوشبو کے لئے
مجھ کو سلطانِ مدینہ کا پسینہ چاہیے

حضرت سیِّدُنا جابِر بن سَمُرہ رَضِیَ اللّٰہُ تَعَالٰی عَنْہ فرماتے ہیں کہ ایک بار میٹھے میٹھے سرکار صَلَّی اللّٰہ تَعَالٰی عَلَیْہِ وَاٰلِہٖ وَسَلَّم نے اپنا دستِ پُرانوار میرے چہرے پر پھیرا میں نے اسے ٹھنڈا اور ایسی خوشبودار ہوا کی طرح پایا جو کسی عطر فروش کے عطر دان سے نکلتی ہے۔ [1]

[1] ......مسلم، کتاب الفضائل، باب طیب رائحۃ النبی صلی اللہ علیہ وسلم......الخ، ص ۱۲۷۱، حدیث: ۸۰- (۲۳۲۹)

عمدہ قسم کی خوشبو لگانا سنت ہے

سرکارِ نامدار، مدینے کے تاجدار صَلَّی اللّٰہُ تَعَالٰی عَلَیْہِ وَاٰلِہٖ وَسَلَّم کو عمدہ اور بہترین قسم کی خوشبو بہت پسند آتی اور ناگوار بو یعنی بدبو آپ صَلَّی اللّٰہُ تَعَالٰی عَلَیْہِ وَاٰلِہٖ وَسَلَّم ناپسند فرماتے۔ آپ صَلَّی اللّٰہُ تَعَالٰی عَلَیْہِ وَاٰلِہٖ وَسَلَّم عمدہ خوشبو استعمال فرماتے اور اسی کی لوگوں کو بھی تلقین فرماتے۔

سر میں خوشبو لگانا سنت ہے

سرکارِ مدینہ صَلَّی اللّٰہُ تَعَالٰی عَلَیْہِ وَاٰلِہٖ وَسَلَّم کی عادتِ کریمہ تھی کہ آپ صَلَّی اللّٰہُ تَعَالٰی عَلَیْہِ وَاٰلِہٖ وَسَلَّم ''مُشک'' سرِ اقدس اور داڑھی مبارک میں لگایا کرتے۔[1]

خوشبو کا تحفہ قبول کرنا

حضرت سیِّدُنا انس بن مالک رَضِیَ اللّٰہُ تَعَالٰی عَنْہ فرماتے ہیں کہ نبیوں کے سردار، مُعَطّر معطر سرکارِ نامدار صَلَّی اللّٰہُ تَعَالٰی عَلَیْہِ وَاٰلِہٖ وَسَلَّم کی خدمتِ بابرکت میں جب خوشبو تحفۃً پیش کی جاتی تو آپ صَلَّی اللّٰہُ تَعَالٰی عَلَیْہِ وَاٰلِہٖ وَسَلَّم رد نہ فرماتے۔[2]

کون کیسی خوشبو استعمال کرے؟

حضرت سیدنا ابو ہُرَیْرہ رَضِیَ اللّٰہُ تَعَالٰی عَنْہ سے مَروی ہے کہ مکی مدنی سرکار صَلَّی اللّٰہُ تَعَالٰی عَلَیْہِ وَاٰلِہٖ وَسَلَّم نے ارشاد فرمایا: مردانہ خوشبو وہ ہے جس کی خوشبو ظاہر ہو مگر رنگ نہ ہو اور زنانہ خوشبو وہ ہے جس کا رنگ تو ظاہر ہو مگر خوشبو ظاہر نہ ہو۔[3]

خوشبو کی دھونی لینا سنت ہے

حضرت سیدنا نافع عَلَیْہِ رَحمَۃُ اللّٰہِ الرَّافِع فرماتے ہیں کہ حضرت سیدنا عبد اللہ بن عمر رَضِیَ اللّٰہُ تَعَالٰی عَنْہُمَا کبھی کبھی خالص عود (یعنی اَگر) کی دھونی لیتے۔ یعنی عود کے ساتھ کسی دوسری چیز کی آمیزش نہیں کرتے اور کبھی عود کے ساتھ کافورملا

---

[1] ...... وسائل الوصول، الباب الثانی، الفصل الخامس، ص ۸۷

[2] ...... شمائل محمدیۃ، باب ماجاء فی تعطر رسول اللہ صلی اللہ تعالٰی علیہ والہ وسلم، ص ۱۳۰، حدیث: ۲۰۸

[3] ...... ترمذی، کتاب الادب، باب ماجآء فی طیب الرجال والنسآء، ۴/ ۳۶۱، حدیث: ۲۷۹۶

کر دھونی لیتے اور فرماتے کہ میٹھے میٹھے مَدَنی آقا صَلَّی اللّٰہُ تَعَالٰی عَلَیْہِ وَاٰلِہٖ وَسَلَّم بھی اسی طرح دھونی لیا کرتے تھے۔ [1]

اے ہمارے پیارے **اللہ** عَزَّوَجَلَّ! ہمیں پیارے سرکار، دو عالَم کے تاجدار صَلَّی اللّٰہُ تَعَالٰی عَلَیْہِ وَاٰلِہٖ وَسَلَّم کے صَدْقے میں مدینہ مُنَوَّرہ کی مُعَطَّر مُعَطَّر فضاؤں اور مُعَنْبر مُعَنْبر ہواؤں میں سانس لینے کی سعادت نصیب فرما اور پھر انہی معطر معطر فضاؤں میں سرکارِ مدینہ صَلَّی اللّٰہُ تَعَالٰی عَلَیْہِ وَاٰلِہٖ وَسَلَّم کے جلووں میں عافیت کے ساتھ ایمان پر موت نصیب فرما اور جنّتُ الْبقیع کی مہکی مہکی سرزمین میں مَدفَن نصیب فرما۔

کیجئے گا نہ مایوس ماہِ مُبیں ۔۔۔ آپ کے واسطے کوئی مشکل نہیں
بس بقیعِ مبارک میں دو گز زمیں ۔۔۔ ہم کو یا سَیِّدُ الْاَنبیاء چاہیے
ٹوٹ جائے دم مدینے میں مرا یا رب بقیع ۔۔۔ کاش! ہوجائے میسر سبز گنبد دیکھ کر

مِسواک شریف کے مَدَنی پھول

مسواک کی شرعی حیثیت

سوال: مِسواک کی شَرعی حیثیت کیا ہے؟

جواب: وضو سے پہلے مسواک شریف کرنا پیارے آقا صَلَّی اللّٰہُ تَعَالٰی عَلَیْہِ وَاٰلِہٖ وَسَلَّم کی عظیم سنّت ہے اور اگر منہ میں بدبو ہو تو اس وقت مسواک کرنا سنّتِ مؤکدہ ہے۔

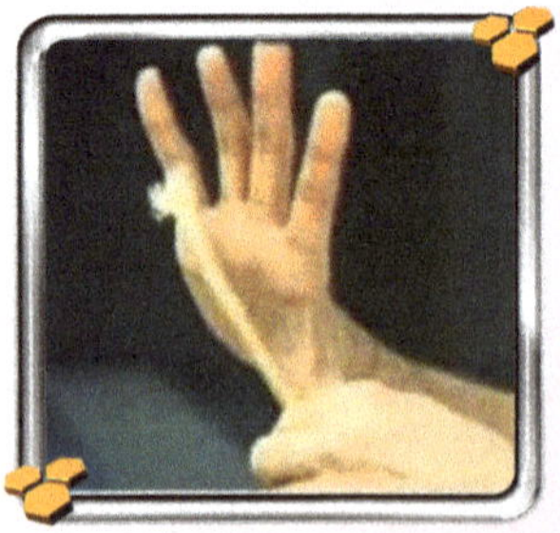

مسواک کی موٹائی ولمبائی

سوال: مسواک کتنی موٹی اور لمبی ہونی چاہئے؟

[1] ۔۔۔۔۔۔مسلم، کتاب الالفاظ من الادب وغیرہ، باب استعمال المسک ۔۔۔۔۔۔الخ، ص ۱۲۳۷، حدیث: ۲۱-(۲۲۵۴)

جواب مسواک کی موٹائی چُھنگلیا یعنی چھوٹی انگلی کے برابر ہو اور لمبائی ایک بالشت سے زیادہ نہ ہو، ورنہ اس پر شیطان بیٹھتا ہے۔

سوال مسواک کے ریشے کیسے ہونے چاہئیں؟

جواب مسواک کے ریشے نرم ہوں کہ سخت ریشے دانتوں اور مسوڑھوں کے درمیان خلا (Gap) کا باعث بنتے ہیں اور مسواک تازہ ہو تو خوب ورنہ کچھ دیر پانی کے گلاس میں بھگو کر نرم کر لیجئے۔ اس کے ریشے روزانہ کاٹتے رہئے کہ ریشے اس وقت تک کارآمد رہتے ہیں جب تک ان کی تلخی باقی رہے۔

مسواک کرنے اور پکڑنے کا طریقہ

❁...... دانتوں کی چوڑائی میں مسواک کیجئے۔ ❁...... جب بھی مسواک کرنا ہو کم از کم تین بار کیجئے۔ ❁...... ہر بار دھو لیجئے۔

❁...... مسواک سیدھے ہاتھ میں اس طرح لیجئے کہ چُھنگلیا اس کے نیچے، بیچ کی تین انگلیاں اوپر اور انگوٹھا سرے پر ہو۔

❁...... پہلے سیدھی طرف کے اوپر کے دانتوں پر پھر اُلٹی طرف کے اوپر کے دانتوں پر، پھر سیدھی طرف نیچے پھر اُلٹی طرف نیچے مسواک کیجئے۔

مسواک کی احتیاطیں

❁...... چت لیٹ کر مسواک کرنے سے تلّی بڑھ جانے کا خطرہ ہے۔

❁...... مُٹھی باندھ کر مسواک کرنے سے بَواسیر ہو جانے کا اندیشہ ہے۔

❁...... مُستَعمَل (یعنی استعمال شُدہ) مسواک کے ریشے نیز جب یہ ناقابلِ استعمال ہو جائے تو پھینک مت دیجئے کہ یہ آلۂ ادائے سنّت ہے، کسی جگہ احتیاط سے رکھ دیجئے یا دفن کر دیجئے یا سَمُندر میں ڈال دیجئے۔

اے ہمارے پیارے اللہ عَزَّوَجَلَّ! ہمیں سنّت کے مطابق مسواک کرنے کی توفیق عطا فرما۔

اٰمِین بِجَاہِ النَّبِیِّ الْاَمِین صَلَّی اللّٰہُ تَعَالٰی عَلَیْہِ وَاٰلِہٖ وَسَلَّم

عمامہ شریف کے مدنی پھول

عمامہ کی شرعی حیثیت

عمامہ شریف سرکارِ مدینہ صَلَّی اللّٰہُ تَعَالٰی عَلَیْہِ وَاٰلِہٖ وَسَلَّم کی بہت ہی پیاری سنّت ہے۔ آپ صَلَّی اللّٰہُ تَعَالٰی عَلَیْہِ وَاٰلِہٖ وَسَلَّم نے ہمیشہ سرِ اَقدس پر اپنی مبارک ٹوپی پر عمامہ شریف سجائے رکھا۔ چُنانچہ مَروی ہے کہ ایک بار آپ صَلَّی اللّٰہُ تَعَالٰی عَلَیْہِ وَاٰلِہٖ وَسَلَّم نے عمامہ کی طرف اشارہ کر کے فرمایا: ''فرشتوں کے تاج ایسے ہی ہوتے ہیں۔''[1] اسی لیے اعلیٰ حضرت امامِ اہلِ سنت عَلَیْہِ رَحمَۃُ رَبِّ الْعِزَّت فرماتے ہیں: عمامہ سنتِ مُتَواترہ ودائمہ ہے۔[2]

عمامہ شریف کی فضیلت کے متعلق سات فرامینِ مصطفےٰ

(1)......عمامہ کے ساتھ دو رکعتیں بغیر عمامہ کے 70 رکعتوں سے افضل ہیں۔[3]

(2)......عمامہ کے ساتھ باجماعت نماز دس ہزار نیکیوں کے برابر ہے۔[4]

(3)......بے شک اللّٰہ عَزَّوَجَلَّ اور اس کے فرشتے جُمُعَہ کے دن عمامہ والوں پر دُرود بھیجتے ہیں۔[5]

(4)......ٹوپی پر عمامہ ہمارے اور مشرکین کے درمیان فَرق ہے۔ بروزِ قیامت عمامہ کے ہر پیچ کے بدلے مسلمان کو ایک نور عطا کیا جائے گا۔[6]

---

[1]......کنز العمال، کتاب المعیشۃ والعادات، الجزء الخامس عشر، ۲۰۵/۸، حدیث:۴۱۹۰۶

[2]......فتاویٰ رضویہ، ۲۰۹/۶ ملتقطاً

[3]......فردوس الاخبار، ۴۱۰/۱، حدیث: ۳۰۵۴

[4]......فردوس الاخبار، ۳۱/۲، حدیث: ۳۶۶۱

[5]......الجامع الصغیر، ص ۳۱۱، حدیث: ۱۸۱۷

[6]......مرقاۃ، کتاب اللباس، الفصل الثانی، ۱۴۷/۸، تحت الحدیث: ۴۳۴۰

﴿5﴾......عِمامہ باندھو تمہارا حِلْم بڑھے گا۔ [۱]

﴿6﴾......عمامہ مسلمانوں کا وقار اور عربوں کی عزت ہے، جب عرب عمامہ اُتار دیں گے تو اپنی عزت بھی اتار دیں گے۔ [۲]

﴿7﴾......عمامہ کے ساتھ ایک جُمُعَہ بغیر عمامہ کے 70 جمعہ کے برابر ہے۔ [۳]

عمامہ کے آداب

﴿1﴾......عمامہ سات ہاتھ یعنی ساڑھے تین گز سے چھوٹا نہ ہو اور بارہ ہاتھ یعنی چھ گز سے بڑا نہ ہو۔ [۴]

﴿2﴾......عمامہ کے شَمْلے کی مقدار کم از کم چار اُنگل اور زیادہ سے زیادہ اتنا ہو کہ بیٹھنے میں نہ دبے۔ [۵]

﴿3﴾......عمامہ قبلہ کی طرف منہ کر کے کھڑے کھڑے باندھنا چاہیے۔

﴿4﴾......عمامہ اُتارتے وقت بھی ایک ایک پیچ کھولنا چاہیے۔

اے ہمارے پیارے **اللہ** عَزَّوَجَلَّ! ہمیں عمامہ کی سنّت پر عمل کرنے کی توفیق عطا فرما۔

اٰمِین بِجَاہِ النَّبِیِّ الْاَمِین صَلَّی اللّٰہُ تَعَالٰی عَلَیْہِ وَاٰلِہٖ وَسَلَّم

مہمان نوازی کے مدنی پھول

مہمان نوازی بڑی ہی پیاری سنّت ہے۔ چُنانچِہ،

......حضرت سیِّدُنا انس رَضِیَ اللّٰہُ تَعَالٰی عَنْہ کا بیان ہے کہ تاجدارِ مدینہ صَلَّی اللّٰہُ تَعَالٰی عَلَیْہِ وَاٰلِہٖ وَسَلَّم نے ارشاد فرمایا:

---

[۱]......مستدرک، کتاب اللباس، باب اعتموا تزدادوا احلما، ۵/۲۷۲، حدیث: ۷۴۸۸

[۲]......فردوس الاخبار، ۲/۹۱، حدیث: ۴۱۱۱

[۳]......فردوس الاخبار، ۱/۳۲۸، حدیث: ۲۳۹۳

[۴]......مرقاۃ، کتاب اللباس، الفصل الثانی، ۸/۱۴۸، تحت الحدیث: ۴۳۴۰

[۵]......بہارِ شریعت، عمامہ کا بیان، ۳/۴۱۸ ملخصًا

''جس گھر میں مہمان ہو اس گھر میں خیر و بَرَکت اس طرح دوڑتی ہے جیسے چُھری اونٹ کی کوہان پر، بلکہ اس سے بھی تیز۔''[1]

۞......مہمان آتا ہے تو اپنا رِزْق لے کر آتا ہے اور جاتا ہے تو میزبان کے لئے گناہ مُعاف ہونے کا سبب ہوتا ہے۔ سرکار صَلَّی اللہُ تَعَالٰی عَلَیْہِ وَاٰلِہٖ وَسَلَّم کا فرمانِ عالیشان ہے: ''جب کوئی مہمان کسی کے یہاں آتا ہے تو اپنا رزق لے کر آتا ہے اور جب اس کے یہاں سے جاتا ہے تو صاحبِ خانہ کے گناہ بخشے جانے کا سبب ہوتا ہے۔''[2]

۞......10 فرشتے سال بھر گھر میں رحمت لُٹاتے رہتے ہیں۔ چُنانچہ حضرت سیِّدُنا انس رَضِیَ اللہُ تَعَالٰی عَنْہ سے مَروی ہے کہ سرکارِ مدینہ صَلَّی اللہُ تَعَالٰی عَلَیْہِ وَاٰلِہٖ وَسَلَّم نے حضرت سیدنا بَراء بن مالک رَضِیَ اللہُ تَعَالٰی عَنْہ سے ارشاد فرمایا: اے براء! آدمی جب اپنے بھائی کی **اللہ** عَزَّوَجَلَّ کے لئے مہمانی کرتا ہے اور اس کی کوئی جزا اور شکریہ نہیں چاہتا تو **اللہ** عَزَّوَجَلَّ اس کے گھر میں دس فرشتوں کو بھیج دیتا ہے جو پورے ایک سال تک **اللہ** عَزَّوَجَلَّ کی تسبیح وتہلیل اور تکبیر پڑھتے ہیں اور اس کے لئے مَغفِرت کی دعا کرتے ہیں اور جب سال پورا ہو جاتا ہے تو ان فرشتوں کی پورے سال کی عبادت کے برابر اس کے نامۂ اعمال میں عبادت لکھ دی جاتی ہے اور **اللہ** عَزَّوَجَلَّ کے ذمّۂ کرم پر ہے کہ اس کو جنّت کی لذیذ غذائیں **جَنَّۃُ الْخُلْد** اور نہ فنا ہونے والی بادشاہی میں کھلائے۔[3]

۞......مہمان کو دروازے تک رخصت کرنا سنّت ہے۔ چنانچہ حضرت سیدنا ابو ہُرَیرہ رَضِیَ اللہُ تَعَالٰی عَنْہ کا بیان ہے کہ تاجدارِ مدینہ صَلَّی اللہُ تَعَالٰی عَلَیْہِ وَاٰلِہٖ وَسَلَّم نے ارشاد فرمایا: ''سنّت یہ ہے کہ آدمی مہمان کو دروازے تک رخصت کرنے جائے۔''[4]

---

[1] ......ابن ماجہ، کتاب الاطعمۃ، باب الضیافۃ، ۴/۵۱، حدیث: ۳۳۵۶

[2] ......فردوس الاخبار، ۲/۴۱، حدیث: ۳۷۱۱

[3] ......کنز العمال، کتاب الضیافۃ، الجزء التاسع، ۵/۱۱۹، حدیث: ۲۵۹۷۲

[4] ......ابن ماجہ، کتاب الاطعمۃ، باب الضیافۃ، ۴/۵۲، حدیث: ۳۳۵۸

اے ہمارے پیارے **اللہ** عَزَّوَجَلَّ! ہمیں مہمان کی خوش دِلی کے ساتھ مہمان نوازی کی توفیق عطا فرما اور بار بار میٹھے میٹھے مدینے کی مہکی مہکی فضاؤں میں میٹھے میٹھے مدنی آقا صَلَّی اللّٰہُ تَعَالٰی عَلَیْہِ وَاٰلِہٖ وَسَلَّم کا مہمان بننے کی سعادت بھی نصیب فرما۔ **اٰمِین بِجَاہِ النَّبِیِّ الْاَمِین** صَلَّی اللّٰہُ تَعَالٰی عَلَیْہِ وَاٰلِہٖ وَسَلَّم

چلنے کی سنّتیں اور آداب

سرکارِ مدینہ صَلَّی اللّٰہُ تَعَالٰی عَلَیْہِ وَاٰلِہٖ وَسَلَّم کی حیاتِ طیبہ زندگی کے ہر شعبہ میں ہماری رہنمائی کرتی ہے۔ چُنانچہ مسلمان کی چال بھی امتیازی ہونی چاہیے۔ گریبان کھول کر، گلے میں زنجیر سجائے، سینہ تان کر، قدم پچھاڑتے ہوئے چلنا احمقوں اور مغروروں کی چال ہے۔ مسلمانوں کو درمیانہ اور پُروقار طریقے پر چلنا چاہیے۔ چنانچہ،

- ......**لفنگوں کی طرح گریبان کھول کر اکڑتے ہوئے ہرگز نہ چلیں** کہ یہ احمقوں اور مغروروں کی چال ہے بلکہ نیچی نظریں کئے پُروقار طریقے پر چلیں۔ حضرت سیِّدُنا انس رَضِیَ اللّٰہُ تَعَالٰی عَنْہ سے مَروی ہے کہ جب شہنشاہِ مدینہ صَلَّی اللّٰہُ تَعَالٰی عَلَیْہِ وَاٰلِہٖ وَسَلَّم چلتے تو جھکے ہوئے معلوم ہوتے تھے۔[1]
- ......**راہ چلنے میں پریشان نظری سے بچیں** اور سڑک عُبور کرتے وقت گاڑیوں والی سَمت دیکھ کر سڑک عبور کریں۔ اگر گاڑی آرہی ہو تو بے تحاشا بھاگ نہ پڑیں بلکہ رُک جائیں کہ اس میں حفاظت کا زیادہ امکان ہے۔
- ......راستے میں اِدھر اُدھر نہ جھانکیں بلکہ سر جُھکا کر شریفانہ چال چلیں۔

سورۂ نَجْم کی فضیلت

سورۃُ النجم مکّیہ ہے، اس میں 3 رُکوع، 62 آیتیں، 360 کلمے، 1405 حَرف ہیں۔ یہ وہ پہلی سورت ہے جس کا رسولِ کریم صَلَّی اللّٰہُ عَلَیْہِ وَاٰلِہٖ وَسَلَّم نے اعلان فرمایا اور حرم شریف میں مشرکین کے رُوبرو پڑھی۔ (خزائن العرفان، پ ۲۷، النجم، حاشیہ نمبر ۱)

[1] ......ابوداود، کتاب الادب، باب فی ھدی الرجل، ۴/۳۴۹، حدیث: ۴۸۶۳

سفر کے مدنی پھول

پیارے مدنی منو! اکثر و بیشتر ہمیں سفر کی ضَرورت پیش آتی رہتی ہے، لہٰذا ہم کوشش کر کے سفر کی بھی کچھ نہ کچھ سنّتیں و آداب سیکھ لیں تا کہ ان پر عمل کر کے ہم اپنے سفر کو بھی حصولِ ثواب کا ذریعہ بنا سکیں۔ چُنانچِہ،

سوال: سفر درپیش ہو تو اس کی ابتدا کس دن شروع کرنا چاہئے؟

جواب: ممکن ہو تو جمعرات کو سفر شروع کیا جائے کہ جمعرات کو سفر کی ابتدا کرنا سنّت ہے۔[1]

سوال: سفر عام طور پر کس وقت کرنا چاہئے، رات کو یا دن کو؟

جواب: اگر سہولت ہو تو رات کو سفر کیا جائے کہ رات کو سفر جلد طے ہوتا ہے۔ جیسا کہ حضرت سیِّدُنا انس رَضِیَ اللہُ تَعَالٰی عَنْہ سے مروی ہے کہ سرکارِ مدینہ صَلَّی اللہُ تَعَالٰی عَلَیْہِ وَاٰلِہٖ وَسَلَّم نے ارشاد فرمایا: رات کو سفر کیا کرو کیونکہ رات کو زمین لپیٹ دی جاتی ہے۔[2]

سوال: اگر چند اسلامی بھائی مل کر قافِلہ کی صورت میں سفر کریں تو انہیں کیا کرنا چاہئے؟

جواب: اگر چند اسلامی بھائی مل کر قافلہ کی صورت میں سفر کریں تو کسی ایک کو امیر بنالیں کہ امیر بنانا سنت ہے۔ چنانچہ حضرت سیدنا ابوہُریرہ رَضِیَ اللہُ تَعَالٰی عَنْہ سے مَروی ہے کہ تاجدارِ مدینہ صَلَّی اللہُ تَعَالٰی عَلَیْہِ وَاٰلِہٖ وَسَلَّم نے ارشاد فرمایا: جب تین آدمی سفر پر روانہ ہوں تو وہ اپنے میں سے ایک کو امیر بنالیں۔[3]

---

[1] ……اشعة اللمعات، ۳/۳۸۹

[2] ……ابو داود، کتاب الجهاد، باب فی الدلجة، ۳/۴۰، حدیث: ۲۵۷۱

[3] ……ابو داود، کتاب الجهاد، باب فی القوم یسافرون……الخ، ۳/۵۱، حدیث: ۲۶۰۹

سوال کیا سفر پر روانہ ہوتے وقت عزیزوں، دوستوں سے قُصور مُعاف کروانا چاہئیں؟

جواب جی ہاں! چلتے وقت عزیزوں، دوستوں سے قصور مُعاف کروالینا چاہئیں اور جن سے مُعافی طَلَب کی جائے ان پر لازِم ہے کہ دِل سے مُعاف کردیں۔ چُنانچِہ مَروی ہے کہ سرکارِ مدینہ صَلَّی اللّٰہُ تَعَالٰی عَلَیْہِ وَاٰلِہٖ وَسَلَّم نے ارشاد فرمایا: جس کے پاس اس کا بھائی مَعْذِرَت کے لئے آئے تو وہ اس کا عُذْر قبول کرلے خواہ حق پر ہو یا باطل پر۔ جو ایسا نہیں کرے گا وہ میرے حوض پر نہیں آئے گا۔ ①

سوال سفر پر روانہ ہوتے وقت گھر والوں کی حفاظت کے لیے کیا کرنا چاہیے؟

جواب سفر پر روانہ ہوتے وقت گھر والوں کی حفاظت کے لیے دَرْج ذیل دو کام کرنا چاہئیں:

- ……لباسِ سفر پہن کر اگر وقتِ مکروہ نہ ہو تو گھر میں چار رکعت نَفْل پڑھ کر باہَر نکلیں اور ہر رکعت میں اَلْحَمْد شریف کے بعد ایک بار قُل شریف پڑھیں۔ اِنْ شَآءَ اللّٰه عَزَّوَجَلَّ وہ رکعتیں واپسی تک اہل و مال کی نگہبانی کریں گی۔
- ……جب بھی سفر پر روانہ ہوں تو اپنے اہلِ خانہ کو اللّٰه عَزَّوَجَلَّ کے سپرد کر کے جائیں۔ اللّٰه عَزَّوَجَلَّ ہی سب سے بہتر حفاظت کرنے والا ہے بلکہ ہوسکے تو اپنے گھر والوں کو یہ کَلِمات کہہ کر سفر پر روانہ ہوں: اَسْتَوْدِعُكَ اللّٰهَ الَّذِیْ لَا یُضِیْعُ وَدَآئِعَهٗ ۔ یعنی میں تم کو اللّٰه عَزَّوَجَلَّ کے حوالے کرتا ہوں جو امانتوں کو ضائع نہیں کرتا۔ ②

سوال سُواری پر اطمینان سے بیٹھ جانے کے بعد کونسی دعا پڑھی جاتی ہے؟

جواب سواری پر اطمینان سے بیٹھنے کے بعد یہ دعا پڑھی جاتی ہے:

- ……اَلْحَمْدُ لِلّٰهِ سُبْحٰنَ الَّذِیْ سَخَّرَ لَنَا هٰذَا وَمَا كُنَّا لَهٗ مُقْرِنِیْنَ وَاِنَّآ اِلٰی رَبِّنَا لَمُنْقَلِبُوْنَ

یعنی اللّٰه عَزَّوَجَلَّ کا شکر ہے، پاکی ہے اُسے جس نے اس سُواری کو ہمارے بس میں کردیا اور یہ ہمارے بوتے (قابو) کی نہ تھی اور بیشک ہمیں اپنے رب کی طرف پلٹنا ہے۔ ③

---

[1] ……مستدرک، کتاب البر والصلة، باب برّوا آباء کم تبر کم ابناؤکم، ۵/۲۱۳، حدیث: ۷۳۴۰

[2] ……ابن ماجه، کتاب الجهاد، باب تشییع الغزاة ووداعهم، ۳/۳۷۲، حدیث: ۲۸۲۵ ماخوذًا

[3] ……ابوداود، کتاب الجهاد، باب مایقول الرجل اذا رکب، ۳/۴۹، حدیث: ۲۶۰۲

سوال: دورانِ سفر کیا کرنا چاہئے؟

جواب: دورانِ سفر دَرْج ذیل اُمور پر عمل کرنا چاہئے:

- ......دورانِ سفر ذکرُ اللّٰہ کرتے رہیں، ریل یا بس وغیرہ میں بِسْمِ اللّٰہ، اَللّٰہُ اَکْبَر اور سُبْحَانَ اللّٰہ تین تین بار اور لَآ اِلٰہَ اِلَّا اللّٰہ ایک بار پڑھیں۔
- ......مسافر کو چاہیے کہ وہ دعا سے غفلت نہ کرے کہ جب تک یہ سفر میں ہے اس کی دعا قبول ہوتی ہے بلکہ جب تک گھر نہیں پہنچتا اس وقت تک دعا مقبول ہے۔ مَروی ہے کہ سرکارِ مدینہ صَلَّی اللّٰہُ تَعَالٰی عَلَیْہِ وَاٰلِہٖ وَسَلَّم نے ارشاد فرمایا: تین قسم کی دعائیں مُسْتَجَاب (یعنی مقبول) ہیں۔ ان کی قبولیت میں کوئی شک نہیں: (۱) مظلوم کی دعا (۲) مسافر کی دعا (۳) باپ کی اپنے بیٹے کے لئے دعا۔[1]
- ......دورانِ سفر اگر کوئی حاجت مند مل جائے تو اس کی حاجت روائی کرنی چاہیے۔ اِنْ شَآءَ اللّٰہ عَزَّوَجَلَّ اس میں ثواب زیادہ ہوگا۔
- ......جب سیڑھیوں پر چڑھیں یا اونچی جگہ کی طرف چلیں یا بس وغیرہ کسی ایسی سڑک سے گزریں جو اونچائی کی طرف جارہی ہو تو اَللّٰہُ اَکْبَر کہنا سنّت ہے اور جب سیڑھیوں سے اُتریں یا ڈھلان کی طرف چلیں تو سُبْحَانَ اللّٰہ کہنا سنت ہے۔
- ......جب کسی منزل پر ٹھہریں تو وقتاً فوقتاً یہ دعا پڑھیں: اِنْ شَآءَ اللّٰہ عَزَّوَجَلَّ ہر نقصان سے بچیں گے:

اَعُوْذُ بِکَلِمَاتِ اللّٰہِ التَّآمَّاتِ مِنْ شَرِّ مَا خَلَقَ

یعنی میں اللّٰہ عَزَّوَجَلَّ کے کلماتِ تامّہ کی پناہ مانگتا ہوں اس کے شر سے جسے اس نے پیدا کیا۔[2]

---

[1] ......ترمذی، کتاب الدعوات، باب ماذکر فی دعوۃ المسافر، ۵/۲۸۰، حدیث: ۳۴۵۹

[2] ......کنز العمال، کتاب السفر، الفصل الثانی فی آداب السفر، الجزء السادس، ۳/۳۰۱، حدیث: ۱۷۵۰۸

۞......جب دُشمن کا خوف ہوتو سورۂ قریش پڑھ لیں، اِنْ شَآءَ اللہ عَزَّوَجَلَّ ہر بَلا سے امان ملے گی۔ [1]

۞......جب کسی مشکل میں مدد کی ضَرورت پڑے تو حدیثِ پاک میں ہے کہ اس طرح تین بار پُکاریں:

یَا عِبَادَ اللہِ! اَعِیْنُوْنِیْ ۔ یعنی اے اللہ عَزَّوَجَلَّ کے بندو! میری مدد کرو۔ [2]

سوال سفر سے واپسی پر کیا کرنا چاہیے؟

جواب سفر سے واپسی پر دَرج ذیل اُمور پر عمل کرنا چاہیے:

۞......سفر سے واپسی پر گھر والوں کے لئے کوئی تحفہ لے آئیں کہ یہ سنتِ مبارکہ ہے۔ سرکارِ مدینہ صَلَّی اللہُ تَعَالٰی عَلَیْہِ وَاٰلِہٖ وَسَلَّم کا فرمانِ عظمت نشان ہے: جب سفر سے کوئی واپس آئے تو گھر والوں کے لئے کچھ نہ کچھ ہدیہ لائے، اگرچہ اپنی جھولی میں پتّھر ہی ڈال لائے۔ [3]

۞......سفر سے واپسی پر اپنی مسجد میں دوگانہ (یعنی دو رکعت نَفْل) پڑھنا سنت ہے۔ چُنانچہ مَروی ہے کہ حضور سَیِّدِ عالم صَلَّی اللہُ تَعَالٰی عَلَیْہِ وَاٰلِہٖ وَسَلَّم جب سفر سے واپس تشریف لاتے تو پہلے مسجد میں تشریف لے جاتے اور وہاں بیٹھنے سے پہلے دو رکعت (نمازِ نفل) ادا فرماتے۔ [4]

اے ہمارے پیارے اللہ عَزَّوَجَلَّ! ہمیں جب بھی سفر درپیش ہو تو پورا سفر سنت کے مطابق کرنے کی توفیق عطا فرما اور ہمیں بار بار حَرَمین طَیِّبَین کا مبارک سفر، نیز عاشقانِ رسول کے مَدَنی قافلوں میں سفر نصیب فرما۔

اٰمِیْن بِجَاہِ النَّبِیِّ الْاَمِیْن صَلَّی اللہُ تَعَالٰی عَلَیْہِ وَاٰلِہٖ وَسَلَّم

---

[1] ......الحصن الحصين، ادعية السفر، ص ۸۰

[2] ......الحصن الحصين، ادعية السفر، ص ۸۲

[3] ......كنز العمال، كتاب السفر، الفصل الثانی فی آداب السفر، الجزء السادس، ۳/ ۳۰۱، حديث: ۱۷۵۰۸

[4] ......بخاری، كتاب الجهاد، باب الصلاة اذا قدم من سفر، ۲/ ۳۳۶، حديث: ۳۰۸۸

بات چیت کرنے کے مدنی پھول

پیارے مدنی منّو! ہمیں اکثر بات چیت کرنے کی ضَرورت پڑتی رہتی ہے بلکہ ہم لوگ بلاضرورت بھی اکثر بولتے رہتے ہیں حالانکہ یہ بلاضرورت بولنا بہت ہی نقصان دہ ہے، غیر ضروری گفتگو کرنے سے خاموش رہنا افضل ہے، لہٰذا پیارے پیارے مدنی آقا صَلَّی اللّٰہُ تَعَالٰی عَلَیْہِ وَاٰلِہٖ وَسَلَّم اور بُزُرگانِ دین رَحِمَہُمُ اللّٰہُ الْمُبِیْن کے فرامین سے ماخوذ بات چیت کے سلسلے میں سنّتیں اور آداب اور خاموشی کے فضائل وغیرہ بیان کیے جاتے ہیں:

سوال سرکارِ مدینہ صَلَّی اللّٰہُ تَعَالٰی عَلَیْہِ وَاٰلِہٖ وَسَلَّم کے اندازِ گفتگو کے متعلّق کچھ بتایئے۔

جواب سرکارِ مدینہ صَلَّی اللّٰہُ تَعَالٰی عَلَیْہِ وَاٰلِہٖ وَسَلَّم گفتگو اس طرح دل نشین انداز میں ٹھہر ٹھہر کر فرماتے کہ سُننے والا آسانی سے یاد کر لیتا۔ جیسا کہ اُمّ المؤمنین حضرت سیّدتُنا عائشہ صدّیقہ رَضِیَ اللّٰہُ تَعَالٰی عَنْھَا فرماتی ہیں کہ آپ صَلَّی اللّٰہُ تَعَالٰی عَلَیْہِ وَاٰلِہٖ وَسَلَّم صاف صاف اور ٹھہر ٹھہر کر کلام فرماتے اور ہر سننے والا اسے یاد کر لیتا تھا۔[1]

سوال بات چیت کے دوران کن اُمور کا خیال رکھنا چاہیے؟

جواب بات چیت کے دوران دَرج ذیل مدنی پھولوں کا خیال رکھنا چاہیے:

- ...... مسکرا کر اور خندہ پیشانی سے بات چیت کیجئے۔
- ...... چھوٹوں کے ساتھ مُشفِقانہ اور بڑوں کے ساتھ مُؤَدّبانہ لہجہ رکھئے اِنْ شَآءَ اللّٰہ عَزَّوَجَلَّ دونوں کے نزدیک آپ مُعزَّز رہیں گے۔
- ...... سرکارِ مدینہ صَلَّی اللّٰہُ تَعَالٰی عَلَیْہِ وَاٰلِہٖ وَسَلَّم کا فرمانِ عالیشان ہے: جب تم کسی شخص کو دیکھو کہ اللّٰہ عَزَّوَجَلَّ نے اسے کم گوئی اور دنیا سے بے رغبتی کی نعمت عطا فرمائی ہے تو اس کے پاس ضَرور بیٹھو کیونکہ اس پر حکمت کا نُزول ہوتا ہے۔[2]

---

[1] ...... مسند احمد، ۱۰/۱۱۵، حدیث: ۲۶۲۶۹

[2] ...... ابن ماجہ، کتاب الزھد، باب الزھد فی الدنیا، ۴/۴۲۲، حدیث: ۴۱۰۱

❁......حدیثِ پاک میں ہے: ''جو چُپ رہا اس نے نجات پائی۔'' [1]

❁......کسی سے جب بات چیت کی جائے تو اس کا کوئی صحیح مقصد بھی ہونا چاہیے اور ہمیشہ مخاطَب کے ظَرف اور اس کی نفسیات کے مطابق بات کی جائے جیسا کہ کہا جاتا ہے: کَلِّمُوا النَّاسَ عَلٰی قَدْرِ عُقُوْلِهِمْ۔ یعنی لوگوں سے ان کی عَقلوں کے مطابق کلام کرو۔ اس کا ایک مطلب یہ بھی ہے کہ ایسی باتیں نہ کی جائیں جو دوسروں کی سمجھ میں نہ آئیں۔ الفاظ بھی سادہ صاف صاف ہوں، مشکل ترین الفاظ بھی استعمال نہ کیے جائیں کہ اس طرح اگلے پر آپ کی علمیّت کی دھاک تو بیٹھ جائے گی مگر اسے یہ سمجھ میں نہ آئے گا کہ آپ کہنا کیا چاہتے ہیں۔

سوال بات چیت کے دوران کن اُمور سے بچنا چاہئے؟

جواب بات چیت کے دوران دَرج ذیل امور سے بچنا چاہئے:

❁......چلّا چلّا کر بات کرنا جیسا کہ آج کل بے تکلفی میں دوست آپس میں کرتے ہیں مَعیوب ہے۔

❁......دورانِ گفتگو ایک دوسرے کے ہاتھ پر تالی دینا ٹھیک نہیں۔

❁......دوسرے کے سامنے بار بار ناک یا کان میں انگلی ڈالنا تھوکتے رہنا اچھی بات نہیں۔ اس سے دوسروں کو گھن آتی ہے۔

❁......جب تک دوسرا بات کر رہا ہو، اطمینان سے سُنیں، اس کی بات کاٹ کر اپنی بات نہ شروع کر دیں۔

❁......کوئی ہکلا کر بات کرتا ہو تو اس کی نَقل نہ اُتاریں کہ اس سے اس کی دل آزاری ہو سکتی ہے۔

❁......زیادہ باتیں کرنے اور بار بار قہقہہ لگانے سے وقار مجروح ہوتا ہے۔ سرکارِ مدینہ صَلَّی اللّٰہُ تَعَالٰی عَلَیْہِ وَاٰلِہٖ وَسَلَّم نے کبھی قہقہہ نہیں لگایا۔ [2]

❁......زبان کو ہمیشہ بُری باتوں سے روکے رکھیں کیونکہ زبان کے صحیح یا غلط استعمال کا جو کچھ فائدہ و نقصان ہوتا ہے وہ سارے جسم کو ہوتا ہے۔ چُنانچِہ مَروی ہے کہ جب انسان صُبح کرتا ہے تو اس کے اَعضاء جُھک کر زبان سے کہتے

---

[1] ......ترمذی، کتاب صفة القیامة، ۵۰ - باب، ۴/۲۲۵، حدیث: ۲۵۰۹

[2] ......وسائل الوصول، الباب الثانی، الفصل الثامن، ص ۹۳

ہیں: ہمارے بارے میں اللہ تعالیٰ سے ڈر! اگر تو سیدھی رہے گی تو ہم بھی سیدھے رہیں گے اور اگر تو ٹیڑھی ہوگی تو ہم بھی ٹیڑھے ہوجائیں گے۔ [1]

……آپس میں ہنسی مذاق کی عادت کبھی مہنگی بھی پڑ جاتی ہے۔ چُنانچِہ حضرت سیِّدُ نا عمر بن عبد العزیز عَلَیْہِ رَحمَۃُ اللہِ الْعَزِیز فرماتے ہیں کہ آپس میں ٹھٹھا مذاق مت کیا کرو اس طرح (ہنسی ہنسی میں) دلوں میں نفرت بیٹھ جاتی ہے اور بُرے اَفعال کی بنیادیں دلوں میں اُسْتُوار ہوجاتی ہیں۔ [2]

……بدزبانی اور بے حیائی کی باتوں سے ہر وقت پرہیز کریں، گالی گلوچ سے اجتناب کرتے رہیں اور یاد رکھیں کہ اپنے بھائی کو گالی دینا حرام ہے [3] اور بے حیائی کی بات کرنے والے بدنصیب پر جنّت حرام ہے حضور تاجدارِ مدینہ صَلَّی اللّٰہُ تَعَالٰی عَلَیْہِ وَاٰلِہٖ وَسَلَّم نے ارشاد فرمایا: ''اس شخص پر جنّت حرام ہے جو فُحش گوئی (یعنی بے حیائی کی بات) سے کام لیتا ہے۔'' [4]

اے ہمارے پیارے اللہ عَزَّوَجَلَّ! ہمیں گفتگو کرنے کی سنّتوں اور آداب پر عمل کرنے کی توفیق مرحمت فرما۔

اٰمِیْن بِجَاہِ النَّبِیِّ الْاَمِیْن صَلَّی اللّٰہُ تَعَالٰی عَلَیْہِ وَاٰلِہٖ وَسَلَّم

زُلفیں رکھنے کے مدنی پھول

سوال زلفیں رکھنے میں سنّت کیا ہے؟

جواب سرکارِ دوعالم صَلَّی اللّٰہُ تَعَالٰی عَلَیْہِ وَاٰلِہٖ وَسَلَّم کی سنّتِ کریمہ ہے کہ آپ صَلَّی اللّٰہُ تَعَالٰی عَلَیْہِ وَاٰلِہٖ وَسَلَّم کے سرِ مبارک

---

[1] ……مسند احمد، ۴/۱۹۰، حدیث: ۱۱۹۰۸

[2] ……کیمیائے سعادت، رکن سوم مہلکات، باب پیدا کردن ثواب خاموشی، ۲/۵۶۳

[3] ……فتاوی رضویہ، ۲۱/۱۲۷ ماخوذًا

[4] ……موسوعۃ الامام ابن ابی الدنیا، کتاب الصمت وآداب اللسان، ۷/۲۰۴، حدیث: ۳۲۵

کے بال شریف کبھی نصف کان مبارک تک تو کبھی کان مبارک کی لو تک رہتے اور بعض اوقات آپ صَلَّی اللہُ تَعَالٰی عَلَیْہِ وَاٰلِہٖ وَسَلَّم کے گیسو بڑھ جاتے تو مبارک شانوں کو جھوم جھوم کر چومنے لگتے۔ بال چونکہ بڑھنے والی چیز ہے۔اس لئے جس صحابی نے جیسا دیکھا وہی روایت کر دیا۔ چُنانچہ،

آدھے کانوں تک: حضرت سیِّدُنا انس بن مالک رَضِیَ اللہُ تَعَالٰی عَنْہ فرماتے ہیں کہ سرکارِ مدینہ صَلَّی اللہُ تَعَالٰی عَلَیْہِ وَاٰلِہٖ وَسَلَّم کے بال مبارک آدھے کانوں تک تھے۔ (۱)

کانوں کی لو تک: حضرت سیدنا بَراء بن عازِب رَضِیَ اللہُ تَعَالٰی عَنْہ فرماتے ہیں کہ سلطانِ مدینہ، راحتِ قلب وسینہ صَلَّی اللہُ تَعَالٰی عَلَیْہِ وَاٰلِہٖ وَسَلَّم کے گیسو مبارک مُقدّس کانوں کی لو کو چومتے تھے۔ (۲)

شانوں تک: ام المؤمنین حضرت سیِّدَتُنا عائشہ صدّیقہ رَضِیَ اللہُ تَعَالٰی عَنْہَا فرماتی ہیں کہ میرے آقا صَلَّی اللہُ تَعَالٰی عَلَیْہِ وَاٰلِہٖ وَسَلَّم کے سرِ اَقدس پر جو بال مبارک ہوتے وہ کان مبارک کی لو سے ذرا نیچے اور مبارک شانوں سے ذرا اوپر ہوتے تھے۔ (۳)

سوال کیا سر کے بیچ میں سے مانگ نکالنا سنّت ہے؟

جواب جی ہاں! سر کے بیچ میں سے مانگ نکالنا سنت ہے۔ جیسا کہ بہارِ شریعت میں ہے: بعض لوگ داہنے یا بائیں جانب مانگ نکالتے ہیں یہ سنت کے خلاف ہے۔سنت یہ ہے کہ اگر سر پر بال ہوں تو بیچ میں مانگ نکالی جائے اور بعض لوگ مانگ نہیں نکالتے بلکہ بالوں کو سیدھا رکھتے ہیں یہ سنتِ مَنْسُوخہ اور یہود و نَصارٰی کا طریقہ ہے۔ (۴)

ان تمام اَحادیثِ مبارکہ سے معلوم ہوا کہ ہمارے پیارے آقا صَلَّی اللہُ تَعَالٰی عَلَیْہِ وَاٰلِہٖ وَسَلَّم نے ہمیشہ اپنے سرِ اقدس

---

(۱) ……شمائل محمدیة، باب ماجاء فی شعر رسول اللہ صلی اللہ تعالی علیه وسلم، ص ۳۷، حدیث: ۲۸

(۲) ……المرجع السابق، ص ۳۵، حدیث: ۲۵

(۳) ……المرجع السابق، ص ۳۴، حدیث: ۲۴

(۴) ……بہارِ شریعت، حجامت بنوانا اور ناخن ترشوانا، ۳/ ۵۸۷ ماخوذاً

پر پورے ہی بال رکھے، آج کل جو چھوٹے چھوٹے بال رکھے جاتے ہیں اس طرح کے بال رکھنا سنّت نہیں ہے، لہٰذا طرح طرح کے تَراش خَراش والے بال رکھنے کے بجائے ہمیں چاہیے کہ سرکارِ مدینہ صَلَّی اللہُ تَعَالٰی عَلَیْہِ وَاٰلِہٖ وَسَلَّم کی مَحبّت میں اپنے سر پر آدھے کانوں تک، کانوں کی لو تک یا اتنی بڑی زُلفیں رکھیں کہ شانوں کو چھولیں۔[1]

اے ہمارے پیارے **اللہ** عَزَّوَجَلَّ! ہم سب مسلمانوں کو خلافِ سنت بال رکھنے اور رکھوانے کی سوچ سے نجات دے کر سرکارِ مدینہ صَلَّی اللہُ تَعَالٰی عَلَیْہِ وَاٰلِہٖ وَسَلَّم کی پیاری پیاری، میٹھی میٹھی زلفیں رکھنے والی **"مَدَنی سوچ"** عطا فرما۔

اٰمِین بِجَاہِ النَّبِیِّ الْاَمِیْن صَلَّی اللہُ تَعَالٰی عَلَیْہِ وَاٰلِہٖ وَسَلَّم

مریض کی عیادت کے مدنی پھول

جب ہمارا کوئی مسلمان بھائی بیمار ہو جائے تو ہمیں وقت نکال کر اس اسلامی بھائی کی عیادت کے لئے ضَرور جانا چاہیے کہ کسی مسلمان کی عیادت کرنا بھی بہت زیادہ اجر و ثواب کا باعث ہے۔ چُنانچہ حضرت سیِّدُنا ابن عباس رَضِیَ اللہُ تَعَالٰی عَنْھُمَا سے مروی ہے کہ سلطانِ بحر و بر صَلَّی اللہُ تَعَالٰی عَلَیْہِ وَاٰلِہٖ وَسَلَّم نے ارشاد فرمایا: جس نے کسی ایسے مریض کی عیادت کی جس کی موت کا وقت قریب نہ آیا ہو اور سات مرتبہ یہ الفاظ کہے تو **اللہ** عَزَّوَجَلَّ اسے اس مَرَض سے عافیت عطا فرمائے گا: اَسْئَلُ اللہَ الْعَظِیْمَ رَبَّ الْعَرْشِ الْعَظِیْمِ اَنْ یَّشْفِیَکَ ۔یعنی میں عظمت والے، عرش کے مالک **اللہ** عَزَّوَجَلَّ سے تیرے لئے شِفا کا سُوال کرتا ہوں۔[2]

شیخ طریقت، امیر اہلسنت دَامَتْ بَرَکَاتُھُمُ الْعَالِیَہ نے مدنی پنج سورہ میں عیادت کرتے وقت کی یہ دعا بھی نَقْل فرمائی ہے: لَا بَأْسَ طَھُوْرٌ اِنْ شَآءَ اللہُ ؕ[3] یعنی کوئی حَرَج کی بات نہیں اِنْ شَآءَ اللہ عَزَّوَجَلَّ یہ

[1] ...... **مدنی مشورہ:** چھوٹے مدنی منّوں کا حَلْق کرواتے (یعنی سر مُنڈواتے) رہنا بھی مناسِب ہے اور اگر سنّت کی نیّت سے زُلفیں رکھنی ہوں تو آدھے کان سے زائد نہ رکھیں۔

[2] ...... ابو داود، کتاب الجنائز، باب الدعاء للمریض عند العیادة، ۳/۲۵۱، حدیث: ۳۱۰۶

[3] ...... بخاری، کتاب المناقب، باب علامات النبوة فی الاسلام، ۲/۵۰۵، حدیث: ۳۶۱۶

مَرَض گناہوں سے پاک کرنے والا ہے۔

عیادت کے پانچ حُروف کی نسبت سے مریض کی عیادت کے متعلّق 5 فرامینِ مصطفٰے

﴿1﴾...... جو شخص کسی مریض کی عیادت کرتا ہے تو آسمان سے ایک مُنادی ندا کرتا ہے: ''خوش ہو جا کہ تیرا یہ چلنا مبارک ہے اور تو نے جنّت میں اپنا ٹھکانا بنالیا ہے۔''[۱]

﴿2﴾...... مریضوں کی عیادت کیا کرو اور جنازوں میں شرکت کیا کرو یہ تمہیں آخرت کی یاد دلاتے رہیں گے۔[۲]

﴿3﴾...... جس نے اچھے طریقے سے وضو کیا اور ثواب کی اُمید پر اپنے کسی مسلمان بھائی کی عیادت کی اسے جہنم سے ستّر سال کے فاصلے تک دُور کر دیا جائے گا۔[۳]

﴿4﴾...... مریض جب تک تندرست نہ ہو جائے اس کی کوئی دعا رَد نہیں ہوتی۔[۴]

﴿5﴾...... جب تم کسی مریض کے پاس آؤ تو اس سے اپنے لئے دعا کی درخواست کرو کیونکہ اس کی دعا فرشتوں کی دعا کی طرح ہوتی ہے۔[۵]

اے ہمارے پیارے اللہ عَزَّوَجَلَّ! ہمیں عیادت کی سنّت پر بھی عمل کرنے کی توفیق عطا فرما۔

اٰمِین بِجَاہِ النَّبِیِّ الْاَمِین صَلَّی اللّٰہُ تَعَالٰی عَلَیْہِ وَاٰلِہٖ وَسَلَّم

---

[۱] ...... ابن ماجہ، کتاب الجنائز، باب ماجاء فی ثواب من عاد مریضًا، ۱۹۲/۲، حدیث: ۱۴۴۳

[۲] ...... مسند احمد، ۴/۴۷، حدیث: ۱۱۱۸۰

[۳] ...... ابو داود، کتاب الجنائز، باب فی فضل العیادة...... الخ، ۲۴۸/۳، حدیث: ۳۰۹۷

[۴] ...... الترغیب والترھیب، کتاب الجنائز، باب الترغیب فی عیادة المرضی...... الخ، ۱۶۶/۴، حدیث: ۱۹

[۵] ...... ابن ماجہ، کتاب الجنائز، باب ماجاء فی عیادة المریض، ۱۹۱/۲، حدیث: ۱۴۴۱

پانچواں باب ایک نظر میں

"اللہ بچوں کے قرآنِ مجید پڑھنے کی وجہ سے اہلِ زمین سے عذاب دُور فرماتا ہے" کیا آپ نے اس جملہ کے چوّن حُروف کی نسبت سے پانچویں باب میں بیان کردہ دَرْج ذیل 54 سُوالات کے جوابات جان لئے ہیں؟

1 قرآن وسنت سے علمِ دین سیکھنے سکھانے کی فضیلت بیان کیجئے۔
2 کیا علم سے بہتر بھی کوئی شے ہوسکتی ہے؟ اگر نہیں تو حدیثِ پاک سے ثابت کیجئے۔
3 کیا ہمارے بُزُرگانِ دین بالخصوص صحابہ کرام بھی علم حاصل کرنے کا شوق رکھتے تھے؟
4 اس پُرفتن دَور میں آج کا مسلمان علمِ دین کے حُصول کے جذبے سے ناواقف کیوں ہے؟
5 کیا یہ درست ہے کہ راہِ علم کے مسافر یعنی طالبِ علم شیطان پر بھاری ہیں؟
6 کیا یہ بات درست ہے کہ اللہ عَزَّوَجَلَّ بچوں کے قرآن پڑھنے کی وجہ سے زمین والوں سے عذاب روک لیتا ہے؟
7 شیطان بچوں کو قرآنِ کریم کی تعلیم حاصل کرنے سے روکنے کے لیے کیا کیا طریقے استعمال کرتا ہے؟ چند طریقے بتائیے۔
8 کیا مَدْرَسے کے علاوہ گھر میں بھی تلاوتِ قرآن کا اہتمام کرنا ہمارے لیے رحمت کا باعث ہے؟
9 ہمارے بزرگانِ دین روزانہ کس قَدَر تلاوتِ قرآنِ کریم کا اہتمام فرمایا کرتے تھے؟
10 کیا واقعی بچوں کا قرآن پڑھنا ان کے والدین کی بخشش کا باعث بن سکتا ہے؟
11 کیا یہ درست ہے کہ حافظِ قرآن کے والدین کو بروزِ قیامت تاج پہنایا جائے گا؟
12 کیا نیک اولاد واقعی صَدَقہ جارِیہ ہے؟
13 نیت کسے کہتے ہیں؟
14 اگر کسی عمل کی ادائیگی میں ایک سے زائد نیتیں کر لی جائیں تو کیا ہر نیت کا ثواب ملے گا؟
15 نیتوں کے فضائل پر مبنی تین رِوایات سُنائیے۔
16 اکیلے کھانا کھائیں تو کس قدر اچھی اچھی نیتیں کر سکتے ہیں؟

17 اگر مل کر کھانا کھا رہے ہوں تو کتنی اچھی اچھی نیّتیں کر سکتے ہیں؟

18 پانی پینے سے پہلے کونسی اچھی اچھی نیتیں کی جاسکتی ہیں؟

19 چائے پینے کی نیتیں بتایئے۔

20 خوشبو لگاتے وقت کس قدر اچھی اچھی نیتیں کر سکتے ہیں؟

21 ہمارے میٹھے میٹھے سرکار، مدینے کے تاجدار صَلَّی اللّٰہُ تَعَالٰی عَلَیْہِ وَاٰلِہٖ وَسَلَّم کیوں خوشبو کو بے حد پسند فرماتے تھے؟

22 کیا عمدہ قسم کی خوشبو لگانا سنّت ہے؟

23 کیا سر میں خوشبو لگانا بھی سنت ہے؟

24 اگر کوئی خوشبو کا تحفہ دے تو کیا کرنا چاہئے؟

25 کس کو کیسی خوشبو استعمال کرنی چاہئے؟

26 کیا خوشبو کی دھونی لینا سنت ہے؟

27 مسواک کی شَرعی حیثیت کیا ہے؟

28 مسواک کتنی موٹی اور لمبی ہونی چاہئے؟

29 مسواک کے ریشے کیسے ہونے چاہئیں؟

30 مسواک کرنے اور پکڑنے کا طریقہ بتایئے۔

31 مسواک کرتے ہوئے کن باتوں کا خیال رکھنا چاہئے؟

32 عِمامہ شریف کی شرعی حیثیت کیا ہے؟

33 عمامہ شریف کی فضیلت کے متعلّق چار فرامینِ مصطفےٰ سُنایئے۔

34 عمامہ باندھتے وقت کن آداب کو مدِنظر رکھنا چاہئے؟

35 کیا مہمان کی آمد سے گھر میں خیر و بَرَکت نازِل ہوتی ہے؟

36 کیا یہ درست ہے کہ مہمان آتا ہے تو اپنا رِزق لے کر آتا ہے اور جاتا ہے تو میزبان کے گناہوں کی مُعافی کا سبب بنتا ہے؟

37 وہ حدیثِ پاک سنایئے جس میں ہے کہ 10 فرشتے سال بھر میزبان کے گھر میں رحمت لُٹاتے رہتے ہیں؟

38 کیا مہمان کو دروازے تک رخصت کرنا سنّت ہے؟

39 چلنے کی سنّتیں اور آداب بیان کیجئے۔

40 سفر درپیش ہو تو اس کا آغاز کس دن سے کرنا چاہیے؟

41 سفر عام طور پر کس وقت کرنا چاہیے، رات کو یا دن کو؟

42 اگر چند اسلامی بھائی مل کر قافِلہ کی صورت میں سفر کریں تو انہیں کیا کرنا چاہیے؟

43 کیا سفر پر روانہ ہوتے وقت عزیزوں، دوستوں سے قُصور مُعاف کروانا چاہئیں؟

44 سفر پر روانہ ہوتے وقت گھر والوں کی حفاظت کے لیے کیا کرنا چاہیے؟

45 سُواری پر اطمینان سے بیٹھ جانے کے بعد کونسی دعا پڑھی جاتی ہے؟

46 دورانِ سفر کیا کرنا چاہیے؟

47 سفر سے واپسی پر کیا کرنا چاہیے؟

48 سرکارِ مدینہ صَلَّی اللّٰہُ تَعَالٰی عَلَیْہِ وَاٰلِہٖ وَسَلَّم کے اندازِ گفتگو کے متعلق کچھ بتائیے۔

49 بات چیت کے دوران کن اُمور کا خیال رکھنا چاہیے؟

50 بات چیت کے دوران کن اُمور سے بچنا چاہیے؟

51 زُلفیں رکھنے میں سنت کیا ہے؟

52 کیا سر کے بیچ میں مانگ نکالنا سنت ہے؟

53 جب ہمارا کوئی مسلمان بھائی بیمار ہو جائے تو ہمیں کیا کرنا چاہیے؟

54 عیادت کی فضیلت کے متعلّق کوئی تین رِوایات سُنائیے۔

باب: 6

اَخلاقیات

اس باب میں آپ پڑھیں گے

اِحترامِ مسلم میں والدین، بڑے بھائیوں، رشتے داروں، پڑوسیوں اور دوستوں کا احترام، دوسروں کی دل آزاری و ریاکاری سے بچنے، اخلاص اپنانے، جھوٹ، غیبت، چغلی حسد اور بُغض و کینہ کی نحوستوں سے دور رہنے کے متعلّق بُنیادی باتیں

احترامِ مسلم

سوال: احترامِ مسلم کا جذبہ پیدا کرنے کے لیے ہمیں کیا کرنا چاہئے؟

جواب: پہلے کے بُزُرگوں میں احترامِ مسلم کا جذبہ کوٹ کوٹ کر بھرا ہوتا تھا۔ کسی اَنجانے مسلمان بھائی کو اِتّفاقی نقصان سے بچانے کیلئے بھی اپنا خسارہ گوارا کرلیا جاتا تھا جبکہ آج تو بھائی بھائی کو ہی لوٹنے میں مصروف ہے۔ تبلیغِ قرآن وسنّت کی عالمگیر غیر سیاسی تحریک، دعوتِ اسلامی دَورِ اَسلاف کی یاد تازہ کرنا چاہتی ہے۔ ''دعوتِ اسلامی'' نفرتیں مٹاتی اور محبّتوں کے جام پلاتی ہے۔ ہمیں چاہیے کہ دعوتِ اسلامی کے مہکے مہکے مَدَنی ماحول میں رنگ جائیں۔ اِنْ شَآءَ اللّٰہ عَزَّوَجَلَّ بطفیلِ مصطفےٰ صَلَّی اللّٰہُ تَعَالٰی عَلَیْہِ وَاٰلِہٖ وَسَلَّم احترامِ مُسلم کا جذبہ بیدار ہوگا۔ اگر ایسا ہوگیا تو ہمارا مُعاشَرہ ایک بار پھر مدینۂ منوّرہ کے دلکش وخوشگوار، خوشبودار وسدا بہار رنگ برنگے پھولوں سے لَدا ہوا حسین گلزار بن جائے گا۔ اِنْ شَآءَ اللّٰہ عَزَّوَجَلَّ

طَیبہ کے سوا سب باغ پامالِ فنا ہونگے
دیکھو گے چمن والو جب عَہدِ خزاں آیا

صَلُّوْا عَلَی الْحَبِیْب! صَلَّی اللّٰہُ تَعَالٰی عَلٰی مُحَمَّد

والدین کوستانے والا جنّت سے محروم

سوال: والدین کا احترام کرنے کے بجائے انہیں ستانا کیسا ہے؟

جواب: والِدَین ودیگر ذَوِی الْاَرْحام (یعنی جن کے ساتھ خونی رشتہ ہو دَرَجہ بدَرَجہ) مُعاشَرہ میں سب سے زیادہ احترام و حُسنِ سلوک کے حقدار ہوتے ہیں، مگر افسوس کہ اس کی طرف اب دھیان کم دیا جاتا ہے۔ بعض لوگ عوام کے سامنے اگرچہ انتہائی مُنکَسِرُ المزاج وملنسار گردانے جاتے ہیں مگر اپنے گھر میں بالخصوص والِدَین کے حق میں نہایت ہی تُند مزاج وبداَخلاق ہوتے ہیں۔ ایسوں کی توجُّہ کیلئے عرض ہے کہ سرکارِ مدینہ صَلَّی اللّٰہُ تَعَالٰی عَلَیْہِ وَاٰلِہٖ وَسَلَّم نے ایک حدیث پاک میں جن تین اَشخاص کے متعلّق ارشاد فرمایا کہ وہ جنّت میں نہیں جائیں گے ان

میں سے ایک ماں باپ کو ستانے والا بھی ہے۔ [1]

بڑے بھائی کا احترام

سوال کیا ہم پر بڑے بھائی کا احترام کرنا ضروری ہے؟

جواب جی ہاں! والِدَین کے ساتھ ساتھ دیگر اہلِ خاندان مَثَلاً بھائی بہنوں کا بھی خیال رکھنا چاہئے۔ والِد صاحِب کے بعد دادا جان اور بڑے بھائی کا رُتبہ ہے کہ بڑا بھائی والِد کی جگہ ہوتا ہے۔ چنانچہ فرمانِ مصطفٰے صَلَّی اللّٰہُ تَعَالٰی عَلَیْہِ وَاٰلِہٖ وَسَلَّم ہے: بڑے بھائی کا حق چھوٹے بھائی پر ایسا ہے جیسے والِد کا حق اولاد پر۔ [2]

رِشتہ داروں کا احترام

سوال رشتے داروں کے ساتھ ہمیں کیسا برتاؤ کرنا چاہئے؟

جواب تمام رِشتہ داروں کے ساتھ ہمیں اچّھا برتاؤ کرنا چاہئے۔ چنانچہ مَروی ہے کہ سرکارِ مدینہ صَلَّی اللّٰہُ تَعَالٰی عَلَیْہِ وَاٰلِہٖ وَسَلَّم نے ارشاد فرمایا: ”جسے یہ پسند ہو کہ عُمر میں درازی اور رِزْق میں فَراخی ہو اور بُری موت دَفع ہو وہ **اللہ** عَزَّوَجَلَّ سے ڈرتا رہے اور رِشتہ داروں سے حُسنِ سُلوک کرے۔“ [3]

پڑوسیوں کا احترام

سوال پڑوسیوں کے ساتھ ہمیں کیسا برتاؤ کرنا چاہئے؟

جواب ہر ایک کو چاہئے کہ اپنے پڑوسیوں کے ساتھ اچّھا برتاؤ کرے اور بِلا مَصلحتِ شَرْعی ان کے احترام میں کمی نہ کرے۔ افسوس! آج کل پڑوسیوں کو کوئی خاطِر میں نہیں لاتا۔ حالانکہ پڑوسیوں کی اَہَمِیَّت کے لیے یہی کافی ہے کہ بندہ اگر یہ جاننا چاہتا ہو کہ اس نے فلاں کام اچھا کیا یا بُرا تو دیکھے کہ اس کام کے مُتعلّق اس کے پڑوسی کیا کہتے ہیں؟ چنانچہ ایک شخص نے سرکارِ مدینہ صَلَّی اللّٰہُ تَعَالٰی عَلَیْہِ وَاٰلِہٖ وَسَلَّم کی خدمتِ عالیشان میں

---

[1] ...... مسند احمد، ۲/ ۳۵۱، حدیث: ۵۳۷۲ ملخصًا

[2] ...... شعب الایمان، الخامس والخمسون من شعب الایمان، فصل فی حفظ حق ...... الخ، ۶/ ۲۱۰، حدیث: ۷۹۲۹

[3] ...... مستدرک، کتاب البر والصلة، باب من سره ان یدفع ...... الخ، ۵/ ۲۲۲، حدیث: ۷۳۶۲

عرض کی: **یارسولَ اللہ** صَلَّی اللہُ تَعَالٰی عَلَیْہِ وَاٰلِہٖ وَسَلَّم! مجھے یہ کیوں کر معلوم ہو کہ میں نے اچّھا کیا یا بُرا؟ تو آپ صَلَّی اللہُ تَعَالٰی عَلَیْہِ وَاٰلِہٖ وَسَلَّم نے ارشاد فرمایا: ''جب تم پڑوسیوں کو یہ کہتے سُنو کہ تم نے اچھا کیا تو بیشک تم نے اچّھا کیا اور جب یہ کہتے سُنو کہ تم نے بُرا کیا تو بے شک تم نے بُرا کیا ہے۔''[1]

دوستوں اور ہم سفروں کا احترام

سوال دوستوں اور ہم سفروں کے ساتھ ہمیں کیسا برتاؤ کرنا چاہئے؟

جواب ٹرین یا بس وغیرہ میں اگر نِشَسْتیں کم ہوں تو یہ نہیں ہونا چاہئے کہ بعض بیٹھے ہی رہیں اور بعض کھڑے کھڑے ہی سفر کریں۔ بلکہ ہونا یہ چاہئے کہ سارے باری باری بیٹھیں اور تکلیفیں اُٹھا کر ثواب کمائیں۔ چُنانچہ حضرتِ سَیِّدُنا **عبدُ اللہ** بن مسعود رَضِیَ اللہُ تَعَالٰی عَنْہ فرماتے ہیں کہ غَزوۂ بَدر میں فی اونٹ تین افراد تھے۔ چُنانچہ حضرتِ ابولُبابہ اور حضرتِ علی رَضِیَ اللہُ تَعَالٰی عَنْہُمَا سرکارِ مدینہ صَلَّی اللہُ تَعَالٰی عَلَیْہِ وَاٰلِہٖ وَسَلَّم کی سُواری میں شریک تھے۔ دونوں حضرات کا بیان ہے کہ جب سرکار صَلَّی اللہُ تَعَالٰی عَلَیْہِ وَاٰلِہٖ وَسَلَّم کی پیدل چلنے کی باری آتی تو ہم دونوں عَرض کرتے کہ سرکار! آپ سُوار ہی رہئے، حضور کے بدلے ہم پیدل چلیں گے۔ ارشاد فرماتے: ''تم مجھ سے زِیادہ طاقتور نہیں ہو اور تمہاری طرح میں بھی ثواب سے بے نیاز نہیں ہوں۔''[2] (یعنی مجھے بھی ثواب چاہئے پھر میں کیوں پیدل نہ چلوں)

دوسروں کی مدد کرنا

سوال بطورِ مسلمان کیا ہمیں دوسروں کے دکھ دَرد میں ان کی مدد کرنی چاہئے؟

جواب جی ہاں! **اللہ** عَزَّوَجَلَّ کا کروڑ ہا کروڑ احسان کہ اس نے ہمیں مسلمان بنایا اور اپنے پیارے محبوب صَلَّی اللہُ تَعَالٰی عَلَیْہِ وَاٰلِہٖ وَسَلَّم کا دامنِ کرم عطا فرمایا۔ سب مسلمان آپس میں بھائی بھائی ہیں لہٰذا ہمیں چاہیے کہ ہم

---

[1] ......ابن ماجه، كتاب الزهد، الثناء الحسن، ۴/۴۷۹، حديث: ۴۲۲۳

[2] ......شرح السنة، كتاب السير والجهاد، باب العقبة، ۵/۵۲۵، حديث: ۲۶۸۰

اپنے مسلمان بھائی کی تکلیف کو اپنی تکلیف تصور کریں اور اپنے اسلامی بھائی کی مدد کریں۔ چُنانچہ، سرکارِ مدینہ، راحتِ قلب وسینہ صَلَّی اللّٰہُ تَعَالٰی عَلَیْہِ وَاٰلِہٖ وَسَلَّم کا فرمانِ رحمت نشان ہے: ''جو آدمی مسلمان بھائی کی ضَرورت پوری کر دے میں اس کے میزان کے پاس کھڑا ہو جاؤں گا اگر زیادہ وَزن ہو گیا تو ٹھیک، ورنہ میں اس کے حق میں سِفارش کروں گا۔''[1] ایک رِوایت میں ہے کہ جو شخص اپنے مسلمان بھائی کی حاجت میں چل پڑا اس کے ہر ایک قدم پر **اللّٰہ** عَزَّوَجَلَّ 70 نیکیاں دَرج کرے گا اور 70 بُرائیاں دُور کر دے گا اور اگر اُس ضرورت مند مسلمان کی ضرورت اِس کے ذریعے سے پوری ہو گئی تو وہ گناہوں سے یوں پاک ہو گیا جیسے اس دن تھا کہ جس دن اس کی ماں نے اسے جنا، اگر وہ اس دوران وفات پا گیا تو بغیر حساب و کتاب کے جنّت میں داخل ہو گا۔[2]

پیارے مدنی منّو! اپنے مسلمان بھائی کی مدد کرنے والا کتنا خوش نصیب ہے کہ وہ بغیر حساب و کتاب جنت میں داخل ہو گا۔ ہمیں بھی چاہیے کہ ہم اپنے اسلامی بھائی کی مدد کیا کریں۔

دل آزاری

سوال بطورِ مسلمان کیا ہمیں دوسروں کی دِل آزاری کرنی چاہئے؟

جواب جی نہیں! ہرگز ہرگز ہمیں اپنے کسی اسلامی بھائی کی دل آزاری نہیں کرنی چاہئے کیونکہ کامل مسلمان وہی ہوتا ہے جس کی زبان و ہاتھ سے دیگر مسلمان محفوظ رہیں۔ جیسا کہ سرکارِ مدینہ صَلَّی اللّٰہُ تَعَالٰی عَلَیْہِ وَاٰلِہٖ وَسَلَّم نے ارشاد فرمایا: ''مسلمان وہ ہوتا ہے جس کی زبان اور ہاتھ سے دیگر مسلمان محفوظ رہیں۔''[3]

سوال کیا دوسروں کی دِل آزاری جہنم میں لے جانے کا باعث بن سکتی ہے؟

---

[1]...... حلیۃ الاولیاء، ۶/ ۳۸۹، حدیث: ۹۰۳۸

[2]...... الترغیب والترھیب، کتاب البر والصلۃ، باب الترغیب فی قضاء حوائج المسلمین، ۳/ ۲۶۴، حدیث: ۱۳

[3]...... مسلم، کتاب الایمان، باب بیان تفاضل الاسلام...... الخ، ص ۴۱، حدیث: ۶۵- (۴۱)

جواب جی ہاں! دوسروں کی دِل آزاری جہنّم میں لے جانے کا باعث بن سکتی ہے۔ چُنانچہ حضرت سیِّدُنا مجاہد عَلَیْہِ رَحمَۃُ اللّٰہِ الْوَاحِد فرماتے ہیں: ''اہلِ دوزخ پر خارش کو مسلّط کر دیا جائے گا، وہ اتنی خارش کرتے ہوں گے کہ ان کے چمڑے اُتر جانے کے باعث ہڈیاں نمودار ہو جائیں گی، تو وہ کہیں گے: **یا اللہ!** کس وجہ سے ہم اس مصیبت میں مبتلا ہیں؟ تو ان کو جواب دیا جائے گا: تم مسلمانوں کو ایذا دیتے تھے۔''[1]

سوال کیا دوسروں کو تکلیف سے بچانا ہمیں جنت کا حق دار بنا سکتا ہے؟

جواب جی ہاں! دوسروں کو تکلیف سے بچانا ہمیں جنت کا حق دار بنا سکتا ہے۔ لہٰذا ہمیں چاہیے کہ ہم اپنے مسلمان بھائی کو زبان یا ہاتھ کسی طرح سے بھی ایذا یعنی تکلیف نہ دیں بلکہ اسے ہر تکلیف سے بچانے کی کوشش کریں۔ جیسا کہ سرکارِ ابد قرار صَلَّی اللّٰہُ تَعَالٰی عَلَیْہِ وَاٰلِہٖ وَسَلَّم نے ارشاد فرمایا: ''میں نے ایک ایسے شخص کو جنت میں چلتے پھرتے دیکھا جس نے راستے سے ایک ایسے درخت کو کاٹ دیا تھا جو مسلمانوں کی ایذا کا باعث بنا رہتا تھا۔''[2] ایک رِوایت میں ہے کہ آپ صَلَّی اللّٰہُ تَعَالٰی عَلَیْہِ وَاٰلِہٖ وَسَلَّم نے ارشاد فرمایا: جس نے مسلمانوں کے راستے سے کسی تکلیف پہنچانے والی چیز کو دُور کر دیا **اللہ** عَزَّوَجَلَّ اس کے حق میں نیکی لکھ دے گا اور جس کی نیکی قبول ہو گئی وہ جنت میں داخل ہو گا۔[3]

سُبْحٰنَ اللہ عَزَّوَجَلَّ! اپنے مسلمان بھائی کے راستے سے تکلیف دہ چیز کو ہٹانے کی کتنی فضیلت ہے کہ **اللہ** عَزَّوَجَلَّ اس کے حق میں نیکی دَرج فرما دیتا ہے اور اس کے لئے جنت کا داخلہ آسان کر دیتا ہے۔ ہمیں بھی چاہیے کہ ہم اپنے اسلامی بھائیوں کو بھی تکلیف سے بچانے کی کوشش کریں تاکہ **اللہ** عَزَّوَجَلَّ اور اس کے پیارے محبوب صَلَّی اللّٰہُ تَعَالٰی عَلَیْہِ وَاٰلِہٖ وَسَلَّم ہم سے راضی ہو جائیں اور اگر کوئی ہمیں ایذا دے یعنی تکلیف پہنچائے تو ہمیں اسے **اللہ** عَزَّوَجَلَّ کی رضا کے لئے مُعاف کر دینا چاہیے کہ اپنے مسلمان بھائی کو معاف کرنے کی بھی بہت فضیلت مَروی ہے۔ چُنانچہ فرمانِ مصطفےٰ صَلَّی اللّٰہُ تَعَالٰی عَلَیْہِ وَاٰلِہٖ وَسَلَّم ہے: ''معاف کر دینے سے **اللہ** عَزَّوَجَلَّ آدمی کی عزّت میں اضافہ فرما دیتا ہے۔''[4]

---

[1] ......درمنثور، پ ۲۲، الاحزاب، ۶/۶۵۷، تحت الأیة: ۵۸

[2] ......مسلم، کتاب البر والصلة والآداب، باب فضل ازالة الاذی عن الطریق، ص ۱۴۱۰، حدیث: ۱۲۷-(۱۹۱۴)

[3] ......الادب المفرد للبخاری، باب البغی، ص ۱۵۵، حدیث: ۵۹۳

[4] ......مسلم، کتاب البر والصلة والآداب، باب استحباب العفو والتواضع، ص ۱۳۹۷، حدیث: ۶۹-(۲۵۸۸)

پیارے مدنی منّو! ہمیں بھی اپنے مسلمان بھائی کو **اللہ** عَزَّوَجَلَّ کی رضا کے لئے مُعاف کر دینا چاہیے، ہوسکتا ہے کہ ہمارا یہی عمل **اللہ** عَزَّوَجَلَّ کی بارگاہ میں مقبول ہوجائے اور **اللہ** عَزَّوَجَلَّ کل بروزِ قیامت ہماری خطائیں بھی معاف فرما کر ہمیں جنّت میں داخلہ عطا فرمادے۔

ریاکاری

ریاکاری کی تعریف

سوال رِیا سے کیا مراد ہے؟

جواب ریا سے مُراد دِکھاوا ہے یعنی **اللہ** عَزَّوَجَلَّ کی عبادت یا نیک اَعمال کے ذریعے لوگوں سے اپنی عزّت وشُہرت کی خواہش رکھنا کہ میرے اس عمل پر لوگوں میں میری واہ واہ ہو لوگ مجھے اچھا و نیک سمجھیں۔ ریا کرنے والے کو ''ریا کار'' کہتے ہیں۔

ریاکاروں کی حسرت

سوال کیا ریا کاری کا شُمار جہنّم میں لے جانے والے اعمال میں ہوتا ہے؟

جواب جی ہاں! ریا کاری کا شمار جہنم میں لے جانے والے اعمال میں ہوتا ہے۔ چُنانچِہ قیامت کے دن کچھ لوگوں کو جنت میں لے جانے کا حُکم ہوگا، یہاں تک کہ جب وہ جنت کے قریب پہنچ کر اس کی خوشبو سونگھیں گے اور اس کے مَحلّات اور اہلِ جنت کے لئے **اللہ** عَزَّوَجَلَّ کی تیار کردہ نعمتیں دیکھ لیں گے، تو نِدا دی جائے گی: انہیں لوٹا دو کیونکہ ان کا جنت میں کوئی حصہ نہیں۔ تو وہ ایسی حسرت لے کر لوٹیں گے جیسی اَوّلین وآخرین نے نہ پائی ہوگی، پھر وہ عرض کریں گے: یا **اللہ** عَزَّوَجَلَّ! اگر تو وہ نعمتیں دکھانے سے پہلے ہی ہمیں جہنم میں داخل کر دیتا جو تو نے اپنے محبوب بندوں کے لیے تیار کی ہیں تو یہ ہم پر زیادہ آسان ہوتا۔ تو **اللہ** عَزَّوَجَلَّ ارشاد فرمائے گا: بدبختو! میں نے اِرادۃً تمہارے ساتھ ایسا کیا ہے جب تم تنہائی میں ہوتے تو میرے ساتھ

اعلانِ جنگ کرتے اور جب لوگوں کے سامنے ہوتے تو میری بارگاہ میں دو غلے پَن سے حاضر ہوتے، نیز لوگوں کے دِکھلاوے کے لئے عمل کرتے جبکہ تمہارے دلوں میں میری خاطر اس کے بالکل برعکس صورت ہوتی، لوگوں سے مَحَبَّت کرتے اور مجھ سے محبت نہ کرتے، لوگوں کی عزت کرتے اور میری عزّت نہ کرتے، لوگوں کے لئے عمل چھوڑ دیتے مگر میرے لئے بُرائی نہ چھوڑتے تھے، آج میں تمہیں اپنے ثواب سے محروم کرنے کے ساتھ ساتھ اپنے عذابِ اَلیم کا مزہ بھی چکھاؤں گا۔ [1]

ریاکاری و ریاکار کے متعلّق فرامینِ باری تعالیٰ

اعمال کی بربادی

دِکھاوے کے لئے عِبادَت کرنے والے کا عَمَل ضائع ہوجاتا ہے۔ قرآن مجید میں اِرشاد ہوا:

یٰۤاَیُّهَا الَّذِیْنَ اٰمَنُوْا لَا تُبْطِلُوْا صَدَقٰتِكُمْ بِالْمَنِّ وَ الْاَذٰىۙ كَالَّذِیْ یُنْفِقُ مَالَهٗ رِئَآءَ النَّاسِ (پ۳، البقرۃ: ۲۶۴)

ترجمۂ کنزالایمان: اے ایمان والو اپنے صَدَقے باطِل نہ کردو احسان رکھ کر اور ایذا دے کر اس کی طرح جو اپنا مال لوگوں کے دکھاوے کے لیے خرچ کرے۔

دُنیا کو آخرت پر ترَجیح دینے والے نادانوں کے اَعمال بَرباد ہونے کے متعلق ارشادِ باری تعالیٰ ہے:

مَنْ كَانَ یُرِیْدُ الْحَیٰوةَ الدُّنْیَا وَ زِیْنَتَهَا نُوَفِّ اِلَیْهِمْ اَعْمَالَهُمْ فِیْهَا وَ هُمْ فِیْهَا لَا یُبْخَسُوْنَ ﴿۱۵﴾ اُولٰٓىٕكَ الَّذِیْنَ لَیْسَ لَهُمْ فِی الْاٰخِرَةِ اِلَّا النَّارُ ۖ٘ وَ حَبِطَ مَا صَنَعُوْا فِیْهَا وَ بٰطِلٌ مَّا كَانُوْا یَعْمَلُوْنَ ﴿۱۶﴾

(پ۱۲، ہود: ۱۵، ۱۶)

ترجمۂ کنزالایمان: جو دنیا کی زندگی اور آرائش چاہتا ہو ہم اس میں ان کا پورا پھل دے دیں گے اور اس میں کمی نہ دیں گے یہ ہیں وہ جن کے لیے آخرت میں کچھ نہیں مگر آگ اور اَکارت گیا جو کچھ وہاں کرتے تھے اور نابود (برباد) ہوئے جو ان کے عمل تھے۔

---

[1] ......المعجم الاوسط، ۴/۱۳۵، حدیث: ۵۴۷۸

حضرت سیِّدُنا ابنِ عباس رَضِیَ اللّٰہُ تَعَالٰی عَنْہُمَا فرماتے ہیں کہ یہ آیتِ مبارکہ ریاکاروں کے حق میں نازل ہوئی۔ [1]

شیطان کے دوست

لوگوں پر اپنی دھاک بِٹھانے کے لئے مال خرچ کرنے والے رِیاکاروں کو شیطان کے دوست قرار دیا گیا ہے۔

چُنانچِہ پارہ 5 سورۃُ النِّساء میں ارشاد ہوا:

وَ الَّذِیْنَ یُنْفِقُوْنَ اَمْوَالَهُمْ رِئَآءَ النَّاسِ وَ لَا یُؤْمِنُوْنَ بِاللّٰهِ وَ لَا بِالْیَوْمِ الْاٰخِرِؕ وَ مَنْ یَّكُنِ الشَّیْطٰنُ لَهٗ قَرِیْنًا فَسَآءَ قَرِیْنًا ﴿۳۸﴾ (پ۵، النسآء: ۳۸)

ترجمۂ کنزالایمان: اور وہ جو اپنے مال لوگوں کے دِکھاوے کو خرچ کرتے ہیں اور ایمان نہیں لاتے اللہ اور نہ قیامت پر اور جس کا مُصاحِب (ساتھی و مُشیر) شیطان ہوا تو کتنا بُرا مُصاحِب ہے۔

ریاکاروں کا ٹھکانا

دکھاوے کی نمازیں پڑھنے والے بدنصیبوں کا ٹھکانا جہنّم ہوگا۔ چُنانچِہ ارشاد ہوتا ہے:

فَوَیْلٌ لِّلْمُصَلِّیْنَ ﴿۴﴾ الَّذِیْنَ هُمْ عَنْ صَلَاتِهِمْ سَاهُوْنَ ﴿۵﴾ الَّذِیْنَ هُمْ یُرَآءُوْنَ ﴿۶﴾ وَ یَمْنَعُوْنَ الْمَاعُوْنَ ﴿۷﴾ (پ۳۰، الماعون: ۴ تا ۷)

ترجمۂ کنزالایمان: تو ان نمازیوں کی خرابی ہے جو اپنی نماز سے بُھولے بیٹھے ہیں وہ جو دکھاوا کرتے ہیں اور بَرتنے کی چیز مانگے نہیں دیتے۔

ریاکاری و ریاکار کے متعلّق پانچ فرامینِ مصطفٰے

﴿1﴾...... مجھے تم پر سب سے زیادہ شرکِ اصغر یعنی دکھاوے میں مُبتلا ہونے کا خوف ہے، اللہ عَزَّوَجَلَّ قیامت کے دن کچھ لوگوں کو ان کے اَعمال کی جزا دیتے وقت ارشاد فرمائے گا: ان لوگوں کے پاس جاؤ جن کے لئے دنیا میں تم دکھاوا کرتے تھے اور دیکھو کہ کیا تم ان کے پاس کوئی جزا پاتے ہو۔ [2]

---

[1]...... تفسیر روح البیان، پ ۱۲، ہود، ۴/ ۱۰۸، تحت الأیۃ: ۱۵

[2]...... مسند احمد، ۹/ ۱۶۰، حدیث: ۲۳۶۹۲

{2}……**اللہ** عَزَّوَجَلَّ اس عمل کو قبول نہیں کرتا جس میں رائی کے دانے کے برابر بھی رِیا ہو۔ [1]

{3}……**اللہ** عَزَّوَجَلَّ نے ہر رِیا کار پر جنّت کو حرام کر دیا ہے۔ [2]

{4}……جس نے **اللہ** عَزَّوَجَلَّ کے ساتھ غیرِ خدا کے لئے دِکھلاوا کیا تحقیق وہ **اللہ** عَزَّوَجَلَّ کے ذِمّہٴ کرم سے بَری ہو گیا۔ [3]

{5}……قیامت کے دن سب سے پہلے ایک شہید کا فیصلہ ہوگا جب اسے لایا جائے گا تو **اللہ** عَزَّوَجَلَّ اسے اپنی نعمتیں یاد دلائے گا، وہ ان نعمتوں کا اِقرار کرے گا تو **اللہ** عَزَّوَجَلَّ ارشاد فرمائے گا: ''تو نے ان نعمتوں کے بدلے میں کیا کیا؟'' وہ عرض کرے گا: ''میں نے تیری راہ میں جِہاد کیا یہاں تک کہ شہید ہو گیا۔'' تو **اللہ** عَزَّوَجَلَّ ارشاد فرمائے گا: ''تو جھوٹا ہے تو نے جہاد اس لئے کیا تھا کہ تجھے بہادر کہا جائے اور وہ تجھے کہہ لیا گیا۔'' پھر **اللہ** عَزَّوَجَلَّ اس کے بارے میں جہنّم میں جانے کا حُکم دے گا تو اسے منہ کے بل گھسیٹ کر جہنم میں ڈال دیا جائے گا۔ پھر اُس شخص کو لایا جائے گا جس نے علم سیکھا، سکھایا اور قرآنِ کریم پڑھا، وہ آئے گا تو **اللہ** عَزَّوَجَلَّ اسے بھی اپنی نعمتیں یاد دلائے گا، وہ بھی ان نعمتوں کا اقرار کرے گا تو **اللہ** عَزَّوَجَلَّ اس سے دریافت فرمائے گا: ''تو نے ان نعمتوں کے بدلے میں کیا کیا؟'' وہ عرض کرے گا: ''میں نے علم سیکھا سکھایا اور تیرے لئے قرآن کریم پڑھا۔'' **اللہ** عَزَّوَجَلَّ ارشاد فرمائے گا: ''تو جھوٹا ہے، تو نے علم اس لئے سیکھا تا کہ تجھے عالِم کہا جائے اور قرآنِ کریم اس لئے پڑھا تا کہ تجھے قاری کہا جائے اور وہ تجھے کہہ لیا گیا۔'' پھر اسے بھی جہنم میں ڈالنے کا حکم ہوگا تو اسے بھی منہ کے بل گھسیٹ کر جہنم میں ڈال دیا جائے گا۔ پھر ایک مالدار شخص کو لایا جائے گا جسے **اللہ** عَزَّوَجَلَّ نے کثرت سے مال عطا فرمایا تھا، اسے لاکر نعمتیں یاد دِلائی جائیں گی، وہ بھی ان نعمتوں کا اقرار کرے گا پھر **اللہ** عَزَّوَجَلَّ اس سے دریافت فرمائے گا: ''تو نے ان نعمتوں کے بدلے میں کیا کیا؟'' وہ عرض کرے گا: ''میں

---

[1] ……الترغیب والترھیب، کتاب الاخلاص، ۱/۴۷، حدیث: ۵۴

[2] ……جامع الاحادیث، ۲/۶۷۴، حدیث: ۵۷۲۵

[3] ……المعجم الکبیر، ۲۲/۳۱۹، حدیث: ۸۰۵

نے تیری راہ میں جہاں ضَرورت پڑی وہاں خرچ کیا۔" تو اللہ عَزَّوَجَلَّ ارشاد فرمائے گا: "تو جھوٹا ہے، تو نے ایسا اس لئے کیا تھا کہ تجھے سخی کہا جائے اور وہ کہہ لیا گیا۔" پھر اسے بھی جہنّم میں ڈالنے کا حُکم ہوگا تو اسے بھی منہ کے بل گھسیٹ کر جہنم میں ڈال دیا جائے گا۔ ①

پیارے مدنی منّو! انسان کے پاس تین اہم اور قیمتی چیزیں ہوتی ہیں جس سے وہ زیادہ مَحَبَّت کرتا ہے: [۱] جان [۲] وقت (یعنی زندگی) اور [۳] مال۔ اس حدیثِ پاک میں ان تینوں چیزوں کو قربان کیا گیا یعنی شہید نے اپنی جان قربان کی، عالِم وقاری نے اپنی ساری زندگی علم وقرآن سیکھنے سکھانے میں قربان کی اور سخی نے اپنا مال قربان کیا مگر بروزِ قیامت ریاکاری کے سبب بارگاہِ خداوندی میں ان کے یہ اَعمال قبول نہ ہوں گے بلکہ انہیں منہ کے بل گھسیٹ کر جہنم میں ڈال دیا جائے گا۔

دکھاوے کی نمازیں

حُجَّۃُ الْاِسْلَام حضرت سیِّدُنا امام محمد غزالی عَلَیْہِ رَحمَۃُ اللہِ الْوَالِی کیمیائے سعادت میں نَقْل فرماتے ہیں کہ ایک بُزُرگ نے ارشاد فرمایا: میں نے تیس بَرَس کی نَمازیں قضا کیں جو میں نے ہمیشہ پہلی صَف میں ادا کی تھیں۔ اس کا باعث یہ ہوا کہ ایک دن مجھے کسی وجہ سے تاخیر ہوگئی تو آخری صف میں جگہ ملی۔ میں نے اپنے دل میں اِس بات سے شرم محسوس کی کہ لوگ کیا کہیں گے کہ یہ آج اتنی دیر سے آیا ہے؟ اُس وقت میں سمجھا کہ یہ سب لوگوں کے دِکھانے کے لیے تھا کہ وہ مجھے پہلی صف میں دیکھیں۔ چُنانچِہ میں نے یہ تمام نمازیں دوبارہ پڑھیں۔ ②

---

① ...... مسلم، کتاب الامارۃ، باب من قاتل للریاء ...... الخ، ص ۱۰۵۵، حدیث: ۱۵۲ - (۱۹۰۵)

② ...... کیمیائے سعادت، رکن چہارم، اصل پنجم، حقیقت اخلاص، ۲/۸۷۶

اخلاص

ہر مسلمان کو چاہیے کہ وہ **اللہ** عَزَّوَجَلَّ کی عبادت و نیک اَعمال میں ریا کاری جیسے گناہ کو شامل نہ ہونے دے بلکہ جو بھی نیک اعمال کرے خاص **اللہ** عَزَّوَجَلَّ کی رضا یعنی **اللہ** عَزَّوَجَلَّ کو راضی کرنے کے لئے کرے کہ اس کو **اخلاص** کہتے ہیں اور یاد رکھے کہ اخلاص والی نیکی ہی **اللہ** عَزَّوَجَلَّ کی بارگاہ میں مقبول ہے۔

اخلاص کے متعلّق فرامینِ باری تعالٰی

مخلص مؤمن کی مثال

قرآنِ پاک میں مُخلِص مؤمن کی مثال ان الفاظ کے ساتھ دی گئی ہے:

وَ مَثَلُ الَّذِیْنَ یُنْفِقُوْنَ اَمْوَالَهُمُ ابْتِغَآءَ مَرْضَاتِ اللّٰهِ وَ تَثْبِیْتًا مِّنْ اَنْفُسِهِمْ كَمَثَلِ جَنَّةٍۭ بِرَبْوَةٍ اَصَابَهَا وَابِلٌ فَاٰتَتْ اُكُلَهَا ضِعْفَیْنِۚ فَاِنْ لَّمْ یُصِبْهَا وَابِلٌ فَطَلٌّؕ وَ اللّٰهُ بِمَا تَعْمَلُوْنَ بَصِیْرٌ۝۲۶۵ (پ۳، البقرۃ: ۲۶۵)

ترجمۂ کنزالایمان: اور ان کی کہاوت جو اپنے مال **اللہ** کی رضا چاہنے میں خرچ کرتے ہیں اور اپنے دل جمانے کو اس باغ کی سی ہے جو بھوڑ (ریتلی زمین) پر ہو اس پر زور کا پانی پڑا تو دونے میوے لایا پھر اگر زور کا مینھ اسے نہ پہنچے تو اوس کافی ہے اور **اللہ** تمہارے کام دیکھ رہا ہے۔

صدرُ الاَفاضِل حضرت مولانا سیِّد محمد نعیم الدین مُراد آبادی عَلَیْہِ رَحمَۃُ اللہِ الْھَادِی خزائنُ العرفان میں اس آیت مبارکہ کے تحت لکھتے ہیں: یہ مؤمن مخلص کے اعمال کی ایک مثال ہے کہ جس طرح بُلند خِطّہ کی بہتر زمین کا باغ ہر حال میں خُوب پھلتا ہے خواہ بارش کم ہو یا زیادہ! ایسے ہی بااخلاص مؤمن کا صَدَقہ اور اِنْفاق (یعنی راہِ خدا میں خرچ کرنا) خواہ کم ہو یا زیادہ **اللہ** تعالٰی اس کو بڑھاتا ہے اور وہ تمہاری نیت اور اخلاص کو جانتا ہے۔

”اخلاص“ کے 5 حُروف کی نسبت سے اس کے متعلّق پانچ فرامینِ مصطفٰے

﴿1﴾......جو دنیا سے اس حال میں گیا کہ اللہ عَزَّوَجَلَّ کے لئے اپنے تمام اَعمال میں مُخلِص تھا اور نماز، روزے کا پابند تھا تو اللہ عَزَّوَجَلَّ اس سے راضی ہے۔[۱]

﴿2﴾......اللہ عَزَّوَجَلَّ وہی عمل پسند فرماتا ہے جو اخلاص کے ساتھ اس کی رضا چاہنے کے لئے کیا جاتا ہے۔[۲]

﴿3﴾......اے لوگو! اللہ عَزَّوَجَلَّ کے لئے اخلاص کے ساتھ عمل کرو کیونکہ اللہ عَزَّوَجَلَّ وہی اعمال قبول فرماتا ہے جو اس کے لئے اخلاص کے ساتھ کیے جاتے ہیں اور یہ مَت کہا کرو کہ میں نے یہ کام اللہ عَزَّوَجَلَّ اور رشتہ داری کی وجہ سے کیا۔[۳]

﴿4﴾......اپنے دین میں مخلص ہو جاؤ، تھوڑا عمل بھی تمہارے لئے کافی ہوگا۔[۴]

﴿5﴾......جب آخری زمانہ آئے گا تو میری امّت تین گروہ میں بَٹ جائے گی۔ ایک گروہ خالِصًا اللہ عَزَّوَجَلَّ کی عبادت کرے گا دوسرا گروہ دِکھاوے کے لیے اللہ عَزَّوَجَلَّ کی عبادت کرے گا اور تیسرا گروہ اس لیے عبادت کرے گا کہ وہ لوگوں کا مال ہَڑپ کر جائے۔ جب اللہ عَزَّوَجَلَّ بروزِ قیامت ان کو اُٹھائے گا تو لوگوں کا مال کھا جانے والے سے فرمائے گا: میری عزت اور میرے جلال کی قَسَم! میری عبادت سے تو کیا چاہتا تھا؟ تو وہ عرض کرے گا: تیری عزّت اور تیرے جَلال کی قسم! میں تو بس لوگوں کا مال کھانا چاہتا تھا۔ اللہ عَزَّوَجَلَّ ارشاد فرمائے گا: تو نے جو کچھ جمع کیا اس نے تجھے کچھ فائدہ نہ دیا۔ اسے دوزخ میں ڈال دو۔ پھر اللہ عَزَّوَجَلَّ دِکھاوے کے لیے عبادت کرنے والے سے فرمائے گا: میری عزت اور میرے جلال کی قسم! میری عبادت سے تیرا کیا اِرادہ تھا؟ وہ عرض کرے گا: تیری عزت وجلال کی قسم! لوگوں کو دکھانا۔ اللہ عَزَّوَجَلَّ فرمائے گا: اس کی کوئی نیکی میری بارگاہ میں مقبول نہیں، اسے دوزخ میں ڈال دو۔ پھر خالصًا اپنی عبادت کرنے والے سے

---

[۱]......مستدرک، کتاب التفسیر، باب خطبة النبی صلی اللہ تعالی علیه وسلم......الخ، ۳/۶۵، حدیث: ۳۳۳۰ ملتقطًا

[۲]......نسائی، کتاب الجھاد، باب من غزا یلتمس الاجر والذکر، ص ۵۱۰، حدیث: ۳۱۳۷

[۳]......دارقطنی، کتاب الطھارت، باب النیة، ۱/۷۳، حدیث: ۱۳۰ ملخصًا

[۴]......مستدرک، کتاب الرقاق، ۵/۴۳۵، حدیث: ۷۹۱۴

فرمائے گا: میری عزّت اور میرے جَلال کی قسم! میری عبادت سے تیرا کیا مقصود تھا؟ وہ عرض کرے گا: تیری عزت وجلال کی قسم! میرے اِرادے کو تو مجھ سے زیادہ جانتا ہے، میں تیری رضا چاہتا تھا۔ ارشاد فرمائے گا: میرے بندے نے سچ کہا، اسے جنّت کی طرف لے جاؤ۔ [1]

جھوٹ

سوال: جھوٹ سے کیا مراد ہے؟

جواب: خلافِ واقع بات کرنے کو جھوٹ کہتے ہیں۔ [2]

سوال: سب سے پہلے جھوٹ کس نے بولا؟

جواب: سب سے پہلے جھوٹ شیطان نے بولا کہ جھوٹ بول کر حضرت سیِّدُنا آدم عَلٰی نَبِیِّنَا وَعَلَیْہِ الصَّلٰوۃُ وَالسَّلَام کو گندم کا دانہ کھلایا۔

سوال: کیا جھوٹ بولنے کی طرح جھوٹ لکھنا بھی گناہ ہے؟

جواب: جی ہاں! جھوٹ لکھنا بھی گناہ ہے۔

سوال: اپریل فول منانا کیسا ہے؟

جواب: اپریل فول منانا گناہ ہے اور یہ احمقوں اور بے وقوفوں کا طریقہ ہے۔ یکم اپریل کو لوگوں کو جھوٹی باتیں بتا کر یا جھوٹی خبریں لکھ کر مذاق کیا جاتا ہے جو کہ ناجائز و گناہ ہے، لٰہذا اس ناجائز و بُرے طریقے سے بچنا بہت ضروری ہے۔

سوال: بعض بچے بات بات پر قسمیں کھاتے ہیں، اس بارے میں کیا حُکم ہے؟

---

[1] ……المعجم الاوسط، ۴/۳۰، حدیث: ۵۱۰۵

[2] ……حدیقہ ندیہ، ۲/۲۰۰

جواب بات بات پر قسمیں کھانا بُری عادت ہے کیونکہ زیادہ قسمیں کھانا جھوٹا ہونے کی علامت ہے۔

سوال جھوٹی قسم کھانا کیسا ہے؟

جواب جھوٹی قسم کھانا ناجائز و گناہ اور شیطانی کام ہے، ہمیں اس گناہ سے بچنا چاہیے۔

سوال لوگوں کو ہنسانے کے لئے جھوٹے لطیفے سنانا کیسا ہے؟

جواب لوگوں کو ہنسانے کے لئے جھوٹے لطیفے سُنانا بھی ناجائز و گناہ ہے، ان باتوں سے **اللہ** عَزَّوَجَلَّ ناراض ہوتا ہے۔ جیسا کہ مدینے کے تاجدار صَلَّی اللّٰہُ تَعَالٰی عَلَیْہِ وَاٰلِہٖ وَسَلَّم کا ارشادِ گرامی ہے: ''ہلاکت ہے اس کے لئے جو لوگوں کو ہنسانے کے لئے جھوٹ بولتا ہے اس کے لئے ہلاکت ہے اس کے لئے ہلاکت ہے۔''[1] ایک رِوایت میں ہے کہ جو بندہ مَحض اس لئے بات کرتا ہے کہ لوگوں کو ہنسائے تو اس کی وجہ سے آسمان وزمین کے درمیان موجود فاصلے سے بھی زیادہ دُور (جہنّم میں) جا گِرتا ہے۔[2]

سوال بعض بچے لطیفے اور جھوٹی کہانی والی کتابیں پڑھتے ہیں اس کے بارے میں کیا حُکم ہے؟

جواب ایسی کتابیں پڑھنا صحیح نہیں کہ ایسی باتیں بچوں میں غفلت پیدا کرتی ہیں۔

سوال کیا مذاق میں جھوٹ بول سکتے ہیں؟

جواب جی نہیں! مذاق میں بھی جھوٹ بولنا حرام ہے۔

سوال بعض والدین بچوں کو ڈرانے کے لئے جھوٹی باتیں کرتے ہیں کہ فلاں چیز آ رہی ہے یا بہلانے کے لئے کہتے ہیں کہ ادھر آؤ ہم تمہیں چیز دیں گے مگر حقیقت میں ایسا نہیں ہوتا اس کا کیا حکم ہے؟

جواب یہ بھی جھوٹ میں شامل ہے اور حرام و گناہ ہے۔

سوال بعض بچے مَن گھڑت خواب سُناتے ہیں ان کے بارے میں کیا حکم ہے؟

---

[1] ...... ترمذی، کتاب الزھد، باب ماجاء من تکلم ...... الخ، ۴/۱۴۲، حدیث: ۲۳۲۲

[2] ...... شعب الایمان، الباب الرابع والثلاثون من شعب الایمان، باب فی حفظ اللسان، ۴/۲۱۳، حدیث: ۴۸۳۲

جواب جھوٹا خواب بیان کرنا سخت حرام و گناہ ہے ایسے جھوٹوں کو قیامت کے دن ''جَو'' کے دو دانوں میں گِرہ لگانے کی تکلیف دی جائے گی اور وہ کبھی بھی گِرہ نہ لگا سکیں گے اور یوں عذاب پاتے رہیں گے۔[1]

سوال کیا یہ بات درست ہے کہ جھوٹ بولنے والے کے منہ سے بدبو نکلتی ہے؟

جواب جی ہاں! جھوٹ بولنے والے کے منہ سے ایسی سخت بو نکلتی ہے کہ فرشتہ ایک میل دور ہو جاتا ہے۔[2]

سوال کیا جھوٹ بولنے کا اثر دل پر بھی ہوتا ہے؟

جواب جی ہاں! جھوٹ بولنے سے دل کالا سیاہ ہو جاتا ہے، لہٰذا جھوٹ بولنے سے مکمل پرہیز کرنا چاہئے۔

سوال جھوٹ بولنے والے کو آخرت میں کیا سزا ملے گی؟

جواب ہمارے پیارے آقا صَلَّی اللّٰہُ تَعَالٰی عَلَیْہِ وَاٰلِہٖ وَسَلَّم کو خواب میں جھوٹ بولنے والے کی یہ سزا دِکھائی گئی کہ اس کو گُدّی کے بَل (یعنی چِت) لِٹایا ہوا تھا اور ایک شخص لوہے کا چمٹا لیے اس پر کھڑا تھا اور وہ ایک طرف سے اس کی بانچھ (گال) چمٹے سے پکڑ کر گدّی تک چِیرتا ہوا لے جاتا، اس طرح آنکھ اور ناک کے نتھنے میں چمٹا گھونپ کر چیرتا ہوا گدّی تک لے جاتا۔ جب ایک طرف یہ عمل کر لیتا تو دوسری جانب آجاتا اور یہی عمل کرتا، اتنی دیر میں پہلی جگہ اصلی حالت میں آجاتی پھر پہلی جگہ کو اسی طرح چیر پھاڑ ڈالتا۔ جھوٹ بولنے والے کو یہ سزا قیامت تک ملتی رہے گی۔[3]

سوال بچوں کے جھوٹ بولنے کی چند ایک مثالیں بیان کیجئے۔

جواب بچوں کے جھوٹ بولنے کی چند مثالیں یہ ہیں:

- ......اگر امی جان صبح مَدْرَسہ میں جانے کے لئے اُٹھاتی ہیں تو جھوٹا بہانہ کر دیتے ہیں کہ میری طبیعت صحیح نہیں، میرے سر میں دَرد ہے، میرے پیٹ میں تکلیف ہے۔

---

[1] ......ترمذی، کتاب الرؤیا، باب فی الذی یکذب فی حلمه، ۱۲۵/۴، حدیث: ۲۲۹۰

[2] ......ترمذی، کتاب البر والصلة، باب ماجاء فی المراء، ۳/۴۰۰، حدیث: ۲۰۰۰

[3] ......بخاری، کتاب الجنائز، ۹۳۔ باب، ۱/۴۶۷، حدیث: ۱۳۸۶ ملخصًا

۞......اسی طرح جب انہیں مَدرَسے کا سبق یاد کرنے کا کہا جائے تو جھوٹا عُذر پیش کر دیتے ہیں کہ مجھے نیند آ رہی ہے، مجھے فلاں تکلیف ہے۔

۞......ایسے ہی جب ایک بچہ دوسرے بچے سے لڑائی جھگڑا کر لے یا کسی کو مارے تو دریافت کرنے پر جھوٹ بول دیتا ہے کہ میں نے تو نہیں مارا۔

۞......عموماً والدین اپنے بچے کو صحت کے لئے نقصان دہ چیزیں کھانے سے منع کرتے ہیں اور مَحَلَّہ کے بُرے لڑکوں کے ساتھ اُٹھنے بیٹھنے سے بھی منع کرتے ہیں مگر بچے باز نہیں آتے اور والدین جب پوچھتے ہیں تو جھوٹ بول دیتے ہیں۔

سوال جھوٹ بولنے کے چند نقصان بیان کیجیے؟

جواب جھوٹ بولنے کے چند نقصان یہ ہیں:

۞......جھوٹ کبیرہ گناہ ہے۔

۞......جھوٹ سے نیکیاں ضائع ہو جاتی ہیں۔

۞......جھوٹ منافِق کی علامت ہے۔

۞......جھوٹ سے گناہوں میں اِضافہ ہوتا ہے۔

۞......جھوٹ جہنّم میں لے جانے والا عمل ہے۔

۞......جھوٹ سے رِزْق میں کمی واقع ہوتی ہے۔

۞......**اللّٰہ** عَزَّوَجَلَّ نے جھوٹوں پر لعنت فرمائی ہے۔

۞......جھوٹ سے دل کالا ہو جاتا ہے۔

۞......جھوٹ بولنا کافِروں، منافِقوں اور فاسِقوں کا طریقہ ہے۔

۞...... جھوٹ بولنے والے کو آخرت میں ہولناک عذاب دیا جائے گا کہ چمٹے سے اس کے گال، آنکھیں اور ناک چیر پھاڑ دیئے جائیں گے۔

۞......جھوٹ بولنے والوں کو **اللّٰہ** عَزَّوَجَلَّ اور اسکے پیارے رسول صَلَّی اللّٰہُ تَعَالٰی عَلَیْہِ وَاٰلِہٖ وَسَلَّم بالکل بھی پسند نہیں فرماتے۔

پیارے مَدَنی مُنّو! سچے دل سے توبہ کر لیجئے کہ آئندہ کبھی بھی کسی سے جھوٹ نہیں بولیں گے۔ نہ ہی جھوٹی قسمیں کھائیں گے، نہ جھوٹے لَطیفے سُنیں سُنائیں گے، نہ ہی جھوٹے لطیفے اور جھوٹے خواب بیان کریں گے اور نہ ہی مذاق میں جھوٹ بولیں گے۔ بس ہمیشہ سچ بولیں گے کیونکہ سچائی جنّت کا راستہ ہے اور **اللّٰہ** عَزَّوَجَلَّ کی رضا و خوشنودی کا ذریعہ ہے۔

اے ہمارے پیارے **اللہ** عَزَّوَجَلَّ! ہمیں جھوٹ کے گناہ سے محفوظ و مامون فرما، ہمیں ہمیشہ سچ بولنے کی توفیق مرحمت فرما اور ہمیں زبان کی جملہ آفتوں سے بچنے کے لئے زبان کا قفلِ مدینہ لگانے کی توفیق عطا فرما۔

بولوں نہ فضول اور رہیں نیچی نگاہیں
آنکھوں کا زبان کا دے خدا قفلِ مدینہ

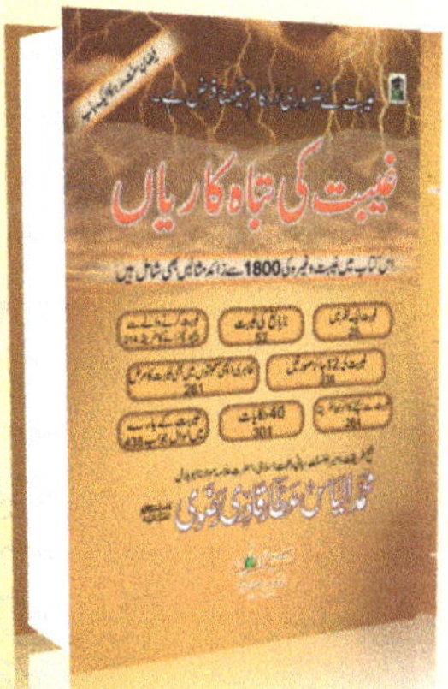

غیبت

غیبت کی تعریف اور اس کا شرعی حکم

سوال: غیبت سے کیا مراد ہے؟

جواب: غیبت ناجائز و حرام اور جہنم میں لے جانے والا کام ہے۔ اس کی مراد دَرْج ذیل تین اَقوال سے سمجھئے:

❁ ......ایک بار ہمارے پیارے پیارے اور میٹھے میٹھے آقا صَلَّی اللہُ تَعَالٰی عَلَیْہِ وَاٰلِہٖ وَسَلَّم نے صحابۂ کرام عَلَیْہِمُ الرِّضْوَان سے دریافت فرمایا: ''کیا تم جانتے ہو غیبت کیا ہے؟'' عرض کی گئی: **اللہ** عَزَّوَجَلَّ اور اس کا رسول صَلَّی اللہُ تَعَالٰی عَلَیْہِ وَاٰلِہٖ وَسَلَّم بہتر جانتے ہیں۔ فرمایا: (غیبت یہ ہے کہ) تم اپنے بھائی کا اس طرح ذکر کرو جسے وہ ناپسند کرتا ہے۔ عرض کی گئی: اگر وہ بات اس میں موجود ہو تو؟ فرمایا: ''جو بات تم کہہ رہے ہو اگر وہ اس میں موجود ہو تو تم نے اس کی غیبت کی اور اگر اس میں موجود نہ ہو تو تم نے اس پر بہتان باندھا۔''[1]

❁ ...... بہارِ شریعت میں ہے: غیبت کے یہ معنی ہیں کہ کسی شخص کے پوشیدہ عیب کو (جس کو وہ دوسروں کے سامنے ظاہر ہونا پسند نہ کرتا ہو) اس کی بُرائی کرنے کے طور پر ذکر کرنا۔[2]

❁ ......عُلَمائے کرام رَحِمَہُمُ اللہُ السَّلَام فرماتے ہیں: انسان کے کسی ایسے عیب کا ذِکر کرنا جو اس میں موجود ہو غیبت کہلاتا

---

[1] ...... مسلم، کتاب البر والصلة والآداب، باب تحریم الغیبة، ص ۱۳۹۷، حدیث: ۷۰-(۲۵۸۹)

[2] ...... بہارِ شریعت، زبان کو روکنا اور گالی گلوچ غیبت اور چغلی سے پرہیز کرنا، ۳/ ۵۳۲

ہے، اب وہ عیب چاہے اُس کے دین، دنیا، ذات، اَخلاق، مال، اولاد، بیوی، خادِم، غلام، عِمامہ، لباس، حَرَکات وسَکنات، مسکراہٹ، دیوانگی، تُرش رُوئی اور خوش روئی وغیرہ کسی بھی ایسی چیز میں ہو جو اس کے مُتَعَلِّق ہو۔

جسم میں غیبت کی مثالیں: اندھا، لنگڑا، گنجا، ٹھگنا، لمبا، کالا اور زرد وغیرہ کہنا۔

دین میں غیبت کی مثالیں: فاسِق، چور، خائن، ظالِم، نَماز میں سُستی کرنے والا اور والِدَین کا نافرمان وغیرہ کہنا۔

کہا جاتا ہے کہ غیبت میں کھجور کی سی مٹھاس اور شراب جیسی تیزی اور سُرور ہے۔ **اللہ** عَزَّوَجَلَّ اس آفت سے ہماری حفاظت فرمائے۔ [1]

مردہ بھائی کا گوشت کھانا

سوال: کیا کوئی اپنے مَرے ہوئے بھائی کا گوشت کھا سکتا ہے؟

جواب: جی نہیں! ایسا کوئی بھی نہیں جو اپنے مرے ہوئے بھائی کا گوشت کھانا پسند کرے۔ البتہ! بعض ناعاقبت اندیش (وہ لوگ جنہیں اپنی آخرت کی فکر نہیں) غیبت جیسے گھناؤنے گناہ میں مُبتلا ہو کر گویا کہ اپنے مردہ بھائی کا گوشت کھانے لگتے ہیں۔ چُنانچہ فرمانِ باری تعالیٰ ہے:

وَ لَا یَغْتَبْ بَّعْضُكُمْ بَعْضًاؕ اَیُحِبُّ اَحَدُكُمْ اَنْ یَّاْكُلَ لَحْمَ اَخِیْهِ مَیْتًا فَكَرِهْتُمُوْهُؕ (پ ۲۶، الحجرات: ۱۲)

ترجمۂ کنزالایمان: اور ایک دوسرے کی غیبت نہ کرو کیا تم میں کوئی پسند رکھے گا کہ اپنے مرے بھائی کا گوشت کھائے تو یہ تمہیں گوارا نہ ہوگا۔

غیبت کی تباہ کاریاں

غیبت کے بے شمار نقصانات میں سے چند دَرْج ذیل ہیں:

- ......غیبت اور چغلی ایمان کو اس طرح جھاڑ دیتی ہیں جس طرح چَرواہا درخت (سے پتّے) جھاڑتا ہے۔ [2]

[1] ......الزواجر عن اقتراف الکبائر، الکبیرۃ الثامنۃ والتاسعۃ والاربعون بعد المأتین ......الخ، ۲/ ۲۴، ۲۵ ملخصًا

[2] ......الترغیب والترھیب، کتاب الادب وغیرہ، باب الترھیب من الغیبۃ ......الخ، ۳/ ۳۳۲، حدیث: ۲۸

❁......غیبت کرنے والا جہنّم میں بندر کی شکل میں بدل جائے گا۔ (1)

❁......شبِ معراج سرکارِ مدینہ صَلَّی اللّٰہُ تَعَالٰی عَلَیْہِ وَاٰلِہٖ وَسَلَّم کا گزر ایک ایسی قوم کے پاس سے ہوا جو اپنے چہروں اور سِینوں کو تانبے کے ناخُنوں سے نوچ رہے تھے۔ پوچھنے پر معلوم ہوا کہ یہ لوگوں کا گوشت کھاتے (یعنی غیبت کرتے) تھے۔ (2)

منہ سے گوشت نکلا

سوال کیا کوئی ایسا واقعہ مَروی ہے جس سے ثابت ہو کہ غیبت کرنے والے نے واقعی مُردہ بھائی کا گوشت کھایا ہو؟

جواب جی ہاں! حضرتِ سَیِّدُنا اَنَس رَضِیَ اللّٰہُ تَعَالٰی عَنْہ سے مروی ہے کہ سلطانِ دو جہان صَلَّی اللّٰہُ تَعَالٰی عَلَیْہِ وَاٰلِہٖ وَسَلَّم نے صَحابہ کرام عَلَیْہِمُ الرِّضْوَان کو ایک دِن روزہ رکھنے کا حُکْم دیا اور ارشاد فرمایا: جب تک میں اِجازت نہ دوں، تم میں سے کوئی بھی اِفطار نہ کرے۔ لوگوں نے روزہ رکھا۔ جب شام ہوئی تو تمام صَحابۂ کِرام عَلَیْہِمُ الرِّضْوَان ایک ایک کر کے حاضِرِ خدمتِ بابَرَکت ہو کر عَرض کرتے رہے: **یَارَسُولَ اللّٰہ** صَلَّی اللّٰہُ تَعَالٰی عَلَیْہِ وَاٰلِہٖ وَسَلَّم! میں روزے سے رہا، اب مجھے اِجازت دیجئے تاکہ میں روزہ کھول دُوں۔ آپ صَلَّی اللّٰہُ تَعَالٰی عَلَیْہِ وَاٰلِہٖ وَسَلَّم اُسے اِجازت مَرحمت فرما دیتے۔ ایک صَحابی نے حاضِر ہو کر عَرض کی: آقا صَلَّی اللّٰہُ تَعَالٰی عَلَیْہِ وَاٰلِہٖ وَسَلَّم! دو عورتوں نے روزہ رکھا اور وہ آپ صَلَّی اللّٰہُ تَعَالٰی عَلَیْہِ وَاٰلِہٖ وَسَلَّم کی خدمتِ بابَرَکت میں آنے سے حیا محسوس کرتی ہیں، اُنہیں اجازت دیجئے تاکہ وہ بھی روزہ کھول لیں۔ **اللّٰہ** کے مَحبوب صَلَّی اللّٰہُ تَعَالٰی عَلَیْہِ وَاٰلِہٖ وَسَلَّم نے اُن سے رُخِ انور پھیر لیا، اُنہوں نے پھر عَرض کی، آپ صَلَّی اللّٰہُ تَعَالٰی عَلَیْہِ وَاٰلِہٖ وَسَلَّم نے پھر چہرۂ انور پَھیر لیا۔ اُنہوں نے پھر یہی بات دُہرائی آپ صَلَّی اللّٰہُ تَعَالٰی عَلَیْہِ وَاٰلِہٖ وَسَلَّم نے پھر چہرۂ انور پَھیر لیا وہ پھر یہی بات دُہرانے لگے آپ صَلَّی اللّٰہُ تَعَالٰی عَلَیْہِ وَاٰلِہٖ وَسَلَّم نے پھر رُخِ انور پھیر لیا، پھر غیب دان

---

(1) ......تنبیہ المغترین، ومنہا سر باب الغیبۃ......الخ، ص ۱۹۴

(2) ......ابوداود، کتاب الادب، باب فی الغیبۃ، ۴/۳۵۳، حدیث: ۴۸۷۸ ملخصًا

رسول صَلَّی اللّٰہُ تَعَالٰی عَلَیْہِ وَاٰلِہٖ وَسَلَّم نے (غیب کی خبر دیتے ہوئے) ارشاد فرمایا: اُن دونوں نے روزہ نہیں رکھا وہ کیسی روزہ دار ہیں وہ تو سارا دن لوگوں کا گوشت کھاتی رہیں! جاؤ، ان دونوں کو حُکم دو کہ وہ اگر روزہ دار ہیں تو قے کردیں۔ وہ صَحابی اُن کے پاس تشریف لائے اور انہیں فرمانِ شاہی سُنایا۔ اِن دونوں نے قے کی تو قے سے جما ہوا خُون نِکلا۔ اُن صَحابی نے آپ صَلَّی اللّٰہُ تَعَالٰی عَلَیْہِ وَاٰلِہٖ وَسَلَّم کی خِدمتِ بابَرَکت میں واپَس حاضِر ہوکر صُورتِ حال عَرض کی۔ مَدَنی آقا صَلَّی اللّٰہُ تَعَالٰی عَلَیْہِ وَاٰلِہٖ وَسَلَّم نے ارشاد فرمایا: اُس ذات کی قَسم! جس کے قبضۂ قُدرت میں میری جان ہے! اگر یہ اُن کے پیٹوں میں باقی رہتا تو اُن دونوں کو آگ کھاتی۔ (کیوں کہ انہوں نے غیبت کی تھی)[1]

ایک رِوایَت میں ہے کہ جب سرکارِ مدینہ صَلَّی اللّٰہُ تَعَالٰی عَلَیْہِ وَاٰلِہٖ وَسَلَّم نے ان صَحابی سے مُنہ پھیرا تو وہ سامنے آئے اور عَرض کی: **یارسولَ اللہ** صَلَّی اللّٰہُ تَعَالٰی عَلَیْہِ وَاٰلِہٖ وَسَلَّم! وہ دونوں پیاس کی شدت سے مَرنے کے قریب ہیں۔ سرکارِ مدینہ صَلَّی اللّٰہُ تَعَالٰی عَلَیْہِ وَاٰلِہٖ وَسَلَّم نے حُکم فرمایا: اُن دونوں کو میرے پاس لاؤ۔ وہ دونوں حاضِر ہوئیں۔ سرکارِ عالی وقار صَلَّی اللّٰہُ تَعَالٰی عَلَیْہِ وَاٰلِہٖ وَسَلَّم نے ایک پِیالہ منگوایا اور اُن میں سے ایک کو حُکم فرمایا: اِس میں قے کرو! اُس نے خون، پِیپ اور گوشت کی قے کی، حتّٰی کہ آدھا پیالہ بھر گیا۔ پھر آپ صَلَّی اللّٰہُ تَعَالٰی عَلَیْہِ وَاٰلِہٖ وَسَلَّم نے دُوسری کو حُکم دیا کہ تم بھی اِس میں قے کرو! اُس نے بھی اِسی طرح کی قے کی، یہاں تک کہ پیالہ بھر گیا **اللہ** کے پیارے رسول صَلَّی اللّٰہُ تَعَالٰی عَلَیْہِ وَاٰلِہٖ وَسَلَّم نے ارشاد فرمایا: اِن دونوں نے **اللہ** کی حَلال کردہ چیزوں (یعنی کھانے، پینے وغیرہ) سے تو روزہ رکھا مگر جن چیزوں کو **اللہ** عَزَّوَجَلَّ نے (عِلاوہ روزے کے بھی) حرام رکھا ہے ان (حرام چیزوں) سے روزہ اِفطار کر ڈالا! ہُوا یُوں کہ ایک دُوسری کے پاس بیٹھ گئی اور دونوں مِل کر لوگوں کا گوشت کھانے (یعنی غیبت کرنے) لگیں۔[2]

[1] ……ذم الغیبۃ لابن ابی الدنیا، ص ۷۲، حدیث: ۳۱

[2] ……مسند احمد، ۹/۱۶۵، حدیث: ۲۳۷۱۴

چُغلی

لوگوں میں فساد ڈالنے کیلئے ایک کی بات دوسرے کو بتانا چغلی ہے۔ چغلی کرنا حرام ہے۔[1] چُنانچہ چُغل خوری کی مذمّت بیان کرتے ہوئے رب تعالیٰ ارشاد فرماتا ہے:

وَ لَا تُطِعْ كُلَّ حَلَّافٍ مَّهِيْنٍۙ(۱۰) هَمَّازٍ مَّشَّآءٍۭ بِنَمِيْمٍۙ(۱۱) (پ ۲۹، القلم: ۱۰، ۱۱)

ترجَمۂ کنزالایمان: اور ہر ایسے کی بات نہ سُننا جو بڑا قسمیں کھانے والا ذلیل بہت طعنے دینے والا بہت اِدھر کی اُدھر لگاتا پھرنے والا۔

چغلی کے متعلّق پانچ فرامینِ مصطفےٰ

﴿1﴾ ......چغل خور اور دوستوں میں جُدائی ڈالنے والے اللہ عَزَّوَجَلَّ کے نزدیک سب سے بدترین لوگ ہیں۔[2]

﴿2﴾ ......میرے نزدیک سب سے ناپسندیدہ لوگ چغل خور ہیں جو دوستوں کے درمیان جدائی ڈالتے اور پاکدامن لوگوں میں عیب ڈھونڈتے ہیں۔[3]

﴿3﴾ ......لَا يَدْخُلُ الْجَنَّةَ قَتَّاتٌ ۔یعنی چغل خور جنّت میں نہیں جائے گا۔[4]

﴿4﴾ ......غیبت کرنے والوں، چغل خوروں اور پاکباز لوگوں پر عیب لگانے والوں کا حَشر کُتّوں کی صورت میں ہوگا۔[5]

﴿5﴾ ......جو لوگوں میں چغل خوری کرتا ہے اللہ عَزَّوَجَلَّ اس کے لیے آگ کے جوتے بنائے گا جن سے اس کا دماغ کھولتا رہے گا۔[6]

---

[1] ......حدیقہ ندیہ، ۲/ ۲۲۷

[2] ......مسند احمد، ۶/ ۲۹۱، حدیث: ۱۸۰۲۰

[3] ......مجمع الزوائد، کتاب الادب، باب ماجاء فی حسن الخلق، ۸/ ۴۷، حدیث: ۱۲۶۶۸

[4] ......بخاری، کتاب الادب، باب مایکرہ من النمیمۃ، ۴/ ۱۱۵، حدیث: ۶۰۵۶

[5] ......الترغیب والترھیب، کتاب الادب وغیرہ، باب الترھیب من النمیمۃ، ۳/ ۳۲۵، حدیث: ۱۰

[6] ......تنزیہ الشریعۃ، کتاب الادب والزھد، الفصل الثالث، ۲/ ۳۱۳، حدیث: ۱۰۱

حسد

حسد کی تعریف

یہ تمنا کرنا کہ کسی کی نعمت اس سے زائل ہو کر مجھے مل جائے حسد کہلاتا ہے۔[1] یعنی کسی کے پاس کوئی نعمت دیکھ کر تمنّا کرنا کہ کاش! اِس سے یہ نعمت چھن کر مجھے حاصِل ہو جائے حسد ہے۔ مَثلاً کسی کی شہرت یا عزّت سے نفرت کا جذبہ رکھتے ہوئے خواہش کرنا کہ یہ کسی طرح ذلیل ہو جائے اور اس کی جگہ مجھے عزّت کا مَقام حاصِل ہو جائے، نیز کسی مالدار سے جل کر یہ تمنّا کرنا کہ اِس کا کسی طرح نقصان ہو جائے اور یہ غریب ہو جائے اور میں اس کی جگہ پر دولت مند بن جاؤں۔ اس طرح کی تمنا کرنا حَسد ہے۔

حسد کا شرعی حکم

حسد کرنا بِالْاِتفاق حرام ہے۔[2] لیکن اگر یہ تمنا ہے کہ وہ خوبی مجھے بھی مل جائے اور اسے بھی حاصل رہے رشک کہلاتا ہے اور یہ جائز ہے۔

حسد کے متعلق فرامینِ باری تعالٰی

جب اللہ عَزَّوَجَلَّ نے اپنے محبوب صَلَّی اللہُ تَعَالٰی عَلَیْہِ وَاٰلِہٖ وَسَلَّم کی نُبُوّت کے وسیلہ سے اہلِ ایمان کو نُصرت و غَلَبہ و عزت وغیرہ نعمتوں سے سرفراز فرمایا تو یہودی ان سے حسد کرنے لگے۔ چُنانچہ اللہ عَزَّوَجَلَّ نے پارہ 5 سورۃُ النّساء کی آیت نمبر 54 میں یہودیوں کے متعلّق ارشاد فرمایا:

اَمْ یَحْسُدُوْنَ النَّاسَ عَلٰی مَاۤ اٰتٰىهُمُ اللّٰهُ مِنْ فَضْلِهٖ ۚ (پ۵، النسآء: ۵۴)

ترجمۂ کنزالایمان: یا لوگوں سے حسد کرتے ہیں اس پر جو اللہ نے انہیں اپنے فَضْل سے دیا۔

---

[1] ...... بہارِ شریعت، بغض و حسد کا بیان، ۱/ ۵۴۲ ماخوذاً

[2] ...... المرجع السابق

پارہ 30 سورۃُ الفَلق کی آیت نمبر 5 میں ہے:

وَ مِنْ شَرِّ حَاسِدٍ اِذَا حَسَدَ ﴿۵﴾ ترجَمۂ کنزالایمان: اور حسد والے کے شر سے جب وہ مجھ سے جلے۔ (پ۳۰، الفلق:۵)

حسد کے متعلق فرامینِ مصطفٰے

﴿1﴾......حسد ایمان کو اس طرح خراب کر دیتا ہے جس طرح ایلوا (یعنی ایک کڑوے درخت کا جما ہوا رَس) شہد کو خراب کر دیتا ہے۔[1]

﴿2﴾......حسد سے بچتے رہو کیونکہ حسد نیکیوں کو اس طرح کھا جاتا ہے جس طرح آگ لکڑیوں کو کھا جاتی ہے۔[2]

﴿3﴾......حسد کرنے والے، چغلی کھانے والے اور کاہِن کے پاس جانے والے کا مجھ سے کوئی تعلّق نہیں اور نہ ہی میرا ان سے کوئی تعلق ہے۔[3]

﴿4﴾......لوگ جب تک آپس میں حسد نہ کریں گے ہمیشہ بھلائی پر رہیں گے۔[4]

﴿5﴾......ابلیس (اپنے چیلوں سے) کہتا ہے: انسانوں سے ظُلم اور حسد کے اَعمال کراؤ کیونکہ یہ دونوں عمل اللہ عَزَّوَجَلَّ کے نزدیک شرک کے برابر ہیں۔[5]

﴿6﴾......اللہ عَزَّوَجَلَّ کی نعمتوں کے بھی دشمن ہوتے ہیں۔ عرض کی گئی: وہ کون ہیں؟ ارشاد فرمایا: وہ جو لوگوں سے اس لئے حسد کرتے ہیں کہ اللہ عَزَّوَجَلَّ نے اپنے فَضْل و کرم سے اُن کو نعمتیں عطا فرمائی ہیں۔[6]

---

[1]......کنزالعمال، کتاب الاخلاق، الجزء الثالث، ۲/۱۸۶، حدیث:۷۴۳۷

[2]......ابوداود، کتاب الادب، باب فی حسد، ۴/۳۶۰، حدیث:۴۹۰۳

[3]......مجمع الزوائد، کتاب الادب، باب ماجاء فی الغیبة والنمیمة، ۸/۱۷۲، حدیث:۱۳۱۲۶

[4]......المعجم الکبیر، ۸/۳۰۹، حدیث:۸۱۵۷

[5]......جامع الاحادیث، ۳/۲۰، حدیث:۷۲۶۹

[6]......شعب الایمان، باب فی الحث علی ترک الغل والحسد، الحدیث تحت الباب، ۵/۲۶۳

حسد برے خاتمے کا باعث ہے

حضرتِ سیِّدُنا فُضَیل بن عِیاض رَحْمَۃُ اللہِ تَعَالٰی عَلَیْہ اپنے ایک شاگرد کی نَزْع کے وَقت تشریف لائے اور اُس کے پاس بیٹھ کر سورہ یٰس شریف پڑھنے لگے۔تو اُس شاگرد نے کہا: سورہ یٰس پڑھنا بند کردو۔ پھر آپ رَحْمَۃُ اللہِ تَعَالٰی عَلَیْہ نے اسے کَلِمہ شریف کی تلقین فرمائی۔ وہ بولا: میں ہرگز یہ کلمہ نہیں پڑھوں گا میں اِس سے بیزار ہوں۔ بس انہیں الفاظ پر اس کی موت واقِع ہوگئی۔ حضرتِ سیِّدُنا فُضَیل رَحْمَۃُ اللہِ تَعَالٰی عَلَیْہ کو اپنے شاگرد کے بُرے خاتمے کا سخت صدمہ ہوا۔ چالیس روز تک اپنے گھر میں بیٹھے روتے رہے۔ چالیس دن کے بعد آپ رَحْمَۃُ اللہِ تَعَالٰی عَلَیْہ نے خواب میں دیکھا کہ فِرِشتے اُس شاگرد کو جہنَّم میں گھسیٹ رہے ہیں۔آپ رَحْمَۃُ اللہِ تَعَالٰی عَلَیْہ نے اُس سے اِستِفسار فرمایا: کس سبب سے اللہ عَزَّوَجَلَّ نے تیری مَعرِفت سَلْب فرمالی؟ میرے شاگردوں میں تیرا مَقام توبہُت اونچا تھا! اُس نے جواب دیا: تین عُیُوب کے سبب سے: (۱) چُغلی کہ میں اپنے ساتھیوں کو کچھ بتاتا تھا اور آپ رَحْمَۃُ اللہِ تَعَالٰی عَلَیْہ کو کچھ اور (۲) حَسَد کہ میں اپنے ساتھیوں سے حَسَد کرتا تھا (۳) شراب نوشی کہ ایک بیماری سے شِفا پانے کی غَرَض سے طَبِیب کے مشورہ پر ہر سال شراب کا ایک گلاس پیتا تھا۔[1]

سورۂ کَہْف کی فضیلت

شیخِ طریقت، امیرِ اہلسنت دَامَتْ بَرَکَاتُہُمُ الْعَالِیَہ مَدَنی پنج سورہ میں سورۂ کہف کی فضیلت میں نَقْل فرماتے ہیں: (1) جو سورۂ کہف کی اوّل اور آخر سے تلاوت کرے گا اس کے سرتا پا نور ہی نور ہوگا اور جو اس کی مکمل تلاوت کرے گا، اس کے لیے آسمان اور زمین کے درمیان نُور ہوگا۔ (مسند احمد، حدیث معاذ بن انس، ۵/۳۱۱، حدیث: ۱۵۶۲۶) (2) جو جُمُعَہ کے دن سورۂ کہف پڑھے اس کے لئے دو جمعوں کے درمیان ایک نُور روشن کردیا جاتا ہے۔ایک رِوایت میں ہے: جو شبِ جمعہ کو پڑھے اس کے اور بیتُ الْعَتِیق (یعنی کعبۃ اللہ شریف) کے درمیان ایک نُور روشن کردیا جاتا ہے۔ (شعب الایمان، ۲/۴۷۴، حدیث: ۲۴۴۴) (3) جو سورۂ کہف کی پہلی دس آیتیں یاد کرے گا دَجّال سے محفوظ رہے گا اور ایک روایت میں ہے: جو سورۂ کہف کی آخری دس آیتیں یاد کرے گا دَجّال سے محفوظ رہے گا۔ (مسلم، ص ۴۰۴، حدیث: ۸۰۹)

[1] ...... مِنہاجُ العابِدین، ص ۱۶۵

بُغض و کینہ

جب انسان کو غصہ آئے اور وہ اسے نافِذ کرنے پر قدرت نہ پانے کی وجہ سے پی لے تو وہ غصہ دل میں بیٹھ کر بغض یعنی نفرت اور کینہ کی شکل اختیار کر لیتا ہے۔ پھر اس بغض و کینہ کے نتائج یہ مُرتَّب ہوتے ہیں کہ بندہ اپنے مَغْضُوب (یعنی جس پر غصہ آیا اس) سے حسد کرنے لگتا ہے یعنی اس سے نعمت کے زَوال کی تمنّا کر کے اس نعمت سے خود نَفْع اُٹھانا چاہتا ہے یا اس کی پریشانی پر خوشی کا اظہار کرتا ہے۔ اس سے اپنا تعلّق خَتْم کر لیتا ہے۔ اگر وہ اِس کے پاس کسی ضَرورت کے تَحْت آ جائے تو اِس کی زبان اس کے بارے میں حرام کی مُرتَکِب ہوتی ہے اور وہ اُس کا مذاق اڑاتا، مَسخری کرتا اور دل آزاری کا باعث بنتا ہے۔ یہ تمام کام سخت گناہ اور حرام ہیں۔

بچوں کو چونکہ دلی خیالات کے اچھے یا بُرے ہونے کا علم نہیں ہوتا اس لئے دل میں جو آتا ہے کرتے چلے جاتے ہیں اور دوسرے پر اپنے دلی جذبات کا اظہار بھی کر دیتے ہیں۔ بہت کم ایسا ہوتا ہے کہ ان کے دل میں کسی کا بغض یعنی کسی کی نفرت پائی جائے۔ مگر بغض و کینہ چونکہ اچھی چیز نہیں اس لئے بچوں کو اس سے متعلّق بھی معلومات ہونا ضَروری ہیں۔ چُنانچِہ مَحْبوبِ رَبُّ الْعِزّت صَلَّی اللہُ تَعَالٰی عَلَیْہِ وَاٰلِہٖ وَسَلَّم کا فرمانِ عالیشان ہے: مؤمن کینہ پرور نہیں ہوتا۔[1]

حضرت سیدنا ابو ہُرَیْرہ رَضِیَ اللہُ تَعَالٰی عَنْہ سے مَروی ہے کہ سرکارِ مدینہ صَلَّی اللہُ تَعَالٰی عَلَیْہِ وَاٰلِہٖ وَسَلَّم نے ارشاد فرمایا: بندوں کے اَعمال ہر ہفتہ میں دو مرتبہ (بارگاہِ خداوندی میں) پیش کئے جاتے ہیں، پیر اور جمعرات کو۔ پس ہر بندے کی مَغفِرت ہو جاتی ہے سوائے اس کے جو اپنے کسی مسلمان بھائی سے بغض و کینہ رکھتا ہے، اس کے متعلق حُکم دیا جاتا ہے کہ ان دونوں کو چھوڑے رہو (یعنی فرشتے ان کے گناہوں کو نہ مٹائیں) یہاں تک کہ وہ آپس کی عَداوَت سے باز آ جائیں۔[2]

---

[1] ...... کشف الخفاء، ۲/۲۶۲، حدیث: ۲۶۸۴

[2] ...... مسلم، کتاب البر والصلة والآداب، باب النهی عن الشحناء والتهاجر، ص ۱۳۸۷، حدیث: ۳۶-(۲۵۶۵)

چھٹا باب ایک نظر میں

"تبلیغ قرآن وسنت کی عالمگیر غیر سیاسی تحریک دعوتِ اسلامی" کے 45 حُروف کی نسبت سے کیا آپ نے چھٹے باب میں بیان کردہ دَرج ذیل 45 سُوالات کے جوابات جان لئے ہیں؟

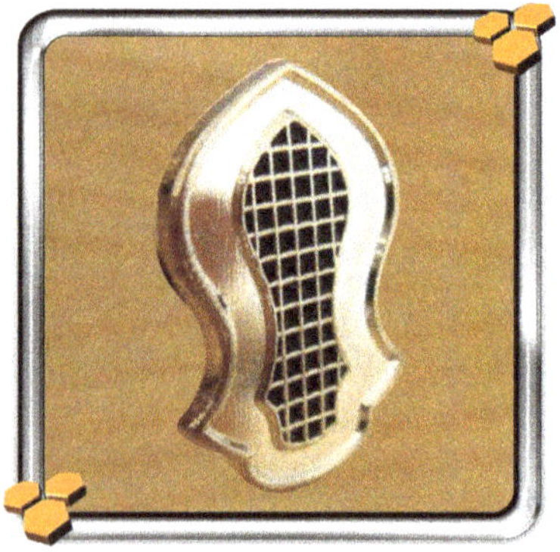

1 احترامِ مسلم کا جذبہ پیدا کرنے کے لیے ہمیں کیا کرنا چاہیے؟

2 والدین کا احترام کرنے کے بجائے انہیں ستانا کیسا ہے؟

3 کیا ہم پر بڑے بھائی کا احترام کرنا ضروری ہے؟

4 رشتے داروں کے ساتھ ہمیں کیسا برتاؤ کرنا چاہیے؟

5 پڑوسیوں کے ساتھ ہمیں کیسا برتاؤ کرنا چاہیے؟

6 دوستوں اور ہم سفروں کے ساتھ ہمیں کیسا برتاؤ کرنا چاہیے؟

7 بطورِ مسلمان کیا ہمیں دوسروں کے دُکھ دَرد کو ان کی مدد کرنی چاہیے؟

8 بطورِ مسلمان کیا ہمیں دوسروں کی دِل آزاری کرنی چاہیے؟

9 کیا دوسروں کی دِل آزاری جہنم میں لے جانے کا باعث بن سکتی ہے؟

10 کیا دوسروں کو تکلیف سے بچانا ہمیں جنت کا حق دار بنا سکتا ہے؟

11 ریا سے کیا مراد ہے؟

12 کیا ریاکاری کا شُمار جہنّم میں لے جانے والے اَعمال میں ہوتا ہے؟

13 ریاکاری و ریاکار کے متعلّق کم از کم دو فرامینِ باری تعالیٰ مع ترجَمۂ کنزُ الایمان سُنائیے۔

14 ریاکاری و ریاکار کے متعلق کم از کم دو فرامینِ مصطفٰے بیان کیجیے۔

15 ریا کے متعلّق وہ حدیثِ پاک مکمل سُنائیے جس میں بروزِ قیامت ایک شہید، قاری اور مال دار شخص کو ریا کاری میں مُبتلا ہونے کی وجہ سے جہنّم میں پھینکنے کا حُکم ہوگا؟ نیز اس حدیثِ پاک سے ہمیں کیا سبق حاصل ہوتا ہے وہ بھی بتائیے۔

16 ریا کاری سے بچنے کے لیے کیا کرنا چاہئے؟

17 قرآنِ پاک میں مذکور مُخلِص مؤمن کی مثال مع ترجَمۂ کنزُ الایمان وتفسیر خزائنُ العرفان بیان کیجئے۔

18 اخلاص کی فضیلت کے متعلق کم از کم تین فرامینِ مصطفٰے سنائیے۔

19 جھوٹ سے کیا مراد ہے؟

20 سب سے پہلے جھوٹ کس نے بولا؟

21 کیا جھوٹ بولنے کی طرح جھوٹ لکھنا بھی گناہ ہے؟

22 اپریل فول منانا کیسا ہے؟

23 بعض بچے بات بات پر قسمیں کھاتے ہیں، اس بارے میں کیا حکم ہے؟

24 جھوٹی قسم کھانا کیسا ہے؟

25 لوگوں کو ہنسانے کے لئے جھوٹے لطیفے سُنانا کیسا ہے؟

26 بعض بچے لطیفے اور جھوٹی کہانی والی کتابیں پڑھتے ہیں اس کے بارے میں کیا حکم ہے؟

27 کیا مذاق میں جھوٹ بول سکتے ہیں؟

28 بعض والدین بچوں کو ڈرانے کے لئے جھوٹی باتیں کرتے ہیں کہ فلاں چیز آرہی ہے یا بہلانے کے لئے کہتے ہیں کہ ادھر آؤ ہم تمہیں چیز دیں گے مگر حقیقت میں ایسا نہیں ہوتا اس کا کیا حکم ہے؟

29 بعض بچے مَن گھڑت خواب سناتے ہیں ان کے بارے میں کیا حکم ہے؟

30 کیا یہ بات درست ہے کہ جھوٹ بولنے والے کے منہ سے بدبو نکلتی ہے؟

31 کیا جھوٹ بولنے کا اثر دل پر بھی ہوتا ہے؟

32 جھوٹ بولنے والے کو آخرت میں کیا سزا ملے گی؟

33 بچوں کے جھوٹ بولنے کی چند ایک مثالیں بیان کیجئے۔

34 جھوٹ بولنے کے چند نقصان بیان کیجیے؟

35 غیبت سے کیا مراد ہے؟

36 کیا کوئی اپنے مرے ہوئے بھائی کا گوشت کھا سکتا ہے؟

37 غیبت کے چند نقصان بیان کیجئے۔

38 کیا کوئی ایسا واقعہ مَروی ہے جس سے ثابت ہو کہ غیبت کرنے والے نے واقعی مردہ بھائی کا گوشت کھایا ہو؟

39 چغلی سے کیا مراد ہے؟ اس کا شَرعی حُکم بیان کیجئے۔

40 چغلی کی مَذمّت کے متعلق تین فرامینِ مصطفےٰ بیان کیجئے۔

41 حسد کسے کہتے ہیں؟

42 حسد کا شرعی حکم بیان کیجئے۔

43 حسد کی مذمت قرآن وحدیث (کم از کم ایک آیت اور تین احادیث) کی روشنی میں بیان کیجئے۔

44 کیا یہ درست ہے کہ حسد بُرے خاتمے کا باعث بن سکتا ہے؟

45 بُغض و کینہ سے کیا مراد ہے؟

آیتُ الکرسی کی فضیلت

امیرالمؤمنین حضرت سیِّدُنا علیُّ الْمُرتضٰی کَرَّمَ اللہُ تَعَالٰی وَجْهَهُ الْکَرِیْم فرماتے ہیں کہ میں نے نور کے پیکر، تمام نبیوں کے سَرْوَر، دو جہاں کے تاجْوَر، سلطانِ بَحر و بَر صَلَّی اللہُ تَعَالٰی عَلَیْهِ وَاٰلِهٖ وَسَلَّم کو منبر پر فرماتے ہوئے سُنا: جو شخص ہر نماز کے بعد آیَۃُ الکرسی پڑھے اسے جنّت میں داخل ہونے سے موت کے سوا کوئی چیز نہیں روکتی اور جو کوئی رات کو سوتے وقت اسے پڑھے گا **اللہ** عَزَّوَجَلَّ اسے، اس کے گھر کو اور آس پاس کے گھروں کو محفوظ فرما دے گا۔

(شُعَبُ الْاِیْمان، ۲/۴۵۸، حدیث ۲۳۹۵)

باب: 7

دعوتِ اسلامی

اس باب میں آپ پڑھیں گے

نیکی کی دعوت، دعوتِ اسلامی کی مَدَنی بہاریں، فیضانِ سنّت سے درس دینے کا طریقہ،

بلحاظِ موضوعاتی ترتیب 40 مدنی اِنعامات اور دعوتِ اسلامی کی اِصْطِلاحات

نیکی کی دعوت

فرمانِ باری تعالیٰ ہے:

کُنۡتُمۡ خَیۡرَ اُمَّۃٍ اُخۡرِجَتۡ لِلنَّاسِ تَاۡمُرُوۡنَ بِالۡمَعۡرُوۡفِ وَ تَنۡہَوۡنَ عَنِ الۡمُنۡکَرِ وَ تُؤۡمِنُوۡنَ بِاللّٰہِ ؕ (پ ۴، ال عمرٰن: ۱۱۰)

ترجمۂ کنزالایمان: تم بہتر ہو ان سب اُمّتوں میں جو لوگوں میں ظاہر ہوئیں بھلائی کا حکم دیتے ہو اور بُرائی سے منع کرتے ہو اور اللہ پر ایمان رکھتے ہو۔

پیارے مدنی منّو! دیکھا آپ نے کہ **اللہ** عَزَّوَجَلَّ نے ہمیں سابقہ تمام امتوں میں بہتر امّت ارشاد فرمایا ہے مگر یاد رکھیں ہمیں بہتر امّت اس لئے نہیں کہا کہ اس امت میں بڑے بڑے اِنجینئر، ڈاکٹرز، دَانشور اور دولت مند ہوں گے۔ نہیں نہیں بلکہ ہم کو تو بہتر امّت اس لئے ارشاد فرمایا ہے کہ یہ امت آپس میں نیکی کی دعوت دیتی ہے یعنی اچھی بات کا حکم کرتی اور بُری بات سے منع کرتی ہے۔

اللہ عَزَّوَجَلَّ ہر دور میں ایک ایسا بندہ پیدا فرماتا ہے جو **اللہ** عَزَّوَجَلَّ کی عطا سے نیکی کی دعوت کی دھوم مچاتا ہے، انہیں نیک بندوں میں ایک نام شیخِ طریقت، امیرِ اہلسنّت بانیٔ دعوتِ اسلامی حضرت علامہ مولانا ابو بلال محمد الیاس عطّار قادری رضوی دَامَتْ بَرَکَاتُہُمُ الْعَالِیَہ کا بھی ہے۔ آپ نے ذُوالْقَعْدَۃُ الحرام ۱۴۰۱ھ بمطابق ستمبر 1981ء میں نیکی کی دعوت کی دھوم مچانے کے عظیم مقصد کے تحت غیر سیاسی تحریک ''دعوتِ اسلامی'' کی بنیاد رکھی اور دیکھتے ہی دیکھتے نیکی کی دعوت کی یہ عظیم تحریک دنیا کے 172 سے زائد ممالک میں پھیل چکی ہے۔

اس مَدَنی تحریک نے ہر خاص و عام کے سینے میں یہ عظیم جذبہ بیدار کر دیا ہے کہ **مجھے اپنی اور ساری دنیا کے لوگوں کی اصلاح کی کوشش کرنی ہے**۔ **اِنْ شَآءَ اللہ** عَزَّوَجَلَّ چُنانچِہ اس مقصد کی تکمیل اور نیکی کی دعوت عام کرنے کے لئے دعوتِ اسلامی کے تحت بے شُمار مدنی قافلے راہِ خدا میں گھر گھر، شہر بہ شہر، گاؤں بہ گاؤں، ملک بہ ملک سفر کر کے بے نمازیوں کو نماز کی، غافِلوں کو بیداری کی، جاہلوں کو علم و مَعْرِفَت کی، فاسِقوں کو تقویٰ کی، بُروں کو بھلائی کی اور غیر مسلموں کو اسلام کی دعوت دینے میں مصروفِ عمل ہیں۔

سُبْحٰنَ اللہ عَزَّوَجَلَّ! وہ لوگ کس قدر خوش نصیب ہیں جو اپنے مسلمان بھائیوں کو نیکی کی دعوت دیتے ہیں۔ ان خوش نصیبوں کے لئے **اللہ** عَزَّوَجَلَّ قرآن مجید میں ارشاد فرماتا ہے:

وَ مَنْ اَحْسَنُ قَوْلًا مِّمَّنْ دَعَاۤ اِلَى اللّٰهِ وَ عَمِلَ صَالِحًا وَّ قَالَ اِنَّنِیْ مِنَ الْمُسْلِمِیْنَ ﴿۳۳﴾

ترجمۂ کنزالایمان: اور اس سے زیادہ کس کی بات اچھی جو **اللہ** کی طرف بُلائے اور نیکی کرے اور کہے میں مسلمان ہوں۔ (پ ۲۴، حم السجدۃ: ۳۳)

جب کوئی مسلمان نیکی کی دعوت دیتا ہے تو **اللہ** عَزَّوَجَلَّ کی رحمت جوش میں آجاتی ہے۔ چُنانچِہ امام غَزَالی عَلَیْہِ رَحمَۃُ اللہِ الْوَالِی فرماتے ہیں کہ حضرت سیِّدُنا موسیٰ عَلَیْہِ السَّلَام نے عرض کی: اے **اللہ** عَزَّوَجَلَّ! جو اپنے بھائی کو بلائے اسے نیکی کا حُکم کرے اور بُرائی سے مَنْع کرے اس کی جزا کیا ہے؟ فرمایا: میں اس کی ہر بات کے بدلے ایک سال کی عبادت کا ثواب لکھتا ہوں اور اسے جہنّم کی سزا دیتے ہوئے مجھے حیا آتی ہے۔[1]

نیکی کی دعوت عام کرنے کے اس سچّے جذبے کے تحت امیرِ اہلسنّت نے اپنے مریدین، مُحِبّین، مُتَعَلِّقِین اور اپنی پیاری تحریک دعوتِ اسلامی کو ایک مدنی مقصد عطا فرمایا ہے:

مجھے اپنی اور ساری دنیا کے لوگوں کی اصلاح کی کوشش کرنی ہے۔ **اِنْ شَآءَ اللہ** عَزَّوَجَلَّ

آیئے ہم سب دعوتِ اسلامی کے ساتھ مل کر ساری دنیا میں نیکی کی دعوت پہنچانے کا عَزْم کریں۔

---

[1] ......مکاشفۃ القلوب، الباب الخامس عشر فی الامر بالمعروف......الخ، ص ۴۸

دعوتِ اسلامی کی مدنی بہاریں

(1) دعائے مدینہ کی برکت

مرکزُ الاولیاء (لاہور، پاکستان) کے مقیم ایک اسلامی بھائی اپنی توبہ کا تذکرہ کرتے ہیں کہ میں دعوتِ اسلامی کے مُشکبار مدنی ماحول سے وابستہ ہونے سے قبل بہت بگڑا ہوا انسان تھا۔ لڑائی جھگڑا مول لینا، دوسروں کو بلاوجہ تنگ کرنا میرا پسندیدہ کام تھا۔ میری بُری عادتوں کی وجہ سے میرے گھر والے اور اہلِ مَحلّہ سب ہی پریشان تھے مگر مجھے کسی کی کوئی پَروا نہ تھی یہاں تک کہ والدین کی بات بھی نہ سُنتا تھا۔ آج کے اس پُرفتن دَور کے آوارہ لڑکوں کی طرح قبر و آخرت سے غافل ہو کر بس اپنی موج مَستی میں مگن انمول زندگی کو بے مقصد ضائع کر رہا تھا کہ ایک دن مسجد کے پاس سے گزرتے ہوئے پیاس کی شدت مجھے مسجد میں لے گئی۔ میرا مسجد میں جانا میری زندگی میں ایک عظیم اِنقلاب بَرپا کر گیا، میری پیاس کی شدت تو خَتم ہو گئی مگر میں رحمتِ خداوندی کی چھما چھم برسات میں بھیگ کر ہمیشہ کے لیے کرمِ خداوندی کا پیاسا ہو گیا، ہوا کچھ یوں کہ پانی پیتے ہوئے اچانک ایک پُرسوز آواز میرے کانوں کے پردوں سے ٹکرائی کوئی بارگاہِ خداوندی میں یوں دعا کر رہا تھا: **اللہ مجھے حافِظِ قرآن بنادے**۔ یہ الفاظ تھے یا تَرکَش سے نکلے ہوئے تیر جو میرے سینے میں پیوست ہوتے گئے، عالَمِ شعُور میں اک مَحْشَر برپا ہو گیا، مجھے اپنی بُری عادات کی وجہ سے گویا عذابِ خداوندی آنکھوں کے سامنے نظر آنے لگا، بالآخر ندامت کے آنسوؤں کی برسات نے دل کی سیاہی دھونا شروع کی تو ضمیر کی وادیوں سے یہ صَدا بلند ہوئی اب مجھے اپنی بُری عادات سے جان چُھڑالینا چاہیے۔ میں نے وہیں پُختہ اِرادہ کر لیا کہ مجھے بھی حافِظِ قرآن بننا ہے۔ چُنانچہ یہ نیک جذبات لیے گھر پہنچا اور والدین کی خدمت میں اپنی اس نیک آرزو کا اظہار کیا تو انہیں یقین نہ آیا، شاید اسی وجہ سے بخوشی اجازت دینے کے بجائے صاف صاف انکار کر دیا۔ مجھے بے حد افسوس ہوا لیکن میں نے کوشش جاری رکھی اور بالآخر بڑی مشکل سے مان گئے اور مجھے تبلیغِ قرآن وسنّت کی عالمگیر غیر سیاسی تحریک **دعوتِ اسلامی** کے **مَدْرَسۃُ المدینہ** میں داخِلہ دلا دیا۔ اب میں روزانہ ذوق وشوق سے پڑھنے لگا۔ یہاں آکر اَصْل زندگی کا احساس ہوا طَلَباء کے

اَخلاق وکردار اور اَساتِذہ کی سنّتوں بَھری تربیت کی بَرَکت سے میرے معمولاتِ زندگی میں حیرت انگیز تبدیلیاں رونما ہونے لگیں۔ اخلاق وکردار میں ایک نکھار آ گیا، نَمازوں کا پابند بن گیا، والدین کی پہلے ایک نہ سُنتا تھا اور اب والدین کی قدم بوسی کی سعادت پانے والے خوش نصیبوں میں شامل ہو گیا۔ کل تک والدین اور اہلِ مَحلّہ میری بُری خصلتوں کی وجہ سے بیزار نظر آتے تھے آج میرے اخلاق وکردار کی تعریفیں کرنے لگے۔ یہ سب مَدرسۃُ المدینہ میں ہونے والی تربیت کی بَرَکت تھی کہ میں کچھ ہی دنوں میں گھر اور محلہ والوں کی آنکھوں کا تارا بن گیا۔ اَلْحَمْدُ لِلّٰہ عَزَّوَجَلَّ تادمِ تحریر حَلْقہ مُشاوَرت ذِمّہ دار کی حیثیت سے سنّتوں کی خدمت کے لیے کوشاں ہوں۔

(2) آوارہ سوچ کو ٹھکانا مل گیا

مدینۃُ الاولیا (ملتان شریف پنجاب پاکستان) کی بستی ہائے والا کے ایک اسلامی بھائی کے بیان کا خُلاصہ ہے کہ مَیں بچپن میں بُری صحبت کی وجہ سے گناہوں کی تاریک وادیوں میں بھٹک رہا تھا، بُرے دوستوں کی سَنگت نے میرے اخلاق وکردار کو تباہ کر دیا تھا، فلم بینی کا اس قَدَر شائق تھا کہ فلم دیکھے بغیر چین آتا نہ وَقت گزرتا۔ میرے اَعمال کی وجہ سے دوسروں کی دل آزاری ہو یا مال کی بربادی مجھے کچھ پروا نہ تھی، اس گناہوں بھری زندگی پر کوئی ندامت تھی نہ کوئی افسوس۔ نَفس وشیطان کے اشاروں پر زندگی کے شب وروز پَر لگائے گُزر رہے تھے۔ شاید غفلت، کھیل کود اور ہنسی مذاق میں دوسروں کی کھانے پینے والی اشیاء پر ہاتھ صاف کرتے ہوئے زندگی یونہی تمام ہو جاتی کہ ایک دن مجھ پر میرے رب کا خاص کرم ہو گیا سبب کچھ یوں بنا کہ دعوتِ اسلامی کے مُشکبار مَدَنی ماحول سے وابستہ ایک اسلامی بھائی نے والد صاحِب پر انفرادی کوشش کی کہ آپ اپنے صاحبزادے کو مدرسۃُ المدینہ میں داخل کروا دیں۔ اِنْ شَآءَ اللّٰہ عَزَّوَجَلَّ اس کے اخلاق وکردار بہتر ہو جائیں گے۔ والد محترم ہاتھوں ہاتھ تیار ہو گئے اور میری اصلاح کے جذبے کے تَحت مجھے مدرسۃُ المدینہ میں داخل کروا دیا۔ میرے لیے یہ ایک انوکھا ماحول تھا، بالخصوص مدنی منّوں کے عمدہ اخلاق اور اچھی عادات سے میں متاثر ہوئے بغیر نہ رہ سکا۔ اَلغرض یہاں کے سنّتوں بھرے مدنی ماحول کی خوشبوؤں سے میرا ظاہر

وباطن مُعَطّر ومُعَنبر ہونے لگا۔ مَدْرَسۃُ المدینہ کی پُرنور فضاؤں میں آنے سے قَبل میری زندگی کے شب و روز بُرے دوستوں کے ساتھ مختلف شرارتیں کرتے گزرتے اور اب قرآنِ مجید کی تلاوت کرتے ہوئے بسر ہونے لگے، کھیل کود اور بُرے دوستوں سے دل اُچاٹ ہوگیا، دِل میں خوفِ خداو عشقِ مصطفےٰ کی شَمع کیا فروزاں ہوئی مجھے علمِ دین سے پیار ہوگیا۔ **اَلْحَمْدُ لِلّٰہ** عَزَّوَجَلَّ دل میں ایک سوز و گُداز کی کیفیت محسوس کرنے لگا، میری وجہ سے ہمیشہ دوسروں کی آنکھوں میں پانی رہتا مگر کبھی میری آنکھوں نے آنسوؤں کا ذائقہ نہ چکھا تھا اب یہی آنکھیں خوفِ خدا کے باعث اَشکباری کی چاشنی سے ایسی آشنا ہوئیں کہ بس اس انتظار میں رہتی ہیں کہ کب انہیں برسنے کا کوئی موقع ملے، روزانہ فکرِ مدینہ کا رسالہ پُر کرنے سے میری بے ہودہ فکریں دُور ہوگئیں، میری آوارہ سوچ کو ٹھکانا مل گیا اور میں سنّتوں کا عامل بن گیا۔

اَلْحَمْدُ لِلّٰہ عَزَّوَجَلَّ یہ سب مدرسۃُ المدینہ کے سنّتوں بھرے مَدَنی ماحول کا فیضان ہے کہ جس نے مجھے قبر و آخرت کی تیاری کرنے والے خوش نصیب عاشقانِ رسول کی فہرست میں شامل کر دیا۔ **اَلْحَمْدُ لِلّٰہ** عَزَّوَجَلَّ تادمِ تحریر جامِعۃُ المدینہ میں درسِ نِظامی (عالم کورس) کی سعادت پا رہا ہوں۔

(3) آنکھوں پر حیا کا قفلِ مدینہ لگ گیا

بابُ المدینہ (کراچی) کے عَلاقے لانڈھی کے مُقیم اسلامی بھائی کے بیان کا لُبِّ لُباب ہے کہ مَدَنی ماحول سے وابستگی سے قَبل میں ہر روز نت نئے فیشن اپنانے اور بدنگاہی و بے حیائی کے ریکارڈ بنانے میں مصروف رہتا۔ نَمازوں کی پابندی کا تو کبھی سوچا بھی نہ تھا، یونہی دن رات گناہوں کی دلدل میں دھنستا جا رہا تھا کہ میری سعادتوں کا سفر شروع ہوا اور میں مدنی ماحول سے وابستہ اپنے ایک ہم جماعت دوست کی ترغیب پر گاہے گاہے نماز پڑھنے لگا، مزید انفرادی کوشش پر میں مدرسۃُ المدینہ میں داخلہ لے کر نورِ قرآن سے منوّر ہونے والے خوش نصیب طَلَباء میں شامل ہوگیا۔ یہاں کے روح پَروَر سنّتوں بھرے مدنی ماحول کا مدنی رنگ مجھ پر چڑھنے لگا، عِمامہ شریف کا تاج اور سفید مدنی لباس گویا کہ میرے بدن کا حصہ بن گیا، نمازوں کی پابندی کے ساتھ ساتھ تہجُّد کی سعادت بھی پانے لگا اور سب سے بڑھ کر

یہ انقلاب میری زندگی میں رونما ہوا کہ بدنگاہی کی مُرتکِب میری آنکھوں پر حیا کا **قفلِ مدینہ** لگ گیا۔ **اَلْحَمْدُ لِلّٰہ** عَزَّوَجَلَّ اَساتِذہ کی شفقت و تربیت کی بَرَکت سے میں دل جمعی کے ساتھ قرآنِ پاک حِفْظ کرنے میں مشغول ہوگیا، آخر شب و روز کی کوششیں رنگ لائیں اور میں 15 ماہ کے قلیل عرصے میں مکمل حافِظِ قرآن بن گیا۔

(4) پورا گھرانہ سنتوں کا گہوارہ بن گیا

ضِلَع گُجرات (پنجاب پاکستان) کے ایک اسلامی بھائی کی تحریر کا خُلاصہ ہے کہ ہمارا گھرانہ بَدعملی کا شکار تھا، کوئی فرد نماز نہ پڑھتا جس کی نُحوست سے ایک عجَب ماحول رہتا، ہر وقت فلموں ڈراموں کا شور وغُل تھمنے کا نام نہ لیتا، کسی کو اپنی آخرت کی فکر تھی نہ یہ پَروا کہ اسے مرنا اور اندھیری قبر میں اُتر کر اپنی بداعمالیوں کا خَمیازہ بھگتنا ہے۔ یہ حقیقت ہے کہ جب گھر کے بڑے ہی نمازوں اور نیکی کے کاموں سے دور ہوں تو چھوٹوں کی اصلاح بہت بعید ہے، میری قسمت اچھی تھی کہ دعوتِ اسلامی کے مُشکبار مَدَنی ماحول سے وابستہ ایک اسلامی بھائی کی ترغیب پر میں نے **مَدْرَسَۃُ المدینہ** میں داخلہ لے لیا۔ اَساتِذہ کی اصلاح پر مبنی تربیت اور باعمل طُلَباء کی صحبت کی بَرَکت سے سنّتوں پر عمل کرنے کا جذبہ میرے دل میں پیدا ہوا اور میں نے نمازوں کی پابندی شروع کردی، اس کی برکت سے سب گھر والے میرے اخلاق و کردار سے متأثر ہونے لگے اور میری دیکھا دیکھی باقی گھر والوں نے بھی نماز پڑھنا شروع کردی۔ والد صاحب نے داڑھی شریف سجالی، گھر کا گناہوں بھرا ماحول رخصت ہوگیا اور اب فلموں ڈراموں کی جگہ نَعتِ مصطفٰے اور امیرِ اہلسنّت کے بیانات نے لے لی۔ **اَلْحَمْدُ لِلّٰہ** عَزَّوَجَلَّ یوں **مدرسۃُ المدینہ** میں ہونے والی میری اخلاقی تربیت کی برکت سے میرا **پورا گھرانہ سنّتوں کا گہوارہ بن گیا** اور سب لوگ دامنِ عطّار سے بھی وابستہ ہوگئے۔

(5) مدرسے میں دیکھ بھال کر داخلہ لیجئے

بابُ المدینہ (کراچی) کے عَلاقہ رَنچھوڑ لائن کے ایک اسلامی بھائی کا بیان ہے کہ میں بدمذہبوں کے ایک ادارے میں پڑھتا تھا ان سے نجات کی صورت کچھ یوں بنی کہ ایک مرتبہ ماہِ ربیعُ الاول کی مبارک ساعتوں میں جب

ہر سو سرکارِ مدینہ صَلَّی اللہُ تَعَالٰی عَلَیْہِ وَاٰلِہٖ وَسَلَّم کی ولادتِ باسعادت کے چرچے ہو رہے تھے، گلی کوچوں کو سجایا جا رہا تھا، گھروں میں چراغاں کا اہتمام ہو رہا تھا، جگہ جگہ محافِلِ ذِکر و نعت مُنعقد ہو رہی تھیں، مگر میرے مدرسے والے تھے کہ نہ وہاں در و دیوار کو سجایا گیا نہ کسی قسم کے چراغاں کا اہتمام ہوا، مزید یہ کہ جب بارہ ربیعُ الاول کے مبارک دن انہوں نے بچوں کو میلاد کے جلوس میں شریک ہونے سے روکنے کے لیے چھٹی نہ دی تو میرے والد محترم کو تشویش ہوئی کہ یہ کیسے لوگ ہیں جو نہ تو خود سرکارِ دو جہاں صَلَّی اللہُ تَعَالٰی عَلَیْہِ وَاٰلِہٖ وَسَلَّم کے یومِ ولادت کی خوشی مناتے ہیں اور نہ ہی دوسروں کو منانے دیتے ہیں۔ لہٰذا فوراً مجھے اس ادارے سے نکال کر میلاد شریف منانے والے عاشقانِ رسول کے ادارے یعنی **مدرسۃُ المدینہ** میں داخل کروا دیا۔ **اَلْحَمْدُ لِلّٰہ** عَزَّوَجَلَّ **مدرسۃُ المدینہ** میں ہونے والی اَخلاقی تربیت کی بَرَکت سے میری زندگی میں بہار آ گئی اور میں سنّتوں کا شیدائی بن گیا۔ تادمِ تحریر تنظیمی ترکیب سے ذیلی مُشاوَرت کے خادِم کی حیثیت سے دینِ مَتین کی خدمت میں مصروفِ عمل ہوں۔

(6) کم سِن مُبلِّغ

لانڈھی (بابُ المدینہ کراچی) میں مقیم اسلامی بھائی کے مکتوب کا خُلاصہ ہے: یہ ان دنوں کی بات ہے جب میں چوتھی جماعت کا طالبِ علم تھا۔ ہماری کلاس میں ایک طالبِ علم ایسا بھی تھا جو فارِغ اوقات میں ہمیں اچھی اچھی باتیں بتاتا اور ان پر عمل کی ترغیب بھی دِلاتا تھا۔ ایک روز میں نے اس سے پوچھا: آپ یہ پیاری پیاری باتیں کہاں سے سیکھتے ہیں؟ اِس پر اُس کم سن مُبلِّغ نے بتایا کہ میں اپنے عَلاقے کی مسجد میں نماز پڑھنے جاتا ہوں، وہاں ہر روز نمازِ مغرب کے بعد "فیضانِ سنّت" کا درس ہوتا ہے، میں اسے بغور سُنتا ہوں اور یہ پیاری پیاری باتیں وہیں سے سیکھتا ہوں۔ یہ جواب سن کر میں بیحد متاثر ہوا اور میں نے بھی اپنے مَحلّے کی مسجد میں جانا شروع کر دیا، مغرب کی نماز کے بعد وہاں بھی درسِ فیضانِ سنّت ہوتا تھا، میں اس میں باقاعدگی سے شرکت کرنے لگا۔ **اَلْحَمْدُ لِلّٰہ** عَزَّوَجَلَّ سنّتوں بھرے درس کی بَرَکت سے میری زندگی میں مَدَنی انقلاب برپا ہو گیا اور میں مُشکبار مدنی ماحول سے وابستہ ہو کر امیرِ اہلسنّت دَامَتْ بَرَکَاتُھُمُ الْعَالِیَہ

کا مرید ہو گیا، جب سے دعوتِ اسلامی کے مہکے مہکے مَدَنی ماحول سے وابستگی نصیب ہوئی میں نہ صرف نَمازوں کا پابند بن گیا بلکہ میرے سب کام سنور گئے۔ مدنی ماحول میں آنے سے قَبْل میں تعلیمی سرگرمیوں میں نہایت کمزور تھا لیکن مدنی ماحول سے کیا وابستہ ہوا تعلیمی میدان میں پوزیشن ہولڈر بن گیا۔ اس وقت میں ایک پرائیویٹ فَرم میں ڈپٹی مینیجر کے فرائض سَرانجام دے رہا ہوں اور اپنے دفتری اوقات میں (وقفے کے دوران) اپنے ملازمین اسلامی بھائیوں کو بھی درسِ فیضانِ سنّت دینے کی کوشش کرتا ہوں۔

(7) صبح کا بھولا شام کو گھر آجائے تو!

حیدر آباد (سندھ پاکستان) کے ایک اسلامی بھائی اپنے بچپن کے متعلّق کچھ یوں بیان کرتے ہیں کہ 12 سال کی عمر میں مجھ پر اچھے کام کرنے کا جنون سوار تھا مگر علمِ دین سے دُوری کی بنا پر یہ نہ جانتا تھا کہ اچھے کام ہیں کون کون سے۔ حُسنِ اتفاق سے میرے ماموں جان نے حِفْظِ قرآن کی نیت سے اپنے بچوں کے ساتھ مجھے بھی **مَدرسۃُ المدینہ** میں داخِل کروا دیا۔ یہاں دینی معلومات کا انمول خزانہ، نمازوں کا ذوق اور سنّتوں کی بَرَکتیں حاصل ہوئیں۔ سر پر سبز عِمامے شریف کا تاج سجا تو بدن پر سفید لباس۔ یوں سنّتوں بھری زندگی گُزارنے لگا۔ بدقسمتی سے گھر والوں اور دوست اَحباب کی طنزیہ گفتگو کی وجہ سے میرا دل ٹوٹ گیا، ایسے میں شیطان نے اپنا بھرپور وار کیا اور مجھے **دعوتِ اسلامی** کے مُشکبار مَدَنی ماحول سے دُور بُرے دوستوں کی صحبت میں پھینک دیا، ایک عرصہ تک بھٹکتا رہا اپنے نامۂ اعمال کو گناہوں سے سیاہ کرتا رہا۔ ایک دن اچانک اس بات کا احساس ہوا کہ مجھ سے اتنا پیارا نیکیوں بھرا مدنی ماحول کیوں چھوٹ گیا۔ پھر کچھ اسلامی بھائیوں نے بھی انفرادی کوشش کی۔ یوں میں دوبارہ **مدرسۃُ المدینہ** میں داخل ہو گیا اور دل جمعی سے قرآن پاک حفظ کرنے میں مشغول ہو گیا۔ **اَلْحَمْدُ لِلّٰہ** عَزَّوَجَلَّ حفظ مکمل کرنے کے بعد ایک عرصے تک **مدرسۃُ المدینہ** میں مُدرِّس کے فرائض سرانجام دینے کی سعادت حاصل کی اور تادمِ تحریر **مدرسۃُ المدینہ** میں ناظم کے مَنصب پر فائز ہوں اور ایک حلقے کا ذِمّہ دار ہونے کے ساتھ ساتھ امامت کی بھی سعادت حاصل کر رہا ہوں۔

(8) مَدَنی مُنّے کی دعوت

مرکزُ الاولیاء (لاہور) کے علاقے نیو نیشنل ٹاؤن میں مقیم اسلامی بھائی کے مکتوب کا لُبِّ لُباب ہے کہ میں ایک ورکشاپ میں ملازم تھا۔ ایک روز میری ایک پُرانے دوست سے ملاقات ہوئی تو اسے دیکھ کر حیرت کے مارے میری آنکھیں کُھلی کی کھلی رہ گئیں کہ میرا وہ دوست جو کل تک نت نئے فیشن کا شوقین اور ٹھٹھہ مسخری کرنے والا تھا، بالکل ہی بدل چکا ہے۔ ان کے سر پر سبز سبز عمامے کا تاج سجا ہوا تھا اور جسم پر سنّت کے مطابق آدھی پنڈلی تک سفید کرتا، چہرے پر ایک مُشت داڑھی شریف نے مزید ان کی شخصیت کو نکھار دِیا تھا۔ میرے چہرے پر حیرانی کے آثار دیکھ کر انہوں نے اپنی اس تبدیلی کا راز یوں آشکار کیا کہ کچھ عرصہ قبل میری ملاقات ایک ایسے نوجوان سے ہوئی جو دعوتِ اسلامی کے مدنی ماحول سے وابستہ تھے۔ ان کا انداز کچھ ایسا دل موہ لینے والا تھا کہ میں ان سے وقتاً فوقتاً ملنے لگا۔ اس عاشقِ رسول کی صحبت میں مجھے اِصلاح کے پیارے پیارے مدنی پھول ملتے۔ کئی بار انہوں نے دعوتِ اسلامی کے سنّتوں بھرے اجتماع کی دعوت بھی پیش کی۔ آخر ایک روز مجھے شرکت کی سعادت مل ہی گئی۔ ان دنوں مرکز الاولیاء (لاہور) میں ہفتہ وار اجتماع ہر جمعرات کو جامع مسجد حنفیہ (سوڈیوال ملتان روڈ) میں ہوتا تھا۔ **اَلْحَمْدُ لِلّٰه** عَزَّوَجَلَّ اجتماع میں شرکت، مدنی قافلوں میں سفر اور عاشقانِ رسول کی صحبت نے میری زندگی میں مدنی انقلاب برپا کر دیا۔ جسے دیکھ کر آپ حیرت زدہ ہیں۔ میرا تو آپ کی خدمت میں مدنی مشورہ ہے کہ آپ بھی دعوتِ اسلامی کے سنّتوں بھرے اجتماع میں شرکت کر کے دیکھیں، کیسی بہاریں نصیب ہوتی ہیں۔ اس اسلامی بھائی کا بیان ہے کہ میں نے نیت تو کی مگر بدقسمتی سے جا نہ سکا۔ میرے چھوٹے بھائی نے دعوتِ اسلامی کے قائم کردہ **مدرسۃُ المدینہ** میں قرآنِ پاک حِفظ کرنے کی سعادت حاصل کی تھی۔ ان کو پڑھانے والے استاد صاحب کے 12 سالہ بیٹے جو میرے بھائی سے ملاقات کے لیے آتے رہتے تھے۔ وہ جمعرات کو جب کبھی ہمارے گھر آتے تو بڑی اپنائیت سے اجتماع کی دعوت پیش فرماتے۔ میں ٹال مٹول کر دیتا مگر وہ جمعرات کو آپہنچتے اور اصرار کرتے۔ آخر کار ایک روز وہ کامیاب ہو ہی گئے اور میں ان کے ہمراہ دعوتِ اسلامی کے

سنّتوں بھرے اجتماع میں جا پہنچا۔ میں نے پہلی بار اتنے نوجوان سنّتوں بھرے لباس میں ملبوس سبز عِمامہ سجائے دیکھے تھے۔ ان کی مسکراہٹ و ملاقات کا پیار بھرا انداز میں بُھلا نہ سکا پھر جب سنّتوں بھرا بیان سُنا اور رِقّت انگیز دُعا میں شرکت کی تو میرے تاریک دل میں عشقِ رسول کی ایسی شَمع روشن ہوئی کہ کچھ ہی عرصہ میں نہ صرف چہرے پر سنّت کے مطابق داڑھی سجالی بلکہ سبز عمامے کا تاج بھی سر پر سَج گیا۔ میں سلسلۂ نقشبندیہ میں مُرید تھا مزید فُیوض و بَرَکات کے حُصول کے لیے **شیخِ طریقت**، **امیرِ اہلسنّت** حضرت علّامہ مولانا ابو بلال **محمد الیاس عطّار** قادری دَامَتْ بَرَکَاتُہُمُ الْعَالِیَہ کے ذریعے سلسلۂ قادریہ رضویہ میں طالِب بھی ہو گیا ہوں۔ **اللہ** عَزَّوَجَلَّ دعوتِ اسلامی کے مُشکبار مدَنی ماحول کی بَرَکتوں کو دنیا بھر میں عام کرے کہ جس نے مجھ سے گنہگار انسان کو عمل کا جذبہ عطا فرمایا اور میں اپنے دوست اور اپنے بھائی کے دوست **مَدَنی** منے کا بہت شکر گزار ہوں جن کی انفرادی کوشش سے میں ہفتہ وار سنّتوں بھرے اجتماع میں شریک ہوا اور میری زندگی اعمالِ صالِحہ کے نور سے منوَّر ہو گئی۔

(9) بابِ رحمت کھلا

بابُ المدینہ (کراچی) کے عَلاقے کھوکھرا پار ملیر توسیعی کالونی کے مقیم اسلامی بھائی کے بیان کا خُلاصہ ہے: مجھ پر **اللہ** عَزَّوَجَلَّ کا بڑا فَضْل و کرم تھا کیونکہ مجھے دعوتِ اسلامی کا مدَنی ماحول میسر تھا اور میں شیخِ طریقت، امیرِ اہلسنّت، بانیِ دعوتِ اسلامی حضرت علّامہ مولانا ابو بلال **محمد الیاس عطّار** قادری رَضَوی دَامَتْ بَرَکَاتُہُمُ الْعَالِیَہ کا مرید بھی تھا یہی وجہ تھی کہ میں نَماز روزوں کا پابند، باعمامہ، باریش، سفید لباس میں ملبوس، سنّتوں سے نہ صرف مَحبّت کرنے والا بلکہ سنّتیں اپنانے والا معاشرے کا ایک باکردار مسلمان بن چکا تھا۔ دعوتِ اسلامی کے ہفتہ وار سنّتوں بھرے اجتماع میں پابندی سے شرکت کیا کرتا تھا اور صرف یہی نہیں بلکہ فیضانِ سنّت سے درس دینا اور سننا میرے روز مرّہ کے معمولات کا ایک حصہ تھا، علاقے میں کتنے ہی لوگ تھے جو میری انفرادی کوشش سے دعوتِ اسلامی کے مدنی ماحول سے وابستہ ہو کر سرکارِ مدینہ صَلَّی اللہُ تَعَالٰی عَلَیْہِ وَاٰلِہٖ وَسَلَّم کی پیاری پیاری سنّتوں کی چلتی پھرتی تصویر بن چکے تھے، لیکن اس کے باوجود جب

میں اپنے بڑے بھائی کو دیکھتا تو بہُت کڑھتا کیوں کہ وہ یادِ الٰہی سے غافل دنیا کی رنگینیوں میں مَست زندگی گُزار رہے تھے، نَماز روزوں کی ادائیگی تو دُور کی بات وہ تو عید کی نماز پڑھنے کے لئے بھی تیار نہ ہوتے تھے، بلکہ فلموں، ڈراموں اور گانے باجوں میں ہی دلچسپی رکھتے تھے، میں نے امیرِ اہلسنّت دَامَتْ بَرَكَاتُهُمُ الْعَالِيَه کے عطا کردہ عظیم مدنی مقصد ''مجھے اپنی اور ساری دنیا کے لوگوں کی اِصلاح کی کوشش کرنی ہے'' کے تحت بارہا ان کی اصلاح کے لئے انفرادی کوشش کی مگر ان پر میری باتوں کا کوئی خاص اثر نہ ہوا ایک مرتبہ ہمارے گھر میں امیرِ اہلسنّت دَامَتْ بَرَكَاتُهُمُ الْعَالِيَه کے بیان کی کیسٹ ''قبر کی پُکار'' چل رہی تھی، اس دن بڑے بھائی بھی اپنے کمرے میں بیٹھے بیان سُن رہے تھے ایک ولیٔ کامِل کے دَرْد مندانہ اور پُرتاثیر الفاظ ان کے دل پر اثر کر گئے، انہوں نے اپنے سابِقہ گناہوں سے توبہ کی اور نَماز روزوں کا اہتمام شروع کردیا میں نے ان کے اندر یہ تبدیلی دیکھی تو موقع غنیمت جانتے ہوئے انہیں دعوتِ اسلامی کے ہفتہ وار سنّتوں بھرے اجتماع میں شرکت کے لئے اپنے ساتھ لے جانے لگا اور یوں آہستہ آہستہ وہ دعوتِ اسلامی کے مدنی ماحول سے وابستہ ہوگئے، سر پر عمامہ شریف کا تاج، چہرے پر سنّت کے مطابق ایک مٹّھی داڑھی شریف سجالی، سفید مدنی لباس بھی اپنا لیا اور یوں امیرِ اہلسنّت دَامَتْ بَرَكَاتُهُمُ الْعَالِيَه کے ایک بیان کی بَرَکت سے دیکھتے ہی دیکھتے ہمارا سارا گھر مدنی رنگ میں رنگ گیا، تادمِ تحریر اَلْحَمْدُ لِلّٰه عَزَّوَجَلَّ ان کے تین بیٹے حِفْظِ قرآنِ کریم کی سعادت حاصل کر چکے ہیں اور ان میں سے ایک تو یکے بعد دیگرے تین بار 12 ماہ کے مدنی قافلے میں بھی سفر کر چکے ہیں اور بڑی بیٹی علاقائی سَطْح پر اسلامی بہنوں کی ذِمّہ دار ہیں۔

سورۂ دُخان کی فضیلت

شیخِ طریقت، امیرِ اہلسنت دَامَتْ بَرَكَاتُهُمُ الْعَالِيَه مدنی پنج سورہ میں سورۂ دخان کی فضیلت میں نَقْل فرماتے ہیں: (1) جو کسی رات میں سورۂ دُخان پڑھے گا تو صُبْح ہونے تک سَتّر ہزار فرشتے اُس کے لیے دُعائے مَغفرت کرتے رہیں گے۔ (ترمذی، ۴/۴۰۶، حدیث: ۲۸۹۷) (2) جو جُمُعہ کے دن یا رات میں سورۂ دُخان پڑھے گا اللہ عَزَّوَجَلَّ جنّت میں اس کے لیے ایک گھر بنائے گا۔ (المعجم الكبير، ۸/۲۶۴، حديث: ۸۰۲۶)

فیضانِ سنّت سے دَرس دینے کا طریقہ

تین بار اس طرح اعلان فرمایئے: **قریب قریب تشریف لائیے۔**

پھر پردے میں پردہ کئے دوزانو بیٹھ کر اس طرح ابتدا کیجئے:

اَلْحَمْدُ لِلّٰهِ رَبِّ الْعٰلَمِيْنَ وَالصَّلٰوةُ وَالسَّلَامُ عَلٰى سَيِّدِ الْمُرْسَلِيْنَ ط
اَمَّا بَعْدُ! فَاَعُوْذُ بِاللّٰهِ مِنَ الشَّيْطٰنِ الرَّجِيْمِ ط بِسْمِ اللّٰهِ الرَّحْمٰنِ الرَّحِيْمِ ط

اس کے بعد اِس طرح دُرودو سلام پڑھایئے:

اَلصَّلٰوةُ وَالسَّلَامُ عَلَيْكَ يَا رَسُوْلَ اللّٰه وَعَلٰى اٰلِكَ وَاَصْحٰبِكَ يَا حَبِيْبَ اللّٰه
اَلصَّلٰوةُ وَالسَّلَامُ عَلَيْكَ يَا نَبِيَّ اللّٰه وَعَلٰى اٰلِكَ وَاَصْحٰبِكَ يَا نُوْرَ اللّٰه

اگر مسجِد میں ہیں تو اس طرح اعتکاف کی نیت کروایئے:

نَوَيْتُ سُنَّتَ الْاِعْتِكَاف ترجمہ: میں نے سنّتِ اعتکاف کی نیت کی۔

پھر اس طرح کہئے! میٹھے میٹھے اسلامی بھائیو! قریب قریب آکر درس کی تعظیم کی نیّت سے ہوسکے تو دوزانو بیٹھ جایئے اگر تھک جائیں تو جس طرح آپ کو آسانی ہو اُسی طرح بیٹھ کر نگاہیں نیچی کیے توجُّہ کے ساتھ فیضانِ سُنَّت کا دَرس سنئے کہ لاپرواہی کیساتھ اِدھر اُدھر دیکھتے ہوئے، زمین پر اُنگلی سے کھیلتے ہوئے، لباس بدن یا بالوں وغیرہ کو سَہلاتے ہوئے سُننے سے اس کی بَرَکتیں زائل ہونے کا اندیشہ ہے۔ (بیان کے آغاز میں بھی اِسی انداز میں ترغیب دِلایئے) یہ کہنے کے بعد فیضانِ سنَّت سے دیکھ کر دُرود شریف کی ایک فضیلت بیان کیجئے۔

پھر کہئے: صَلُّوْا عَلَى الْحَبِيْب! صَلَّى اللّٰهُ تَعَالٰى عَلٰى مُحَمَّد

جو کچھ لکھا ہوا ہے وُہی پڑھ کر سنایئے۔ آیات وعَرَبی عبارات کا صِرف ترجمہ پڑھئے۔ کسی بھی آیت یا حدیث کا اپنی رائے سے ہرگز خُلاصہ مت کیجئے۔

دَرس کے آخر میں اِس طرح ترغیب دلایئے

(ہر مُبلّغ کو چاہیے کہ زَبانی یاد کرلے اور درس و بیان کے آخر میں بِلا کمی وبیشی اِسی طرح ترغیب دلایا کرے)

اَلْحَمْدُ لِلّٰہ عَزَّوَجَلَّ! تبلیغِ قرآن وسنّت کی عالمگیر غیر سیاسی تحریک دعوتِ اسلامی کے مہکے مہکے مَدَنی ماحول میں بکثرت سنتیں سیکھی اور سکھائی جاتی ہیں۔ (اپنے یہاں کے ہفتہ وار اجتماع کا اعلان اس طرح کیجئے مثلاً بابُ المدینہ کراچی والے کہیں) ہر جُمعرات کو فیضانِ مدینہ محلّہ سوداگران پُرانی سبزی منڈی میں مغرِب کی نَماز کے بعد ہونے والے سنتوں بھرے اجتماع میں ساری رات گزارنے کی مَدَنی اِلتجا ہے۔ عاشِقانِ رسول کے مَدَنی قافِلوں میں سنتوں کی تربیّت کیلئے سفر اور روزانہ فکرِ مدینہ کے ذَرِیعے مَدَنی اِنعامات کا رسالہ پُر کرکے ہر مَدَنی ماہ کے ابتِدائی دس دن کے اندر اندر اپنے یہاں کے ذمّہ دار کو جمع کروانے کا معمول بنالیجئے۔ اِس کی بَرَکت سے پابندِ سنّت بننے، گناہوں سے نفرت کرنے اور ایمان کی حفاظت کیلئے کُڑھنے کا ذِہن بنے گا۔ ہر اسلامی بھائی اپنا یہ مَدَنی ذِہن بنائے کہ **مجھے اپنی اور ساری دنیا کے لوگوں کی اِصلاح کی کوشِش کرنی ہے۔** اِنْ شَآءَ اللّٰہ عَزَّوَجَلَّ

اپنی اِصلاح کی کوشِش کیلئے مَدَنی اِنعامات پر عمل اور ساری دنیا کے لوگوں کی اِصلاح کی کوشِش کیلئے مَدَنی قافِلوں میں سفر کرنا ہے۔ اِنْ شَآءَ اللّٰہ عَزَّوَجَلَّ

اللہ کرم ایسا کرے تجھ پہ جہاں میں
اے دعوتِ اسلامی تیری دھوم مچی ہو!

آخِر میں خُشوع وخُضوع (یعنی بدن کی عاجزی وانکساری اور دل ودماغ کی حاضری) کے ساتھ دُعا میں ہاتھ اُٹھانے کے آداب بجالاتے ہوئے بلا کمی وبیشی اس طرح دعا مانگئے:

اَلْحَمْدُ لِلّٰہِ رَبِّ الْعٰلَمِیْنَ وَالصَّلٰوۃُ وَالسَّلَامُ عَلٰی سَیِّدِ الْمُرْسَلِیْنَ ط

یاربِّ مصطَفٰے! بطفیلِ مصطَفٰے صَلَّی اللہُ تَعَالٰی عَلَیْہِ وَاٰلِہٖ وَسَلَّم ہماری، ہمارے ماں باپ کی اور ساری اُمّت کی مغفِرت فرما۔ یااللّٰہ عَزَّوَجَلَّ! درس کی غلطیاں اور تمام گناہ مُعاف فرما، عمل کا جذبہ دے، ہمیں پرہیزگار اور ماں باپ کا فرماں

بردار بنا۔ یااللہ عَزَّوَجَلَّ! ہمیں اپنا اور اپنے مَدَنی حبیب صَلَّی اللہُ تَعَالٰی عَلَیْہِ وَاٰلِہٖ وَسَلَّم کا مُخْلِص عاشِق بنا۔ ہمیں گناہوں کی بیماریوں سے شِفا عطا فرما۔ یااللہ عَزَّوَجَلَّ! ہمیں مَدَنی انعامات پر عمل کرنے، مَدَنی قافلوں میں سفر کرنے اور اِنفِرادی کوشِش کے ذَرِیعے دوسروں کو بھی مَدَنی کاموں کی ترغیب دلوانے کا جذبہ عطا فرما۔ یااللہ عَزَّوَجَلَّ! مسلمانوں کو بیماریوں، قرض داریوں، بے رُوزگاریوں، بے اولادیوں، بے جا مقدّمہ بازیوں اور طرح طرح کی پریشانیوں سے نَجات عطا فرما۔ یااللہ عَزَّوَجَلَّ! اسلام کا بول بالا کر اور دُشمنانِ اسلام کا منہ کالا کر۔ یااللہ عَزَّوَجَلَّ! ہمیں دعوتِ اسلامی کے مَدَنی ماحول میں اِستِقامت عطا فرما۔ یااللہ عَزَّوَجَلَّ! ہمیں زیرِ گنبدِ خضرا جلوۂ محبوب میں شہادت، جنّتُ الْبَقیع میں مدفن اور جنّتُ الفردوس میں اپنے مدنی حبیب صَلَّی اللہُ تَعَالٰی عَلَیْہِ وَاٰلِہٖ وَسَلَّم کا پڑوس نصیب فرما۔

یااللہ عَزَّوَجَلَّ! مدینے کی خوشبودار ٹھنڈی ہواؤں کا واسطہ ہماری جائز دُعائیں قبول فرما۔

کہتے رہتے ہیں دعا کے واسطے بندے تیرے
کر دے پوری آرزو ہر بےکس و مجبور کی

اٰمِین بِجاہِ النَّبِیِّ الْاَمِین صَلَّی اللہُ تَعَالٰی عَلَیْہِ وَاٰلِہٖ وَسَلَّم

شعر کے بعد یہ آیتِ دُرُود اور دُعا کی اختتامی آیات پڑھئے:

اِنَّ اللّٰهَ وَ مَلٰٓىٕكَتَهٗ یُصَلُّوْنَ عَلَى النَّبِیِّؕ یٰۤاَیُّهَا الَّذِیْنَ اٰمَنُوْا صَلُّوْا عَلَیْهِ وَ سَلِّمُوْا تَسْلِیْمًا﴿۵۶﴾ (پ ۲۲، الاحزاب: ۵۶)

ترجمۂ کنزالایمان: بیشک اللہ اور اس کے فرشتے درود بھیجتے ہیں اس غیب بتانے والے (نبی) پر اے ایمان والو ان پر درود اور خوب سلام بھیجو۔

سب دُرُود شریف پڑھ لیں پھر پڑھئے:

سُبْحٰنَ رَبِّكَ رَبِّ الْعِزَّةِ عَمَّا یَصِفُوْنَ﴿۱۸۰﴾ وَ سَلٰمٌ عَلَى الْمُرْسَلِیْنَ﴿۱۸۱﴾ وَ الْحَمْدُ لِلّٰهِ رَبِّ الْعٰلَمِیْنَ﴿۱۸۲﴾ (پ ۲۳، الصفت: ۱۸۰ تا ۱۸۲)

ترجمۂ کنزالایمان: پاکی ہے تمہارے رب کو عزت والے رب کو ان کی باتوں سے اور سلام ہے پیغمبروں پر اور سب خوبیاں اللہ کو جو سارے جہاں کا رب ہے۔

بلحاظِ موضوعاتی ترتیب چالیس مدنی انعامات

ہر اچھے کام کی نیت سے متعلق مدنی انعام

......کیا آج آپ نے کچھ نہ کچھ جائز کاموں سے پہلے اچھّی اچھّی نیّتیں کیں؟ نیز کم از کم دو کو اس کی ترغیب دلائی؟

عبادات سے متعلق مدنی انعامات

......پانچوں نَمازیں باعمامہ تکبیرِ اولیٰ کیساتھ باجماعت مسجد میں ادا کرتے ہیں یا نہیں؟

......آپ نے نمازِ پنجگانہ کے بعد اور سوتے وقت کم از کم آیتُ الکرسی اور تسبیحِ فاطمہ پڑھنے کا معمول بنایا ہے یا نہیں؟

......روزانہ کم از کم 313 بار دُرُود شریف پڑھتے ہیں یا نہیں؟

علم سیکھنے سکھانے سے متعلق مدنی انعامات

......روزانہ کم از کم ایک گھنٹہ اپنے گھر پر سبق یاد کرتے ہیں یا نہیں؟

......روزانہ دو درس (مسجد، گھر جہاں سہولت ہو) دیتے یا سنتے ہیں یا نہیں؟

......کیا آپ کو ایمانِ مُجْمَل، ایمانِ مُفَصَّل، چھ کلمے مع ترجمہ اور قرآن کی آخری دس سورتیں یاد ہیں؟ انہیں ہر ماہ کی پہلی پیر کو پڑھ لیتے ہیں یا نہیں؟

اخلاقیات سے متعلق مدنی انعامات

کسی کا نام بگاڑنا

......کسی کا نام بگاڑنا حکمِ قرآنی کے خلاف ہے۔ کسی کو (بلا اجازتِ شَرعی) لمبا، ٹھگنا، موٹا وغیرہ تو نہیں کہتے؟

کسی کو حقیر جاننا

......کسی مضمون میں آپ کی معلومات زیادہ ہونے کی صورت میں ہوسکتا ہے کم معلومات والا آپ کو حقیر لگے۔ اس طرح کا وسوسہ آنے کی صورت میں آپ خود کو اللہ عَزَّوَجَلَّ کی بے نیازی سے ڈراتے ہیں یا نہیں؟

تو تکار کی عادت

......خدانخواستہ تُو تکار کی عادت تو نہیں؟ خواہ ایک دن کا بچہ بھی ہو اس سے آپ کہہ کر مخاطِب ہوں پیچھے سے بھی جمع کا صِیْغَہ استعمال کریں۔ مثلاً زید آیا، زید کہتا تھا کی جگہ زید آئے، زید کہتے تھے وغیرہ۔

ہنسنے کی عادت

......کیا آج آپ نے حتی الامکان قَہقہہ لگانے (یعنی کھل کھلا کر ہنسنے) سے بچنے کی کوشش کی؟ (ضرورتاً مسکرانا سنّت ہے)

بدلہ لینا یا مُعاف کرنا

......کسی پر غصہ آجانے کی صورت میں چپ رہ کر غصہ کا علاج کرتے ہیں یا بول پڑتے ہیں؟ (اَعُوْذُ بِاللّٰہ وغیرہ پڑھ سکتے ہیں) نیز درگزر سے کام لیتے ہیں یا انتقام (یعنی بدلہ لینے) کا موقع ڈھونڈتے ہیں؟

......کسی نے اگر آپ کی شکایت (استاد یا والدین وغیرہ سے) کر دی تو آپ بھی بدلہ لینے کیلئے موقع کا انتظار کرتے ہیں یا دُرُست شکایت پر شکریہ ادا کرتے اور غلط شکایت پر معاف فرما کر ثواب کا خزانہ حاصل کرتے ہیں؟

مانگنے کی عادت

......آپ میں کہیں دوسرے اسلامی بھائیوں سے مانگ مانگ کر ان کی چیزیں استعمال کرنے کی گندی عادت تو نہیں؟ (دوسروں سے سُوال کی عادت نکال دیجئے ضرورت کی چیز نشانی لگا کر اپنے پاس بحفاظت رکھئے)

غیبت، چغلی اور حسد

......کیا آپ کو غیبت، چغلی اور حسد کی تعریف معلوم ہے؟ ان رَذائل اور ضد، طنز، ہنسی مذاق سے آپ بچتے ہیں یا نہیں؟ [1] کسی کے اندر کوئی خامی یا بُرائی ہو اسے اس کی پیٹھ پیچھے بیان کرنا غیبت کہلاتا ہے جو کہ گناہِ کبیرہ ہے۔ کسی کے لباس کو پیچھے سے بے ڈھنگا، میلا وغیرہ کہا، یا کہا کہ اس کی آواز بے کار ہے یہ سب غیبت میں داخل ہے۔ جبکہ وہ بُرائی یا خامی یا خرابی اس میں موجود ہو اور اگر نہ ہو تو بہتان ہے جو غیبت سے بھی بڑا گناہ ہے۔ کسی کا حافِظہ اچھا ہو یا اچھی آواز میں نَعت پڑھتا ہو تو اس کے بارے میں یہ تمنّا کرنا کہ اس کا حافظہ کمزور پڑ جائے یا اس کی آواز خراب ہو جائے یہ حسد میں داخل ہے۔ حسد کرنا گناہ ہے۔ حدیثِ پاک میں ہے۔ حسد نیکیوں کو اس طرح کھا جاتا ہے جس طرح آگ لکڑی کو۔ [2]

سچ اور جھوٹ

......کیا آپ ہمیشہ سچ بولتے ہیں، بلا حاجت شَرعی تَورِیہ تو نہیں کر بیٹھتے۔ توریہ یعنی لَفظ کے جو ظاہری معنٰی ہیں وہ غَلَط ہیں مگر اس نے دوسرے معنٰی مُراد لئے جو صحیح ہیں۔ ایسا کرنا بلا حاجت جائز نہیں اور حاجت ہو تو جائز ہے۔ توریہ کی مثال یہ ہے کہ آپ نے کسی کو کھانے کیلئے بلایا وہ کہتا ہے میں نے کھانا کھالیا اس کے ظاہر معنی یہ ہیں کہ اس وقت کا کھانا کھالیا ہے مگر وہ یہ مراد لیتا ہے کہ کل کھایا ہے۔ یہ بھی جھوٹ میں داخل ہے۔ [3]

دل آزاری

......سبق سُناتے وقت اگر کوئی اسلامی بھائی غَلَطی کر بیٹھے تو آپ ہنس کر اس کی دل آزاری تو نہیں کر بیٹھتے اگر آپ کبھی ایسی بُھول کر بیٹھے تو اپنے اس اسلامی بھائی کو راضی کر لیں رسولُ اللہ صَلَّی اللہُ تَعَالٰی عَلَیْہِ وَاٰلِہٖ وَسَلَّم

---

[1] ......بہارِ شریعت، حصہ ۱۶ سے غیبت، چغلی اور حسد کا بیان پڑھ یا سُن لیجئے۔

[2] ......ابو داود، ۴/۳۶۰، حدیث: ۴۹۰۳

[3] ......عالمگیری، ۵/۳۵۲ ملخصًا

فرماتے ہیں: جس نے (بلا وجہ شَرْعی) کسی مسلمان کو اِیذا دی اس مجھے ایذا دی اور جس نے مجھے ایذا دی اس نے اللہ عَزَّوَجَلَّ کو ایذا دی۔ [1]

سلام کو عام کرنا

...... گھر، بس، ٹرین مَدْرسے وغیرہ میں آتے جاتے اور گلیوں سے گزرتے ہوئے راہ میں کھڑے یا بیٹھے ہوئے مسلمانوں کو سلام کرنے کی عادت بنائی ہے یا نہیں؟ (مدرسے میں جو جو سُنّتیں سکھائی جاتی ہیں گھر میں بھی ان پر عمل جاری رکھیں)

لباس کے متعلق مدنی انعامات

...... سنّت کے مطابق آدھی پنڈلی تک (سفید) کرتا، سامنے جیب میں نمایاں مسواک اور ٹخنوں سے اونچے پائنچے، سر پر زلفیں، سارا دن عِمامہ شریف (گھر میں بھی اور باہر بھی) سجانے کا معمول ہے یا نہیں؟

...... فیضانِ سنّت جلد اول کے صَفْحہ 221 پر دیئے ہوئے طریقے کے مطابق (باہَر اور گھر میں) پردے میں پردہ کی عادت ڈالی ہے یا نہیں؟ (سوتے وقت پاجامہ پر مزید ایک چادر تَہبَند کی طرح باندھ لیں اور ایک چادر اوپر سے بھی اوڑھ لیں اِنْ شَآءَ اللہ عَزَّوَجَلَّ پردے میں پردہ ہوجائے گا)

آنکھوں کے قفلِ مدینہ سے متعلق مدنی انعامات

...... کسی سے بات کرتے وقت اکثر آپ کی نگاہ نیچی ہوتی ہے یا مخاطَب (یعنی جس سے بات کررہے ہیں اس) کے چہرے پر؟ (بات کرتے ہوئے سامنے والے کے چہرہ پر نگاہیں گاڑنا سنّت نہیں) نیز کیا آج آپ نے اپنے گھر کے برآمدوں سے (بِلا ضَرورت) باہَر نیز کسی اور کے دروازوں وغیرہ سے ان کے گھروں کے اندر جھانکنے سے بچنے کی کوشش کی؟

...... گھر یا ہوٹل وغیرہ میں T.V یا V.C.R یا موبائل وغیرہ پر فلمیں ڈرامے تو نہیں دیکھتے؟ (فلمیں ڈرامے ہرگز

---

[1] ...... المعجم الاوسط، ۲/۳۸۶، حدیث: ۳۶۰۷

نہ دیکھا کریں۔ جو اپنی آنکھوں کو نظر حرام سے پُر کرتا ہے قیامت کے روز اس کی آنکھوں میں آگ بھری جائے گی۔ T.V اور V.C.R پر فلمیں اور ڈرامے دیکھنے سے حافِظہ بھی کمزور ہوسکتا ہے، عموماً نابینا بچے جلد حافظِ قرآن بن جاتے ہیں اسلئے کہ وہ آنکھوں کے غَلَط استعمال سے بچے رہتے ہیں لہٰذا ان کا حافظہ قوی ہوتا ہے۔ آپ بھی آنکھوں کے غلط استعمال سے بچیں اور آنکھوں کا **قفلِ مدینہ** لگائیں)

زبان کے قفلِ مدینہ سے متعلق مدنی انعامات

- ...... جب تک دوسرا بات کررہا ہو آپ اطمینان سے سُنتے ہیں یا اس کی بات کاٹ کر اپنی بات شروع کردیتے ہیں؟ نیز بہت سوں کی عادت ہوتی ہے کہ بات سمجھ جانے کے باوجود بے ساختہ ہیں؟ یا کیا؟ وغیرہ بول کر دوسروں کو خواہ مخواہ اپنی بات دُہرانے کی زحمت دیتے ہیں آپ کی بھی تو کہیں یہ عادت نہیں؟
- ...... زبان پر **قفلِ مدینہ** لگاتے ہوئے غیر ضَروری باتوں کی عادت نکالنے اور خاموشی کی عادت بنانے کی کوشش جاری ہے یا نہیں؟ نیز آپ کچھ نہ کچھ اشارے سے بھی اور روزانہ کم از کم چار بار لکھ کر بھی گفتگو فرماتے ہیں یا نہیں؟ نیز فضول بات منہ سے نکل جانے کی صورت میں بطورِ کفّارہ فوراً دُرود پاک پڑھنے کی عادت بنائی ہے یا نہیں؟ (عموماً گونگے ہوشیار ہوتے ہیں کہ وہ زبان کے غَلَط استعمال سے محفوظ رہتے ہیں۔ آپ بھی زبان پر قفلِ مدینہ لگالیں تا کہ فضول گوئی سے بچ سکیں)

کھانا کھانے کے متعلق مدنی انعامات

- ...... گھر (یا مدرسہ وغیرہ) کا ہر کھانا صبر وشکر کے ساتھ تناول فرما لیتے ہیں یا پسند نہ آنے پر **مَعَاذَ اللّٰہ** ناپسندیدگی کا اظہار کرتے ہیں؟ (کھانے کو عیب لگانا سنّت نہیں اور منہ نہ بگاڑیں)
- ...... کھانا حتَّی الْاِمکان سنّت کے مطابق کھاتے، نیچے گرے ہوئے دانے وغیرہ چُن کر کھا لیتے، ہڈیاں، گرم مسالہ وغیرہ نیز کھانے کے بعد انگلیاں سب اچھی طرح چاٹ لیتے اور برتن دھو کر پی لیتے ہیں یا نہیں؟ (دھونا اسی وقت کہیں گے جبکہ کھانے کا اثر برتن میں باقی نہ رہے) نیز کھانے سے فراغت کے بعد برتن اٹھانے،

دسترخوان صاف کرنے اور تھال وغیرہ دھونے کے معاملے میں دوسروں سے کہیں الجھتے تو نہیں؟ مدرسے کے ناظم صاحب صفائی وغیرہ کے متعلّق وقتاً فوقتاً جو ہدایات دیتے ہیں آپ ان پر عمل کرتے ہیں یا نہیں؟

سونے جاگنے کے آداب کے متعلق مدنی انعام

...... بعد نمازِ عشا (علمی مشاغل وغیرہ سے فارغ ہو کر) جلد تر سونے کی عادت ڈالیں۔ جب آپ کو نماز کیلئے یا یوں ہی جگایا جاتا ہے تو فوراً اُٹھ جاتے ہیں یا دوبارہ لیٹ جاتے ہیں یا بیٹھے بیٹھے اونگھ جاتے ہیں؟ ایسا کتنی بار ہوتا ہے؟ جب سو کر اُٹھتے ہیں (چاہے بار بار بچھونا چھوڑنا پڑے) ہر بار بچھونا لپیٹ لیتے ہیں یا نہیں؟ سونے کا وقت ختم ہو جانے پر بچھونا تہہ کر کے اس کی جگہ پر رکھتے ہیں یا وہیں پڑا رہنے دیتے ہیں؟

بڑوں کی اطاعت کے متعلق مدنی انعامات

...... مَدَنی مرکز، نگران، استاد اور والدین کی (یہ سب جب تک خلافِ شَرع کرنے کا حُکم نہ دیں) **اطاعت** فرماتے ہیں یا نہیں؟ **نیز** کیا آج آپ نے یکسوئی کے ساتھ **فکرِ مدینہ** (یعنی اپنے اعمال کا مُحاسَبہ) کرتے ہوئے جن جن مَدَنی انعامات پر عمل ہوا ان کی رسالے میں خانہ پُری فرمائی؟

...... روزانہ کم از کم کسی ایک نماز کے بعد اپنے ماں باپ اور اپنے قاری صاحب کیلئے اچھی اچھی دعائیں کرتے ہیں یا نہیں؟ **نیز** کیا آج آپ نے **گھر میں مَدَنی ماحول** بنانے کے **مَدَنی پھولوں** کے مطابق ممکنہ صورت میں عمل کیا؟ (والدین اور استاد کو آتا دیکھ کر تعظیماً کھڑے ہو جائیں، والدین اور استاد کے سامنے ہمیشہ آواز پست رکھیں، ان سے آنکھیں ہر گز نہ ملائیں، اپنے استاد صاحب بلکہ کسی کے بھی پیچھے سے نَقلیں نہ اُتاریں)

مدرسہ و اساتذہ سے متعلق مدنی انعامات

...... استاد و مُنتظمین کی کوئی بات اگر ناگوار گزرے تو صبر کرتے ہیں یا **مَعَاذَ الله** دوسروں پر اس کا اظہار کرنے کی نادانی کر بیٹھتے ہیں؟ مدرسہ کے انتظامات کی کمزوریوں کا بیان انتظامیہ کے علاوہ کسی اور کے آگے کرنا بہت بُری بات ہے۔ نیز اگر کسی اسلامی بھائی کی کوئی بات ناگوارِ خاطر ہو یا وہ خطا کر بیٹھے تو اس کا دوسروں

پر اظہار کرنے کے بجائے اَحسن طریقہ پر خود ہی اس کی اِصلاح فرما دیں۔

...... مدرَسے کے نظامُ الاوقات کی پابندی فرماتے ہیں یا نہیں؟ وقت پر پہنچ کر آخری پیریڈ تک پڑھائی کرتے اور اسباق یاد کرتے ہیں یا اِدھر اُدھر کی باتوں میں وقت ضائع کر دیتے ہیں؟ کسی پیریڈ میں استاد صاحِب یا مُنتظمین کی اجازت لئے بغیر چُپکے سے گھر وغیرہ تو نہیں چلے جاتے؟ (مقیم طَلَباء کیلئے دن ہو یا رات باہر جانے کیلئے ہر وقت اِجازت لینا لازمی ہے)

...... آپ نے اس ماہ (مدرَسے کی طرف سے مقرّر کردہ چُھٹّیوں کے علاوہ) بلاضَرورت وبغیر مجبوری کے چھٹی تو نہیں کی؟

...... کیا آپ اپنے استاد مُحترم سے (مَعَاذَ الله) امتحاناً بھی سُوالات کرتے ہیں؟ نیز آپ کی مَعَاذَ الله سُنّی عُلَماء پر تَنقید کی عادت تو نہیں؟ (امیر اہلسنت دَامَتْ بَرَکَاتُهُمُ الْعَالِيَه فرماتے ہیں جو سنی عالِم کی تَجہیل کرے یا اس پر نکتہ چینی کرے اس سے میں بیزار ہوں۔ پھر تنقید کرنے والا خواہ استاد ہو یا شاگرد)

دعوتِ اسلامی سے متعلق مدنی انعامات

...... آپ باعمل حافِظِ قرآن یا عالم باعمل بننے کیلئے دعوتِ اسلامی کے ماحول سے وابستہ ہیں۔ لہٰذا آپ اپنے والد وغیرہ کے ہمراہ (بالغ مَدَنی منّے تنہا یا قافلے کے ساتھ) ہفتہ وار اجتماع میں شروع (تلاوت ونَعت) سے لیکر (مع ذکر ودُعا وحَلْقہ) آخر تک حَتَّی الْاِمکان نگاہیں نیچی کئے سُنتے ہیں یا نہیں۔

...... کیا آپ نے تنہا یا کیسٹ اجتماع میں کم از کم ایک بیان یا مَدَنی مذاکرے کی آڈیو/ ویڈیو کیسٹ بیٹھ کر سنی یا دیکھی یا مَدَنی چینل پر روزانہ کم از کم 1 گھنٹہ 12 مِنَٹ نشریات دیکھیں؟

...... ہفتہ میں بیان کی کم از کم ایک کیسٹ بیٹھ کر توجہ کے ساتھ سنتے ہیں یا نہیں؟ (اگر میسر ہو تو ہفتہ وار کیسٹ اجتماع میں شرکت فرمالیا کریں)

کردار کو عمدہ بنانے سے متعلق متفرق مدنی انعامات

...... کیا آپ نے اس ماہ کی پہلی پیر شریف (یارہ جانے کی صورت میں کسی بھی پیر شریف) کو رسالہ ''خاموش شہزادہ''

کا مُطالَعہ فرما کر فضول گوئی سے بچنے کی عادت بنانے کے لئے "یوم قفلِ مدینہ" منایا؟ نیز کیا آپ نے پچھلے مہینے کا مَدَنی انعامات کا رسالہ پُر کر کے 10 تاریخ کے اندر اندر اپنے ذمّے دار کو جمع کروایا؟

......آپ نے اپنا آئیڈیل (مثالی شخصیت) کس کو بنایا ہے؟

(امیرِ اہلسنت دَامَتْ بَرَکَاتُهُمُ الْعَالِيَه کے آئیڈیل اعلیٰ حضرت عَلَیْهِ رَحمَةُ رَبِّ الْعِزَّت ہیں)

......آپ نے کسی ایک یا چند مدنی منّوں سے دوستی گانٹھ رکھی ہے یا سب کے ساتھ یکساں تعلّقات رکھے ہیں؟ (بات بات پر روٹھنا، بار بار ایک ہی دوست کو تحفے دینا، اسکے ناراض ہونے پر یا نہ آنے پر رونا صرف اسی کو پرچیاں لکھتے رہنا اسی جیسا لباس وغیرہ استعمال کرنا وہ اجتماع میں آئے تو آنا وہ نہ آئے تو خود بھی نہ آنا وغیرہ یہ سب انداز مناسب نہیں)

......**مَعَاذَ الله** آپ کے لباس یا مَدرَسے کے بستے وغیرہ پر جانداروں کی تصاویر یا جانوروں کے اسٹیکرز تو نہیں ہیں؟ (بسکٹ، سپاری، یا چوئینگم وغیرہ کے پیکٹ میں سے جو جانداروں کی تصاویر والے اسٹیکرز نکلتے ہیں انہیں دروازے، دیوار وغیرہ پر چسپاں تو نہیں کر ڈالتے؟)

......آپ کی بلّی یا کتّے کو ستانے یا چیونٹیاں مار ڈالنے کی عادت تو نہیں؟ (کتے یا بلی وغیرہ کو نہ ماریں، نہ ستائیں کہ جانور پر ظُلم کرنا مسلِم پر ظلم کرنے سے بڑا گناہ ہے۔ ایک حدیثِ پاک میں یہ واقعہ بیان کیا گیا ہے۔ ایک عورت اسلئے جہنّم میں داخل کر دی گئی کہ اس نے بلی کو بند کر دیا نہ خود کچھ کھلایا نہ آزاد کیا کہ وہ کچھ کھالیتی بلی بے چاری بھوک سے مر گئی۔) [1]

......پھلوں وغیرہ کے چھلکے لاپرواہی کے ساتھ گلی میں پھینکنے کی عادت تو نہیں (کیلے یا پپیتے کے چھلکے یا کانچ وغیرہ ایسی جگہ پر نہ ڈالیں جہاں لوگوں کو تکلیف پہنچنے کا اندیشہ ہو۔ بلکہ ایسی چیزیں راستے میں نظر آئیں تو ان کو ہٹا دینا ثواب ہے۔ حدیثِ پاک میں یہ مضمون موجود ہے کہ ایک شخص نے راستے میں پڑی ہوئی کانٹے دار شاخ راستے سے دور کر دی تا کہ مسلمانوں کو تکلیف نہ پہنچے **الله** عَزَّوَجَلَّ کو اس کا یہ عمل پسند آگیا اور اس کی مَغفِرت فرما دی۔ [2])

---

[1] ......بخاری، کتاب بدء الخلق، باب خمس من الدواب...الخ، ۲/۴۰۸، حدیث: ۳۳۱۸

[2] ......مسلم، کتاب البر والصلة والآداب، باب فضل ازالة الاذی...الخ، ص ۱۴۱۰، حدیث: ۱۹۱۴

دعوتِ اسلامی کی اِصطِلاحات

اسلامی بھائیوں اور بہنوں کی خدمت میں مَدَنی مشورہ ہے کہ وہ ذَیل میں دیئے ہوئے کلمات ذہن نشین کریں اور گفتگو، بیان، تحریر وغیرہ ہر جگہ استعمال کریں تا کہ دعوتِ اسلامی کی ہمہ گیری کا اظہار ہو۔ دورانِ گفتگو مخصوص الفاظ واصطِلاحات کا استعمال انسان کو نُمایاں کرتا ہے۔

یہ الفاظ نہ کہیں	یہ الفاظ کہیں	یہ الفاظ نہ کہیں	یہ الفاظ کہیں
ایک سال کا قافِلہ	۱۲ ماہ کا مَدَنی قافِلہ	مرکزی اسلامی بھائی	ذمّہ دار اسلامی بھائی
میں نے تیس دن لگائے	میں نے ۳۰ دن کے مَدَنی قافِلہ میں سفر کیا۔	V.I.P	شخصیت
ایک ماہ کا قافِلہ	۳۰ دن کا مَدَنی قافِلہ	کیمپ/ روم/ دفتر	مکتب
قافِلے میں نکلو	قافِلے میں سفر کرو	میٹنگ/ اجلاس	مَدَنی مشورہ
فکر کریں	ذہن بنائیں	میٹنگ کا ایجنڈہ	مَدَنی مشورے کے مدنی پھول
فوراً	ہاتھوں ہاتھ	رپورٹ	کارکردگی
قافِلے میں آنے والے مہمان	عاشِقانِ رسول	ورکنگ/ ورک	مَدَنی کام
قافِلے والوں کے خدمت گزار	خیر خواہ	ورکر	مدنی کام کرنے والا
قافِلے والوں کی خدمت	خیر خواہی	سیٹنگ	ترکیب
عالمی/ ورلڈ شوریٰ	مرکزی مجلسِ شوریٰ	کنوینس کرنا	ذہن بنانا/سمجھانا
زون نگران	ڈویژن مُشاورت نگران	محنت کریں	کوشش کریں
شہر کی نگران کمیٹی	شہر کی مجلس مُشاورت	انسان، بندے، لوگ، بھائی، لڑکے	اسلامی بھائی

رابطہ کمیٹی	مجلسِ رابِطہ	عورتیں ،لیڈیز ،خواتین ، بہنیں	اسلامی بہن/ اسلامی بہنیں
دعوتِ اسلامی کی فُلاں ٹیم /کمیٹی	مجلس	خواتین کا اجتماع	اسلامی بہنوں کا اجتماع
محفلِ نعت/نعت خوانی کا پروگرام	اجتماعِ ذکر ونعت	خطاب ،تقریر ،لیکچر	بیان
مرکزی نعت خوان	نعت خوان	اسٹیج	منچ
مقرّر/خطیب	مُبلّغ دعوتِ اسلامی	آخرت کیلئے فکر پیدا کیجئے	آخرت کیلئے ذہن بنایئے

جامعۃ المدینہ اور مدرسۃ المدینہ کے لئے اصطِلاحات

یہ الفاظ نہ کہیں	یہ الفاظ کہیں	یہ الفاظ نہ کہیں	یہ الفاظ کہیں
اسمبلی	دُعائے مدینہ	جونیئر طلبہ	نئے طلبہ
کلاس	دَرجہ	سینئر طَلَبہ	پُرانے طلبہ
کلاس مانیٹر	دَرجہ ذِمّہ دار	فارنر طلبہ	غیر مُلکی طلبہ
نگہبان	خیر خواہ	آفِس	مکتب
رہائشی طلبہ	مقیم طلبہ	چیکر	مُفَتِّش
شہری/غیر رہائشی طلبہ	غیر مقیم طلبہ	ہمارے علّامہ صاحِب	ہمارے اُستاذ صاحِب
فرسٹ ،سیکنڈ فلور	پہلی ،دوسری منزل	کیئر ٹیکر	نِگہبان
مدرسہ کمیٹی	مجلس مَدْرَسہ	کچن	مَطْبخ

باب:8

اِختتامیہ

اس باب میں آپ پڑھیں گے

اَوراد و وَظائِف، مَنقَبَتِ غوثِ اعظم، مُناجات، صلٰوۃ وسلام، دعا اور اس کی اَہَمِّیَّت و آداب

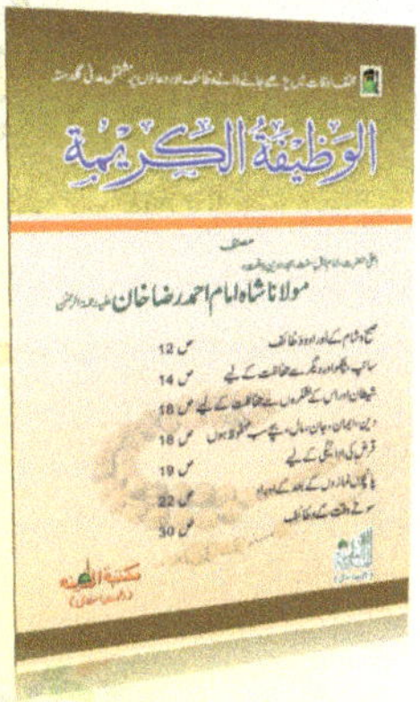

اوراد و وظائف

ہر وِرد کے اوّل و آخر ایک بار دُرُود شریف پڑھ لیجئے ، فائدہ ظاہر نہ ہونے کی صورت میں شکوہ کرنے کے بجائے اپنی کوتاہیوں کی شامت تصوُّر کیجئے ، اللّٰہ عَزَّوَجَلَّ کی حکمت پر نظر رکھئے۔

هُوَ اللّٰهُ الرَّحِيْمُ	جو ہر نماز کے بعد 7 بار پڑھ لیا کرے گا اِنْ شَآءَ اللّٰہ عَزَّوَجَلَّ شیطان کے شر سے بچا رہے گا اور اُس کا ایمان پر خاتِمہ ہوگا۔
يَا مَلِكُ	90 بار جو غریب و نادار روزانہ پڑھا کرے اِنْ شَآءَ اللّٰہ عَزَّوَجَلَّ غُربت سے نَجات پاکر مال دار ہو۔
يَا سَلَامُ	111 بار پڑھ کر بیمار پر دم کرنے سے اِنْ شَآءَ اللّٰہ عَزَّوَجَلَّ شِفا حاصل ہوگی۔
يَا مُهَيْمِنُ	29 بار روزانہ پڑھنے والا اِنْ شَآءَ اللّٰہ عَزَّوَجَلَّ ہر آفت و بلا سے محفوظ رہے گا۔
يَا فَتَّاحُ	70 بار جو روزانہ بعد نمازِ فجر دونوں ہاتھ سینے پر رکھ کر پڑھا کرے گا اِنْ شَآءَ اللّٰہ عَزَّوَجَلَّ اُس کے دل کا زنگ و مَیل دُور ہوگا۔
يَا رَافِعُ	20 بار جو روزانہ پڑھا کرے گا ، اِنْ شَآءَ اللّٰہ عَزَّوَجَلَّ اُس کی مُراد پوری ہوگی۔
يَا جَلِيْلُ	جو 10 بار پڑھ کر اپنے مال واَسباب اور رقم وغیرہ پر دم کر دے ، اِنْ شَآءَ اللّٰہ عَزَّوَجَلَّ چوری سے محفوظ رہے گا۔

یَا حَمِیْدُ	جس کی گندی باتوں کی عادت نہ جاتی ہو وہ 90 بار پڑھ کر کسی خالی پیالے یا گلاس میں دَم کر دے۔ حسبِ ضرورت اُسی میں پانی پیا کرے، اِنْ شَآءَ اللّٰہ عَزَّوَجَلَّ فُحش گوئی کی عادت نکل جائے گی۔ (ایک بار کا دم کیا ہوا گلاس برسوں تک چلا سکتے ہیں)
یَا مُحْیِیُ	سات بار پڑھ کر اپنے اوپر دم کر لیجئے، گیس ہو یا پیٹ یا کسی بھی جگہ دَرْد ہو یا کسی عُضو کے ضائع ہو جانے کا خوف ہو اِنْ شَآءَ اللّٰہ عَزَّوَجَلَّ فائدہ ہوگا۔ (مدتِ علاج: تا حصولِ شِفا روزانہ کم از کم ایک بار)
یَا غَنِیُّ	رِیڑھ کی ہڈی، گُھٹنوں، جوڑوں یا جسم میں کہیں بھی درد ہو، چلتے پھرتے اُٹھتے بیٹھتے پڑھتے رہیے، اِنْ شَآءَ اللّٰہ عَزَّوَجَلَّ درد جاتا رہے گا۔
یَا مُغْنِیُ	ایک بار پڑھ کر ہاتھوں پر دم کر کے درد کی جگہ پر ملنے سے اِنْ شَآءَ اللّٰہ عَزَّوَجَلَّ سُکون ملے گا۔
یَا نَافِعُ	20 بار جو کسی کام کو شُروع کرنے سے قبل پڑھ لے اِنْ شَآءَ اللّٰہ عَزَّوَجَلَّ وہ کام اُس کی مرضی کے مطابق پورا ہوگا۔

عُلَماء کی شان

اللّٰہ عَزَّوَجَلَّ کے محبوب، دانائے غُیُوب، مُنَزَّہٌ عَنِ الْعُیُوب صَلَّی اللّٰہُ تَعَالٰی عَلَیْہِ وَاٰلِہٖ وَسَلَّم کا فرمانِ پُرنور ہے: جنّتی جنّت میں علمائے کرام کے محتاج ہوں گے، اس لئے کہ وہ ہر جُمُعَہ کو اللّٰہ تعالٰی کے دیدار سے مشرف ہوں گے۔ اللّٰہ تعالٰی فرمائے گا: تَمَنَّوْا عَلَیَّ مَا شِئْتُمْ یعنی مجھ سے مانگو، جو چاہو۔ وہ جنّتی علمائے کرام کی طرف متوجہ ہوں گے کہ اپنے ربِ کریم سے کیا مانگیں؟ وہ فرمائیں گے: ''یہ مانگو وہ مانگو۔'' جیسے وہ لوگ دنیا میں علمائے کرام کے محتاج تھے، جنت میں بھی ان کے محتاج ہوں گے۔

(الفردوس بمأثور الخطاب، ۱/۲۳۰، حدیث: ۸۸۰ والجامع الصغیر، ص ۱۳۵، حدیث: ۲۲۳۵)

منقبتِ غوثِ اعظم

مرے خواب میں آ بھی جا غوثِ اعظم

مرے خواب میں آ بھی جا غوثِ اعظم
پلا جامِ دیدار یاغوثِ اعظم

کبھی تو غریبوں کے گھر کوئی پھیرا!
ہماری بھی قسمت جگا غوثِ اعظم

کچھ ایسی پلا دو شرابِ مَحَبَّت
نہ اُترے کبھی بھی نَشہ غوثِ اعظم

ہیں زیرِ قدم گردنیں اَولیا کی
تمہارا ہے وہ مرتبہ غوثِ اعظم

ہیں سارے ولی تیرے زیرِ نگیں [1] اور
ہے تُو سَیِّدُ الاولیاء غوثِ اعظم

مدد کیجئے آہ! چاروں طرف سے
میں آفات میں ہوں گِھرا غوثِ اعظم

[1] ......ماتحت۔

بہار آئے میرے بھی اُجڑے چمن میں
چلا کوئی ایسی ہَوا غوثِ اعظم

رہے شاد و آباد میرا گھرانہ
کرم از پئے مصطفٰے غوثِ اعظم

دمِ نزع شیطاں نہ ایمان لے لے
حفاظت کی فرما دعا غوثِ اعظم

مُریدین کی موت توبہ پہ ہو گی
ہے یہ آپ ہی کا کہا غوثِ اعظم

مری موت بھی آئے توبہ پہ مُرشِد!
ہوں میں بھی مرید آپ کا غوثِ اعظم

کرم آپ کا گر ہوا تو یقیناً
نہ ہوگا بُرا خاتمہ غوثِ اعظم

مری قبْر میں لَا تَخَف[1] کہتے آؤ
اندھیرا رہا ہے ڈرا غوثِ اعظم

گو عطارؔ بَد ہے بدوں کا بھی سردار
یہ تیرا ہے تیرا، ترا غوثِ اعظم[2]

---

[1] ......"لاتخف" سے غوثِ پاک کے اس ارشاد: مُرِیْدِیْ لَاتَخَفْ، اَللّٰہُ رَبِّیْ (یعنی میرے مُرید مَت ڈر، اللہ عَزَّوَجَلَّ میرا پَروَرْدگار ہے) کی طرف اشارہ ہے۔

[2] ......وسائلِ بخشش، ص ۵۲۴

مُناجات

اللہ! مجھے حافِظِ قُرآن بنادے[1]

اللہ! مجھے حافِظِ قُرآن بنا دے
قُرآن کے اَحکام پہ بھی مجھ کو چلا دے

ہو جایا کرے یاد سَبَق جلد الٰہی!
مولیٰ تُو مِرا حافظہ مضبوط بنا دے

سُستی ہو مِری دُور اُٹھوں جلد سَویرے
تُو مدرَسے میں دِل مِرا اللہ! لگا دے

ہو مدرَسے کا مجھ سے نہ نقصان کبھی بھی
اللہ! یہاں کے مجھے آداب سکھا دے

چُھٹّی نہ کروں بھول کے بھی مدرَسے کی میں
اَوقات کا بھی مجھ کو تُو پابند بنا دے

اُستاذ ہوں موجود یا باہَر کہیں مصروف
عادت تُو مِری شور مچانے کی مِٹا دے

خصلَت ہو مِری دُور شرارت کی الٰہی!
سنجیدہ بنا دے مجھے سنجیدہ بنا دے

---

[1]......وسائلِ بخشش، ص۱۰۱

اُستاذ کی کرتا رہوں ہر دم میں اِطاعت

ماں باپ کی عزّت کی بھی توفیق خُدا دے

کپڑے میں رکھوں صاف تُو دِل کو مِرے کر صاف

مولیٰ تُو مدینہ مِرے سینے کو بنا دے

فِلموں سے ڈراموں سے دے نفرت تُو الٰہی!

بس شوق مجھے نعت وتِلاوت کا خُدا دے

میں ساتھ جماعت کے پڑھوں ساری نَمازیں

اللہ! عبادت میں مِرے دل کو لگا دے

پڑھتا رہوں کثرت سے دُرُود اُن پہ سدا مَیں

اور ذِکر کا بھی شوق پئے غوث ورضا دے

ہر کام شریعت کے مطابق میں کروں کاش!

یاربّ! تو مُبلِّغ مجھے سُنّت کا بنا دے

میں جھوٹ نہ بولوں کبھی گالی نہ نِکالوں

اللہ! مَرَض سے تُو گناہوں کے شِفا دے

میں فالتو باتوں سے رہوں دُور ہمیشہ

چُپ رہنے کا اللہ! سلیقہ تُو سِکھا دے

اَخلاق ہوں اچھے مِرا کردار ہو سُتھرا

محبوب کا صَدْقہ تُو مجھے نیک بنا دے

اُستاذ ہوں، ماں باپ ہوں، عطّاؔر بھی ہو ساتھ

یُوں حج کو چلیں اور مدینہ بھی دکھا دے

صلوٰۃ وسلام [1]

اے مدینے کے تاجدار تجھے
اہلِ ایماں سلام کہتے ہیں
تیرے عُشّاق تیرے دیوانے
جانِ جاناں سلام کہتے ہیں
جو مدینے سے دُور رہتے ہیں
ہجر و فُرقت کا رَنج سہتے ہیں
وہ طلب گارِ دِید رو رو کر
اے مِری جاں سلام کہتے ہیں
جن کو دنیا کے غم ستاتے ہیں
ٹھوکریں دَر بدر کی کھاتے ہیں
غم نصیبوں کے چارہ گر تم کو
وہ پریشاں سلام کہتے ہیں
دور دنیا کے رنج و غم کردو
اور سینے میں اپنا غم بھر دو
اُن کو چشمانِ تر عطا کردو
جو بھی سلطاں سلام کہتے ہیں
جو ترے عشق میں تڑپتے ہیں
حاضری کے لئے ترستے ہیں

[1] ......وسائلِ بخشش، ص ۵۸۴

اذنِ طیبہ کی آس میں آقا
وہ پُر ارماں سلام کہتے ہیں

تیرے روضے کی جالیوں کے پاس
ساتھ رحم و کرم کی لیکر آس

کتنے دُکھیارے روز آ آ کے
شاہِ ذیشاں سلام کہتے ہیں

آرزوئے حرم ہے سینے میں
اب تو بُلوائیے مدینے میں

تجھ سے تجھ ہی کو مانگتے ہیں جو
وہ مسلماں سلام کہتے ہیں

رُخ سے پردے کو اب اُٹھا دیجے
اپنے قدموں سے اب لگا لیجے

آہ! جو نیکیوں سے ہیں یکسر
خالی داماں سلام کہتے ہیں

آپ عطّار کیوں پریشاں ہیں
بد سے بدتر بھی زیرِ داماں ہیں
ان پہ رحمت وہ خاص کرتے ہیں
جو مسلماں سلام کہتے ہیں

دُعا

دُعا کی اہمیت

پیارے مدنی منّو! دُعا جس طرح **اللہ** عَزَّوَجَلَّ سے مُناجات کرنے، اس کی قُربت حاصل کرنے، اس کے فَضْل وانعام کے مُستحق ہونے اور بخشش ومغفرت کا پروانہ حاصل کرنے کا نہایت آسان اور مُجرب ذَرِیعہ ہے۔ اسی طرح دعا **اللہ** عَزَّوَجَلَّ کے پیارے حبیب صَلَّی اللہُ تَعَالٰی عَلَیْہِ وَاٰلِہٖ وَسَلَّم کی سنّت، اس کے پیارے بندوں کی عادت اور دَرحقیقت عبادت بلکہ مَغزِ عبادت اور گناہ گار بندوں کے حق میں **اللہ** عَزَّوَجَلَّ کی طرف سے ایک بہت بڑی نعمت وسعادت ہے۔

قرآنِ کریم واَحادیث مبارکہ میں جگہ جگہ دعا مانگنے کی ترغیب دلائی گئی ہے۔ چُنانچہ،

دعا سے متعلق قرآن کریم میں فرمانِ باری تعالیٰ ہے:

وَ قَالَ رَبُّكُمُ ادْعُوْنِیْۤ اَسْتَجِبْ لَكُمْ ؕ اِنَّ الَّذِیْنَ یَسْتَكْبِرُوْنَ عَنْ عِبَادَتِیْ سَیَدْخُلُوْنَ جَهَنَّمَ دٰخِرِیْنَ۠ (۶۰) (پ ۲۴، المؤمن: ۶۰)

ترجمۂ کنز الایمان: اور تمہارے رب نے فرمایا مجھ سے دعا کرو میں قبول کروں گا بیشک وہ جو میری عبادت سے اونچے کھنچتے (تکبر کرتے) ہیں عنقریب جہنّم میں جائیں گے ذلیل ہوکر۔

ایک مَقام پر ارشاد فرمایا:

وَ اِذَا سَاَلَكَ عِبَادِیْ عَنِّیْ فَاِنِّیْ قَرِیْبٌؕ اُجِیْبُ دَعْوَةَ الدَّاعِ اِذَا دَعَانِۙ فَلْیَسْتَجِیْبُوْا لِیْ وَ لْیُؤْمِنُوْا

ترجمۂ کنز الایمان: اور اے محبوب جب تم سے میرے بندے مجھے پوچھیں تو میں نزدیک ہوں دعا قبول کرتا ہوں پُکارنے والے کی جب مجھے پکارے تو انہیں چاہیے میرا حکم

بِیۡ لَعَلَّھُمۡ یَرۡشُدُوۡنَ ﴿۱۸۶﴾ (پ ۲، البقرۃ: ۱۸۶) مانیں اور مجھ پر ایمان لائیں کہ کہیں راہ پائیں۔

پیارے مدنی منّو! اللہ عَزَّوَجَلَّ کے محبوب، دانائے غُیوب صَلَّی اللہُ تَعَالٰی عَلَیۡہِ وَاٰلِہٖ وَسَلَّم نے پیدا ہوتے ہی اپنی اُمّت کے حق میں یہ دعا مانگی: رَبِّ ھَبۡ لِیۡ اُمَّتِیۡ۔ یعنی خدایا میری امت کو میرے واسطے بخش دے۔

نیز سرکارِ والا تبار، ہم بے کسوں کے مددگار صَلَّی اللہُ تَعَالٰی عَلَیۡہِ وَاٰلِہٖ وَسَلَّم نے کثیر احادیثِ مبارکہ میں بار بار دعا مانگنے کی ترغیب دلائی ہے۔ چُنانچہ ارشاد فرمایا: اَلدُّعَاءُ مُخُّ الۡعِبَادَةِ۔[1] ترجمہ: دعا عبادت کا مَغز ہے۔ اور نہ مانگنے کی صورت میں ربِ جلیل کا نہایت سخت حُکم بھی سُنایا: مَنۡ لَا یَدۡعُوۡنِیۡ اَغۡضِبۡ عَلَیۡهِ[2] یعنی جو مجھ سے نہ مانگے گا میں اس پر غضب فرماؤں گا۔

آدابِ دعا

صدرُ الافاضل حضرتِ علامہ مولانا سیِّد محمد نعیم الدین مُراد آبادی عَلَیۡہِ رَحۡمَۃُ اللہِ الۡھَادِی **"خزائنُ العرفان"** میں فرماتے ہیں: **اللہ** تعالیٰ بندوں کی دعائیں اپنی رحمت سے قبول فرماتا ہے اور انکے قبول کے لیے چند شرطیں ہیں: ایک اخلاص دعا میں۔ دوسرے یہ کہ قَلب غیر کی طرف مَشغول نہ ہو۔ تیسرے یہ کہ وہ دعا کسی امرِ ممنوع پر مُشتمل نہ ہو۔ چوتھے یہ کہ **اللہ** تعالیٰ کی رحمت پر یقین رکھتا ہو۔ پانچویں یہ کہ شکایت نہ کرے کہ میں نے دعا مانگی قبول نہ ہوئی۔ یہ شرائط نَقْل فرمانے کے بعد صدر الافاضل رَحۡمَۃُ اللہِ تَعَالٰی عَلَیۡہ فرماتے ہیں: جب ان شرطوں سے دعا کی جاتی ہے قبول ہوتی ہے حدیث شریف میں ہے کہ دعا کرنے والے کی دعا قبول ہوتی ہے یا تو اس کی مُراد دنیا ہی میں اس کو جلد دے دی جاتی ہے یا آخرت میں اس کے لیے ذخیرہ ہوتی ہے یا اس سے اس کے گناہوں کا کفّارہ کر دیا جاتا ہے۔[3]

---

[1] ……ترمذی، کتاب الدعوات، باب ماجاء فی فضل الدعاء، ۵/ ۲۴۳، حدیث: ۳۳۸۲

[2] ……الجامع الصغیر، ص ۳۷۷، حدیث: ۲۰۶۹

[3] ……خزائن العرفان، پ ۲۴، المؤمن، تحت الآیۃ: ۶۰

دعا کے تین فائدے

شہنشاہِ مدینہ، قرارِ قلب وسینہ صَلَّی اللہُ تَعَالٰی عَلَیْہِ وَاٰلِہٖ وَسَلَّم کا فرمانِ عالیشان ہے: جو مسلمان ایسی دعا کرے جس میں گناہ و قَطعِ رحمی کی کوئی بات شامل نہ ہو تو اللہ عَزَّوَجَلَّ اسے تین چیزوں میں سے کوئی ایک ضَرور عطا فرماتا ہے:

﴿1﴾......اس کی دعا کا نتیجہ جلد ہی اس کی زندگی میں ظاہر ہو جاتا ہے۔

﴿2﴾......اللہ عَزَّوَجَلَّ کوئی مصیبت اس بندے سے دُور فرما دیتا ہے۔

﴿3﴾......اس کے لئے آخرت میں بھلائی جمع کر دی جاتی ہے۔[۱]

ایک رِوایت میں ہے کہ بندہ جب آخرت میں اپنی دعاؤں کا ثواب دیکھے گا جو دنیا میں مُستَجاب (یعنی مقبول) نہ ہوئی تھیں تو تمنّا کرے گا: کاش! دنیا میں میری کوئی دعا قبول نہ ہوئی ہوتی۔[۲]

آیتُ الکرسی کی فضیلت

جو شخص ہر نماز کے بعد آیۃُ الکرسی پڑھے گا اس کو حسبِ ذیل برکتیں نصیب ہوں گی: اِنْ شَآءَ اللہ عَزَّوَجَلَّ

(1) وہ مرنے کے بعد جنت میں جائے گا۔

(2) وہ شیطان اور جن کی تمام شرارتوں سے محفوظ رہے گا۔

(3) اگر محتاج ہو گا تو چند دنوں میں اس کی محتاجی اور غریبی دُور ہو جائے گی۔

(4) جو شخص صُبح و شام اور بستر پر لیٹتے وقت آیۃ الکرسی اور اس کے بعد کی دو آیتیں خٰلِدُوْنَ تک پڑھا کرے گا وہ چوری، غَرَق آبی اور جلنے سے محفوظ رہے گا۔

(5) اگر سارے مکان میں کسی اونچی جگہ پر لکھ کر اس کا کتبہ آویزاں کر دیا جائے تو اِنْ شَآءَ اللہ عَزَّوَجَلَّ اس گھر میں کبھی فاقہ نہ ہو گا بلکہ روزی میں بَرَکت اور اِضافہ ہو گا اور اس مکان میں کبھی چور نہ آسکے گا۔ (جنّتی زیور، ص ۵۸۹)

[۱] ...... مستدرک، کتاب الدعاء۔۔۔ الخ، باب الدعاء ینفع ممانزل ومما لم ینزل، ۲/ ۱۶۳، حدیث: ۱۸۵۹

[۲] ...... مستدرک، کتاب الدعاء۔۔۔ الخ، باب یدعو اللہ بالمؤمن یوم القیامۃ، ۲/ ۱۶۴، حدیث: ۱۸۶۲

تفصیلی فہرست

ماٰخذ و مراجع

1	قرآن مجید	کلام باری تعالی	مکتبۃ المدینہ باب المدینہ (کراچی)
2	کنز الایمان فی ترجمۃ القرآن	اعلی حضرت امام احمد رضا خان، متوفی ۱۳۴۰ھ	مکتبۃ المدینہ باب المدینہ (کراچی)
3	تفسیر الطبری	امام ابو جعفر محمد بن جریر طبری، متوفی ۳۱۰ھ	دار الکتب العلمیۃ، بیروت ۱۴۱۴ھ
4	التفسیر الکبیر	امام فخر الدین محمد بن عمر بن حسین رازی، متوفی ۶۰۶ھ	دار احیاء التراث العربی، بیروت ۱۴۲۰ھ
5	الجامع لاحکام القرآن	امام محمد بن احمد القرطبی، متوفی ۶۷۱ھ	دار الفکر، بیروت ۱۴۲۰ھ
6	تفسیر المدارک	امام عبد اللہ بن احمد بن محمود نسفی، متوفی ۷۱۰ھ	دار المعرفۃ، بیروت ۱۴۲۱ھ
7	تفسیر الخازن	علاء الدین علی بن محمد بغدادی، متوفی ۷۴۱ھ	المطبعۃ المیمنیۃ، مصر
8	تفسیر ابن کثیر	عماد الدین اسماعیل بن عمر ابن کثیر دمشقی، متوفی ۷۷۴ھ	دار الکتب العلمیۃ، بیروت ۱۴۱۹ھ
9	الدر المنثور	امام جلال الدین عبد الرحمن سیوطی شافعی، متوفی ۹۱۱ھ	دار الفکر، بیروت ۱۴۰۳ھ
10	الاتقان فی علوم القرآن	امام جلال الدین بن ابی بکر سیوطی، متوفی ۹۱۱ھ	دار الفکر، بیروت ۱۴۲۳ھ
11	التفسیرات الاحمدیۃ	شیخ احمد بن ابی سعید ملّا جیون جونپوری، متوفی ۱۱۳۰ھ	پشاور
12	روح البیان	مولی الروم شیخ اسماعیل حقی بروسی، متوفی ۱۱۳۷ھ	دار احیاء التراث العربی، بیروت
13	حاشیۃ الصاوی علی تفسیر الجلالین	احمد بن محمد صاوی مالکی خلوتی، متوفی ۱۲۴۱ھ	دار الفکر، بیروت
14	روح المعانی	ابو الفضل شہاب الدین سید محمود آلوسی، متوفی ۱۲۷۰ھ	دار احیاء التراث العربی، بیروت ۱۴۲۰ھ
15	خزائن العرفان	صدر الافاضل مفتی نعیم الدین مراد آبادی، متوفی ۱۳۶۷ھ	مکتبۃ المدینہ باب المدینہ کراچی
16	تفسیر نعیمی	حکیم الامت مفتی احمد یار خان نعیمی، متوفی ۱۳۹۱ھ	ضیاء القرآن پبلی کیشنز، لاہور
17	کتاب التیسیر فی القراءات السبع	امام ابو عمرو عثمان بن سعید الدانی، متوفی ۴۴۴ھ	دار الکتب العلمیۃ، بیروت
18	شرح العقائد	علامہ مسعود بن عمر سعد الدین تفتازانی، متوفی ۷۹۳ھ	باب المدینہ کراچی
19	المسامرۃ بشرح المسایرۃ	کمال الدین محمد بن محمد المعروف بابن ابی شریف، متوفی ۹۰۶ھ	مطبعۃ السعادۃ بمصر
20	الیواقیت والجواہر	عبد الوہاب بن احمد بن علی بن احمد شعرانی، متوفی ۹۷۳ھ	دار الکتب العلمیۃ، بیروت ۱۴۱۹ھ
21	النبراس	علامہ محمد عبد العزیز فرہاری، متوفی ۱۲۳۹ھ	مدینۃ الاولیاء ملتان

22	المعتقد المنتقد مع شرحہ المعتمد المستند	علامہ فضل الرسول بدایونی، متوفی ۱۲۸۹ھ	برکاتی پبلشرز، کراچی ۱۴۲۰ھ
23	صحیح البخاری	امام محمد بن اسماعیل بخاری، متوفی ۲۵۶ھ	دار الکتب العلمیۃ، بیروت ۱۴۱۹ھ
24	المؤطا	امام مالک بن انس اصبحی ۱۷۹ھ	دار المعرفۃ بیروت ۱۴۲۰ھ
25	صحیح مسلم	امام مسلم بن حجاج بن مسلم القشیری، متوفی ۲۶۱ھ	دار ابن حزم، بیروت ۱۴۱۹ھ
26	سُنن الترمذی	امام ابو عیسی محمد بن عیسی الترمذی، متوفی ۲۷۹ھ	دار احیاء التراث العربی بیروت ۱۴۱۴ھ
27	سنن ابی داود	امام ابو داود سلیمان بن اشعث السجستانی، متوفی ۲۷۵ھ	دار احیاء التراث العربی بیروت ۱۴۲۱ھ
28	سنن ابن ماجہ	امام ابو عبد اللہ محمد بن یزید القزوینی، متوفی ۲۷۳ھ	دار الفکر، بیروت ۱۴۲۰ھ
29	سنن النسائی	امام ابو عبد الرحمٰن احمد بن شعیب بن علی النسائی متوفی ۳۰۳ھ	دار الکتب العلمیۃ، بیروت ۱۴۲۶ھ
30	صحیح ابن خزیمۃ	امام ابو بکر محمد بن اسحاق نیشاپوری شافعی، متوفی ۳۱۱ھ	المکتب الاسلامی، بیروت
31	الاحسان بترتیب صحیح ابن حبان	امام حافظ ابو حاتم محمد بن حبان بن احمد تمیمی، متوفی ۳۵۴ھ	دار الکتب العلمیۃ، بیروت
32	سنن الدارمی	امام حافظ عبد اللہ بن عبد الرحمن دارمی، متوفی ۲۵۵ھ	دار الکتاب العربی، بیروت
33	سنن دار قطنی	امام علی بن عمر دار قطنی، متوفی ۳۸۵ھ	مدینۃ الاولیاء، ملتان
34	المسند للامام احمد	امام ابو عبد اللہ احمد بن محمد بن حنبل، متوفی ۲۴۱ھ	دار الفکر، بیروت ۱۴۱۴ھ
35	المسند لابی یعلی	شیخ الاسلام ابو یعلی احمد الموصلی، متوفی ۳۰۷ھ	دار الکتب العلمیۃ، بیروت ۱۴۱۸ھ
36	المعجم الکبیر	امام سلیمان احمد طبرانی، متوفی ۳۶۰ھ	دار احیاء التراث العربی، بیروت ۱۴۲۲ھ
37	المعجم الاوسط	امام سلیمان احمد طبرانی، متوفی ۳۶۰ھ	دار الکتب العلمیۃ، بیروت ۱۴۲۲ھ
38	المعجم الصغیر	امام سلیمان احمد طبرانی، متوفی ۳۶۰ھ	دار الکتب العلمیۃ، بیروت
39	المصنف لعبد الرزاق	امام حافظ ابو بکر عبد الرزاق بن ہمام، متوفی ۲۱۱ھ	دار الکتب العلمیۃ، بیروت ۱۴۲۱ھ
40	المصنف لابن ابی شیبہ	امام عبد اللہ بن محمد ابی شیبۃ، متوفی ۲۳۵ھ	دار الفکر، بیروت ۱۴۱۴ھ
41	الادب المفرد	امام محمد بن اسماعیل بخاری، متوفی ۲۵۶ھ	تاشقند، ایران
42	موسوعۃ الامام ابن ابی الدنیا	امام ابو بکر عبد اللہ بن محمد القرشی، متوفی ۲۸۱ھ	دار الکتب العلمیۃ، بیروت
43	نوادر الاصول	ابو عبد اللہ محمد بن علی بن حسن حکیم ترمذی، متوفی ۳۲۰ھ	مکتبہ امام بخاری
44	مستدرک علی الصحیحین	امام ابو عبد اللہ محمد بن عبد اللہ حاکم، متوفی ۴۰۵ھ	دار المعرفۃ، بیروت ۱۴۱۸ھ

45	شعب الایمان	امام ابوبکر احمد بن حسین بیہقی، متوفی ۴۵۸ھ	دار الکتب العلمیۃ، بیروت ۱۴۲۱ھ
46	معرفۃ السنن والآثار	امام ابوبکر احمد بن حسین بیہقی، متوفی ۴۵۸ھ	دار الکتب العلمیۃ، بیروت
47	فردوس الاخبار	حافظ شیرویہ بن شہردار بن شیرویہ دیلمی، متوفی ۵۰۹ھ	دار الکتب العلمیۃ، بیروت
48	شرح السنۃ	امام ابو محمد حسین بن مسعود بغوی، متوفی ۵۱۶ھ	دار الکتب العلمیۃ، بیروت ۱۴۲۴ھ
49	الترغیب والترہیب	امام زکی الدین عبد العظیم بن عبد القوی منذری، متوفی ۶۵۶ھ	دار الکتب العلمیۃ، بیروت ۱۴۱۸ھ
50	مشکوۃ المصابیح	الشیخ محمد بن عبد اللہ الخطیب التبریزی، متوفی ۷۴۱ھ	دار الکتب العلمیۃ، بیروت ۱۴۲۱ھ
51	مشکوۃ المصابیح	الشیخ محمد بن عبد اللہ الخطیب التبریزی، متوفی ۷۴۱ھ	باب المدینہ کراچی
52	مجمع الزوائد	حافظ نور الدین علی بن ابوبکر ہیثمی، متوفی ۸۰۷ھ	دار الفکر، بیروت ۱۴۲۰ھ
53	الجامع الصغیر	امام جلال الدین عبد الرحمن سیوطی شافعی، متوفی ۹۱۱ھ	دار الکتب العلمیۃ، بیروت ۱۴۲۵ھ
54	جامع الاحادیث	امام جلال الدین عبد الرحمن سیوطی شافعی، متوفی ۹۱۱ھ	دار الفکر، بیروت
55	کنز العمال	علامہ علاء الدین علی المتقی الھندی، متوفی ۹۷۵ھ	دار الکتب العلمیۃ، بیروت ۱۴۱۹ھ
56	عمدۃ القاری	امام بدر الدین ابو محمد محمود بن احمد عینی، متوفی ۸۵۵ھ	دار الفکر، بیروت
57	تنزیہ الشریعۃ المرفوعۃ	ابو الحسن علی بن محمد بن عراق الکنانی، متوفی ۹۶۳ھ	دار الکتب العلمیۃ، بیروت
58	مرقاۃ المفاتیح	علامہ ملا علی بن سلطان قاری، متوفی ۱۰۱۴ھ	دار الفکر، بیروت ۱۴۱۴ھ
59	اشعۃ اللمعات	شیخ محقق عبد الحق محدث دہلوی، متوفی ۱۰۵۲ھ	کوئٹہ ۱۳۳۲ھ
60	مراۃ المناجیح	حکیم الامت مفتی احمد یار خان نعیمی، متوفی ۱۳۹۱ھ	ضیاء القران پبلی کیشنز لاہور
61	نزہۃ القاری	علامہ مفتی محمد شریف الحق امجدی، متوفی ۱۴۲۰ھ	فرید بک سٹال، لاہور
62	الشمائل المحمدیۃ	الامام ابو عیسی محمد بن عیسی الترمذی، متوفی ۲۷۹ھ	دار احیاء التراث العربی بیروت
63	الشفاء بتعریف حقوق المصطفی	قاضی ابو الفضل عیاض مالکی، متوفی ۵۴۴ھ	مرکز اہلسنت برکات رضا، ہند
64	المواهب اللدنیۃ	شہاب الدین احمد بن محمد قسطلانی، متوفی ۹۲۳ھ	دار الکتب العلمیۃ، بیروت ۱۴۱۶ھ
65	شرح الزرقانی علی المواهب اللدنیۃ	محمد بن عبد الباقی بن یوسف الزرقانی، متوفی ۱۱۲۲ھ	دار الکتب العلمیۃ، بیروت
66	الخصائص الکبری	امام جلال الدین بن ابی بکر سیوطی، متوفی ۹۱۱ھ	دار الکتب العلمیۃ، بیروت
67	وسائل الوصول الی شمائل الرسول	امام یوسف بن اسماعیل نبہانی، متوفی ۱۳۵۰ھ	دار المنهاج، بیروت

68	الحصن الحصین	شیخ محمد بن محمد بن الجزری شافعی، متوفی ۸۳۳ھ	مکتبۃ العصریۃ، بیروت
69	حلیۃ الاولیاء	حافظ ابو نعیم احمد بن عبد اللہ اصفہانی شافعی، متوفی ۴۳۰ھ	دار الکتب العلمیۃ، بیروت ۱۴۱۹ھ
70	تاریخ بغداد	حافظ ابو بکر احمد بن علی الخطیب البغدادی، متوفی ۴۶۳ھ	دار الکتب العلمیۃ، بیروت
71	قوت القلوب	شیخ ابو طالب محمد بن علی مکی، متوفی ۳۸۶ھ	دار الکتب العلمیۃ، بیروت ۱۴۲۶ھ
72	احیاء علوم الدین	امام محمد بن احمد الغزالی، متوفی ۵۰۵ھ	دار صادر، بیروت ۲۰۰۰ء
73	اتحاف السادۃ المتقین	سید محمد بن محمد حسینی زبیدی، متوفی ۱۲۰۵ھ	دار الکتب العلمیۃ، بیروت
74	کیمیائے سعادت	امام ابو حامد محمد بن محمد غزالی، متوفی ۵۰۵ھ	انتشارات گنجینہ، تہران
75	کشف المحجوب	علی بن عثمان ھجویری، متوفی ۴۶۵ھ	نوائے وقت پرنٹرز، لاھور
76	القول البدیع	الحافظ محمد بن عبد الرحمن السخاوی، متوفی ۹۰۲ھ	مؤسسۃ الریان، بیروت
77	افضل الصلوات علی سید السادات	علامہ یوسف بن اسماعیل نبھانی، متوفی ۱۳۵۰ھ	دار الثمر
78	الحدیقۃ الندیۃ	علامہ عبد الغنی نابلسی حنفی، متوفی ۱۱۴۱ھ	پشاور
79	المفردات فی غریب القرآن	ابو القاسم الحسین بن محمد الاصفھانی، متوفی ۵۰۲ھ	دار القلم، دمشق
80	المستطرف	شہاب الدین محمد بن ابی احمد ابی الفتح، متوفی ۸۵۰ھ	دار الفکر، بیروت
81	قصیدہ نعمانیہ مع الخیرات الحسان	امام اعظم ابو حنیفۃ نعمان بن ثابت، متوفی ۱۵۰ھ	مکتبۃ الحقیقۃ، استنبول
82	الھدایۃ	برھان الدین علی بن ابی بکر مَرغینانی، متوفی ۵۹۳ھ	دار احیاء التراث العربی، بیروت
83	کنز الدقائق	امام ابو البرکات حافظ الدین عبد اللہ بن احمد نسفی، متوفی ۷۱۰ھ	باب المدینہ، کراچی
84	البحر الرائق	علامہ زین الدین بن نجیم، متوفی ۹۷۰ھ	کوئٹہ ۱۴۲۰ھ
85	خلاصۃ الفتاوی	علامہ طاھر بن عبد الرشید بخاری، متوفی ۵۴۲ھ	کوئٹہ
86	فتاوی رملی	علامہ خیر الدین رملی، متوفی ۱۰۸۱ھ	باب المدینہ کراچی
87	فتح القدیر	کمال الدین محمد بن عبد الواحد المعروف بابن ھمام، متوفی ۶۸۱ھ	کوئٹہ
88	شرح الوقایۃ	علامہ صدر الشریعہ عبید اللہ بن مسعود، متوفی ۷۴۷ھ	باب المدینہ کراچی
89	جامع الرموز	امام شمس الدین محمد الخراسانی القھستانی، متوفی ۹۵۳ھ وقیل ۹۶۲ھ	باب المدینہ کراچی

90	غنیۃ المتملی	علامہ محمد ابراھیم بن حلبی، متوفی ۹۵۶ھ	سہیل اکیڈمی، مرکز الاولیاء لاھور
91	تنویر الابصار	شمس الدین محمد بن عبد اللہ تمرتاشی، متوفی ۱۰۰۴ھ	دار المعرفۃ، بیروت ۱۴۲۰ھ
92	فتاوی تاتارخانیۃ	علامہ عالم بن علاء انصاری دھلوی، متوفی ۷۸۶ھ	باب المدینہ کراچی ۱۴۱۲ھ
93	الدر المختار	علامہ علاؤ الدین الحصکفی، متوفی ۱۰۸۸ھ	دار المعرفۃ بیروت ۱۴۲۰ھ
94	الفتاوی الھندیۃ	ملا نظام الدین، متوفی ۱۱۶۱ھ و علمائے ھند	کوئٹہ پاکستان
95	رد المحتار	محمد امین ابن عابدین شامی، متوفی ۱۲۵۲ھ	دار المعرفۃ، بیروت ۱۴۲۰ھ
96	الفتاوی الرضویۃ	اعلی حضرت امام احمد رضا خان، متوفی ۱۳۴۰ھ	رضا فاؤنڈیشن، لاھور
97	ملفوظاتِ اعلی حضرت	اعلی حضرت امام احمد رضا خان، متوفی ۱۳۴۰ھ	مکتبۃ المدینہ باب المدینہ کراچی
98	بہار شریعت	صدر الشریعہ مفتی امجد علی اعظمی، متوفی ۱۳۷۶ھ	مکتبۃ المدینہ باب المدینہ کراچی
99	الفتاوی الامجدیۃ	صدر الشریعہ مفتی امجد علی اعظمی، متوفی ۱۳۷۶ھ	مکتبہ رضویہ، کراچی ۱۴۱۹ھ
100	جاء الحق	حکیم الامت مفتی احمد یار خان نعیمی، متوفی ۱۳۹۱ھ	ضیاء القران پبلی کیشنز لاھور
101	سیرت مصطفی	شیخ الحدیث علامہ عبد المصطفی اعظمی	مکتبۃ المدینہ باب المدینہ (کراچی)
102	جنتی زیور	شیخ الحدیث علامہ عبد المصطفی اعظمی	مکتبۃ المدینہ باب المدینہ (کراچی)
103	ھمارا اسلام	مفتی محمد خلیل خان برکاتی، متوفی ۱۴۰۵ھ	فرید بک اسٹال، لاھور
104	مدنی پنج سورہ	حضرت علامہ مولانا ابو بلال محمد الیاس عطار قادری دامت برکاتھم العالیہ	مکتبۃ المدینہ باب المدینہ (کراچی)
105	فیضانِ سنت (جلد اول)	حضرت علامہ مولانا ابو بلال محمد الیاس عطار قادری دامت برکاتھم العالیہ	مکتبۃ المدینہ باب المدینہ (کراچی)
106	کفریہ کلمات کے بارے میں سوال جواب	حضرت علامہ مولانا ابو بلال محمد الیاس عطار قادری دامت برکاتھم العالیہ	مکتبۃ المدینہ باب المدینہ (کراچی)
107	نماز کے احکام	حضرت علامہ مولانا ابو بلال محمد الیاس عطار قادری دامت برکاتھم العالیہ	مکتبۃ المدینہ باب المدینہ (کراچی)
108	ابلق گھوڑے سوار	حضرت علامہ مولانا ابو بلال محمد الیاس عطار قادری دامت برکاتھم العالیہ	مکتبۃ المدینہ باب المدینہ (کراچی)
109	حدائقِ بخشش	اعلی حضرت امام احمد رضا خان، متوفی ۱۳۴۰ھ	مکتبۃ المدینہ باب المدینہ (کراچی)
110	ذوقِ نعت	مولانا محمد حسن رضا خان قادری	مرکز اھل سنت برکاتِ رضا (ھند)
111	وسائلِ بخشش	حضرت علامہ مولانا ابو بلال محمد الیاس عطار قادری دامت برکاتھم العالیہ	مکتبۃ المدینہ باب المدینہ (کراچی)

شعبہ اِصلاحی کُتُب

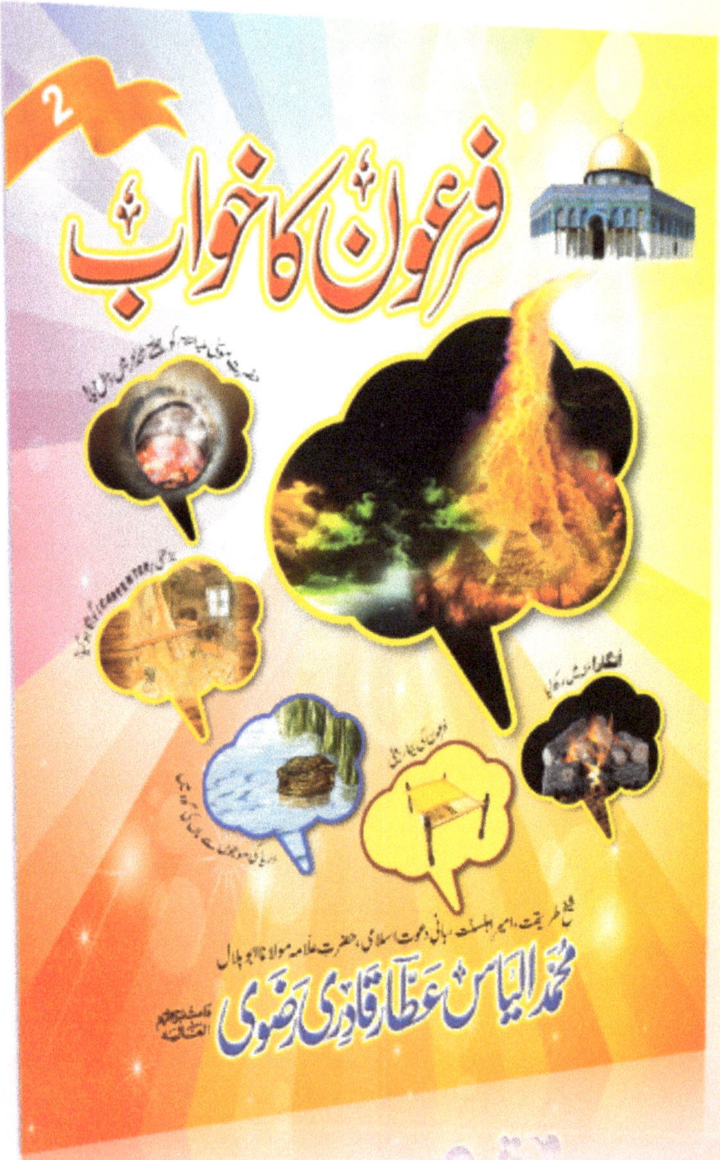
2
فرعون کا خواب
شیخِ طریقت، امیرِ اہلسنت، بانیٔ دعوتِ اسلامی، حضرت علامہ مولانا ابو بلال
محمد الیاس عطار قادری رضوی
دامت برکاتہم العالیہ

www.ingramcontent.com/pod-product-compliance
Lightning Source LLC
LaVergne TN
LVHW070524061126
851857LV00024B/2140
* 9 7 8 9 6 9 6 3 1 0 4 5 7 *